U0107035

翦商

殷周之变与华夏新生

李硕 著

GUANGXI NORMAL UNIVERSITY PRESS

广西师范大学出版社

· 桂林 ·

图书在版编目(CIP)数据

翦商：殷周之变与华夏新生 / 李硕著. -- 桂林：
广西师范大学出版社, 2022.10（2024.4重印）
ISBN 978-7-5598-5253-3

Ⅰ. ①翦… Ⅱ. ①李… Ⅲ. ①文化史－研究－中国
Ⅳ. ①K203

中国版本图书馆CIP数据核字(2022)第140170号

JIANSHANG: YINZHOU ZHI BIAN YU HUAXIA XINSHENG
翦商：殷周之变与华夏新生

作　　者：李　硕
责任编辑：谭宇墨凡
特约编辑：任建辉　夏明浩
装帧设计：陈威伸
内文制作：燕　红

广西师范大学出版社出版发行

广西桂林市五里店路 9 号　邮政编码：541004
网址：www.bbtpress.com
出 版 人：黄轩庄
全国新华书店经销
发行热线：010-64284815
北京华联印刷有限公司
开本：635mm×965mm　1/16
印张：37　　　字数：470千
2022年10月第1版　2024年4月第12次印刷
定价：99.00元

代序：我们陌生的形象

从作品看李硕，以为他的"专业"就是中古史——搞魏晋南北朝的，侧重战争史。显然，这是一种自以为是的学术圈视角：哪位学者都得有个"专业"嘛。及至看到《孔子大历史：初民、贵族与寡头们的早期华夏》，才知道他的第一本书就是写孔子的，而《孔子大历史》已是十年后的大幅增订本。

真是要对李硕的贯通刮目相看了。从南北朝一下穿越到了春秋，把几乎写滥了的孔子又娓娓道来地捋了一遍，从生写到死，居然又写出了新意，让人心生敬佩。在《孔子大历史》的后记中，李硕曾提到，"之前的商朝和西周历史记载太少，更不好讨论"，但附录中已收录《周灭商与华夏新生》作为外篇之一："因为有了周公一代人的历史，才能更深入理解孔子及其儒家思想。"

显然，《翦商》就是在这一长文基础上的巨幅扩写。追根溯源至此，你不由得感叹并由衷钦佩：他一直跟着感觉走，他的好奇心太强，对于开拓新领域，太不畏难了。

那么结果呢？先祖露下读李硕这本书前的真实心迹：既然进入了

我们这片扑朔迷离、难啃难缠的上古史与考古领地，就得从专业的角度好好审视审视了。不意，这书读起来就让你放不下，最后，我要用"震撼"二字来形容自己的感觉和心情了。

李硕是讲故事的好手，从引子开始翻了几页，我就被吸引住了。作者认为人祭（杀人向鬼神献祭）的消亡和周灭商有直接关系，甚至引发了华夏的新生，于是开场就复原了一场殷商晚期的人祭仪式。"然后开始杀人"——"震撼"的感觉就是从读到这几个字开始的，"第一轮杀了19人……这次至少杀了29人……然后是第三轮杀人。这次杀了24人……"（第3—6页）作者平静地按时间顺序，细致地描述了殷墟祭祀现场发生的一幕幕。这用的可都是我们颇为熟悉的考古发掘材料啊。在那些枯燥的数据和冷冰冰的叙述面前，我们曾"麻木"地做过"研究"。然而这次，我被震住了。没有人这么写过，怎么此前没有读出画面感呢："对商人来说，在聚会典礼时杀戮异族，不仅仅是给诸神奉献祭礼，也是让围观者获得精神刺激和满足的'盛宴'，比如，多处人祭坑留有蓄意虐杀的迹象，尤其当人牲数量不足，献祭者还会尽量延缓人牲的死亡，任凭被剁去肢体的人牲尽量地挣扎、哀嚎或咒骂。这种心态，和观看古罗马的角斗士表演有相似之处。"（第393—394页）这种带有声音的、残酷的画面感，只能用文字来表现。在视频和音频节目中，呈现得肯定都是有限的。

说起来，李硕在本书中所描述的，都是我这个在新石器时代至夏商周考古领域熬至"资深"的学者所耳熟能详的，但他的视角和写法却又使我耳目一新：他赋予了我们熟视无睹的诸多场景以画面感，他推出的若干结论你没想过，但细想想还真是那么回事儿。或许，这正缘于李硕与考古学和上古史恰到好处的"距离感"，使得他可以避免我们这些"身在此山中"者的诸多局限。

乍看书名，以为就是集中于周灭商（殷周革命）这一大的历史事件呢，但作者却将其笔触放大到了这一大事件之前的一千多年，从新石器时代末期说起，这就有点《万历十五年》的味道了。对此，我是惺惺相惜的；我曾说拙著《何以中国：公元前 2000 年的中原图景》就是对黄仁宇先生致敬的效颦之作。没有一定的宏观视域，是不可能看清说清一群人、一件事的历史意义的。毕竟是写战争史的好手，李硕对于长时段、大场景的勾勒，驾轻就熟。"宏大叙事"与细致入微相结合，构成了这本书的一个显著特色。

他用几页的篇幅，相当克制但又极其清晰地描述出了悠长而发展缓慢的新石器时代唯一明显的变化——人群"共同体"规模的扩大。距今 6000 年前的仰韶文化早期，百人级的村落；距今 6000—5000 年间的仰韶文化中期，千人级的"部落"；距今 5000—4000 年间的仰韶文化末期与龙山文化期，万人级的早期国家（古国）出现。你看，就这么干净利落，就这么云淡风轻，那么一大堆乱麻般的史前史头绪就给你捋清了。

他把从龙山时代到商代的华夏文明的最初阶段，称为"华夏旧文明"，认为周灭商后，周公旦一代人迅速废除了人祭宗教，并抹去了与此相关的文献与记忆，从而开创了和平、宽容的"华夏新文明"，其影响延续至今。这一大的历史认知，构成了此书的立论基础，"翦商"，则是关键性的切入点。李硕有他自己明确的史观史识。

他的不少提法，鞭辟入里，一语中的。比如，"甲骨文是标准的'男性文字'，而且是龙山文化之后部落旧习未褪时代的男人们创造的文字。那时还没有后世人理解的王朝秩序，部族之间的掠夺和杀戮司空见惯，嗜血的诸神主宰着蛮荒大地。"（第 212 页）"商王需要直接管理的王朝事务比较少，其最重要的事务是组织祭祀和战争，而商人各宗族则承担提供祭祀贡品和战争兵员（自带装备）的任务。所谓：'国之大事，在祀与戎。'这正是家族分封制而非官僚帝制时代的规则。"（第 223 页）"人祭宗教及角斗产业的消亡，都源于外来文化的干预。……周人并未开创一种新的宗教，而是采用世俗的人文主义立场，与极端宗教行为保持距离，不允许其干预现实生活，所谓'敬鬼神而远之'。这奠定了后世中国的文化基础。"（第 15 页）"周文化和商文化很不同，族群性格也差别很大。商人直率冲动，思维灵活跳跃，有强者的自信和麻木；周人则隐忍含蓄，对外界更加关注和警觉，总担心尚未出现的危机和忧患。这是他们作为西陲小邦的生存之道。"（第 484 页）"周人谨慎，谦恭，重集体，富于忧患意识，这些都成了新华夏族的样板品格。"（第 542 页）"周公时代变革的最大结果，是神权退场，这让中国的文化过于'早熟'；战国时代变革的最大结果，是贵族退场，这让中国的政治过于'早熟'。"（第 573 页）

李硕对于考古材料的运用，与古文献和甲金文字一样，已达娴熟的程度，注释与用图，都颇为讲究。说到这书的专业靠谱，还可以再举几个例子。

关于人祭风俗退出历史记忆，大多数学者认为它是逐渐、自然退场的。一种代表性的说法是，殷商前中期盛行人祭，到晚期已很少了。代表著作是著名学者黄展岳的《古代人牲人殉通论》，该书介绍了殷墟三座多人祭祀坑，认为它们都属于殷墟前期。但李硕告诉你，"查阅这三座坑的发掘报告便可知，有两座属于殷墟末期，一座时期不详，根本无法确定是否属于殷墟前期"。（第 1 页）

对二里头遗址浮选碳化粮食颗粒的统计，稻米"意外"的多，近50%，而一般认为，华北地区的农作物应当是以旱作的粟（小米）为主的，故主持这项研究工作的植物考古学家也认为"在黄河中下游地区的龙山时代和二里头文化时期的浮选结果中属于异常现象"，推测除自我种植外，还可能是从外地进贡而来的。我们对此不置可否，李硕则穷追不舍，他指出了其中的一个 bug（缺陷），就是植物考古学家在给出浮选结果时没有称重的报告。而粟米和稻米的颗粒大小及重量差异很大，分析古人的种植规模和食物构成，应当统计的是重量而非粒数。他进而引进了农学上统计不同作物颗粒重量的术语——"千粒重"（在学界，这个概念只有极少数学者提出且未引起重视），指出二里头出土的稻米重量应是粟米的四倍，如是，稻米折合重量占比可达 84.5%，水稻也就绝对是二里头人的主粮了。不能不说这一观点是持之有据的。在此基础上，他又推论道，"在龙山时代结束后的'大萧条'中，新砦—二里头人之所以能够异军突起，甚至建立华夏第一王朝，水稻是重要原因"（第 42 页），这当然可备一说。

你看，他钻进去了，绝不外行。

此外，他还常常点出传世文献中某些叙述属于后人的附会。譬如，"西周之后，人们还创造了那些更古老的半神帝王的'创世纪'，比如黄帝和炎帝，嫁接和混淆了很多周族早期传说，造成了很多混乱。"（第 287 页）"到春秋，后人又创造出了更古老的、《诗经》里没有的尧和舜，于是，后稷的经历再被翻新，增添了更显赫的内容……以现代学术标准看，《尚书》中那些最古老的篇章，如尧、舜、禹及夏朝，都是不可靠的，只有到了商朝才开始有一些可信的内容，如《盘庚》。"（第 304 页）"赐弓矢和斧钺并授予征伐之权的做法，并不见于商代的甲骨文和金文，更像是西周以来分封制度的规则，甚至是春秋时期周王室对齐桓公和晋文公等'霸主'的授权。……这种春秋时人的观念传到战国和秦汉以后，成为书写文王和商纣故事的母题。"（第 436—437 页）针对《史记·殷本纪》中周昌请求纣王不再使用"炮烙之刑"，"纣乃许之"的记载，李硕的评价是："这实乃后世的一种道德叙事，并不符合当时的规则。"（第 437 页）如此种种，都颇有"古史辨"之遗风。

至于"大禹治水"系改造湿地、开发稻田说，二里头宫殿和手工业族群为二元并立模式（后者或属商灭夏的"第五纵队"）说，商代大规模放牧水牛说，商代中期宗教改革失败说，周原凤雏村甲组基址系文王大宅说，周昌创作《易经》为翦商说等，皆颇富新意且逻辑自洽，可备一说，当然也有待于进一步的验证。

"也许，我们至今也还难以完全了解我们自己。考古，就犹如一面深埋地下的镜子，倒映出我们陌生的形象。"（第 18 页）还是用李硕的话结束这篇狗尾续貂的序，读者诸君可以尽早进入正文，感知作者给我们描绘的"我们陌生的形象"，感受上古探索与考古写史的魅力吧。

许宏

2022 年 8 月 8 日

于京西门头沟

目 录

代序：我们陌生的形象　　　　　　　　　　　i

引 子　　　　　　　　　　　　　　　　　1

第一章　新石器时代的社会升级　　　　　23

第二章　大禹治水真相：稻与龙　　　　　35

第三章　二里头：青铜铸造王权　　　　　49

第四章　异族占领二里头　　　　　　　　75

第五章　商族来源之谜　　　　　　　　　89

第六章　早商：仓城奇观　　　　　　　　103

第七章　人祭繁荣与宗教改革运动　　　　117

第八章　武德沦丧南土：盘龙城　　　　　145

第九章　3300年前的军营：台西　　　　　161

第十章　殷都王室的人祭　　　　　　　　181

第十一章　商人的思维与国家　　　　　　209

第十二章　王后的社交圈　　　　　　　　229

第十三章　大学与王子　　　　　　　　　249

第十四章　西土拉锯战：老牛坡　　　　269

第十五章　周族的起源史诗与考古　　　287

第十六章　成为商朝爪牙：去周原　　　311

第十七章　周文王地窖里的秘密　　　　327

第十八章　《易经》里的猎俘与献俘　　341

第十九章　羑里牢狱记忆　　　　　　　357

第二十章　翦商与《易经》的世界观　　375

第二十一章　殷都民间的人祭　　　　　393

第二十二章　纣王的东南战争　　　　　415

第二十三章　姜太公与周方伯　　　　　429

第二十四章　西土之人　　　　　　　　451

第二十五章　牧野鹰扬　　　　　　　　481

第二十六章　周公新时代　　　　　　　509

第二十七章　诸神远去之后　　　　　　549

尾声：周公到孔子　　　　　　　　　　559

后　记　　　　　　　　　　　　　　　575

引　子

本书是关于中国上古时代的文明起源的，始自新石器时代末期（4000 余年前），终于商周易代（殷周革命），时间跨度一千余年。

为此，须先从上古时代的人祭说起。人祭，就是杀人向鬼神献祭。关于上古的人祭风俗，直到近百年现代考古学兴起，发掘出殷商的大量人祭遗址及商王占卜献祭的甲骨刻辞，才进入现代人的视野中。

至于这种风俗是如何退出历史和人们的记忆的，大多数学者似乎默认，它是逐渐、自然、不知不觉地退场的。一种代表性的说法是，殷商前中期盛行人祭，到晚期就很少了。这方面的代表著作如黄展岳的《古代人牲人殉通论》，介绍了殷墟三座多人祭祀坑，认为它们都属于殷墟前期。但查阅这三座坑的发掘报告便可知，有两座属于殷墟末期，一座时期不详，根本无法确定是否属于殷墟前期。[1]

根据本书的研究，人祭的消亡和周灭商有直接关系。在周武王死后，辅政的周公旦取缔了商人的人祭风俗，并消除了关于人祭的文字记录和历史记忆；周公此举可能是为了防止其死灰复燃，执行得也比较成功，于是留下了三千年的记忆空白。

再现上古时代的残忍与血腥，并不是一件开心的工作，却是绕不开的。下面，先来复原一场殷商最晚期的人祭仪式。

殷商最后的人祭

殷都宫殿区以东数百米的后冈，是一个很密集的商人聚居区。1959 年，这里发掘出一座奇怪的"墓葬"，它和正常的商代墓很不一样，是水井一样的圆形而非长方形穴，坑内没有任何棺木痕迹，只有 25 具尸骨凌乱地堆叠在一起。伴随出土的，还有青铜礼器和兵器，以及纺织物、粮食等。

时任中国科学院院长的郭沫若推测，这是一处特殊的贵族墓葬，墓主可能生前犯了罪，不能享受正常的埋葬礼仪，但仍杀了 24 名奴隶以及用了贵重的铜器陪葬。[2]

1960 年，在整理这座"墓葬"的时候，考古工作者发现，第一次挖掘并没有挖到底，在半米深的土层之下还有第二层尸骨，共 29 具。[3]于是，便建了一座亭子为其提供保护。但有些考古学者心中还是难免有疑惑，是不是第二层尸骨之下还埋藏着什么。

1977 年，又进行了第三次发掘，发现第二层尸骨之下还有半米厚的坚硬红褐土，然后是第三层尸骨，共 19 具。这一次才算挖到了底。也就是说，这座圆坑墓穴有三层，共掩埋了 73 具尸骨。发掘者认为，这应该不是墓葬，而是一座祭祀坑。

在后冈圆坑之前，殷墟王陵区和宫殿区已发掘上千座人祭坑，但大都是边长两三米的方形坑，一般埋十人左右（尸骨或人头），且只有一层，从未发现过多层人祭坑。

1959 年发掘第一层时，根据出土铜器造型以及上面的铭文特征，有学者判断它属于西周早期。[4]后来，随着殷墟发掘日渐增加，人们才意识到，原来商代末期已经有这些造型的铜器和铭文——它属于殷商王朝谢幕前夕，很可能是纣王时代的一次隆重献祭仪式。

这座祭祀坑的发掘记录比较详细，从中可以发现整个献祭过程井然有序，包含着当时的商人对于高级别人祭礼仪的理解，而被杀戮者也给自己做了充足的准备。

让我们按时间顺序再现祭祀全过程，并通过分析诸多细节，复原祭祀场上曾经发生的一幕。

后冈祭祀圆坑编号 H10^5，从深灰色的生土层中挖出，地表的坑口直径 2.8 米，向下稍有扩大，底部直径 2.3 米，全深 2.8 米，上面一半都是填土，三层尸骨都在下半截，分层清晰。可以说，从一开始，后冈 H10 圆坑就是为了隆重的献祭仪式建造的，虽然我们已经无法完全解读它蕴藏的理念。

坑壁平整光滑，坑底平坦坚硬，应该被修整夯打过。主祭者先在坑底铺一层很薄的小石子和砂土，再垫一层二三十厘米厚的黄土。黄土中有被掩埋的碎片，是打碎了的几只陶制炊器和食器，如鬲、簋、罐。

然后开始杀人。第一轮杀了 19 人，身首完整的只有两具，被砍掉小腿或脚的有五具，单独的人头骨十枚、上颚骨一块、右腿一条。能分辨出有青年男子和女子各三名，成年男子两名，儿童四名，婴儿两名。四名儿童皆尸体不全，缺下半段：一名从小腿以下被砍去；一名从大腿以下被砍去；一名只有头骨；一名被斜向拦腰砍断，只剩上半身和右侧骨盆。两名婴儿都只有头骨。单独的上颚骨属于一名三十岁左右的女子，牙齿很整齐。一名二十岁左右的青年男子侧身蜷曲，朝上的右胯部有 60 枚海贝（商人用作钱币的货贝）^{6}，可能是用线穿起的一团或是装在腰间的布袋里的。此外，他的身下还有些散落的海贝。

尸体和头颅没有脸朝上的，或朝下，或侧方。这些迹象表明，杀祭先是在坑外进行，然后再把人头和残碎的尸体扔进了坑内。应该还

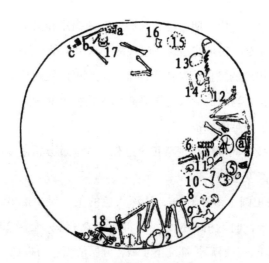

后冈 H10 第三层平面图[7]

有人在坑底负责调整，虽然未必堆放得十分整齐，但要保证尸体的脸部不能朝上。大部分死者的躯体并未被扔到坑里，所以坑内单独的人头较多。至于留在上面的尸身作何用处，且看后面的细节。

第一轮杀人结束后，主祭者向坑内撒了一些朱砂（尸骨被局部染红），然后填土，这次填的是红褐色的土，厚半米多。接着开始第二轮杀人。

这次至少杀了 29 人，身首相连的尸骨有 19 具，单独的头颅 9 枚，没有头的身躯 1 具。尸体呈各种姿态，俯身、侧身、仰身、直身和蜷身的都有，单独的人头贴着坑壁东南侧连续摆放，脸朝下，头顶贴着坑壁。能分辨出有青年男子 8 人，儿童 5 人。

这一层随葬海贝的人更多。一名男青年胯部有两串，共 31 枚。编号 27 的尸骨，俯身，稍扭曲，身材较长，伸直后可能超过 1.8 米，胯部右侧有三堆海贝，分别是 20 枚、10 枚、5 枚，可能本是三串。此外，这三堆下面还有散落的 16 枚。

这层的儿童，除一人缺失下肢外，基本是完整的全躯，有一人乳

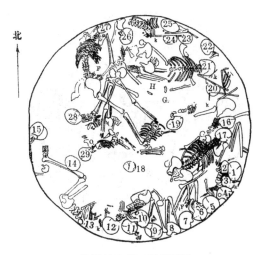

后冈 H10 第二层平面图

牙尚未脱落，胸前挂一枚玉珠饰。

有两名青年，编号为 17 号和 21 号，性别不详，姿势相同，伏地，朝东方跪拜，平行相隔 1 米左右，发掘者推测，这两人姿势过于规整，应是被捆绑造成的。21 号头部右侧有一枚骨笄，自下而上插入，显示头发盘在头的右侧，可能是处死时发型被打乱了，右手臂佩一枚玉璜，手腕戴一枚穿绳的玉鱼，看来比较富贵且重视形象。和他平行伏跪的 17 号没有饰物。

第二轮杀人结束后，主祭者又向尸体抛撒了一层朱砂粉，再撒一层小卵石，大小介于豌豆和核桃之间，平均厚 1 厘米多，然后再把 31 件陶器送到坑内打碎——每件陶器的碎片分布很集中，不像是打碎后扔下去的。有些陶罐的内壁沾着粟米颗粒，有些表面还涂了朱砂。坑底堆积着很多死尸，已经不平整，坑内的作业者还特意把陶器放在较低洼的地方打碎，以使坑底相对平坦，然后再填入一层灰黄色土，厚约三五十厘米，混杂少量炭灰颗粒和红烧土颗粒，说明地面上正在烧火，可能是烧烤祭品，包括没有扔进坑内的躯体。和第一轮相比，第

后冈 H10 第一层平面图

二轮死者的躯体保全的相对多一些。

然后是第三轮杀人。这次杀了 24 人，全躯的尸骨 15 具，单独的人头 7 枚，无头的躯体 2 具，其中鉴定出青年男子 6 人、壮年男子 3 人和儿童 4 人。这时，坑已经被填满了一半，仅剩深度约 1.5 米，所以有些人可能是在坑内被处死的。比如，3 号，四十岁左右，男子，背靠坑壁蹲坐，两手掩面，胸前有一串海贝，13 枚，可能是被割喉或重击头部致死；一名三十岁左右的男子上半身趴在一只铜鼎（戍嗣子鼎）上，右手抓住鼎的口沿；11 号，十六七岁，少男，双手掩面俯卧，腰部压着一件铜斝；8 号，不明性别年龄，双手掩面，身体被肢解。

这一层携带海贝的死者更多。16 号，左手腕挂一串，腰间挂两串，共 100 多枚；18 号，十六七岁，少男，臀部有一麻布袋，里面装海贝 300 枚以上；17 号，十八九岁，少男，只剩一颗头骨，口中含三枚贝。上古埋葬的死者往往口中含贝，大多是入殓时后人放入让死者带去彼岸世界的，但 17 号很可能是自己含进去的，看来杀人者并不在意他们的钱财，他只能照顾好自己的往生。这一层中还有好几处小堆的海贝，大都已经分不清主人。

所有的青铜器都在这一层。礼器有铜鼎、铜斝、铜爵各一件，兵器有铜戈两件、铜刀一件、铜镞一枚，不知名的小铜饰物一件。铜鼎上的铭文显示，它的主人名为"戍嗣子"。

这时已经是献祭仪式的尾声，估计坑内作业人员有些懈怠了，所以这一层中有两人是仰面姿势，其中15号下颌被砍落，前额上有明显的刀砍痕迹，应当是仰面躺倒后，被连砍数刀。[8]

这层几乎所有的尸骨都被染成了红色，应该是第三轮杀人结束之后，主祭者向尸体上抛撒了较多的朱砂粉。坑内还有大量成捆的丝线、麻线、丝绸和麻布，以及一堆粟米，都被放在人头和尸身之间空出来的位置上。然后填土。这次填入的是掺杂大量炭灰、木炭块的灰色土，有的炭块直径10厘米，长4厘米，明显是烧过的树枝。填土中还混杂着大量烧过的骨头（报告没提及是人骨还是兽骨）和贝壳。这层灰土厚35—60厘米，应当是祭祀结束后的柴灰和垃圾。

在填入这层炭灰土的同时，主祭者杀掉了最后一个人：侧身蜷缩在坑东壁，身上撒了大量朱砂，尸骨被严重腐蚀，已无法分辨性别和年龄；身旁有一只陶鬲，似乎是随葬品。郭沫若推测，此人就是墓主、青铜器的主人"戍嗣子"，因为只有他被单独埋在最上面。但问题是，他的身边只有一只陶鬲，没有任何高价值随葬品，所以还无法完全确定。

杀祭全部结束后，是最后的填埋工作。在炭灰土层的上面，是90厘米厚的块状红烧土层，夹杂少量陶器碎片，直到把坑填满。这些烧土块应当也是烧烤祭祀的产物。

以上就是这场杀人祭祀的过程。可以判断，这不是简单的屠杀。主祭者准备充分，从祭祀坑的挖掘和修整，到每一个杀祭步骤，比如尸身摆放、撒朱砂、填土、打碎陶器、摆放各种祭品，都执行得有条不紊。而且，地面上还在同步举办包含烧烤祭品在内的献祭仪式。这些都说明当时的人对举办此类祭祀活动已经很熟悉，有一套相对固定的操作流程。

发掘报告认为，死者都是奴隶。但从物品看，每层中都有人携带货贝（甚至成串的或是用麻布袋装的大量贝）或佩戴玉饰，应该是他们给自己准备的"随葬品"，显然，这种富裕程度不可能是奴隶。值得注意的是，杀人者并不觊觎死者的财物，大量作为钱币的货贝和高价值的青铜器被埋葬在了祭祀坑中。在殷墟的众多人祭坑中，这非常少见。[9]

最上一层死者的身份最高，有一件象牙棒和五件象牙做的笄，更重要的，当然是贵重的青铜礼器和兵器，其中，铜鼎、铜斝、铜爵各一件，最大的是"戍嗣子鼎"，高近半米，重达21公斤多，底部有烟灰层，说明主人经常用它烹煮饭食。出土时，鼎口部有丝织物残留，大概是被丝绸裹着带进坑内的。

鼎内有较长的铭文，共三行，30字，记载的是某年九月的丙午这天，商王在一座大宫殿里赏赐戍嗣子货贝二十朋，为了纪念这荣宠，戍嗣子铸了这件祭祀父亲的鼎。

戍嗣子鼎及铭文拓本[10]："丙午，王赏戍嗣子贝廿朋，
在𣑱𤔲。用作父癸宝鼎。唯王𮥍𬮁大室，在九月。犬鱼。"

铭末"犬鱼"是由两个甲骨文象形字组成的族徽,主人自称"戍嗣子",戍是他的名,嗣子可能代表他是本氏族的嫡传族长。

"犬鱼"的族徽在商代铜器里不太多见,甲骨卜辞里也没出现过,说明该族不是很显赫,被王召见一次已经足够荣幸,所以要专门铸一只大鼎来纪念。铜器的形制和铭文风格属于殷商末期,商朝灭亡的前夕。

朋,甲骨文作 ,像一个人提着两串钱。王国维《说珏朋》云:"古制贝玉皆五枚为一系,二系一朋。"也就是说,一串五枚,两串十枚,十枚是为一朋。《合集》40073 曰:"易(赐)贝二朋。"这说明在商代二朋就很拿得出手。[11] 按照 1975 年陕西出土的西周中期裘卫盉铭文记载:"矩白庶人取堇章于裘卫。才八十朋。厥贾其舍田十田。矩或取赤虎两。麀□两。□鞈一。才廿朋。其舍田三田。"[12] 按周制,百亩(约合今 31.2 亩)为一田,二十朋抵三田(约合今 93.6 亩)。

后冈 H10 被全面发掘后,祭祀坑特征得到公认,学界多已不再把它看作墓葬,但还是有些难以解释的现象:其一,人牲用了较多"随葬品",如铜器、海贝、丝麻织物和粮食,而这在商代人祭坑中很少见到。其二,随葬的货贝、青铜器和玉饰像是属于死者的财物,玉饰戴在死者身上,货贝由死者成串或成袋携带,铜鼎和铜斝也是压在死者身下,而能拥有这些青铜礼器的,只能是商人贵族戍嗣子家族。

从上述特点看,郭沫若 1961 年的"墓主是贵族"的判断仍有可成立之处:后冈 H10 虽然是一座祭祀坑,但使用的人牲与众不同,并不是常见的战俘和奴隶,而是中级贵族戍嗣子家族的成员。所以,主祭者破例给了很多优待,比如,允许死者随身携带一些随葬品,往尸体上撒朱砂粉(夏商时代贵族的墓葬往往会撒朱砂),但在实际执行中,这些优待又落实得颇为草率,很多都是身首分离,尸身可能被献祭和烹煮分食。

如果被献祭者是"戍嗣子"家族,那操办此次杀祭的就不大可能是其他贵族，因为哪怕是高级贵族，也没有把下级贵族满门诛杀献祭的权力。这只能来自王权。

又有两种可能。一是灭商后，周人对特定的商人贵族的杀戮。周人曾两次攻克殷都，第一次是武王灭商，第二次是周公平息叛乱，且不管是哪一次，这种可能性都不大，因为周人并不尊重商人的祭祀伦理，不会允许把高价值的货贝和青铜器带进祭祀坑，更不会如此认真细致地执行杀祭全过程。

二是商纣王授意的杀戮和祭祀。《史记》等史书记载，纣王曾经处死九侯、鄂侯、比干等商人贵族。按照商人的世界观，商王杀人和向神献祭几乎是一回事，特别是处死显贵成员，更是向诸神奉献高级祭品的难得的机会。

由此观之，后冈祭祀坑中的戍嗣子一家人可能也是被纣王杀戮献祭的。杀祭地点在戍嗣子的家宅或附近，操办和参加祭礼的是商朝贵族，给了死者一点宽待，但仍按照惯例烹食了很多被献祭的人，尤其是婴儿和幼儿。

对家族中不同地位的成员，杀戮手段也不一样。最下面一层，拥有的货贝和玉器最少，应该地位较低，有较多儿童和婴儿，主要被分尸、肢解甚至烹食。到中层，多数被砍头，但还能保留相对的全尸。最上面一层，有些（守着铜鼎、铜斝的成员）甚至没有被砍头或以手掩面，应当是受到特殊礼遇的贵族。戍嗣子本人应该就在这层，比如那位以手掩面的四十岁男子（3号）。看来，越是身份高贵的成员，越是被留到后面处死。

郭沫若认为最重要的死者是戍嗣子及其"或因罪而死"的结论，应该是成立的。戍嗣子本是一名级别不太高的贵族，因为某些机缘巧合被纣王接见，甚至可能一度受到信任，却又因某些原因触怒纣王，结果整个家族被献祭——用来纪念受王接见的铜鼎被带入祭祀坑，也算完成了一个具有讽刺意味的轮回。

在《史记》等史书中，商纣王残暴，喜杀戮，曾诛杀多名贵族大臣。后冈 H10 祭祀坑不仅印证了传世文献的记载，而且还有很强的宗教色彩——按照商人传统的宗教理念，献祭人牲的身份越高，就越能取悦先王诸神。历代商王都谋求捕猎异族酋长"方伯"献祭，纣王则把商人贵族也列入了献祭名单。

纣王以暴君形象载入史册，但史书从未记录过其类似 H10 祭祀坑的残忍行径，哪怕是演义小说《封神榜》也无法想象这种情节。这也说明，周朝以后的人已经忘记了商朝的人祭风俗，倘若没有考古发现，我们可能永远无法触及上古时代的这种残酷。

打捞失落的文明

人祭的理念从何而来？这个问题很难回答。人祭宗教属于渺茫的、缺乏文献的远古时代，甚至大部分属于史前时代，后人早已对那个时代失忆，史书更没有保存下什么记录。

但近百年来的考古发现告诉我们，在新石器时代中晚期（约 6000 年前），黄河和长江流域的某些人群已经有疑似的、零星的人祭行为，后来则逐渐常见。它应该是早期人群的集体宗教行为，而且和部落间的战争密切相关。

4000 余年前，若干地区的新石器人群开始汇聚成早期国家，山西陶寺和清凉寺以及陕西石峁等聚落遗址的人祭（人殉）规模逐渐变大，一直延续到夏朝-二里头古国。商朝建立后，人祭行为出现爆发式增长，到殷墟阶段（约公元前 1300—前 1046）登峰造极，不仅留下大量堆满尸骨的人祭坑，还有数千条甲骨卜辞记录。

比如，《合集》32093："卯三羌二牛。卯五羌三牛。""卯"是把人或牲畜对半剖开、悬挂的祭祀方式；"羌"是当时的晋陕土著人群，

《合集》32093 拓片 [13]

商王祭祀最常使用羌人。"羌"的甲骨文造型是头顶羊角的人，有时还写成脖子被捆绑甚至拴在木桩上，表示他们已经被俘获。

　　人祭在商人生活中占多大比重？从参与范围来说，已发现的多数人祭遗址属于王室，说明它是商朝一种重要的国家宗教祀典。商代人祭又具有全民性，各级贵族以及有经济承受能力的民众也举行人祭，比如，从事制陶和冶铜的工匠群体尤其热衷。从殷都各聚落到遥远的殖民据点，各地的商人部族留下了众多人祭遗存。

　　还可以尝试对其量化，估算一下被献祭人牲占殷墟总人口的比例。截至目前，殷墟王陵区发现 2000 余座历代商王奉献的祭祀坑，已经发掘约 1400 座。[14] 20 世纪的发掘工作大都比较粗线条，人骨统计不太完整，根据 2013 年对旧坑的抽样核对，每座坑内有十名人牲。[15] 保守起见，即使按平均每座坑埋有五人计，人牲数量也会超过一万名。[16] 而这还只是王陵区批量祭祀坑中的人牲，王陵中的殉葬人、王宫区的各种人牲以及殷都各商人聚落的人牲和殉葬人等，因材料分散暂不列入统计。

先看这一万余名人牲在殷都总人口中的比例。祭祀坑的使用时间跨度约两百年，在这段时间，殷都累计总人口约一百万。[17] 这样比较，正常死者和人牲的比例是 100∶1。但需要注意，考古已发现的人祭坑并不等于真实存在过的数量，被后世破坏以及尚未发现的规模无法估量。[18] 所以，我们可以换个方式，用它和殷墟已发现的正常死者（墓葬）数量作对比。

在殷墟范围内，已发现的正常墓葬约 6500 座，[19] 代表正常死亡的 6500 人，那么，正常死者和人牲的比例是 65∶100，也就是说，在 65 名自由人背后，有 100 名被杀祭的人牲。当然，100∶1 和 65∶100 代表的是两个极端，真实数值应当在这两者之间。毕竟，那是个后世人难以想象和复原的时代，但即便这样粗略的估测也已经让人心悸。

我们再把视野放宽一点，看看人祭在其他古代人群中的迹象。

很多古人类都有留下用人献祭的疑似迹象，但大都很零散，难以完全确定，[20] 只在一些非常罕见的情况下才会留下比较清晰的现场。比如，希腊考古学家在地中海克里特岛发掘出约 3600 年前的一座石砌神殿，里面保留了正在进行人祭的一幕：低矮的祭坛上侧卧着一具人骨，是名十八九岁的男性，身高 1.68 米，呈被捆绑的侧身、屈膝姿势，一把青铜尖刀长约半米，刀尖向上刺入死者胸部。尸骨鉴定显示，死者的喉咙已被割开，旁边放着的是一个接血的陶罐。殿内还有三具人骨，其中一名男子三十七八岁，身高 1.83 米，手腕戴精致的石雕印章，还有一枚铁镶银戒指，估计是主持这场仪式的祭司。可能是因一场突如其来的大地震，神殿被毁，祭司和人牲被掩埋在了碎石之中。

另外，克里特岛的一座米诺斯文明晚期建筑出土有 300 多块人骨，属于一名八岁和一名十一岁的儿童：27 块骨头上有着清晰且很深的刀痕；一起出土的还有带刀痕的羊骨，多件陶器，有些陶杯上绘着神像，其中一只陶罐里有贝壳、指骨和带刀痕的椎骨。发掘者推测，这是烹饪献祭后吃剩的骨头。[21]

除了考古，有些文献中也有古代人祭的遗踪。比如《圣经·旧约》中就有用长子献祭的记载，虽然这种行为在《旧约》时代已经基本消亡，但它反映了中东地区的古老风习。

唐代的玄奘法师在印度求法期间，曾被乘船的土著俘获，土著每年秋天要捕捉一人杀祭"突伽天神"，而玄奘是这次最合适的人选；不过，玄奘靠他的诵经和传法能力逃脱了这次劫难。他口述的这段遭遇颇为生动，可能是后世妖魔想吃"唐僧肉"故事的母题：

> 于林中两岸各有十余船贼，鼓棹迎流，一时而出。船中惊扰，投河者数人，贼遂拥船向岸，令诸人解脱衣服，搜求珍宝。然彼群贼素事突伽天神，每于秋中觅一人质状端美，杀取肉血用以祠之，以祈嘉福。见法师仪容伟丽，体骨当之，相顾而喜曰："我等祭神时欲将过，不能得人，今此沙门形貌淑美，杀用祠之，岂非吉也！"……于是贼帅遣人取水，于华林中治地设坛，和泥涂扫，令两人拔刀牵法师上坛，欲即挥刃。（《大慈恩寺三藏法师传》卷三）

西班牙人殖民美洲时，阿兹特克的人祭宗教正处在繁荣阶段。阿兹特克人主要是捕捉敌人敬献给神，献祭者也常分食人牲的肉，有些西班牙军人被俘之后的下场就是如此——当时的西班牙殖民者给后世留下了诸多第一手记录。[22]

殷商的人祭则有甲骨卜辞的记录和考古发掘的祭祀遗迹，这可以帮助学者识别更早的人祭现象，比如，从新石器到夏和早商阶段，人祭遗存星星点点，规模都不太大，倘若没有殷商阶段的参照，很多会被当成特殊形式的墓葬。

同理，借助阿兹特克的人祭记录，可以识别中美洲更古老的玛雅文明中的人祭现象，虽然规模要比阿兹特克小得多。曾有人怀疑玛雅、阿兹特克文化和殷商同源，但这种可能性不大，因为它们的人祭形式大不一样。阿兹特克人祭的仪式感和表演性很强，有高大的石砌金字塔神庙，献祭仪式在金字塔顶端进行，尸体从台阶上扔下，由观众争夺分食。此外，玛雅和阿兹特克还留下了一些关于人祭的雕塑、浮雕和绘画。相比之下，从新石器到殷商，中国境内从未发现用于人祭的景观建筑。殷商人祭只有甲骨卜辞记载，从未有雕像、铸造、绘画等艺术表现。殷商和阿兹特克、玛雅共有的文化基因并不多。

古罗马的角斗士产业存在于公元前 2 世纪到公元 4 世纪，它也有一点人祭宗教的渊源，但已经发展成世俗的大众娱乐产业，集表演、展示和景观建筑于一身，是人类文明旁逸斜出的一种现象。

中国古文明的重要特征是实用和低成本，不重视公共参与性。商王向鬼神献祭的宗教活动也是如此。当然，商人各聚落都有自己的人祭活动，可以满足民众的参与需求，但这些基层人祭场也没有发现用于人祭的景观建筑。

历史上，不同文明的刑罚示众活动也有这种区别。欧洲的十字架和绞刑架富有展示和仪式性，受刑者位于高处，便于被围观；古代中国有公开斩首示众的司法传统，但没有用于展示的相关建筑设施。

以上人祭宗教及角斗产业的消亡，都源于外来文化的干预。罗马人后来皈依了基督教，传统的阿兹特克宗教被西班牙殖民者的天主教所取代，殷商则与之不同：周灭商后，人祭被周人消除，但周人并未开创一种新的宗教，而是采用世俗的人文主义立场，与极端宗教行为保持距离，不允许其干预现实生活，所谓"敬鬼神而远之"。这奠定了后世中国的文化基础。

人祭场之外

周灭商和西周王朝建立之后，人祭现象迅速退场，并从人们的记忆和文字记录中彻底消失。本书在搜索上古文献的人祭线索时发现，几乎唯一正面记载过商代人祭现场的，是周文王创作的《易经》，也就是所谓六十四卦的卦爻辞。

文王周昌曾经在殷都生活，亲历过商王和商人民间的各种人祭仪式——这些都被他写进了《易经》，不仅有俘虏被屠杀献祭时的种种惨状，甚至有祭司穿着红色祭服的细节。不过，由于某些特殊的考虑，文王保留的记录非常含糊，只有借助商代考古和甲骨文才能解读出一部分。

当然，在《易经》中，文王最关心的课题是如何灭商。但这是极度危险的，绝对不能言明。《易经》的《坤》卦六三爻曰："含章可贞。或从王事，无成有终。"据文史大家高亨先生考证，"含章"就是"翦商"二字，所以"含章可贞"的意思是："翦商之事，可以通过占卜（贞）来预测。"[23] 故而，《易经》的内容多是文王的翦商谋略，也正因此，这部分内容最为隐晦。

从龙山时代、夏代（洛阳二里头古城）到商代，是华夏文明的最初阶段，可以称之为"华夏旧文明"。在周族崛起并灭商后，周公旦一代人迅速废除了人祭宗教，并抹去了与此相关的文献与记忆，进而开创了和平、宽容的"华夏新文明"，一直延续至今。

最早对殷商这段尘封的往事进行追索考证的并非现代人，而是殷商后裔、儒家"六经"的编辑者孔子。孔子离纣王和周公的时代仅五百年，他编辑的"六经"保存了一些真相，但也有意地掩盖了另一些。本书认为，这是孔子在探究到真实历史之后做出的决定，他要继续周公的事业，重塑华夏文明。

根据本书正文所述，人祭行为在华夏文明的起源阶段非常活跃，这也引出了一个问题：当先民从部落时代走向早期国家和文明起源，战争和人祭是不是"必要的恶"？没有它们，是否人类就无法进入文明时代？

在研究殷商的人祭甲骨卜辞时，以色列考古学家吉迪·谢拉赫（Gideon Shelach）曾经试图总结人祭繁荣的必要条件。他认为，当早期人类社会有了一定程度的复杂化，开始形成王权和统治阶层，但统治体系尚未完全成形和稳固时，统治者需要借用一种强大的机制来维持其权力，这就是人祭宗教和战俘献祭行为产生的基础。这个阶段，吉迪称之为"早期国家"或"复杂酋邦"。

当然，殷商时代已经超越了"早期国家"，王权相当稳固，人祭数量也极高，所以吉迪补充说，一旦人祭体制化，统治者将不得不长期维持战争行动，以保证人牲的来源，这也是殷商一直努力捕捉羌人献祭的原因。[24] 吉迪的论文并不涉及"早期国家"阶段，所以他的结论有些简单化，本书将在"人祭繁荣与宗教改革运动"一章对此进行分析。

人祭只是本书的部分内容，华夏文明初创期有很多重大现象需要关注，比如，兴起于河南洛阳的二里头－夏王朝，其农业基础并不是华北传统的旱作粟米，而是源自长江流域的水稻，显然，南方灌溉农业对中原文明有重要意义。换句话说，南方的水田灌溉农业虽然没能在本地生发出文明，却引发了华北的文明进程。

四千年前，华北地区的小型古国此起彼伏，但只有二里头成长为早期王朝。二里头－夏的政治疆域虽不大，也不以扩张见长，却偏偏是它初步解决了在国家内部实现稳定统治的难题，而这很可能源于青铜技术提供的支撑。

商与夏则完全不同。从建立初期，商就进入疯狂扩张模式，促发了很多超出我们认知的现象，比如，早商时代就出现了巨型仓储设施，其规模到殷墟、西周乃至春秋都无法超越。可以说，其超前"现代化"的程度足以比肩秦汉。

再比如，商人并非一直沉溺于人祭，商王室内部曾经有过不杀生的宗教改革，但此举引发了激烈的内战，致使商朝中期一度陷于解体，尔后又再度复兴。这其中，从异文化引进的马车技术成为广域王朝的统治基础。商人崇尚暴力和威权，这种文化性格在甲骨文字中有诸多反映，只不过在现代汉字中多数已被遗忘。

目前，借助考古认识上古社会的工作只是刚刚起步，还难以给那个茫昧幽远的时代归纳出简洁的"规律"。不仅如此，商纣王、文王周昌、武王周发、周公，甚至孔子，这些史书中的名人以及那些我们曾以为熟悉的先祖往事，有些也在考古发掘中变得越来越陌生，越来越难以理解。

也许，我们至今也还难以完全了解我们自己。考古，就犹如一面深埋地下的镜子，倒映出我们陌生的形象。

附录：上古人祭行为的分类

考古现场会发现各种非自然死亡（他杀）的尸骨，但不一定都属于人祭。

广义的人祭，可以界定为出于宗教理念而杀人奉献给神灵的行为。这里的神灵包含上帝（帝和上帝在商人甲骨文中多次出现）、各种自然神以及尊贵的死者亡灵。把人奉献给神灵的原理，可能是贡献食物，也可能是贡献仆役或性奴等。在人祭遗迹中，这些不同的目的都有所体现。

人祭主要表现为以下三种形式：

一，把人夯筑在地基内，用作建筑物的奠基，可称之为"人奠基"。其原理可能是把人奉献给土地之神，用以交换神对建筑物的护佑，以及通过施展巫术，被杀者可能也会变成守护建筑之鬼。

二，把人作为食物或仆役献祭给神或祖先之灵，这是狭义的"人祭"。

三，把人作为殉葬品埋在主人的墓穴内，可称之为"人殉"。其原理可能是当时的人们认为尊贵的人在死后会变为神灵，所以在去往神界的旅途中要给他（她）带上一些仆役和食物。

注释

1　黄展岳：《古代人牲人殉通论》，文物出版社，2004 年，第 75 页。这三座多人祭祀坑分别是后冈 H10、大司空村祭祀坑和小屯南地 H33，其中，后冈 H10 和大司空村祭祀坑属于殷墟末期，小屯南地 H33 祭祀坑的时期则不详。相关发掘报告见中国社科院考古所《殷墟发掘报告（1958—1961）》，文物出版社，1987 年，第 265 页；安阳市博物馆《安阳大司空村殷代杀祭坑》，《考古》1978 年第 1 期；中国社科院考古所安阳工作队《1973 年小屯南地发掘报告》，《考古学集刊》（第 9 集），科学出版社，1995 年。

2　郭沫若：《安阳圆坑墓中鼎铭考释》，《考古学报》1960 年第 1 期。

3　中国社科院考古所安阳发掘队：《1958—1959 年殷墟发掘简报》，《考古》1961 年第 2 期。

4　中国社科院考古所：《殷墟发掘报告（1958—1961）》，第 279 页。以下关于 H10 祭祀坑的基本内容主要见于该书，不再详注。

5　在考古发掘报告中，"H"是"灰坑"的简称，灰坑多数是古人的垃圾坑，但也可能是储物窖穴、祭祀坑等，因为在发掘坑的表面时，考古工作者还不容易了解坑的具体性质，一般要发掘到底部才能判断坑的具体用途，所以多笼统命名为"灰坑"并编号，但最初赋予的编号一般不再修改。类似的简称，还有房子（F）、墓葬（M）和井（J）等。

6　贝，甲骨文作𝄢，见《合集》11423 正。《尚书·盘庚》："兹予有乱政同位，具乃贝玉。"孔颖达疏："贝者，水虫。古人取其甲以为货，如今之用钱然。"贝壳作钱已是习惯，东周以后，贝币才逐渐被各种金属货币取代，云南一些少数民族地区更是沿用贝币直到明代。

7　杜金鹏：《安阳后冈殷代圆形葬坑及其相关问题》，《考古》2007 年第 6 期。后冈 H10 平面图出自该文，不再详注。

8　中国社科院考古所安阳发掘队：《1958—1959 年殷墟发掘简报》。

9　在殷墟王陵区的祭祀坑中曾发现埋入铜器的，比如 1976 年发掘的 M229，里面有大小两件铜鼎和两件陶器，还有一名被绑腿活埋的儿童。但这种祭祀坑数量很少，多数都是埋人牲。参见安阳亦工亦农文物考古短训班、中国社科院考古所安阳发掘队《安阳殷墟奴隶祭祀坑的发掘》，《考古》1977 年第 1 期。

10　https://thepaper.cn/newsDetail_forward_10696914.

11　当然，通货膨胀是必然的。到西周，据何尊记载，周成王有一次赏赐一位叫何的臣下三十朋："何易（赐）贝卅朋。"（《集成》6014）至春秋时期，《诗经·小雅·菁菁者莪》曰："既见君子，锡（赐）我百朋。"貌似已经动辄百朋了。

12　裘卫盉（西周中期），《集成》8456。

13　郭沫若：《甲骨文合集》，中华书局，1999 年，32093 条，以下简称《合集》。商代甲骨卜辞中的"羌"，主要是山西、陕西地区的土著居民，这些人在周代逐渐汇聚成为华夏族。在后世的汉语中，"羌"字又演变成汉人对位居西方的少数族群的称谓，这和商代的"羌"已经不是同一种人。参见童恩正《谈甲骨文"羌"字并略论殷代的人祭制度》，《四川大学学报》（哲学社会科学版）1980 年第 3 期；王平、顾彬《甲骨文与殷商人祭》，大象出版社，2007 年，第 87 页。

14　陈志达：《殷墟》，文物出版社，2007 年，第 119 页。1934—1935 年，在王陵区发掘祭祀坑 1221 座，是对祭祀坑发掘最集中的一次，但由于后来的战争和动荡，这批发掘成果未能出版报告，所以详情不得而知。

15　唐际根、汤毓赟：《再论殷墟人祭坑与甲骨文中羌祭卜辞的相关性》，《中原文物》2014 年第 3 期。

16　李峰对王陵区祭祀坑中人牲的估测数字是三万："至少有三万个人以这种方式在王陵区进行的宗教祭祀活动中被杀死。"参见李峰《早期中国社会和文化史概论》，刘晓霞译，台湾大学出版中心，2020 年，第 92 页。

17　考古人将二百多年跨度的殷墟分为四期，据宋镇豪估算的四期的人口规模分别是：一期不详，二期 7 万人，三期 12 万人，四期 14.6 万人。本书以此为基础推测，在王陵区投入使用的二百年里，殷墟生活过的人口总量约一百万人。参见宋镇豪《商代史论纲》，中国社会科学出版社，2011 年，第 136 页。

18　2022 年 1 月 18 日，"文博中国"在线发布《殷墟商王陵区新发现 2 个围沟、400 余座祭祀坑》：此次新发现祭祀坑 460 座以上，多数用洛阳铲探出人骨骼，还有一座长 28 米、宽 6 米的长方形大坑。这些坑目前尚未正式发掘。

19　关于殷墟已发现的商墓总数，两部出版时间相近的专著得出的数字稍有差距：宋镇豪的《商代史论纲》估计总数约 8500 座；陈志达的《殷墟》则估计约 4400 座，还有 2000 多座尚未整理的不包括在内。如果《殷墟》中已整理和未整理的两者相加，和《商代史论纲》的估计尚有 2000 座左右的差距。究其原因，应当是《殷墟》只统计"长方形竖穴墓"，即正式埋葬的成人墓，没有包括祭祀坑和灰坑葬（抛尸乱葬）；《商代史论纲》是在"人口"一章讨论墓地总数，意味着它把包含所有（成年）人口的埋葬形式都统计了进来，多出的这 2000 多座，正是当时所知王陵区祭祀坑的总数。所以，如果统计殷墟范围正常埋葬（而非被杀祭）的成年人数量，应以陈志达《殷墟》的数字为准，可暂定为 6500 人左右。参见宋镇豪《商代史论纲》，第 136 页；陈志达《殷墟》，文物出版社，2007 年，第 106 页。

20　［英］史蒂文·米森：《史前人类简史》，王晨译，北京日报出版社，2021 年。

21　［美］戴尔·布朗主编：《爱琴海沿岸的奇异王国》，李旭影译，华夏出版社，2002 年，第 94、98 页。

22　［西班牙］贝尔纳尔·迪亚斯·德尔·卡斯蒂略：《征服新西班牙信史》，江禾、林光译，商务印书馆，1991 年。

23　高亨释为："乃武王克商之兆，所占之事，自为可行，故曰含章可贞。"参见高亨《周易古经今注》，中华书局，1984 年，第 167 页。高亨认为，这是周武王姬发灭商时的占卜辞。其实，它很可能在周文王时期就已经有了，是对未来之事的占算。

24　Gideon Shelach , "The Qiang and the Question of Human Sacrifice in the Late Shang Period." *Asian Perspectives*, Spring 1996, pp. 1-26.

第一章　新石器时代的社会升级

　　进入新石器时代，人类才有了农业和定居生活，不再像野生动物一样四处流动觅食。这是距今约一万年前开始的变化。

　　在人们的感觉里，新石器时代应当是世外桃源一样，与世无争，或者说是落后、停滞的。不过，和生物的自然进化相比，数千年的新石器时代充满着剧变。下面，我们以千年为时间单位，简要描述一下新石器时代人群的发展历程。

　　做一个穿越假设。如果一群现代人回到六千多年前的仰韶半坡文化新石器时代，比如陕西临潼的姜寨遗址，他们看到的是，山坡下有一座小村寨，有两三百名村民生息在这里，村子的中央是一片小广场，周围环绕着几十座大大小小的茅草屋，猪、狗、鸡在草屋之间闲逛，村边的陶窑冒出淡淡青烟，身穿粗麻布衣的男女用泥巴捏制陶罐坯，在上面描绘黑色图案。

　　村落外，是成片的农田，谷穗在风中摇曳，它们产出的粟米（小米）是村民的主粮。几个男人正在给一只马鹿剥皮，用石头小刀分割皮肉，再用木柄石斧把骨头砍开，骨渣飞溅，引来几条狗围观争抢。

姜寨一期聚落复原图，仰韶半坡文化阶段，距今 7000—6000 年 [1]

　　穿越而来的访客发现，有一条四五米宽的壕沟包围着村寨（考古报告一般称之为"环壕"），沟底有积水和尖木桩防范入侵者，内侧还有一道木头栅栏，只有一座原木搭成的小桥可以进入村落。这群访客已经饿了，想从村里交换一餐午饭——在"原始人"眼里，他们携带的小镜子和打火机等是高价值宝物。

　　但还没等来访者走近小桥，狗已经发现了异常，开始狂吠。所有村民都放下了手中的活计，拿起棍棒或弓箭，叫喊着冲向木栅。射向陌生人的是羽箭，箭镞用骨头或石头磨制，插在木箭杆的顶端，用细麻线绑牢。被射中会很痛苦，即使拔出木杆，箭镞也很容易留在体内，被肢解的马鹿就是例子。

　　第一次尝试失败后，穿越者切换了一种模式，这次是下一个千年，距今 6000—5000 年之间。

　　小村落还在原地，只是房屋的布局不再是紧密环绕，而是三五成群，零星分布。村外的壕沟也已经废弃，被生活垃圾填平，人们可以随意进入村落。其他的变化似乎不大。

来访者吸取了上次的教训，他们不再指望和平交易，而是偷偷靠近，然后齐声呐喊，冲进村落——有人还点燃了烟花爆竹。村民被这些奇装异服、掌控着火和雷电的入侵者吓坏了，夺命狂奔而逃。

于是，这群现代人成了征服者，一切粮储和禽畜都是他们的战利品。但好景不长，大半天后，开始有全副武装的"原始人"成群出现在村外。有上千名手持石斧、石矛或弓箭的成年男女，站在最前方的，是头发上装饰着羽毛的巫师，他正在用咒语高声诅咒入侵者。一名男子显然是首领，戴着一串野猪牙项饰，用红石粉涂抹脸颊，手拿一柄玉质光泽的石斧，几名长老簇拥在他身旁，正在合谋进攻方案。

结果是，不论死活，入侵者都将被斩首奉献给本地的守护神祇。

村落、部落到早期国家

上面描述的这两种区别，是 6000 年前中国新石器时代发生的变化。

距今 6000 年前（仰韶文化前期），村落规模不大，是独立的生活单元，房屋建筑或者中心环绕，或者整齐联排，可能和其他村落贸易、通婚，但固守着本村落的集体自治生活；有自己的防御体系，村落之间时而爆发冲突，坟墓里中箭或被斩首的尸骨是己方战死的勇士，而俘获的敌人则会被处死扔到垃圾坑中，还可能有一些零碎尸骨被抛撒在村落内外。

比如，宝鸡北首岭 77M17，仰韶文化半坡阶段，距今 6000 年，墓主是一名成年男子，可能在对外械斗中被砍掉了头颅，族人特意用一个造型奇特、有黑色花纹的陶罐代替，以示哀悼。随葬器物比较多，还有骨镞等兵器。

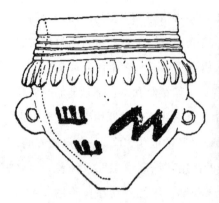

宝鸡北首岭 77M17 出土陶尖底罐线图及照片[2]

距今 6000 年后，村落的集体生活特征逐渐变弱，独立防御体系也逐渐消失，出现了更大范围的政治体——十几个村落形成的"部落"。这些部落往往有上千人，有世袭的头人及各村（氏族）长老组成的议事会，还有自己部落的图腾和英雄传说。村落没必要再维持单独的防御体系，倘若受到威胁，整个部落都将集体应战，就像穿越者第二次到访的情景。

这种由若干个村子组成的部落，面积可能如同今天的一个或几个乡镇。头人居住的村落是中心，会建造一座比较高级的夯土地基的房子，大约 100 平方米，作为头人和长老议事的场所以及举行集体仪式的会堂。头人的中心村落可能有防御工事，如壕沟、栅栏等。

比如，秦安大地湾四期 F901，距今 5000 余年，主厅面积 131 平方米，包括院落在内，则为 420 平方米。房屋地基使用的是特殊的料礓石三合土，平整光滑，硬度接近现代水泥地面。厅内正中有一座圆形大火塘。F901 应当是部落的中心建筑，具有较强的公共性，家庭生活的遗迹很少，可能并非部落头人的家宅，主要充当头人和长老议事的场所。

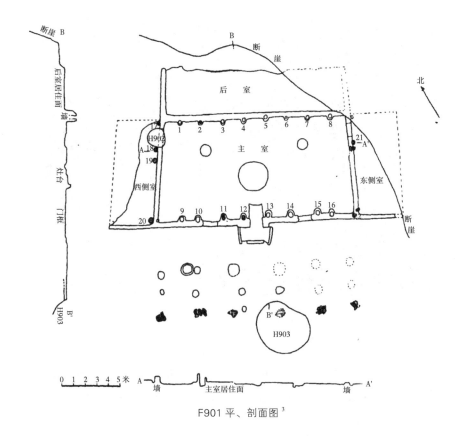

F901 平、剖面图 [3]

以上，是距今 6000—5000 年间（仰韶文化中期）发生的最明显变迁。

在千年的维度上，很多变化都是缓慢的。各种技艺的水平，如农作物种植、家畜养殖、制陶、纺织等，一直在缓慢提高着，人口或村落的总量也在缓慢增长。但这些都是量变，而非质变。

唯一明显的变化，是人群"共同体"规模的扩大，已经从百人级别增长到千人级别。它带来的影响也更直接：村落之间的冲突成为过去，和平的日子更多了，但部落间的战争规模却更大了，伤亡也更多。

再到下一个千年，距今 5000—4000 年之间（仰韶文化末期与龙

石峁遗址城东门址人头坑（K1）[4]

山文化期），有些地区的人群共同体则变得更大，几个或十几个部落
汇聚成了早期国家，如陕西石峁古城、山西陶寺古城，能统治一两万
甚至三五万人口，面积相当于今天的一个或两三个县。其中，统治中
心已经形成城市，面积有两三平方公里，周围环绕着数米高的夯土或
石砌城墙，城内有数百平方米的大型宫殿，上层贵族开始使用精美器
物，死后的墓葬里也堆满了豪华随葬品，而且经常用人殉葬。

　　有些较大的都城，居民会过万，多数是农夫，也分化出了手工业
者、世袭统治精英，以及巫师等专业知识人群。巫师观察天象，编制
早期历法，研究占卜通神之术。甚至可能已经有了记录语言的原始符
号，初步的冶铸铜技术也在悄悄流传。

　　这时，国家、王朝和文明时代已经不远了。

　　以上两千年历程，是新石器中晚期到文明（青铜）时代前夜的变

化大趋势：从村落到部落再到早期国家。通俗一点说，就是从村级到乡级、县级的递增升级。

对于如何称呼不同规模的人群共同体，特别是万人规模的早期国家，中外学者使用过不同的词，如方国、酋邦、古国等。从便于理解的角度考虑，本书采用"早期国家"和"古国"之称。

但需要注意的是，村落—部落—古国只是用最简单的方式描绘的总体趋势，并不意味着距今 6000—4000 年间的所有新石器时代人群都准时加入了这个进程。在有些交通不便的地区，孤立的村落可能存续到三四千年前，而部落共同体可能存续到一两千年前，甚至一百年前。这首先是地理条件的限制，越是偏僻、交通不便的地方，小型共同体越容易维持，而缺乏天险环境中的人群更容易被裹挟进更大的共同体。另外，也可能会有历史当事人的主动选择，但作为现代人的我们已经无法验证了。

多数早期国家并不能维持长久繁荣。距今 4300—4000 年间，华北很多地方同步出现了古国兴衰的一幕：陶寺（山西襄汾）、石峁（陕西神木）、清凉寺（山西芮城）和王城岗（河南登封）等都曾出现古国气象，但在繁盛两三百年后，都发生了解体，重归部落共同体的水平。

为何迈入文明时代的门槛会如此艰难？现在尚未有确定的答案。

水稻带来和平？

20 世纪与 21 世纪之交，长江中游的两湖地区陆续发掘出多座距今 5000 年左右的"古城"，如湖南澧县的城头山和鸡叫城，湖北天门的石家河……一时间，长江中游似乎要成为中国早期文明的起源地。但后续的发掘并未发现跟早期国家与文明相伴生的更多元素，如巨大的宫殿建筑、社会分层现象、金属冶炼技术等，"长江文明起源说"遂逐渐沉寂。

不过，为何长江流域曾产生众多古老的"城"，却是个有趣的问题。若要一探究竟，先要理解黄河与长江流域以及旱作与稻作农业的关系。

新石器时代是基本农业的时代，在人类驯化的主粮中，中国占了两种：黄河流域的粟米和长江流域的水稻，它们分别需要旱地和水田环境。

这两种作物的人工驯化都发生在一万余年前。水稻的考古证据更多一些，因为稻米颗粒大，古人制陶时常在泥坯中添加稻壳，便于考古发现。在长江以南的湖南、江西和浙江，均发现有上万年前的水稻遗存。

稻田需要灌溉和排水系统，需要平整的水滨田块，这是北方旱作的粟和黍从来不需要考虑的。长江流域的新石器人群一直忙于水利设施和稻田工程，而水利设施达到一定规模后，无论耕作面积，还是收获量，都会有实质性的提升。所以，在距今6000—4500年间，两湖地区出现了众多繁荣的稻作聚落。

至于考古报告宣称发现的那些"城址"，其实是为了防洪目的堆筑的。所谓的"城墙"，大都宽数十米，高数米，非常平缓，人可以从容地踱步而上，没有军事防御作用，其用途是防洪，供人们在上面建房定居，躲避南方常见的水患；而挖土形成的洼地水塘，是灌溉稻田的储水设施，有些甚至直到今天还在使用。这种环形土堤是人们改造湿地的手段，直到近代，湖北还有很多，方言称之为"垸"。

比如，湖南澧县的城头山"古城"，是一直径300多米的近圆形土围子，其"城墙"非常宽，且平缓，本质是土堤。距今6000—5000年间，经历过多次扩建，取土洼地形成了水塘，有些至今仍在使用。

不过，即使城墙不是军事防御之用，这些水乡古城的意义还是重大，说明当时的人为建造大型水利设施，已经形成超出村落甚至部落规模的较大共同体，统一规划施工，共享水利设施带来的收益。

这是一种基于集体协作的"小流域治理共同体"，不仅人口密度和数量有了实质性的飞跃，而且由于共同体建立的基础是水利协作而非军事征服，所以这些"古城"没有出现明显的社会分层和阶级分化现象，比如，没有特别奢华的墓葬和首领宫殿，战争和屠杀的迹象很少，人祭现象也一直不多。这些都和稻作文化区依赖协作、联合建设水利工程有关。

这种比较和平、均等的稻作社会，还有与之"配套"的原始宗教理念。位于长江中游的 5000 年前的屈家岭文化，盛行一种埋葬陶器祭祀的风俗，而且是特制的大型陶"筒形器"；后来，又演变成制作巨量的泥塑人偶、动物、小杯子等加以焚烧和掩埋。我们不知道这些行为的具体含义，但它们的社会功能比较清晰，就是群众参与性强，没有财富门槛。这和缺乏战争与人祭的社会环境比较搭配。

比长江中游稍晚一点，距今 5000—4900 年间，在今浙江杭州市西北郊的余杭区也出现了大型防洪"良渚古城"，以及复杂的灌溉堤防体系。这座古城一度接近了早期国家的门槛，有非常明显的阶级分层，贵族统治者有建在土筑高台之上的豪华殿堂，墓中随葬大量精美玉器，有些高级玉器上还刻着宗教意义明显的"神人兽面纹"和神鸟纹，可见祭司阶层比较活跃。

在良渚古城的繁荣阶段，并未见到人祭现象，而且它的繁荣只维持了一两百年，然后王这一级别的宫殿和墓葬都消失了，社会又退回到部落林立的状态。[5] 后来，在今太湖东岸的良渚文化地区发生了频繁的冲突，伴随着批量杀人献祭和人殉现象（今江苏昆山、上海青浦地区），但这些冲突一直停留在部落间战争的层次，从未发展到古国水平。

结合气候变迁看，在一万多年前，地球的上一轮冰期结束，气温持续上升，开始进入"全新世大暖期"，到距今 5000 年左右，湿热气候达到顶峰，长江流域人群兴建水利设施的高峰也恰好出现在此时。然而，在距今 4500 年之后，长江流域曾经繁荣的古城皆陷入萧条。有学者认为，是大洪水导致了南方的低迷，但证据尚不够充足。

再来看人祭宗教现象。

距今 6000 年前，黄河流域开始有零星的苗头，如西安的仰韶半坡遗址，村落中心一座半地穴式大房屋 F1 的地基中埋了一颗人头 [6]：这座房屋是村落的公共活动中心，在地基中埋入人头应当有宗教用途。

距今 4500—4000 年间，南方稻作区陷入沉寂，黄河流域则开始进入龙山文化阶段，各地出现了很多部落间的冲突或战争迹象，证据是批量处死的尸骨以及夯土或砌石的城防等。比如，河南的王城岗古城，宫殿夯土中有 13 座人奠基坑，每座坑中都埋有多具尸骨，但由于没有全部发掘，所以无法统计用人总量，唯一完整发掘的一号奠基坑内埋有七具人骨。[7] 在河南安阳后冈，发掘出 39 座不大的房屋，奠基童牲 27 人，[8] 说明这里修建房屋流行用儿童奠基。[9] 陕西神木石峁古城东门，至少有五座人头奠基坑，埋有青年女子人头近百颗。山西襄汾陶寺古国的宫殿区也有人头奠基坑，芮城清凉寺墓地中则埋有大量殉葬的人。

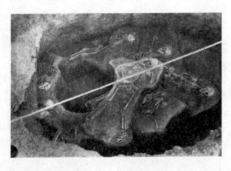
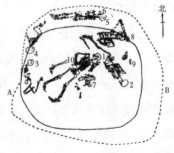

王城岗古城宫殿区的一号奠基坑（二期）照片及平面图：埋两名女性青年、三名儿童、两名男性壮年 [10]

此外，在一些部落级别的聚落里，也有多人一起被杀的现场，从河北、河南到陕西，都发现了此类尸骨坑，如邯郸涧沟、郑州大河村、洛阳王湾、西安客省庄等，但尸骨码放并不规整，也没有其他的祭祀特征，所以不能确定是否都是宗教目的的杀人献祭，也许有些只是对俘虏的批量屠杀。

在新石器时代，华北地区之所以动辄爆发冲突或战争，人祭兴盛，可能和旱作农业不需要水利设施[11]、人群之间没有协作的动因有关。而伴随着征服的，是人群共同体规模的不断扩大，从而催生了众多古城和早期国家。

不过，简单的分类和归纳注定不足以涵盖复杂的社会现象，任何"规律"都会存在例外。稻作的良渚文化内部也曾有过局部冲突和人祭现象；华北各龙山古国中，人祭和屠杀的数量也不相同，陶寺的人祭可能要比石峁少得多。[12]

到距今 4000 年前，华北地区一度星月同辉的各小型古国陷入沉寂，部落间的冲突现象也已减少，长江和黄河流域则了无生气。此时的华北地区虽零星地存在两种技术，一是可能从西北方传来的处于起步阶段的冶铜技术，二是从长江流域传来的非常成熟的水稻种植，但它们似乎并未引起华北新石器人群的太大关注，还只是可有可无的点缀。

然而，在河南的嵩山脚下，却有一个小部落意识到了这两种技术的价值，而且也善于寻找更适合发展这两种技术的新环境，于是，华夏第一王朝的故事开始上演。

注释

1　巩启明：《姜寨遗址发掘回顾》，《中国文化遗产》2010 年第 1 期。

2　中国社科院考古所宝鸡工作队：《一九七七年宝鸡北首岭遗址发掘简报》，《考古》1979 年第 2 期；中国社科院考古所：《宝鸡北首岭》，文物出版社，1983 年。

3　甘肃省文物工作队：《甘肃秦安大地湾 901 号房址发掘简报》，《文物》1986 年第 2 期；钟晓青：《秦安大地湾建筑遗址略析》，《文物》2000 年第 5 期。

4　石峁古城的发掘还处于起步阶段，古城全貌尚未得到揭露，但已经发现了残忍而且大规模的人祭现象。参见孙周勇、邵晶《瓮城溯源：以石峁遗址外城东门址为中心》，《文物》2016 年第 2 期；陕西省考古研究所《发现石峁古城》，文物出版社，2016 年。

5　浙江省文物考古研究所：《良渚古城综合研究报告》，文物出版社，2019 年，第 354、364、440 页。

6　中国社科院考古所：《西安半坡：原始氏族公社聚落遗址》，文物出版社，1963 年，第 18 页。

7　河南省文物研究所、中国历史博物馆考古部：《登封王城岗与阳城》，文物出版社，1992 年。

8　中国社科院考古所安阳工作队：《1979 年安阳后岗遗址发掘报告》，《考古学报》1985 年第 1 期。

9　到殷商后期，这里又出现了恐怖的 H10 圆形三层祭祀坑，不过和龙山时代相隔已有一千余年。

10　河南省文物研究所、中国历史博物馆考古部：《登封王城岗遗址的发掘》，《文物》1983 年第 3 期。

11　至少是石器时代还不需要，到铁器时代，随着华北人口密度增加，有些旱作地区也需要灌溉设施来提高产量。

12　石峁遗址有中心宫殿建筑区"皇城台"，有外围石砌围墙，虽然目前只在城墙东门和皇城台分别发现密集的人头祭祀坑以及部分尸骨坑，尚未发布详细的发掘报告，但仅从东城门祭祀坑看，石峁古国的人祭行为已经有很大规模。

第二章　大禹治水真相：稻与龙

在上古的传说中，"大禹治水"是人类改变自然界的宏大事业；禹的儿子启则在随后建立了华夏第一王朝——夏。两代人的故事堪比创世史诗，壮丽辉煌。

按照古书记载，在尧和舜的时代曾经发生大洪水，尧帝派禹的父亲鲧治水，但没有成效，鲧被处死；舜帝则继续任命禹治水，结果禹不仅治理了水患，还开辟了黄河和长江流域的陆路与水路交通网，划出了九州行政区。[1]

远古历史总是和神话杂糅。现代学术产生后，有学者开始质疑大禹传说的真实性，比如开创"古史辨"学派的顾颉刚，他就认为大禹的事迹是战国时的人虚构的。

历史文献在流传的过程中往往会被后人加工或改造，甚至被塞进更晚的篇章。现存关于大禹最早的文献，是《尚书》开头的几篇，如《舜典》《禹贡》，但受到的怀疑也最多。近年，一件流散海外的青铜器"遂公盨"被发现，其铭文中有这样的叙述："天命禹敷土，随山浚川。"但它属于西周，跟大禹的时代相距甚远。

传说是大禹凿通了长江、黄河、淮河和汉江，但从工程的可能性看，这都不现实。即便是现代国家也不太可能实施这种完全改变大江大河的工程，更何况在 4000 年前还没有出现地跨黄河和长江流域的大型国家，其人口规模和技术水平根本不足以改造大江大河。

难道，大禹治水只是西周或者春秋时候的人创造的神话？考古发现能提供解答，虽然它有时会离人们最初想象的"答案"很遥远。

依赖水稻的古洛阳－二里头

在今洛阳市以东 20 公里处，伊河和洛河沉积形成的小平原上，发现了疑似"夏都"的偃师二里头遗址。它的占地面积、宫殿规格以及手工业的发达程度都超过了以往和同期任何遗址。而且，二里头遗址距今 3900—3500 年，恰好在商朝之前，所以它很可能就是夏朝的都城。

二里头考古的成果已经有很多，但留心二里头人的主食是哪种的还不多，大多数学者普遍默认，按照华北地区的传统，它应当以旱作的粟（小米）为主。

但事实恰好相反，二里头人的主食是水稻（大米）。不仅如此，这背后还可能隐藏着"大禹治水"的来历。学界没有意识到这个问题的原因，说起来颇为有趣，就是按粮食颗粒数进行统计和排名，而忽视了不同粮食的颗粒其实差别巨大。

历经上千年埋藏的粮食大都已经碳化，如果不是大量的堆积很难被发现。近年来，考古工作者开始采用"浮选法"来寻找粮食：在遗址中采集土样，打散后放入水中搅拌，而碳化的粮食比水轻，所以粮食会浮上水面。这样，人们就可以采集到古人遗弃的粮食颗粒，观察古人在种什么、吃什么。

在 1999—2006 年的二里头发掘中，对遗址土样采用"浮选法"得到的样本显示：粟米（小米）数量最多；稻米（大米）其次，约为粟米数量的一半；其他旱作的黍、大豆和小麦数量很少（参见表一）。[2] 这样看来，稻米在二里头似乎不占主要地位。

表一：《二里头：1999—2006》中的出土粮食颗粒占比

	粟	稻	黍	合计
粒数	11059	5687	1542	18288
粒数占比	60.5%	31.1%	8.4%	

但粟米和稻米的颗粒大小及重量很不一样，单棵植株收获的籽粒数量也相差悬殊。分析古人的种植规模和食物构成，应当统计的是重量，而非粒数。但很可惜，浮选工作没有称重的报告，目前还只能通过粮食颗粒数"构拟"它们的重量。在农学上，统计不同作物颗粒重量的术语是"千粒重"，所以，我们可以参考现代粮食的"千粒重"数值进行折算。这也是不得已的替代方法。

粟米平均千粒重一般为 2 克，稻米平均千粒重一般为 16—34 克，即使按最低的 16 克计算，两者颗粒重量也相差七倍。根据这个比例，二里头出土的稻米重量应是粟米的四倍，是当之无愧的最重要的粮食。[3]

二里头出土的粟、黍和稻粒：三者体积差别很大，如果用颗粒数来衡量它们的种植面积，显然会产生重大偏差。[4]

2019 年，一份样本更多的浮选统计论文发表，包含二里头各期的 277 个采样，但仍是按照粮食颗粒数计算的。这次，稻米颗粒数量略超过粟米，位居第一：稻，14768 粒；粟，13883 粒；黍，2248 粒。

稻米粒数略多于粟，这让论文作者觉得难以解释，便猜测这些稻米是从外地进贡来的："通过收取贡赋的手段，从当时的水稻种植区域征集大量稻谷。"[5] 但稻谷种植区应当在哪里，古人的交通问题如何解决，这些都还无法解答。

如果把颗粒数折算成重量，稻米的权重还要上升很多，占比 84.5%，在二里头人的种植面积和食谱中占据绝对优势（参见表二）。

表二：二里头出土粮食颗粒及折合重量

	稻米	粟米	黍米	合计
颗粒数	14768	13883	2248	30899
千粒重（克）	16	2	7	
折合克数	236.288	27.766	15.736	279.79
粒数占比	47.8%	44.9%	7.3%	
重量占比	84.5%	9.9%	5.6%	

现在洛阳市周边，包括二里头地区，已经很少种植水稻了，但距今 4000 年前显然不是这样。

水稻发源于长江流域，从 6000 年前以来，一直在缓慢而持续地向华北传播。在距今 4000 余年前的华北遗址中，有很多都发现过水稻粒，但数量占比很低，几乎可以忽略不计。可见，二里头发现的水稻不可能是外来的贡品，因为在二里头人还没有建立起王朝、无法向外地征收"贡赋"的时候，他们就以水稻为主粮了。

这就需要说说二里头人的来历。

移民穿越嵩山

考古发现，二里头人并非洛河边的土著居民，他们来自位于二里头东南方100多公里的新砦聚落，而新砦和二里头之间隔着嵩山。

新砦聚落存在于距今4000—3900年间，面积约1平方公里，这意味着聚落人口已多达数千。在龙山时代的繁荣过去之后，这种规模的聚落已经很少见，显然，新砦人找到了某种可以使人口增殖的秘诀。

考古工作者对新砦遗址也做过浮选，稻米粒数占54.37%，折合成重量的占比则是85.1%，和二里头的数据（84.5%）非常接近。[6]（参见表三）

表三：新砦遗址出土粮食颗粒及折合重量

	稻米	粟米	黍米	合计
颗粒数	429	256	98	783
千粒重（克）	16	2	7	
折合克数	6.84	0.51	0.69	8.04
粒数占比	54.8%	32.7%	12.5%	
重量占比	85.1%	6.3%	8.6%	

到3900年前，新砦人突然向西北穿过嵩山，进入洛阳盆地，在古伊洛河北岸营建起新的家园，这就是二里头的来历。新聚落和新砦规模接近，也是约1平方公里，数千人。

在二里头遗址最早的地层（一期），考古工作者发现了捕鱼用的骨鱼叉和陶网坠，很多蚌壳制作的工具，如箭镞和用于收割的蚌镰，显示当年这里是水滨湿地环境。

二里头一期（距今约3900—3800年）的聚落规模，继承了新砦遗址，面积约1平方公里，尚未发现大型建筑。不过，水稻在二里头

二里头与新砦遗址方位 [7]

人的粮食中已占据最重要地位：在这一期地层内，发现水稻953粒、粟155粒、黍36粒。[8] 这个比例和新砦可谓一脉相承。值得注意的是，此时的二里头聚落规模不算大，还不可能统治到较远的地方，所以水稻肯定不是外来的"贡赋"，只能是自己生产。

　　洛阳，位于中国地形第三和第二阶梯过渡带上的一个大平原和山地的交界处，被断续的低山包围成不太严密的盆地，而黄河正是从洛阳北部山地穿过，然后流入开阔的华北-黄淮海大平原。在新石器时代，洛阳盆地一直有零星的聚落，到新石器末尾的龙山文化时代（距今4500—4000年），曾出现部落间剧烈冲突的迹象，如各种被杀害后遗弃的尸骨（王湾二期），[9] 但并没有发育出大型城邑。龙山时代的辉煌基本在洛阳盆地之外，比如，在东边，嵩山东南麓曾出现过一系列夯土小城-小型古国，在西北方，临汾盆地则有繁荣的陶寺古国。

　　龙山时代结束后，洛阳盆地才成为孕育华夏文明的温床。

大禹治水真相

《史记·夏本纪》中有一处很特殊的记载，说大禹在治水期间曾经让他的助手"益"给民众散发稻种，在低洼多水的地方种植：

> 以开九州，通九道，陂九泽，度九山。令益予众庶稻，可种卑湿。

大禹推广稻作在其他古书中都没有相关记载，但在《史记》中却出现过两次。这应当不是司马迁的笔误，而且，在新砦和二里头考古中也都得到了验证。

在有关大禹的传说中，治水的背景是大洪水泛滥，所以有学者认为，龙山时代的华北曾出现过一些古国，但在4000年前陷入萧条，原因就是那场传说的大洪水。但这个观点很难成立，因为在新石器时代，华北以粟、黍等旱作农业为主，基本不需要人工灌溉，从而聚落也就可以远离河谷低地。龙山时代最显赫的古国，如山西陶寺、清凉寺和陕西石峁，都坐落在山前和梁峁地带，比临近的河谷高出数十米，不太会遭受洪水威胁。总之，它们的衰落可能各有原因，但不会是因为洪水。

传说是经过诸多流变、改造的历史记忆，其最初的"内核"会被层层包裹，甚至改头换面，难以识别。但参照考古成果，我们还是能发现"大禹治水"的最初内核：一场龙山末期部分古人改造湿地、开发平原的活动。

这涉及上古和后世地理环境的区别，需要多解释一下。

从历史时期直到现在，江河下游的平原地带都是人口最为密集的地区，如华北平原、黄淮海平原、长江中下游平原。但上古的石器时代则截然相反，在没有人为筑堤干预的情况下，江河在平地上容易呈漫流状态，而湿地沼泽并不适合农业。

　　《尚书·禹贡》这样描写黄河下游的景观："又北，播为九河，同为逆河，入于海。"这里的"九河"不是确切数字，是泛称，指下游黄河形成多条扇状分岔，泛滥成为广阔湿地，与海滩相连。这是上古时代未经治理的下游平原面貌，而内陆的平原地区，其环境也与此类似。比如，关中的仰韶文化遗址就有大量和水有关的元素，捕鱼的鱼钩、网坠，用蚌壳制作的各种工具，乃至陶器上画有大量鱼类图案等。这些遗址大都分布在台地，远离湿地水滨，看来古人也会到湿地中渔猎。

　　而在华北地区龙山时代的遗址中，普遍有少量稻谷，虽然占比很小，但说明黄河流域的人们已经开始尝试利用湿地边缘种植水稻。新砦-二里头人则走得更远，他们已把水稻作为主粮，而这就需要开发湿地，排干沼泽，将其改造成拥有灌排水系统的稻田。简而言之，在龙山时代结束后的"大萧条"中，新砦-二里头人之所以能够异军突起，甚至建立华夏第一王朝，水稻是重要原因。

　　这在文献中也能找到一些旁证。战国的孟子这样描述大禹的治水："当尧之时，水逆行、泛滥于中国，蛇龙居之，民无所定，下者为巢，上者为营窟……使禹治之。禹掘地而注之海，驱蛇龙而放之菹，水由地中行，江、淮、河、汉是也。险阻既远，鸟兽之害人者消，然后，人得平土而居之……"（《孟子·滕文公章句下》）

　　从孟子的描述看，禹的治水工作就是排干和改造湿地。这其实是新石器晚期以来几乎全人类共同的事业。比如，古罗马城是在公元前6世纪王政时期的排干沼泽工程中初步建成的，甚至直到工业时代初期，巴黎的凡尔赛宫，乃至整座圣彼得堡市，也都是排干沼泽后营建出来的。

　　进入现代社会，平原地区的人口最密集，产业也最集中，但这已经不是石器时代的本来面貌，而是后来人工改造地理的产物。新砦-二里头人可谓这个变化的先行者。

　　当然，改造湿地、扩大稻田的工作并非新砦-二里头人的首创，南方稻作的良渚和石家河古国都曾经有过这种工程，比二里头要早一千年甚至更多，但都还没形成持续的效果就先后解体了。

但在华北，改造平原湿地的工作，起步虽晚，却更有成效和持续性。原因何在？

其一，可能是因为比起南方，华北降雨较少，更容易排涝，且粮食作物更多元，既有水稻，也有旱作的黍、粟、豆和麦，这样的话，改造初期的湿地适合种植水稻，但随着气候暖湿程度的减弱，二里头这种"稻作殖民地"会逐渐回归旱作，同时，稻田灌溉技术被保留下来，继续用于粟、麦等北方作物，而这对于旱作农业的增收有重要作用。这可能也是为什么继夏朝之后，商朝和周朝都建立在华北的平原地带，并奠定了此后直至秦汉的"华北优势"。

当然，和后世相比，新砦-二里头的人口基数仍然很低，改造湿地平原的工作也很有限。新砦属于豫西山地与河南平原的交界带，地势相对低平，向东就是广阔的大平原-古湿地，但新砦人却没有东进，而是选择了洛阳盆地的二里头，究其原因，这很可能是因为：洛阳盆地面积有限，二里头周边的微环境更容易改造；他们当时的人口规模也还不足以全面开发大平原。

其二，新砦人有机会扩展稻作农业还有一个重要原因：从陶器器型看，新砦属于主要分布在淮河、汉江流域以及长江中游北岸稻作区的煤山文化，[10] 且位于煤山文化的最北边，稻作和旱作农业的杂糅地带。正是在此基础上，新砦人用水稻开发了二里头。

其三，新砦人并不是从南方的煤山文化中心区搬迁而来的移民，因为没有发现他们饲养水牛的证据。水牛是热带、亚热带动物，直到今天，也还是只能生活在秦岭-淮河以南地区。新砦和二里头出土过很多人工饲养的牛骨，但都属于黄牛，没有水牛，说明他们并非从南方迁徙而来。新砦人的先祖应当是以旱作为主的本地土著，后来因被南方蔓延来的煤山文化同化，从而学会了水稻种植。二里头出土过犀牛和鳄鱼的骨头，可见当时华北的气候比现代更湿热。至于为何水稻比水牛先传播到黄河流域，目前还没有令人满意的答案。

游龙的王朝

距今 4000 年前，河南平原上有大量水泊湿地，所以新砦人可能是一个生活在湿地中的部族，能很快适应南方传来的水稻农业。另外，二里头-夏朝人有崇拜龙的习俗，应当也和他们曾经的滨水生活有关，因为上古传说中的龙都是水生，形体与蛇接近。

顾颉刚早已发现，"禹"字从"虫"，也就是蜷曲的蛇形，而在古史中，禹的父亲名"鲧"，字义是某种水生之物，据说鲧死后变成了黄龙。(《山海经·海内经》郭璞注) 夏朝王室族姓为"姒"，在后世的甲骨文和金文中，它的"以"部的写法就是蜷曲的蛇形。[11]

这些古史中的信息应当不是偶然，因为在考古中也能找到呼应。二里头的显贵墓葬经常随葬绿松石的龙形器或饰牌。其中最典型的，是一座二期墓葬，编号 2002VM3。[12] 墓主上身放着一条绿松石镶嵌的"龙形器"，全长约 70 厘米，由两千多片细小的绿松石片组成，呈游动的蛇形，从墓主肩部延伸到腰部。龙头用两枚白玉珠做眼，球状绿松石做成蒜头鼻，鼻梁是三节柱状青玉和白玉。这些复杂的绿松石结构可能是粘贴在纺织物上面的，类似挂毯，覆盖在墓主上半身。出土时，有机物已经腐蚀消失，绿松石嵌片尚保持原位。这位墓主被埋葬在当时的一座大型宫殿院内，还有其他高级随葬品，显然是王室成员的级别。由此亦可见，绿松石龙很可能代表的是夏-二里头人的图腾。

后来，二里头显贵的丧葬习俗发生了一些改变，绿松石镶嵌的大龙变成了巴掌大小的铜牌饰，上面用绿松石拼成一只俯卧的动物，但造型比较抽象，不太容易辨认是什么。但有二期 2002VM3 中的龙形器先例，学者认为，这些铜牌饰的造型也是龙。[13]

　　龙一直是二里头高等级墓葬的标志，迄今发现龙形器和铜牌饰的高等级墓不超过五座。另外，龙形图案不止有墓葬中的绿松石饰物，很多陶器上也有龙或蛇的花纹和造型。

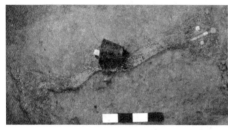

　　　　2002VM3 绿松石龙形器[14]　　　　　　　二里头发现的龙蛇纹饰[15]

　　在二里头之前，龙已经有一千多年的历史。在距今 5000 多年前的红山文化中，经常出现玉雕龙，稍后的凌家滩和良渚文化中也有玉龙，陕北石峁古城（比二里头古城早三四百年）的石墙有浮雕龙形图案。二里头的绿松石龙形器造型和石峁皇城台的浮雕龙接近：石峁浮雕龙的头部为圆弧形，二里头的初看是方形，但实际上方形只是基座轮廓，其中包含的龙头仍是圆弧形。石峁的龙元素并不多，到二里头则蔚为大观。

　　　　　　　　石峁皇城台大台基 8 号石雕龙拓片[16]

　　比较起来，二里头的龙的规格更高，出现在最为显赫的墓葬，且俯卧在墓主上半身。这是其他文化里的"龙"没有的"待遇"。可见，二里头-夏朝王室和龙的关系更密切，或者说，龙是他们的象征和图腾。

在《易经》的《乾》卦中，也多次出现龙。如"潜龙"，即潜在水下的龙；"或跃在渊"，省略的主语也是"龙"；龙还可以飞，所谓"飞龙在天"。

初九：潜龙勿用。

九二：见龙在田，利见大人。

九三：君子终日乾乾。夕惕若厉。无咎。

九四：或跃在渊。无咎。

九五：飞龙在天，利见大人。

上九：亢龙有悔。

用九：见群龙无首。吉。

从《易经·乾》的爻辞可知，古人观念中的龙主要生活在水中，但也会一飞冲天。

二里头人有稻作和龙崇拜，这让他们在普遍萧条中建立起繁荣的聚落；然而，要超越昔日龙山时代的古国，他们还需要其他的技术，比如青铜。

注释

1　《史记·五帝本纪》。现存关于大禹的记载，主要来自《尚书》、战国诸子和司马迁的《史记》。

2　中国社科院考古所：《二里头：1999—2006》第一册，文物出版社，2014年，第150页。有关二里头考古的基本信息及图片，未注明出处的皆出自该书，不再详注。

3　这里采用的是较低的稻米千粒重数值，二里头稻米和粟米颗粒重量比实际应
　　远超过八倍。二里头浮选结果并未介绍粮食颗粒的平均体积、重量，但王城
　　岗遗址的浮选有体积：粟粒"均呈近圆球状，直径多在 1.2 毫米以上"，稻米"平
　　均粒长是 4.47 毫米，平均粒宽为 2.41 毫米"，计算可知，粟米平均体积约 0.9
　　立方毫米，稻米平均体积近 20 立方毫米，是粟米的 20 倍，所以 8 倍的重量
　　估值属于相当保守。参见赵志军《河南登封王城岗遗址浮选结果及分析》，《植
　　物考古学：理论、方法与实践》，科学出版社，2010 年，第 148 页。

4　中国社科院考古所：《二里头：1999—2006》第三册，第 1301 页。这是等比
　　例显示的图片，在有些浮选统计论文里，各种粮食照片的比例不同，显示的
　　颗粒大小都近似，更容易使人忽视千粒重问题。

5　赵志军：《偃师二里头遗址浮选结果的分析和讨论》，《农业考古》2019 年第
　　6 期。

6　北京大学震旦古代文明研究中心等：《新砦新砦》，文物出版社，2008 年，第
　　522、523 页。新砦一期数据中粟和黍被合计在一起，但这两者的千粒重相差
　　较大，难以进行合并折算，所以这里只用了第二期数据。

7　根据中国社科院考古所《二里头：1999—2006》第四册彩版一改绘。

8　赵志军：《偃师二里头遗址浮选结果的分析和讨论》。

9　北京大学考古文博学院：《洛阳王湾：考古发掘报告》，北京大学出版社，
　　2002 年，第 72 页。

10　袁飞勇：《煤山文化研究》，武汉大学 2020 年博士论文。关于新砦陶器所属
　　文化类型及分布范围，学术界有不同的划分方式，本书采用的是较广义的
　　一种。

11　杜金鹏、许宏主编：《二里头遗址与二里头文化研究》，科学出版社，2006 年，
　　第 112、137 页。常淑敏：《二里头王都的龙文化研究》，中国社科院研究生
　　院 2014 年硕士论文。

12　2002 是发掘年份，V 是发掘区编号。

13　王青、赵江运、赵海涛：《二里头遗址新见神灵及动物形象的复原和初步认识》，
　　《考古》2020 年第 2 期。

14　朱乃诚：《二里头绿松石龙的源流：兼论石峁遗址皇城台大台基石护墙的年
　　代》，《中原文物》2021 年第 2 期。

15　同上。

16　同上。

第三章 二里头：青铜铸造王权

在"夏都二里头"遗址公园尚未兴建时，作家兼媒体人许知远曾带着摄制组造访二里头，由二里头考古队队长许宏给他讲解古老的王宫基址以及3800年前的城建规划大路。

王权的威势如坚硬的夯土，似乎已经写入文化基因，注定主导其后近4000年的中国。镜头前的许知远茫然自语："是宿命，难道——无法走出去么？"

不过，回到二里头初创的时代，当事人面临的问题可能完全不同。在二里头之前的一千多年里，从江南到华北，已经出现若干辉煌古国——石家河、良渚、南佐、陶寺、石峁、清凉寺……它们一度建立大型的城邑，距离"文明"和王朝似乎只有一步之遥，然而经过短暂的繁荣，又都自然解体，复归简单无为的部落时代。

那么，二里头是如何走出昙花一现的旧循环的？因为他们有了新的统治技术——青铜。

最古老的"城建规划"

《竹书纪年》记载，夏朝共有 471 年。[1] 新砦遗址和二里头遗址前后相承，距今约为 3850—3520 年，恰好和古史中的夏朝基本吻合。

但是，除了这个基本的时段特征，古史中记载的夏朝往事，诸如后羿篡权之类，在考古中还找不到验证。而且，二里头考古呈现的很多现象，在史书中也完全没有记载。

新砦遗址存在时间较短，只有一百年左右；后继的二里头遗址存在时间为距今 3750—3500 年，考古工作者将其分为四期。[2] 二里头一期（距今 3750—3680 年）和新砦类似，都是面积约为 1 平方公里的较大聚落，没有发现大型建筑设施，推测还属于部落阶段。到二期（距今 3680—3610 年），迅速扩大到 3 平方公里，出现了社会复杂化的各种迹象，如宏大建筑、财富的集中，这也是之前陶寺和石峁古国的顶峰规模。从这时开始，二里头成为黄河和长江流域独一无二的新兴早期国家。

在二期，二里头人规划了整齐的路网和宫殿区：两横、两纵四条大道，构成"井"字形路网框架；中央是王族生活的宫殿区，东西宽近 300 米，南北长近 400 米；宫殿区北边是祭祀区和贵族墓葬区，南边是作坊区，东侧是贵族居住区，平民可能主要住在西侧；大路宽约 20 米，目前发掘出来最长的是东大路，残留 700 多米，一段路面上还有清晰的车辙，两轮间距 1 米左右，应是人力推拉的双轮小车。

二期出现了两座大型宫殿 D3 和 D5（D 代表殿，编号是发现的顺序，不是建造顺序），在宫殿区中部偏东，夯土地基，方形大院落。

D5 建在约 1 米厚的夯土地基之上，东西宽约 40 米，南北长近 70 米，院内有四排平行的房屋，互相用夯土窄墙隔开。D3 的院落更大，可能有三排房屋，但后期破坏严重，已经难以复原。

在二期，王室有个独特的习俗：把墓葬埋在宫殿庭院内。D5 院

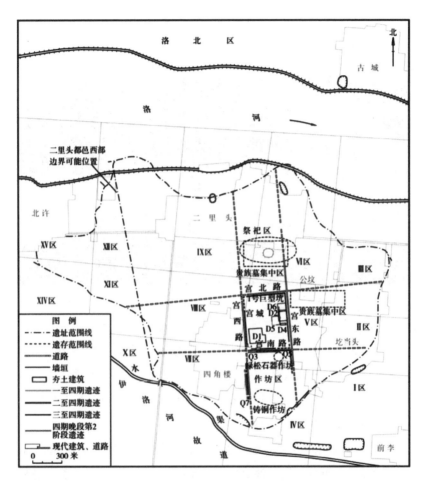

二里头遗址总平面图 [3]

落就发掘出多座墓葬，最著名的是出土绿松石龙形器的 2002VM3（以
下简称"M3"），属于二期的晚段，距今约 3650 年。这座墓穴面积不大（南
北长 2.24 米，东西宽 1.19 米），墓主是一名三十多岁的男性，上半身
尸骨基本腐朽，颈下挂一条用多枚海贝串起的饰物；没有殉葬人，随
葬品除了著名的绿松石龙形器，还有多件陶器、红彩漆木器及少量小
型玉器和绿松石串珠，铜器则只有一枚青铜铃，放在绿松石龙的背上，

内有玉石质的穿孔铃舌。[4]这枚铜铃的造型，与陶寺晚期墓葬中的一
件红铜铃类似，但侧面多了一道扉棱。

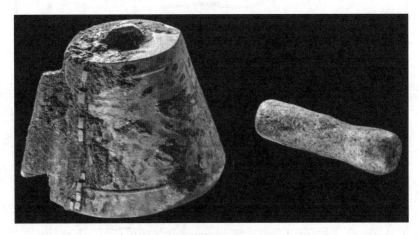

2002VM3 出土的铜铃、铜舌[5]

M3 墓主下葬时，陶寺和石峁古国已经终结近二百年，但它们的
高端文化元素——游龙和铜铃却出现在二里头，说明某些掌握这种技
术的人群可能被洛阳盆地的繁荣所吸引而加盟了新兴的二里头都邑。

那么，M3 的墓主是某一位夏王吗？

这座墓的规模不算太大，但二里头迄今并未发现更大的墓葬，而
且，它属于二里头二期，彼时的夏王朝还没有达到巅峰，能拥有这些
随葬品已经极为难得，特别是绿松石大型龙形器，由上千片细小的绿
松石嵌片组成，每一片都要经过精心打磨和拼接，需要大量的劳动时
间和精湛的技艺，而这些只有在分工程度很高的复杂社会才有可能。
这么说来，它的主人也只能是复杂社会的统治者。因此，M3 的墓主
即使不是夏王，也应当是王族重要成员。

还有不寻常的现象。M3 中没有发现任何兵器，而在此前和此后
的古国都很难发现没有随葬兵器的高级墓葬，哪怕只是村落或部落社
会的男丁也常常会随葬一把石斧钺或几枚箭镞。M3 被后世破坏了一

角，也许有少量随葬兵器恰好在那一角？但和 M3 同期发掘的其他墓葬也没有发现任何兵器。这似乎是一个非常和平的人群。

但随着二里头的繁荣和阶层差距加大，曾经导致往日古国解体的危机也会降临二里头。

王家大院

夏王朝的极盛阶段，是二里头文化三期，距今 3610—3560 年。虽然聚落面积不再大幅扩张，但增加了很多高等级建筑。

宫殿区大道内侧修筑了夯土围墙，围起的小城面积约 0.1 平方公里，被考古工作者称为"宫城"。宫墙不太高大，发掘的底宽只有 2 米，这意味着墙高可能只有四五米左右，而且顶部很窄，不可能有守城的士兵站立其上，可以看作稍加放大的版筑院墙。

宫城东墙地基有三个缺口，推测是城门遗迹。在城西南角，南墙的 7 号基址和西墙的 8 号基址有夯土地基与很多柱洞，像是两座"城门楼"造型。

D3 和 D5 被废弃，新建了多处大小不同的宫殿院落。最显赫的，是宫城西南角的 D1 和东部的 D2：放弃了之前密集成排的房屋格局，每座建筑基本都是一座空旷的大院，院子中央偏北是孤立的主体殿堂，王者气象十足。

D1 的庭院接近正方形，边长约 100 米，东北角向内凹进一块，总面积近一万平方米，比一座标准足球场还要大。因此，院落开工时，得先挖出整体深约 1 米的基坑，然后逐层夯土，打出坚硬的地基，直到整个院落比地面高出近 1 米。这种工程需要调动大量人工，显然有王权在规划调度。

院墙内外两侧有柱廊，有陶制的下水管道，可以把院落中的雨水排到东墙外。大门朝南，有大型门房，共三条门道，每条宽度近 3 米。

主体殿堂的夯土厚达 4 米，底部夯筑了三层鹅卵石，殿堂高出院落 1 米，东西长 36 米，南北宽 25 米，面积 900 平方米。从柱洞分布看，这是一座周围有回廊的大型宫殿。

与二期的 D3、D5 相比，D1 放弃了实用、局促的多排房屋结构，改为空旷的庭院和大型单体殿堂，凸显的是礼仪性质和权力的独尊。之前的各种古国，如华北的陶寺和石峁以及南方的良渚，都没有如此规模的殿堂，这意味着二里头统治的疆域和能够调集的劳动力有显著增加，俨然具有王朝气象——虽然还只是雏形期的王朝。

D1 院落的具体功用又颇难解释，它过于空旷，缺少生活设施，不像是王者起居的场所，哪怕是后世的皇宫也少见如此空旷的封闭式庭院，所以比较可能是宗教礼仪性建筑，类似明清时期的天坛和地坛。

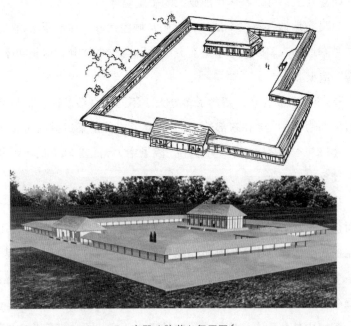

D1 宫殿（院落）复原图[6]

而且，确实在 D1 院落中发现了几处用人祭祀的迹象。

在殿堂北侧，有三具呈环形埋葬的尸骨，头部朝着顺时针方向，按墓葬编号分别为 M52、M54 和 M55，其中，有两具是成年女性：M52，仰身，跪姿；M54，俯身，两腿并直，两臂紧贴身体，像是被捆绑。M55，则性别未知，姿势也像是被捆绑，而且埋人的坑穴极窄，整个人应该是被硬塞（踩）进去的，致其两臂脱臼。

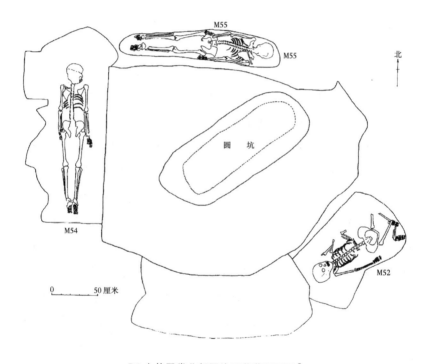

D1 主体殿堂北部圆坑及墓葬平面图 [7]

三具尸骨埋在院落夯土中，包围着一座椭圆形深坑，夯土地基被挖穿，深度在 10 米以上，应当是水井或者是存储用的"冰窖"，兼有宗教祭祀用途。[8]

此外，殿堂西侧还有人祭坑 M57，坑穴也极为窄小，宽度仅有

30 多厘米，死者仰身直肢，身体微扭曲，发掘报告推测，这应该也是被捆绑后勉强填塞进去的。殿堂东南有 M27，死者的手和脚都被砍掉，被折叠成跪坐姿势。

上述五具尸骨都是在庭院地基上挖坑掩埋的，埋葬的时间和宫殿建设基本同期。为观察宫殿夯土地基构造，考古工作者对其进行了局部解剖发掘，夯筑的地基里没有发现尸骨。这说明，二里头可能还没有用人给建筑物奠基的做法，但在建筑落成之后会有小规模杀人祭祀。[9] 在后来较长的使用期里，宫殿院落中留下的遗迹并不多，难以判断举行过哪些祭祀活动。

D2 在 D1 东北方 150 米处，紧靠宫城东墙，建成于三期末，规模略小于 D1，但风格相近：院落南北长 70 余米，东西宽近 60 米，围墙带柱廊；院落中央偏北是独体的大型殿堂，南院墙上有门房和门道；在主体殿堂和北院墙之间，也有一个水井，最初发掘时曾被当成一座大墓（M1）和盗洞。[10] D2 院落内没有发现人祭的遗存。

二里头宫殿区还有一处大型祭祀场所，是一巨大土坑，位于宫城区东北角，发掘者编号为“1 号巨型坑”，是宫殿和宫墙的工程取土形成的，从一期末延续到整个二期，后来则被当作祭祀场所使用。经钻探，该巨型坑东西长 66 米，南北宽 33 米，总面积为 2200 平方米，约有五个篮球场大。最深处近 7 米，总取土量超过一万立方米。由于面积太大，无法整体发掘，只在东侧开了一条解剖性探沟。

解剖显示，坑的边缘很陡峭，坑底有踩踏形成的路面，有房屋和炉灶，局部有积水湿地，还有几处用小猪做祭祀的现场，有些埋葬的是整猪，有些是猪头等部位，集中的一处有三头完整幼猪。

在三期宫墙建设完成后，巨坑被围在宫城内东北角。经发掘，坑底出土有多枚椭圆球形的粪便，主要成分是细碎的灰白色骨渣，像是某种猛兽的粪便。从巨坑所处的环境推测，它可能是宫廷显贵豢养虎

豹等猛兽的苑囿。[11] 把猛兽园和祭祀场放在一起的布局，在上古时代
很少见。

　　目前 1 号巨型坑只发掘了很小的一部分，还无法总结全貌。
从已经揭露的部分看，未发现人祭，相对而言，二里头宫廷人群
更偏爱用猪献祭。

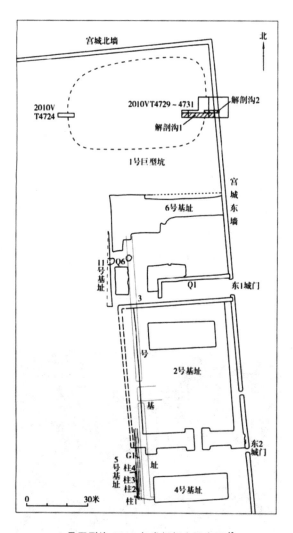

1 号巨型坑 2010 年发掘探方分布图 [12]

宫城外的人祭

宫城北侧，是二里头的祭祀区和显贵墓葬区。在这里，考古工作者发现了一些规格相对较高的墓葬，大多属于三期和四期（距今3560—3520年），仍沿袭着2002VM3的一些特点：墓穴面积不大，有绿松石饰物，没有殉葬人。

有些墓葬埋有青铜兵器和礼器，比如三期的 VIKM3，有铜戈、铜钺和玉戈各一件，铜爵一件，铜戈和玉戈比较大，30 厘米左右。[13]

墓葬区还有直径 1 米左右的夯筑黏土墩，有的八个一组，有的18 个一组，呈密集的梅花状分布，残存高度约 20 厘米，周围有多处红烧土痕迹，发掘者称之为"祭坛"。二里头显贵可能是先点火烹饪祭品，然后放到土墩上面献祭。

祭祀场旁边的一条灰沟（94H3）有人祭遗存，主要是散乱的人骨。报告提及，"有不少非正常埋葬的人骨架"，但没有具体数量。[14] 从发表的一张照片看，至少三枚人头骨集中在一起，还有多根大腿骨被从股骨头部位截断，可能是敲骨吸髓所致。此外，沟内还出土了一件"陶龙头"，暗示祭祀对象和龙有关，但可惜没有这件陶龙头的照片和详细报道。[15]

灰沟 94H3 出土的散碎人骨[16]

还有些零散分布的人祭遗迹，难以判断所处的环境和祭祀过程。比如，在宫殿区西南的 VII 区发现了一座椭圆形深坑（H10），长径 5 米，深 4 米以上，出土人骨架三具和狗骨架一具，距坑口 3.5 米深处有大量牛肩胛骨制作的卜骨，上面有排列整齐的烧灼痕迹。[17] 这很可能是和占卜行为有关的祭祀。

用牛、羊等家畜的肩胛骨占卜，是华北地区自龙山时代以来普遍流行的通灵预测术：先用火炭烧烫骨头，烫出裂纹（汉字"卜"[18] 的甲骨文造形就是骨头上烫出的裂纹），然后从纵横和连续性来判断吉凶。直接在肩胛骨上烫纹有点困难，后来又摸索出新手段，在骨片上钻或凿出许多豆子大的小坑，而且一片肩胛骨还可以有规划地多次使用，以物尽其用。

甲骨上烫出的裂纹被认为神灵降示的预兆，所以占卜之前要给神灵献祭。有些贵族很尊重用过的甲骨，会集中进行埋藏，并杀人和牲畜同埋，这应当也是对降示预言的神表示谢意。

从城市规划和宫殿建筑看，二里头—夏朝不仅有强大的王权，还掌控着很多对神的献祭权，而且贵族也有自己的祭祀（包括人祭）活动。

除了特意的人祭，二里头还有在灰坑（垃圾坑）和地层中随意抛弃尸首甚至零碎人骨的迹象。根据 1959—1978 年的发掘报告，三期和四期中有人骨的灰坑数量大增，比例均超过 10%；在 1999—2006 年的发掘中，共发现尸骨灰坑 39 处，绝大多数（35 处）属于第四期。

表四：1959—1978 年二里头发掘灰坑中有尸骨的比例

	一期	二期	三期	四期
灰坑总数	36	75	138	129
有尸骨灰坑数	0	4	23	16
尸骨灰坑在总数中占比		5.3%	16.7%	12.4%

截至 2020 年，在二里头遗址发现的墓葬总数为 400 多座，[19] 代表正常死者的样本数量；而据不完整统计，埋有尸骨的灰坑有 80 座（处）左右，而且有些坑中不止埋有一具人骨。可见，死于非命且得不到正常埋葬的比例颇高。

有研究者认为，这种灰坑中的尸骨是人祭遗存。[20] 但祭祀应当有比较正规的场所和仪式过程，如果尸骨只是随意抛掷，或者与各种生活垃圾混在一起，则很可能只是身份卑微的人暴尸于街头。

这反映了新兴的"都市现象"：当国家权力和统治阶层出现时，也会伴生庞大的贱民群体，或来自被俘虏的异族，或部落和宗族体系因各种原因被打散，而成为豪门贵族的私家奴婢或国家管制下的贱民，以及都市中的乞讨人群。而一旦丧失部落和宗族这样的互助组织，他们往往会被任意虐杀或死于饥病，并被随意抛尸，从而成为灰坑或地层中的尸骨。

在国家出现之前的村落或部落生活中，也会有人因贫富差距而成为贱民，有些甚至可能会被村落或部落集体排斥而死于非命；但到早期国家出现之后，特别是二里头这种青铜王朝，都城的贫富悬殊则已经非常剧烈，一面是各种宏大建筑和兴旺发达的手工产业，一面是大量赤贫者抛尸街头，各种残酷现象也最为集中。

铸铜场内的人骨

在夏朝–二里头之前，各地发现的铜器都是零星小件器物，数量极少，人为铸造的青铜合金更是稀少。

在夏朝存续的五百年间（这是宽泛的标准，包括新砦的一百年，以及夏商更迭的半个世纪），铸铜技术持续而稳定地发展了起来，从单纯的红铜，到铜、锡、铅三元合金的青铜，从小件器物到较大的青铜礼器（容器）、兵器，夏朝开创了中国的青铜时代。

新砦遗址曾发掘出两块红铜小残片，一块属于铜小刀，另一块可能属于某种容器。[21] 二里头人则继续发展了冶铸铜技术：在一期，发掘出一块铜炼渣和两件残损的铜小刀，经鉴定，其中的一件小刀几乎是纯铜，另一件则属于锡青铜，其中含铜 83.29%，含锡 16.28%，含铅 0.43%。[22]

二里头人掌握的青铜技术是一个里程碑：添加了锡和铅的青铜，熔点更低，熔液流动性更好，更容易冶铸，而且硬度也更高。这两件残小刀都是抛弃在地层中的垃圾，二里头一期墓葬没有发现任何铜制随葬品，但有绿松石制作的小珠子饰物，应当是开采铜矿的副产品。

二里头都邑初具规模后，南侧有了专门的青铜冶铸区，和宫城隔着南大路相望。在二里头二期，宫城墙尚未建设时，冶铸作坊区已经建起 1.5 米厚的夯土围墙，看来这里的防御工作更重要。

冶铸区面积约两万平方米，比一座标准操场还大。有不止一处作坊，出土有和冶铸有关的各种物品，如陶范、石范、陶坩埚的碎块，以及散碎铜块、矿石、炼渣、锡片、木炭。

1983—1984 年发掘的一处较完整的铸铜作坊，有一座半地穴式的长方形大房子，编号 84YLIVF9，室内地穴深 80 厘米，东西长度超过 20 米，地面上有红烧土区域，有铜溶液泼洒形成的绿铜锈面。发掘者推测，这是一座浇铸工场，红烧土面是因工匠烧制陶范形成的。

房子的南侧还有三处可能是露天浇铸的痕迹，分别编号 Z1、Z2 和 Z3。在它们和 F9 之间，有两间夯土小房子 F2，室内地面上有火塘以及支撑烘焙的泥土柱，应当是熔铜或者烧制陶范的工房。

这处作坊在二期经历过两次翻新重建，在三期又重建过一次，所以形成了重叠的工作面地层，每一层都有铸造遗迹和遗留物。

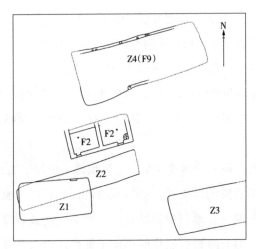

二里头一处铸铜"工坊"平面分布示意图 [23]

在作坊 F9 下面，考古工作者发掘出 13 具尸骨：初次建造时，北墙下埋了五名儿童，室内地面埋了一名成年人；第一次翻修时，工作地面埋入三名成年人；第二、三次翻修时，则各埋入两人。[24]

这些人是正常死者吗？在二期，二里头的显贵人物会被埋在宫殿庭院里，但铸铜作坊的特点则是，每次埋人都发生在新建和翻修的时候。所以，这些人应该不是正常死亡，否则很难解释时间为何这么巧。

可惜，这处作坊并未留下太多发掘记录和照片资料，比如，死者尸骨的姿势、有无伤痕和随葬品等。但从常识推测，铸铜作坊烟熏嘈杂，熔铜汁不断滴落到地面上，显然不是埋葬正常死者的地方，祭祀人牲的可能性较大。

铸铜作坊旁边有一座祭祀坑，编号 84YLIVH99（以下简称"H99"），原是废弃的水井：底层埋了一具被肢解的人的尸骨，被碎尸成很多块，散落在坑中有八层之多，还伴有兽类（可能是猪）的骨肉碎块。献祭者很可能先将其和猪一起烹饪，分食，然后将零碎的骨头投进坑中的；在坑的最上层，是一具全尸，双腿蜷曲侧卧，两手合掌放在腹前，像是腿和手被捆绑着活埋的。

在作坊附近，还发现了一些相对正常的墓葬，随葬有陶器以及铜爵等少量铜器，应当是冶铸作坊经营者的墓区。[25]

到了三期和四期，铸铜作坊更加繁荣。此外，临近宫南路又出现了一座绿松石加工作坊。在二里头，铜器、铸铜产业经常和绿松石饰物相伴，说明人们对铜矿极为重视，开采铜矿的副产品，自然也要物尽其用。

除了青铜冶铸技术，二里头人还创作了一套有礼仪色彩的酒器，如三足的爵、大口束腰的觚、三袋足的斝和盉等。这套酒器被商、周继承，是中国青铜时代的代表器物。

不过，在青铜技术还没发展起来的时候，这些酒器都是陶制的。新砦—二里头人普遍嗜酒，喜欢制造专门储酒、温酒、斟酒的器皿，哪怕是寒酸的小墓，也常有陶制酒器。看来，他们粮食充足，普通人也有余粮来酿酒。

新砦阶段已经有了陶盉和陶觚。到二里头一期，则出现了最早的陶爵，高约20厘米，三条短足，一只宽带状的耳（扳手），口部向两端外翘，形成"流"和"尾"，腹部和耳上有带状纹饰。

爵的造型繁复，且颇为沉重，用它的"流"对着嘴饮用并不舒适。后世人已经不知道它到底是怎么使用，有人猜测它是调酒的器具。

还有上大下小、呈喇叭口状的陶觚，它的具体用途也很难判断。也许张大的口部有"醒酒"作用。无论如何，这些复杂、成套的酒具代表着隆重的仪式感，说明酒不仅是饮料，还是社交礼仪活动的重要内容。

到二里头后期，青铜铸造技术突飞猛进，随葬品中出现了多件铸铜的爵、盉、斝、鼎，主要是用作酒器，造型模仿陶器，用于彰显主人尊贵的身份，可以称为"铜礼器"。

比起之前的小刀、铜铃之类的小件，铜礼器体型变大（一般高

新砦出土的陶盉和陶斝：陶盉有三只袋足，适合烧煮加热，但细小的"壶嘴"显然不适合煮粥，如果只为烧开水，它的复杂造型又有点多余，所以有学者推测它是用来温酒的，酒才当得起如此重视

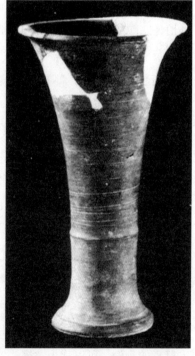

二里头一期出土的爵（左）和斝，出自M54：在流行上千年之后，酒爵逐渐退场，但它被引申出了"爵位"之意，代表世袭的高贵身份

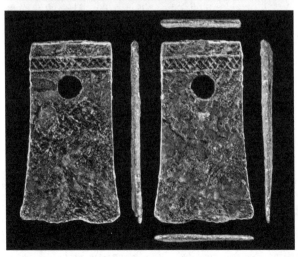

二里头遗址已发现的青铜器约有200件,包括容器、兵器、乐器、礼仪性饰品和工具等。其中青铜容器是迄今为止所发现的中国最早的成组青铜礼器,除一件鼎外,主要为仿造陶器制作而成的酒器。二里头文化开始的青铜容器的铸造,需要由多块内、外范拼合铸出整器,显示出原创性与独特性。这种合范铸造技术的出现在中国金属冶铸史上具有划时代的意义,开启了中国青铜时代的先河[26]

20厘米以上），造型复杂，需要多块陶范拼接铸造。基本都没有纹饰，器壁很薄，厚度只有1—2毫米，可见当时铜料很珍贵，即使统治者也承担不起厚重的铜器。

在三四期阶段，还出现了全新的铜兵器，如铜钺和铜戈。铜钺的造型可能是从玉石钺来的，但铜戈比较特殊，此前很少有类似戈的石器，属于古代中国比较独特的兵器。

中国的铜蕴藏量不太丰富，铜器成本较高，是上层社会的奢侈品，对二里头普通民众来说，使用最多的还是石器和骨器。石器可能是在洛河中采集砾石敲打制造的。到后来的商朝、西周以至春秋，最基本的农具还是石器。石制农具和工具被完全取代，要到冶铁技术已经普及的战国。

石器时代和青铜时代都是常用的词，但这两个词的含义并不对等。青铜器从未完全淘汰石器，它更多体现的是上层人生活的改变，就像古人发明文字后，社会上的多数人仍是文盲。社会的发展水平往往是被占人口少数的精英阶层代表的。但我们不能因其数量少而低估青铜，正是它铸造了华夏的最初文明和第一王朝。

青铜催生文明

"文明"是人类学和上古史学者经常讨论的课题。石器时代的各种人群现象被称为"文化"，但它并没有严格的定义，只要是人制造的物品和遗迹都是"文化"，旧石器时代也是文化。中国的新石器文化主要以陶器工艺和造型分类，因为陶器制造量大，在遗址中最常见（多是碎裂的陶片，但有些可以拼合），造型特征也最明显。不同地域的人群使用的陶器不同，由此很容易区分出不同的文化；即便同一个人群，在不同的时期，陶器特征也会进化，由此还可以细分出时段。

所以中国的考古学者最重视陶器形制研究。此外，不同文化中的玉器、石器、建筑和墓葬也会各有特点。

比起文化，文明则要高端得多。它标志着人类告别原始状态，和动物界的距离也更远了，进入可以加速发展、与现代社会一脉相承的轨道之中。当然，进入文明时代后，以陶器为基础的文化分类仍然存在，因为它最能反映普通人的生活。

学术界以往对"文明"的界定比较严格，其中有三个关键要素：城市、冶金技术和文字。按这种标准，商代晚期的殷商阶段属于文明，因为有可以释读的甲骨文；后来也发现过早商阶段的甲骨文材料，但极为稀少。总体来说，商代符合严格的文明标准，争议不大。

但商代之前的夏-二里头，缺少文字要素；再早的新石器末期古国，如石峁、陶寺和良渚等，有万人聚居的大型聚落及明显的阶级分层和宏大建筑，却没有或极少有铜器。这些都不符合严格的文明标准。

近些年，有学者提出了更宽泛的标准，认为只要有大型城邑，或者叫"复杂社会"，就可以称之为"文明"。它的原理是，大量人群聚集在一起生活，会形成相对复杂的职业分工和社会分层，这种组织协作能力是人群继续发展的重要基础。按照这种标准，距今5000—4900年前的良渚古国也可以称为"良渚文明"。[27]

宽泛或者严格的标准各有意义，不必相互否定。但需要注意的是，符合宽泛"文明"标准的多数古国（4000年之前的）大都在短期繁荣后凋零了，它们建设"复杂社会"的经验显然不够完善，缺乏长期发展的能力，而且各古国建成"复杂社会"也都是自发的，相互间少有传承。当然，古国文明也并不是完全孤立的，有些文化元素辗转在古国之间传递了下来，比如良渚古国的几种典型玉器就传承到了石峁、陶寺以至商代：石峁的浮雕游龙变身为二里头的绿松石龙图腾；冶炼红铜和铸造小件铜器的技术也辗转传递到了新砦-二里头。

草蛇灰线，潜流伏脉，这是4000年前古国文明的"传承特点"，很不明晰。相比之下，夏-二里头与后面的商、周王朝一脉相承，没有断档。商人征服二里头-夏，接受整个夏朝遗产的过程，在考古成果里表现得很清晰。

在二里头之前，大型城邑（古国）已经有过若干座，狭义文明标准的第一项要素已经有了，但不够稳定。二里头的创新是第二项，也就是青铜冶铸技术，有了它，大型城邑（古国）才能维持和发展下去，让第一项要素真正确立，并继续发展出第三项——文字。

青铜产业需要更庞大的共同体人口基础和更复杂的分工协作体系。从采矿、运输、冶炼，到配比合金、制范铸造，需要一系列专门技术以及众多人员和组织的协作，而这是复杂社会才能供养、维系和发展的。

中国的铜矿蕴藏较少，青铜器物很难真正普及千家万户，而青铜对于中国早期国家的最重要意义，恰恰在于它数量少，价值高：青铜礼器显示阶级差别秩序，而青铜兵器戈、钺和镞对木石兵器有压倒性优势，王权借此获得武力保障。这是"文明"或者"复杂社会"维持稳定、避免解体的基础。[28]

对比之下，石器时代的古国王权，并没有凌驾于民众阶层之上的武装优势，统治者可以用玉礼器表现自己的高贵奢华，但玉兵器的战斗力并不能超越石兵器。当良渚、陶寺和石峁这些石器古国走向繁荣时，急剧加深的贫富差距会导致底层民众揭竿而起，统治阶层和初具规模的复杂社会也就毁于一旦。

二里头以往的一千多年里，从长江中游、江浙到华北，众多古国兴起又解体。到三期时，二里头也进入了古国盛极而衰的节点：统治者豪奢营建，底层人群极度贫困，劳役无休，对立情绪终将引爆。恰在此时，成熟的青铜技术让二里头得以续命，社会上层继续维持其统治。

三期之初建设的宫城城墙，保卫的只是居住在宫殿区的上层人群，而非整个二里头古城。显然，这是二里头内部阶级矛盾的产物。二期显贵墓葬中没有兵器，显示阶级矛盾还不激烈；三期墓葬却多次发现铜戈和铜钺，说明上层社会武装程度明显提高，及时发展了镇压底层社会的能力。

显贵的武装优势也是各种宏大工程的保证。三期聚落面积并没有比二期明显扩大，表明人口没有明显增长，但宫墙却在此期完工，多座殿堂也升级换代，青铜冶铸区显著扩大。显然，这是对民众控制力强化的结果，换句话说，统治者索取的贡赋和劳役更多了。在这些物质基础上，二里头才发展成为真正意义上的夏王朝。

石器时代古国繁荣难以超过二百年的周期律，就这样被二里头的青铜兵器破解了。

有限人祭与二元制社会

在龙山时代的华北，人祭和人奠基现象比较普遍。这种风俗也延续到了二里头，不过从已有的考古发掘来看，二里头的人祭行为并不算太泛滥：

一，各期的墓葬没有发现殉葬人，也没有事后祭祀和埋入人牲的现象。和墓地有关的遗迹，只有94H3灰沟有人祭遗存。

二，宫殿区建筑没有发现人奠基，只在D1庭院内发现了五具献祭尸骨。

三，铸铜作坊F9有用于奠基和献祭的十多具尸骨，旁边的祭祀坑H99也有两具。从时间上，铸铜作坊的人祭行为出现得更早（二期），宫殿的人祭行为属于步其后尘。

二里头–夏朝的规模超过以往任何古国，且稳定地存续了近四百年，而在其中心都邑只发现上述人祭现象，可以说数量是很少的。此外，二里头遗址整体保存情况比较好，在夏朝覆亡之后，这里一直没出现过城市，也没有大的河流改道和人为盗掘，遗址很少遭到后期破坏。

考虑到上述因素，可以说，二里头—夏朝的民间虽存在人祭风俗，但尚未建立以人祭为基础的"国家宗教"，王室统治者的人祭数量并不比民间更多。

纵向对比，二里头的人祭规模和陶寺古国比较相似，和石峁、清凉寺、王城岗则截然不同。这说明，在华北地区不同的古国—早期文明中，人祭的繁荣程度有所区别。

从人祭地点看，二里头宫殿区的人祭行为相对较少，东北角的巨型坑中甚至只用猪祭祀。相对而言，铸铜作坊区的人祭数量较多，形式也很残酷，有肢解分食现象，而规模浩大的 D1 宫殿内的人牲数量尚不及铸铜区的一座厂房。这些区别可能显示了二里头内部不同人群之间的文化差异：在宫殿区内的居住者中，人祭文化不太流行，而从事铜器冶铸的群体比较崇尚人祭。

在现代人的观念里，上古的青铜制造业应当在王权的直接控制之下，但这很可能是借后世的官僚制和君主集权制的运行规则来想象上古。二里头—夏朝还属于王权肇建、蛮荒未褪的时代，不同行业多属于特定的族群世袭经营，他们往往拥有较高的自治权。

在宫殿区尚未修筑宫墙时，二里头的手工业作坊区已经建起了围墙。当时属于二里头二期阶段，铸铜作坊规模还不算大，也没有发现青铜兵器，那为何要把作坊区的安危放在王宫之前？可能的答案是，作坊区的围墙是手工业族群自己兴建的，他们需要承担自己的防务，并且有这种资源和实力。实际上，青铜冶铸者的宗教风俗也有别于宫殿区，这也是他们族群整体自治的表现。

二里头从未发现大型城墙体系，作坊区和宫殿区有各自独立的围墙，这种现象被许宏先生称为"大都无城"。它的根源，很可能是宫殿和手工业族群的二元并立模式：冶铸人群承认宫廷王权的权威，但自主管理族群。

而且，二里头的青铜技术一直处在封闭之中，几乎从未向外传播。在近四百年里，二里头之外几乎从未出现成规模的青铜铸造产业，二里头风格的大件青铜制品（包括礼器和兵器）也很少出现在外地[29]——除了一个遥远而孤立的南方殖民地。似乎二里头-夏朝的青铜生产者以及王室和豪门都把青铜器当成秘不示人的宝物，从不与外人分享、交易。

以上是考古提供的二里头古国概况。

关于夏朝，古史只有少量记载，如《史记·夏本纪》说，大禹准备把首领职位传递给益，那位向民众推广稻种的助手，但在禹死后，民众都愿意服从禹的儿子启，于是，启建立了家族王朝——夏朝。

> 及禹崩，虽授益，益之佐禹日浅，天下未洽。故诸侯皆去益而朝启，曰："吾君帝禹之子也。"于是启遂即天子之位，是为夏后帝启。

此外，《史记》主要记载的是历代夏王的名号，其他古书则还记录了夏朝前期的动荡事件：第四王"相"被有穷氏的后羿取代，后羿又被伯明氏的寒浞篡权，寒浞屠灭了后羿和夏王相家族，而相的遗腹子少康借助母族有仍氏和有鬲氏的势力，灭掉了寒浞，恢复了夏朝。[30]

这起夏朝的"王子复仇记"，在新砦和二里头考古中难以得到验证，但在这个故事里，夏王朝内部有各种部族，如有穷氏、伯明氏、有仍氏、有鬲氏等，且都有自己的世袭首领，应当是当时社会的真实反映。夏朝还不是后世人观念中的大一统政权，内部族邦林立，二里头古城实则是夏王部族的领地，因稻作农业而人口繁盛，因青铜兵器、奢侈品而强大且富有吸引力，周边各部族甘于充当它的附庸；但夏王室-二里头人对这些臣服部族并没有太多的直接控制，也未能在语言和文化上把中原地区整合为一体。夏王朝的故事虽在各部族中流传，但各部族仍保持着自己的共同体生活。

这也能解释为何二里头的青铜器极少出现在古城之外。夏王朝比较保守和封闭，不屑于对外掠夺与扩张，也不想建立广土众民的真正王朝。也许，是当初后羿和寒浞的动乱给了夏王室以教训，尽量不要和其他部族走得太近。

综上，二里头—夏朝建成了一个大型聚落和复杂社会，而且依靠青铜技术保持着长期稳定；由此，一千多年来古国兴废无常的难题终于被破解。但它的保守多少影响了其华夏第一王朝的声誉，而整合黄河下游形形色色的各族邦的工作，还有待后面的王朝。

附录：青铜秘史

在新石器时代晚期，很多遗址都发现过零星、小件的铜器，如铜片、小铜刀和铜锥等。这应该是古人在偶然状态下的收获，比如把含铜的矿石放到陶窑中烧，然后发现了小块的铜，并进行初步加工，但离实用的青铜还有很远的距离。

单纯的铜是红铜，熔点较高，熔化后流动性很差，难以铸造成大件或精细的物品。而且，纯铜质地较软，用途有限。要降低熔点、提高铜熔液的流动性，需要加入锡或铅；要提高铜的硬度，则需要加铅。

不同用途的铜器，锡和铅的比例也不一样。铜礼器需要有精致的造型和繁复的花纹，锡的比例要稍高；铜兵器要有较高的硬度，需要提高铅的比例，但铅过多又会造成青铜器变脆，容易碎裂。这些比例关系需要技术人员在反复试错中摸索。

从矿石中炼出单纯的某种金属并非易事，不过有些矿石是多种金属共生，幸运的话能遇到铜锡共生或者铜铅共生且比例碰巧合适的矿石，烧炼这种共生矿石，则有可能得到较硬、较细腻的铜合金。但这种偶然的成功难以复制，当矿石中的元素比例改变，炼出的铜就不符合需要了。所以，青铜的冶炼和铸造技术有很高的门槛。二里头铸造区发现过一小块锡片，这说明他们已经能单独提炼锡来与青铜配比。殷墟还发现过超过一吨的铅锭窖藏，这也是为冶炼青铜准备的原料。

石器时代通往青铜时代的大门看似很宽，实则很窄。这些困难和偶然性，又催生了关于金属冶炼的神秘玄学观念，认为某些神灵会影响冶炼的成效，所以人们会用不同的形式进行祈福，请神赐予高质量的产品——从夏到商，冶铜区的人祭遗存都比较密集，直到钢铁时代，冶炼仍是充满着不确定性和神秘色彩的活动，甚至有工匠舍身投入炼炉、获得高质量金属的传说。

注释

1　《史记·夏本纪》裴骃集解引《汲冢纪年》曰："有王与无王，用岁四百七十一年矣。"《汲冢纪年》就是《竹书纪年》。

2　仇士华：《¹⁴C 测年与中国考古年代学研究》，中国社会科学出版社，2015 年。

3　赵海涛、张飞：《二里头都邑的手工业考古》，《南方文物》2021 年第 2 期。

4　中国社科院考古所二里头工作队：《河南偃师市二里头遗址宫殿区 5 号基址发掘简报》，《考古》2020 年第 1 期。

5　许宏：《二里头：中国最早的"核心文化"》，《世界遗产》2015 年第 8 期。

6　杜金鹏、许宏主编：《偃师二里头遗址研究》，科学出版社，2005 年。

7　中国社科院考古所：《偃师二里头：1959 年—1978 年考古发掘报告》，中国大百科全书出版社，1999 年。

8　这个"圆坑"在 1972 年和 2001 年两次被发掘，分别编号为 1972VH80 和 2001VH1。

9　这种建筑落成后再埋入的人牲，性质介于奠基和人祭之间，这说明两种人祭方式间并没有太明确的界限。

10　中国社科院考古所：《二里头 1999—2006》第二册，635 页。

11 中国社科院考古所二里头工作队：《河南偃师市二里头遗址宫殿区 1 号巨型坑的勘探与发掘》，《考古》2015 年第 12 期。

12 同上。

13 中国社科院考古所：《偃师二里头》，第 241、251 页。

14 郑光：《偃师二里头遗址》，《中国考古学年鉴·1996》，文物出版社，1998 年，第 167 页。

15 杜金鹏：《二里头遗址第二期考古的主要成就》，《中原文物》2020 年第 4 期。

16 同上。

17 岳洪彬：《偃师二里头遗址》，《中国考古学年鉴·1995》，文物出版社，1996 年，第 163 页。

18 《说文》曰："卜，灼剥龟也。象灸龟之形。一曰象龟兆之从（纵）横也。"卜，最早见于甲骨文，本义为灼甲骨取兆以占吉凶。

19 参见许宏等《二里头遗址聚落形态的初步考察》，《考古》2004 年第 11 期；朱芃宇《中原地区二里头文化时期墓葬研究》，河南大学 2020 年硕士论文，第 16 页。

20 李志鹏：《二里头文化祭祀遗迹初探》，《三代考古》第二辑，科学出版社，2006 年。

21 中国社科院考古所：《新密新砦》，文物出版社，2008 年，第 224 页。

22 中国社科院考古所：《偃师二里头》，第 41 页。

23 杜金鹏：《二里头遗址第二期考古的主要成就》。

24 中国社科院考古所：《中国考古学·夏商卷》，中国社会科学出版社，2003 年，第 112 页。

25 杜金鹏：《二里头遗址第二期考古的主要成就》。

26 图片分别引自许宏《二里头：中国最早的"核心文化"》和《世界遗产》编辑部《二里头新探》，《世界遗产》2015 年第 8 期。

27 关于中国早期文明认定标准的讨论，可参考张光直《论"中国文明的起源"》，陈星灿整理，《文物》2004 年第 1 期。

28 在缺少青铜技术的人类文化中，黑曜石可以部分代替青铜兵器的功能：它是火山喷发形成的玻璃质岩石，断茬锋利，价值较高。在上古中东地区以及欧洲殖民者入侵前的中南美洲，黑曜石都曾是高端兵器原料。但中国的黑曜石较少，在新石器时代几乎没有它的踪迹。

29 许宏：《东亚青铜潮》，生活·读书·新知三联书店，2021 年，第 60 页。

30 参见《左传·襄公四年》，《史记索隐》引用时有所增减。另可见《史记正义》引《帝王世纪》。

第四章　异族占领二里头

夏朝和商朝的更迭，在史书中有道德评判色彩很强的记载：末代帝王夏桀胡作非为引起天怒人怨，终于被新兴的有道之君商汤取代。

> 帝桀之时……桀不务德而武伤百姓，百姓弗堪……汤修德，诸侯皆归汤，汤遂率兵以伐夏桀。桀走鸣条，遂放而死……汤乃践天子位，代夏朝天下。[1]

但考古呈现出来的过程更为复杂，一些来源各异的落后人群曾侵入二里头古城，统治时间长达半个世纪。中国历史上的第一次王朝更迭显得扑朔迷离。

夏朝的敌人来自哪里？这需要从二里头古国的疆域开始考察。

五百里王朝

在二里头二期，古城扩张到 3 平方公里后，已经达到一个早期国家的体量。这就带来一个问题：这个早期国家统治的范围有多大？

从最低标准看，洛阳盆地是二里头都邑能够控制的范围。盆地东西狭长，跨度约 50 公里。有研究者曾统计洛阳盆地内的聚落数量：在二里头一期，古城之外发现聚落 19 个，二期迅速增长到 83 个，到三、四期稳定保持在 100 个左右，其中，面积在 0.5 平方公里左右的"乡镇"级大聚落约 20 个，其余为 0.1 平方公里及以下的村落。从"王都"到乡镇、村落，等级格局非常明显，显然属于同一个王国政体。[2]

至于二里头–夏王朝在洛阳盆地外能够控制的疆域，史书和考古都难以给出标准答案。其一，编写相关史书的主要是战国到西汉时人，他们还没有对早期国家的考古知识，只能按自己生活的世界想象三皇五帝和夏商时代，所以孟子会说，大禹治水的范围遍及江、河、淮、汉："禹掘地而注之海，驱蛇龙而放之菹，水由地中行，江、淮、河、汉是也。"（《孟子·滕文公章句下》）这是战国时代华夏人的认知世界，但上古的华夏范围还没这么大。

其二，考古学也很难解答政治史层面的问题。考古的主要对象是古人生产的器物，特别是数量最多的陶器，虽然从陶器风格可以划出"二里头文化"分布的范围，但陶器分布范围和古国政治体并不是一回事，不然，七八千年前的裴李岗文化和仰韶文化都会是地跨上千里的古国。

以陶器为基础的二里头文化分布范围比较广，从晋南到关中、河南省大部，甚至远及安徽省，但风格并不完全一致，还会按地域分成几个"类型"，所以陶器文化很难和古国的政治疆域等同。二里头人对铸铜技术严格保密，制作的铜器很少出现在外地，也难以作为指标。

关于二里头–夏朝的疆域，日本学者西江清高和久慈大介曾提出

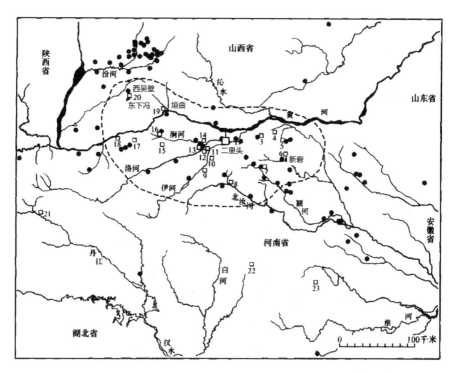

二里头文化遗址的分布及出土陶礼器的遗址示意图：黑点是二里头文化遗址，编号的空心方框是出土二里头风格陶礼器的地点。

一个方法：考察陶礼器的分布。[3] 二里头文化拥有独特的陶礼器（酒器）群，盉、爵、盉、斝、鬶等，只有地位较高的人才能拥有成套的陶礼器。如果这些陶礼器群出现在二里头古城之外的地方，就可能是二里头–夏朝的控制范围，或者是夏王室给外地酋长的赏赐，我们由此可以窥探古国的政治影响力范围。

　　从西江清高制作的分布地图可见，陶礼器出现最集中的地方在黄河南岸以及嵩山东南麓，西起河南陕县，东到郑州，东西约 200 公里，南北约 100 公里。本书推测，这应当是二里头古国（夏朝）直接统治的区域，比二里头文化分布范围要小得多。

　　在较远的外围也有一些零星的二里头陶礼器出土，如河南省南部的方城八里桥和驻马店杨庄，陕西商州的东龙山。这些可能是和二里头古国（夏朝）存在朝贡关系的部落，反映了夏朝的影响力范围。

这个"王朝"疆域要低于战国时人的想象，但已经超过以往中国境内的任何古国。究其实质，二里头–夏朝属于古国和王朝之间的过渡状态，或者说在前文明与文明之间的门槛上。

古史有"启征西河"的记载，即禹的儿子启曾远征晋南地区："（启）三十五年，征河西。"（《帝王世纪》）从地理环境推测，夏王朝应当和铜、盐矿产丰富的晋南有密切联系。山西省南部，特别是汾河下游地区，有比较密集的二里头文化聚落，属于晋南本地的东下冯类型。[4]

在二里头–夏朝时期，晋南地区的绛县西吴壁出现了冶铜工场，主要是把铜矿石冶炼成红铜，但没有在当地发现青铜铸造技术。发掘者推测，西吴壁可能是二里头–夏朝控制的一处采矿和冶炼基地，生产的红铜供应二里头。但西吴壁尚未发现高规格的城邑、建筑和墓葬等，缺少夏朝统治的直接证据；也许，它是由本地部族掌控的，用铜料和二里头人贸易。

晋南没有发现二里头–夏朝建立的城池，直到商朝早期，商人才在晋南建立了两座夯土小城池，距离西吴壁数十公里，说明商人已经控制西吴壁铜矿。在早商，西吴壁的炼铜炉底部还有人祭遗存，[5]这似乎是当地族群接受商文化的表现。

在东方，夏王朝有两个比较重要的据点——郑州大师姑古城和新郑望京楼古城，距离二里头100公里左右，城池规模不大，边长仅数百米，城内没有发现高等级建筑和墓葬，但抛掷在灰坑里的尸骨较多，显示有较强的权力因素和社会冲突，也可能是和异族之间的战争比较频繁。

这两座小城，意在守卫夏朝的"边疆"。从这两地再向东，是山东地区的岳石文化；向北，是辉卫文化和下七垣文化。当然，它们和夏都二里头的关系也难以确定，也许是二里头直接管辖的边疆据点，也许是接受二里头册封的地方自治"诸侯"。

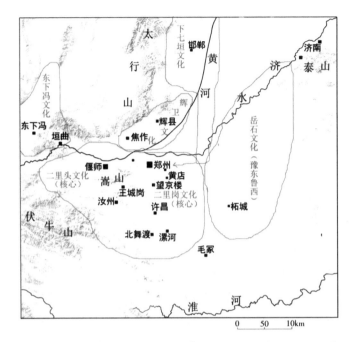

夏末商初中原主要考古文化分布图 [6]：郑州（大师姑）和新郑望京楼处在二里头文化的东部边疆，其中的二里岗（冈）文化兴起较晚，和二里头是前后承接关系。

夏王都沦丧

距今 3600—3500 年间，是二里头文化的尾声——第四期。这一百年又分前后两段：前面半个世纪，二里头人仍旧按照原来的轨迹生活，沿用着三期建成的宫殿和宫城墙，各种手工作坊都在生产，铜器铸造技术稳步提高；后半个世纪则发生了剧烈变化，宫城墙开始塌毁，几座宫殿逐渐废弃，某些外来者侵入了二里头。

在后半阶段，D1 宫殿仍在使用，但明显更换了主人：院落里挖掘了很多灰坑（垃圾坑），有些灰坑破坏了柱廊和宫殿台基；院落围墙下有很多低等级墓葬，有些死者居然被埋在柱廊下；西廊檐下甚至挖出了一座陶窑，说明曾有人在宫殿院里挖土制陶，生产下等人使用的陶器。

种种迹象显示，这座夏都最宏大的宫殿已经成了大杂院，主人不再是显贵豪门，而是一大批外来的乡土民众。此外，D2 宫殿院落以及南邻的 D4 也在发生类似的变化，被外来者粗暴利用，很快就失去了往日的辉煌。

这些鹊巢鸠占，反客为主的外来者是谁？没有文字记录，考古学者只能从最擅长的陶片分析入手。

在夏朝最后的半个世纪，二里头突然出现了来自豫北下七垣文化和山东岳石文化的陶器，特别是 D1、D2 宫殿灰坑中的陶片，主要是外来风格。这说明，有大量来自东北方向的人群入主了二里头，他们很多虽只是普通民众，但作为征服者，入住了 D1、D2 这种高级宫殿。

宫城西南角的两座门楼（D7 基址和 D8 基址）在四期晚段也被废弃，踩踏出的道路覆压在柱洞之上，说明门楼建筑已被夷为平地。宫城东墙也出现了坍塌迹象，有些小路穿过城墙，还有堆积的垃圾。

这一轮变化发生在距今约 3550 年前；对照史书，这正是东方商族崛起、夏商易代的时间，商汤（武王）带领商人攻灭了夏朝。[7]

在半个世纪的"占领期"，商人征服者放任二里头的宏伟宫殿逐渐失修、损坏，而新建了两处较大型建筑。其中的一座，在宫城东墙下，D2 院落北侧，借用了一段东城墙，同时封堵了东墙最北的一座城门，被编号为 D6 宫殿基址。

D6 宫殿是分三次逐渐形成的，最早在西端建了一座接近方形的建筑，然后分两次向东扩建，最后和东宫墙连接。它没有之前二里头宫殿的宏大和规整，而是更加紧凑和实用。这是典型的商人早期风格：四合院结构，贴着围墙建房子，不在院落中央建造独立的主体殿堂。

占领者新建的另一座建筑是 D10，不太大，在宫城的外侧东南角，恰好占据了宫南路大道。可见，此时宫城南墙已经塌毁，可以随意通行。

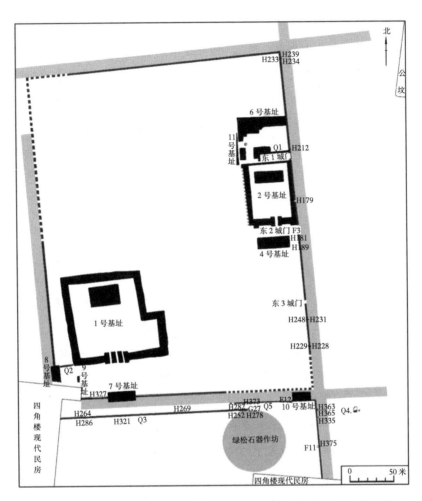

商朝占领时期的二里头宫殿区平面图 [8]：6 号和 10 号基址就是在这一时期新建的，昔日的 1 号和 2 号基址则逐渐被废弃。

商人没有继续把二里头当作都城，而是在二里头以东 8 公里的偃师市（区）郊建造了一座新聚落，同时，在现今的郑州市区也建了一座。这两座聚落逐渐扩大，并修筑了城墙，被考古学者分别称为偃师商城和郑州商城。

这说明，商人对二里头的占领完全是实用和策略性的，新建筑也不太重视礼仪性。另一方面，第四期发现的被随意抛弃的尸骨数量大增，其中大部分应当来自商人入侵和统治二里头时的杀戮。比如，一座四期晚段的墓葬（1984VIM5），墓主的胸骨被一枚 8 厘米长的铜镞射入，埋在宫殿区以北的六（VI）区传统墓地。他很可能就是被商人占领军所杀的夏人，但家人还是尽量按正常标准埋葬了他。[9]

　　商人占领二里头时期的杀戮还表现在灰坑中，不仅坑中的人骨明显增加，还有长期积累的零碎人骨。比如，有一个深达 1.85 米的灰坑，在其使用期间，一直有零星的人骨被扔进去，而且坑中其他垃圾主要是各种动物的骨骸以及陶制炊器残片。这很可能是食人者房屋旁边的垃圾坑：

> 　　人骨在 2000IIIH17 的不同层次、不同部位都有出现，似肢解后弃于坑中。出土有包括深腹罐、圆腹罐、鼎、甑、鬲、斝、刻槽盆、大口尊、觚、器盖等在内的较多陶片，牛、羊、猪、麋鹿、鸟、蚌、丽蚌、圆顶珠蚌、圆田螺动物遗存。[10]

　　再晚一些，作坊区东北侧的一座灰坑（2004VH305）有五具较完整的人骨。这座灰坑边长约 2 米，深约 1.3 米，最底部有一名十六七岁的男性，上面是四名女性，其中一名女性（2 号）身下铺有约 2 毫米厚的朱砂。这五人的身体多蜷曲，很可能是死于他杀。

　　二里头较高级的墓葬中，常给墓主铺垫朱砂，这是自龙山时代已经出现的葬俗；但 2 号女性是和其他人一起被抛尸灰坑的，不是正常的死亡和丧葬，为何独独她获得了铺垫朱砂的待遇？可能她死前有一定地位，负责抛尸埋葬者对她有些同情且也有获得朱砂的能力，但仍不会（或者说不敢）给她挖一个单独的专用墓穴。这座坑不太像祭祀坑，因为坑中包含较多生活垃圾。[11]

　　存在征服之后的暴力统治，但也维持着相对稳定的社会秩序，这是被占领下的二里头的基本状态。

在夏商易代之际，二里头人的青铜冶铸技术堪称独步中原甚至东亚，商族人自然会非常重视。商人从二里头铸铜区调拨了一些人，分配到偃师和郑州商城建立冶铸工场，但二里头铸铜场的主体仍在继续生产。

二里头的铸铜人群和商人的关系似乎不错。在商人占领期间，手工作坊区的北墙也有发生损坏，但立刻进行了重建。[12] 铸铜场区并未发现太多外来陶片，看来商人占领者比较尊重冶铸场所，没有在这里建立营地。

这也使人产生了这样一个联想：也许，铸铜族群是灭亡夏朝-二里头的"第五纵队"，他们不甘心宫殿区族群垄断权力，坐享统治收益，便联合外来者商族，一起征服了宫殿区族群。铸铜族群和商人的协作，换来了二里头古城半个世纪的寿命。

但二里头的夏王族群并未被赶尽杀绝。新建的偃师商城发现了一些二里头风格的陶器，而且二里头宫殿区的某些规划特点又出现在了偃师商城的宫殿区。看来，商人征服者把二里头宫廷人群（或是其中的一部分）迁到了8公里外的偃师商城，让他们参与建设新城。

而在苟延残喘近半个世纪后，二里头的青铜作坊还是被彻底迁移到了郑州商城。从此，二里头古城消失，夏王朝最后的痕迹不复存在。

遥远的巢湖殖民地

《尚书·仲虺之诰》记载，商汤灭夏之后，把末代夏王桀驱赶到了"南巢"："成汤放桀于南巢。"古代注家认为，"南巢"是安徽的巢湖之滨："庐州巢县有巢湖，即《尚书》'成汤伐桀，放于南巢'者也。"（《史记

正义》引《括地志》）

巢湖，在二里头东南方 500 多公里外，不仅不是二里头文化区，甚至不属于二里头前身（新砦人所属的煤山文化分布区）。夏桀的逃亡为何指向巢湖？从史书里再也找不到旁证。

1972 年，安徽肥西县的大墩孜村出土了两件青铜斝和一枚青铜铃，铜铃是二里头墓葬中常见的造型，两件青铜斝也属于二里头晚期特征。[13] 肥西县在巢湖西岸，似乎和夏桀逃亡"南巢"相呼应。

之后，肥西县多次出土二里头风格的青铜器和陶器。在二里头古城之外，肥西是当时出土青铜器最多的地区。较新的发现是三官庙聚落遗址，有房屋被烧毁后的红烧土堆积，里面有十多件青铜器，主要是钺、戚和戈等兵器。[14]

碳十四测年显示，三官庙遗址距今约 3700 年，正当二里头古国最鼎盛的第三期，所以，可能是当时二里头铸铜人群曾发生内讧，一部分被排挤者被迫南下另谋生路，迁徙到了肥西三官庙定居。从那之后，他们和夏朝的联系似乎很弱，其中的一个表现是，他们制作的青铜器逐渐和二里头拉开了距离，甚至出现了二里头没有的造型，比如"半月形铜钺"。[15]

不考虑沿途部落的敌意，从二里头到肥西的交通算不上太困难：

半月形铜钺 [16]

先步行到新砦一带，乘坐舟筏先后进入颍河和淮河，再溯淝水而上，便可抵达肥西附近。

目前尚未在肥西县发现冶铸铜的遗址，也没有发现高等级的宫殿和大型聚落，但零星发现的青铜器证明，确实有来自二里头的人长期定居于此。

当夏王朝被商人占领，也许末代王夏桀想起了遥远南方的那批二里头铸铜师，于是南逃寻求庇护，结果商人追踪而至，毁灭了夏人这个南方据点：房屋被焚毁，被杀者的尸骨和兵器被埋在了灰烬中。

至于二里头的征服者，灭掉了夏王朝的商人，为什么他们的陶器分属下七垣和岳石文化，却没有自己的特色？

这群征服者的来历扑朔迷离。

附录：关于夏朝的记忆

目前已发现的殷商甲骨卜辞从来没有提到过夏朝，这有点不好解释。有学者认为，从来没有过夏朝，所以商人没有记载；也有学者认为，商人肯定知道夏朝，只是甲骨卜辞只专注祭祀神灵和现实问题，不涉及改朝换代的历史，所以不用提及。[17]

《尚书·汤誓》是商汤灭夏时的讲话，不过考古学者认为，这篇内容并不可靠，很可能是西周以后的人创作的。

《诗经》里有一组商人的史诗"商颂"，在歌颂商汤功业的《长发》中，出现了一句"韦顾既伐，昆吾夏桀"，大意是，商汤先讨伐韦和顾，然后又进攻昆吾和夏桀。对于灭亡夏朝的丰功伟业，"商颂"只有这一处。

而且，《诗经》里的"商颂"未必是商朝原创的作品。灭商之后，周朝把一部分商王族分封到了宋国，以传承商朝的世系，但宋国人最初并没有"商颂"，是春秋初期的宋国贵族正考父从周朝掌管音乐的"太师"那里得到了"商颂十二篇"。[18]

这组"商颂"的最初作者已无从知晓，也许是商朝的史诗被周朝接收，又保存了三四百年才交给宋国人，这中间，周人很可能对它们进行过改编，原创性打了很多折扣。正考父是孔子的七世祖，编辑《诗经》时，孔子把"商颂"也编了进去，遂流传至今。

在可信的史料里面，最早提到夏朝的是灭商的周人：

其一，《尚书》中周武王和周公两兄弟之间的讲话经常用夏朝做历史借鉴。周人认为，晋南地区是夏朝故地，周武王之子成王分封弟弟叔虞到晋国时曾发表一篇训话，提到当地是"夏墟"；成王还说，应当用夏朝的政治理念（"夏政"）去统治当地土著。（《左传·定公四年》）但在考古中，晋南尚未发现夏朝的高等级城邑。

其二，周人似乎还记得二里头古城的存在。周武王灭商后，准备在洛水边一座新城，武王说，那里是夏朝的故地："自洛汭延于伊汭，居阳无固，其有夏之居。"（《逸周书·度邑解》）所以周朝在这里营建了洛邑（洛阳），位于二里头古城以西 20 公里处。

在传世古书中，对夏都记载最准确的就是这一处，出自《逸周书》。这部书因没有进入儒家"六经"，长期不受重视，但它的很多信息非常独家，不是毫不知情的后来者能杜撰出来的。

注释

1   《史记·夏本纪》。《史记·殷本纪》："夏桀为虐政淫荒，而诸侯昆吾氏为乱。汤乃兴师率诸侯……遂伐桀……桀败于有娀之虚，桀奔于鸣条，夏师败绩……汤既胜夏……于是诸侯毕服，汤乃践天子位，平定海内。"

2　陈国梁:《合与分:聚落考古视角下二里头都邑的兴衰解析》,《中原文物》2019 年第 4 期。

3　[日]西江清高、[日]久慈大介:《从地域间关系看二里头文化期中原王朝的空间结构》,杜金鹏、许宏主编:《二里头遗址与二里头文化研究》,科学出版社,2006 年。

4　但也有学者认为,东下冯是独立于二里头的文化。参见张立东《论辉卫文化》,《考古学集刊》(10),地质出版社,1996 年;常怀颖《从新峡遗址再论二里头与东下冯之关系》,《文物季刊》2022 年第 1 期。

5　戴向明等:《山西绛县西吴壁遗址 2018—2019 年发掘简报》,《考古》2020 年第 7 期。

6　侯卫东:《论二里头文化四期中原腹地的社会变迁》,《中原文物》2020 年第 3 期。

7　一般认为夏商易代发生在公元前 1600 年前后,碳十四测年的精度很难体现50 年范围的差别,所以这个小差别目前只能忽略。

8　赵海涛:《二里头遗址二里头文化四期晚段遗存探析》,《南方文物》2016 年第 4 期。

9　参见中国社科院考古所二里头工作队《1984 年秋河南偃师二里头遗址发现的几座墓葬》,《考古》1986 年第 4 期。

10　中国社科院考古所:《二里头:1999—2006》第一册,第 257 页。

11　关于 2004VH305 灰坑,详见中国社科院考古所《二里头:1999—2006》第一册,第 417 页。

12　新墙编号 Q3,详见赵海涛《二里头遗址二里头文化四期晚段遗存探析》。

13　程露:《也谈肥西大墩孜出土的青铜罍和铃》,《东方博物》第 25 辑,浙江大学出版社,2007 年。

14　秦让平:《安徽肥西三官庙遗址发现二里头时期遗存》,《中国文物报》2019年 8 月 23 日;方林:《肥西三官庙遗址出土青铜兵器的年代及相关问题》,《文物鉴定与鉴赏》2020 年第 10 期下。

15　这件"半月形铜钺"更像是 5000 多年前长江下游的多孔石刀,在南京北阴阳营和安徽薛家岗都有发现。

16　方林:《肥西三官庙遗址出土青铜兵器的年代及相关问题》。

17　戴向明:《夏文化、夏王朝及相关问题》,《江汉考古》2021 年第 6 期;中国先秦史学会等:《夏文化研究论集》,中华书局,1996 年。

18　《毛诗序》:"有正考甫者,得商颂十二篇于周之大师。"

第五章　商族来源之谜

黄河水漫流在绿色大平原上，淤积出一片片沙洲，芦苇荡宛若迷宫。偶尔有人驾木筏驶入芦荡，设下捕鱼笼，用骨头磨制的鱼钩钓起鲶鱼和鲤鱼。鳄鱼在水草间露出头，发出低沉而有穿透力的鸣叫。古人认为，它们在召唤雷雨。

一大群穿着土黄或暗红色麻布短衣的外来者，从南方缓缓走近，驱赶着褐色的水牛群，甚至还有几头高大的亚洲象。大象已经被驯化，恭敬地服从主人的命令。有些牛驮载着包裹，有些拖曳着吱呀作响的双轮车。

人们在岸边扎营，砍下芦苇捆扎成筏子。水牛、大象卸下了重负，惬意地蹚入湿地中。

这是近四千年前的古黄河下游，传说中的河伯部落的领地。新来的陌生人是商族，他们听说黄河北有茂盛的草场和富裕的部族，准备去那里放牧度夏，并和当地人交易。

陌生之地也意味着危险。商族人和河伯部族虽然已经比较熟悉，但从未涉足过河北的世界。当时的商族首领是王亥，四十岁左右。他决定把家眷和部落妇孺及大象留在河伯领地内，自己带男丁赶牛群渡河北上。据说，易水河部落盛产美女，王亥期待此行可以发财，甚至获得艳遇。

这是中国古史中的一段商族往事。而商族的起源，是中国早期文明中最为扑朔迷离的话题。

上帝与鸟蛋

商王朝建立之前（学者称之为"先商"），商族人究竟生活在哪里，是一群什么样的人，对此，考古学一直没有答案。发掘工作只能显示，有一群形象模糊、落后的人居然攻灭青铜王朝夏–二里头，建立了商朝。

夏都二里头被外来者占领后，增加了一些外来样式的陶器，但难以解释的是，这些陶器并没有统一的风格，如前文所述，有的属于河北和河南两省交界处的下七垣文化，有的属于山东地区的岳石文化。之后，商人新建了两座城邑——郑州商城和偃师商城，但其陶器也分为好多种风格，多样程度甚至超过被占领后的二里头古城。

上古时代，即便是同一种陶器文化内部，通常也存在着众多部落，彼此互不统属，甚至不共戴天。而来自不同陶器文化的人群居然共同参与了灭夏和建商，这委实让人难以理解。

这群灭亡夏朝的所谓商人，到底来自哪里？通过考古能不能找到他们的聚落？

初看起来，这个问题应当不太困难。比如，夏朝–二里头的创建者来自新砦；再如，灭商之前的周族人曾在陕北山地生活（碾子坡遗址），后来又迁到关中的周原，甚至考古工作者还在周原发掘出了周文王起居的宅院。

关于商人在灭夏前的生息之地，学界曾有过两种猜测。

其一，受王国维及殷墟发掘的启发，傅斯年提出了"夷夏东西说"，认为夏朝代表晋南和豫西等地的西部文化，它的对手商人是东夷，属于东方文化，所以傅斯年猜测，位于豫东的商丘古城应当是商族人的兴起之地。[1]20世纪末，傅斯年的学术传人张光直借助美国人类学的资源和影响力，曾经和国内考古学界合作，在以商丘为中心的豫东地区寻找"先商"，但没有发现任何迹象。

其二，随着陶器"器型学"成果的积累，有些考古学者认为，夏商易代时，来自河南和河北交界处的陶器文化曾侵入中原，所以应该在下七垣文化里寻找"先商"。[2]但数十年来，考古工作者并没能找到任何稍具规模的城邑，只有一些不起眼的小型农业聚落，丝毫看不出有灭夏、建立王朝的气象。

所以，从考古上，商族在灭夏之前的定居地无影无踪，攻占夏都二里头的人的来源也很复杂。但是，对于这些考古学难以解释的现象，古人的史书里却可能藏着答案。

《诗经》和《史记》里就有商族始祖起源的传说，但也难免掺入一些周朝之后增加和改写的内容。我们先来看比较古老的。

据说，商人始祖是一名叫简狄的女子，有次在野外洗澡时，她见到玄鸟产下一枚卵，就吞了下去，结果生下儿子契，繁衍出后来的商族。上古时代，常有女子未婚生育的神话，据说这是母系时代"知其母，不知其父"的特征。周族史诗也是如此，他们的女性始祖姜嫄在荒野踩到巨人脚印而怀孕，生下弃（后稷），从而繁衍出周族。[3]

《诗经·商颂·玄鸟》对契降生的描写是："天命玄鸟，降而生商。"《诗经·商颂·长发》则是："有娀方将，帝立子生商。"有娀是简狄所在的部族，"有娀方将"是有娀氏将要兴起之意。玄鸟，喻指上帝（天）和商人之间的独特媒介，至于是什么鸟，则有燕子和凤凰等不同解释。

契长大后，脱离了母亲的有娀氏部族，建立起商族。商之名来源于"商丘"，而这个地名更古老，和代表东方的辰（晨）星之神有关。

据说，上古时代有一位叫高辛氏的半神帝王，他的两个儿子不和睦，整天打斗，高辛氏一怒之下把小儿子安顿在了"大夏"（晋南），负责祭祀傍晚的参星；把大儿子安顿在了商丘，负责祭祀黎明的辰星，由此，辰星也被叫作商星。传说的结尾，诸神已经离开大地，契开始定居在商丘，他的部族也获得了"商"之名。

> 昔高辛氏有二子，伯曰阏伯，季曰实沈，居于旷林，不相能也，日寻干戈，以相征讨。后帝不臧，迁阏伯于商丘，主辰。商人是因，故辰为商星。迁实沈于大夏，主参，唐人是因，以服事夏、商。（《左传·昭公元年》）

杜甫诗云："人生不相见，动如参与商。"商星都是黎明时在东方出现，参星总是黄昏时在西方出现，永远一东一西，所以人生分离难聚也被称为"参商"。

春秋的贵族还说，宋国是辰星之族的故地，所谓："宋，大辰之虚也。"（《左传·昭公十七年》）宋国的都城在商丘，而宋人是商人后裔，可见，从王朝兴起之前到灭亡之后，商丘一直和商人有缘。从神话传说时代到春秋再到今天，中国唯一没有变过的地名，可能就是商丘了。

先商的始祖谱系从契开始，到灭夏的武王成汤（甲骨文中的"天乙"），一共有过十四代首领，共经历八次迁徙："成汤，自契至汤八迁。汤始居亳，从先王居，作帝诰。"（《史记·殷本纪》）也就是说，平均不到两代人就要迁徙一次。

当然，上古先民的史事都是靠口耳相传，会经历很多简化。从契到成汤很可能不止十四位首领，也可能不止迁徙八次，但先商族人曾经频繁迁徙，这一点应当是成立的。

关于商族早期的迁徙范围，史书记载很少，而且往往超出后人的理解能力。比如商人史诗《诗经·长发》提到，商族第三代首领相土功业卓著，曾经到海外大有斩获："相土烈烈，海外有截。"

从河南商丘一带去往黄海，需要横穿江苏省，然后还要在海滨造船筏。相土时代的商族，规模还很小，难以解释他们为何要进行这种远征，而且，如果不是在海滨长期生活，熟悉航海规律，也不可能从事航海活动。

另一种可能是，商丘处在沟通淮河和黄河（济水）的水系中间，从这里乘上舟筏，向北可以进入济水和渤海湾，向南可以进入淮河和黄海。也许商族人曾经借助河网水系航行，抢劫过一些滨海人群的聚落。

关于相土还有一个传说，说他"作乘马"（《世本·作篇》），意思是发明马拉的车。这应当是后人虚构的，在夏代和商代前期的考古中，迄今尚未发现有驯化的家马和马拉车。

但在商人辗转迁徙的历程中，明显的趋势是向北方移动。古史记载，在夏朝前期，商族第六代先君冥淹死在了水里："冥勤其官而水死。"[4] 看来他们还在过着舟筏漂泊的生活。冥的儿子是王亥，[5] 他曾带领族人赶着牛群北渡黄河，借用河伯部落和有易部落的领地牧牛——有易可能是易水流域，也就是说已经进入河北省中部。

史载，王亥生活不检点，曾和兄弟一起在有易部落淫乱（可能勾引了当地酋长家的女子），结果自己和兄弟被杀死，牛群也被有易氏占有。王亥的儿子上甲微继承族长（第八代）后，向河伯部落请求援军，终于攻灭了有易氏，夺回了牛群。

> 有人曰王亥，两手操鸟，方食其头。王亥托于有易、河伯仆牛。有易杀王亥，取仆牛。（《山海经·大荒东经》）
>
> 殷王子亥宾于有易而淫焉，有易之君緜臣杀而放之。是故殷主甲微假师河伯以伐有易，灭之，遂杀其君緜臣也。（郭璞注引《竹书纪年》）

　　王亥遇害这段，在楚辞《天问》中也出现过。从文献的记载看，上甲微带族人复仇之后，并没有占据有易氏的地盘定居下来，而是继续漫游。

　　对商族来说，王亥遇难和上甲微复仇是生死攸关的事件，也是商族历史上的重要分水岭。

　　在殷墟甲骨卜辞中，后世商王称王亥为"高祖王亥"，经常单独祭祀他；而上甲微多是和之后的历代先君、先王一起接受祭祀，卜辞写作"自上甲"或者"自上甲至（某先王）"。

　　至于河伯，甲骨卜辞里给他的献祭也很多，有时还称为"高祖河"，也把他纳入了历代先君的谱系。有时，商王会联合祭祀河（河伯）、王亥和上甲微。比如，某个五月的祭祀里，给这三位先君一起奉献的祭品是："燎于河、王亥、上甲十牛，卯十羊。五月。"（《合集》1182）意思是焚烧（燎）十头牛，剖开十头羊。商王还会占问："王亥、上甲即宗于河？"[6] 意思是，王亥、上甲微会进入河伯的宗庙吗？

　　商末，周文王研究《易经》占算方式时，王亥事件也被他作为重要事例收入卦爻辞推演之中：

　　　　丧羊于易，无悔。（《易经·大壮》六五爻辞）
　　　　丧牛于易，凶。（《易经·旅》上九爻辞）

　　但史书中并没有王亥牧羊的记载。周族人原本在西部高地放牧羊和黄牛，所以，周文王可能是用自己熟悉的生活来想象王亥时代，错误地增加了一条"丧羊于易"：羊不适应潮湿环境，不适合王亥时代的商族人。这也说明，《易经》卦爻辞中的商代史事并不完全可信，周文王可能会基于西土周人的环境错误地理解商人历史。

水牛背上的游牧

先商族属于上古时代特殊的"游牧族",流动性很强,以牧牛为主,而联系其在当时的技术条件下竟还可以北渡黄河,说明放牧的是水牛,而非黄牛。

在殷墟甲骨卜辞中,商族始祖契被写作"兕",意为水牛,字形是一个人头顶水牛角。看来,他们从一开始就和水牛有缘。[7]商族人当初生活的地方偏南,有较多水牛,不仅畜牧业收益颇丰,而且牛群也赋予商族人以机动性,可以活跃在潮湿的大平原,迁往更远的地方。

再结合考古,商族人也是一直和水牛分不开的。在夏代的二里头遗址,只发现过黄牛的骨骼。而到商族人灭夏之初,郑州商城和偃师商城的遗址则既有黄牛,也有水牛的骨骼——水牛很可能就是商族人带来的。到商代中期,石家庄市郊的藁城台西商人遗址也有完整的水牛骨架祭祀坑。这是夏商以来水牛分布的最北边界。此外,安阳殷墟遗址也大量出土有水牛骨。当然,现在的石家庄、安阳和郑州都已经不适合水牛生存了。

游牧和农耕需要的环境很不一样。三千年以来,游牧地区多是较干旱、气温低,不适合农业种植的地域;但在夏商,情况恰好相反,当时气候比现代湿热,平原地区大多是湿地沼泽,反而不适合人类居住和活动。大禹和夏人的湿地改造只是局部的,还不能改变黄河下游的整体面貌。在这种背景下,借助水牛群,商族人恰好可以活跃在黄河下游的大平原和湿地。

古书还记载是王亥发明了用牛拉车:"胲作服牛。"(《世本·作篇》)结合考古来看,夏都二里头已经有了人力推拉的两轮车,用牛来拉两轮车也属顺理成章,毕竟牛车速度比马车慢得多,对车辆的制造工艺要求较低,王亥时代的商族人完全有可能胜任。这样,水牛群可以穿行于泥沼湿地,牛拉双轮车可以在旱地陆路从事运输,商族人由此获得了"两栖"行动能力。

除了畜牧业，商族人此时可能还从事贸易，这是流动性强的部族天然具有的特长。虽然没有直接的文献材料，但有些间接证据，比如，周公在商朝灭亡之初谈到有些商族人的生计方式时，就曾经说他们牵着牛车到远方贸易挣钱孝敬父母："肇牵车牛，远服贾，用孝养厥父母。"（《尚书·酒诰》）

商朝灭亡后，很多商族人从事的便是贸易行业，所以，在部族、王朝之名外，"商"还衍变为行业、职业之名，结果，本来代表贸易的"贾"字被"商"所取代。

在早期商族的畜牧迁徙和商贸生活中，也可能有一些农业经济。上古时期还欠缺农田施肥技术，往往因肥力耗尽而需要休耕或轮耕，因此，商族可能会在一处新定居地停留数年或数十年，利用周边草场放牧，同时开发一些农田，所以有学者推测，商人过的是"游耕"生活。[8]

先商族活动的地域，主要在黄河下游以及黄河南流入淮的流域范围内（秦汉时期的"鸿沟"水系），是一条南北狭长的湿地"走廊"。张光直已经注意到，在漫长的新石器时代，沟通黄河与淮河的狭长地带（近代所谓"黄泛区"）属于难以开发的湿地，一直少有聚落遗址，所以豫西和山东的新石器文化一直存在泾渭分明的区别。[9]而商族出世不久就已成为这片蛮荒湿地上的活跃因素。

这一地带的北端是下七垣文化和辉卫文化范围，向西是夏人的二里头文化，向东是山东的岳石文化。因频繁迁徙，商族人很难留下定居城邑遗址，但也使他们有机会见识各地的族群以及夏王朝。

繁荣的夏王朝需要东方物产，特别是海产品，而夏朝的产品，特别是一些小件铜器，如刀和锥等，则可以销往东方。虽然夏朝严密保守青铜技术，但这类小件商品的流出应该难以完全阻止。而且，商族人很可能就是在经营贸易的过程中发现夏朝有机可乘，与下七垣、岳石文化中的一些族群建立起紧密联系，逐渐形成了同盟势力。

　　结合二里头遗址后期的现象，可以合理推测：因夏都的王族和铸铜族群的矛盾日渐激化，二里头铸铜人应该是在危急之中联络了商族，于是，商汤带领东方同盟各族大举西征，攻占了夏朝。但在管理王朝和青铜技术方面，商族和它的东方盟友都缺乏经验，用了半个世纪左右才完整吸收了夏朝的遗产，并融合各原有文化，形成了新的、更广泛意义上的商族。

　　在灭夏之前，商族人很可能已经发明了最初的文字。商业贸易需要记账和远程传递信息，而这都会刺激数字和文字的发明。在商人创造文字之前，很多部落已经有了初步的记事符号，比如，对良渚文化和龙山文化的考古，就曾发掘出一些刻划符号的陶片。而商族人在迁徙和贸易中与较多部族打过交道，有机会见到各种记事符号的用法，所以，在此基础上进行汇总是完全有可能积累起完整记录语言的字符体系的。

　　在商人创造的"甲骨文"里，暴力、征伐和杀戮是最常见的字形。这是因为在国家和王朝统治秩序尚未建立的东方，部落之间充满敌意，动辄发生冲突，商人的迁徙和贸易很少能在和平氛围里进行，需要部落武士的武装保护。

　　有些甲骨文字显示的，则是先商人的水上生活：由部首"舟"构成的字就特别多，而且很多是常用字，只是在后世的字形演变中，很多"舟"旁发生了改变，现代人已经看不出和舟船的关系。比如，常用的"受"字（这也是末代商王纣的名字），甲骨文写作 𝌆，字形是两只手在交接一条舟船，意思是"接受"。在后世，"舟"部则变成了"冖"部，甲骨文的含义也就丢失了。

　　再比如"南"，甲骨文写作 𝌅，"木"在上，"舟"在下，大树下面有一条船，可能代表的是商族人对南方的印象：那里树木繁茂，舟船是生活之必需。至于"北"，甲骨文写作 𝌄，本意是"背离"的背：

对商人来说，去往北方是离开自己原本熟悉的家园。

早期商人的生活中，大象（亚洲象）曾经起过重要作用，汉字"为"是常用字，其甲骨文字形是一个人手牵一只大象的鼻子，说明在发明文字时，商人已经驯化和役使大象。而且，这种驯养象的习惯一直持续到殷商：王陵祭祀坑中不止一次出土过整具的象骨。

鸟神崇拜

商人崇拜的神有多种，最崇高的是"帝"，此外，还有鸟，而这应该跟商族的创始神话和早期图腾有关。[10]

在上古时代，鸟崇拜主要存在于东部沿海地区。河姆渡文化（距今 7000—5600 年）中有很多刻画鸟类图形的骨雕和木雕，良渚文化（距今 5300—4300 年）也有明显的鸟崇拜，如古国王族最高级的玉器上刻画的神人兽面纹，神人头戴羽冠，旁边相伴的是鸟形图案。

春秋时期，山东南部的土著小国郯国的一个著名传统就是用鸟来命名各种官职。郯国国君说，自己的始祖是"少皞氏"（少昊），而少皞氏建立的国家的各种官职都是鸟名。（《左传·昭公十七年》）这也是东部沿海崇拜鸟的记忆和表征。

商族始祖契是简狄吞玄鸟之卵后所生，说明鸟是天帝和商人联系的纽带。《山海经》这样记载商族第六代首领王亥："有人曰王亥，两手操鸟，方食其头。"看着很含糊，难以确定是人要吃鸟的头，还是鸟要吃人的头，但王亥和鸟的联系在甲骨卜辞中有证据："辛巳……贞：王亥、上甲即于河……"（《合集》34294）其中，"亥"的甲骨文写作 𩂋。

这条卜辞占问的是王亥、上甲微父子是否和河伯在一起，以便商王举行合祭。其中，"亥"字有非常明显的鸟形，而那些与王亥无关的，比如地支记日之"亥"，则不会有鸟形。

《易经》中也多次出现过鸟。周人和商族起源不同，并不崇拜鸟，但在创作《易经》时，周文王引用了一些与鸟有关的商人的历史掌故，如《旅》卦上九爻辞：

> 鸟焚其巢，旅人先笑后号咷。丧牛于易。凶。

这条爻辞涉及王亥在有易氏丧牛和被杀之事。"旅人先笑后号咷"是关于王亥旅行在外的遭遇；而鸟巢被焚毁，则象征王亥的命运。长期以来，人们都没有发现《易经》里隐藏的这段掌故，直到民国时期才被顾颉刚破解："丧牛于易"是说王亥在有易氏部落遇难，牛群被夺走。[11]

在殷墟甲骨卜辞中，也有商王祭祀"鸟"的内容，如焚烧"一羊、一豕、一犬"和"三羊、三豕、三犬"献祭给鸟，[12] 但不知道接受祭祀的是随机飞来的野鸟，还是商王专门饲养的神鸟。此外，商王还多次从鸟鸣中占卜吉凶。

《史记·殷本纪》记载，某次祭祀商汤时，一只野鸡落在鼎的耳上不停鸣叫，高宗武丁非常紧张，大臣祖己趁机发表了一番道德说教，最终"（武丁）修政行德，天下咸欢，殷道复兴"。

此事的道德元素应是后人添加的，但野鸡引起武丁紧张之事应当有原型。只不过，这需要放在商人崇拜鸟的背景中才好理解。

商代晚期的青铜器铭文中曾出现"玄鸟妇"三个字，可能是通灵降神的女巫，负责在王族祭祀中召唤玄鸟之神降临。

那么，商人这种崇拜鸟的宗教，对现实生活有什么影响？

其一，在甲骨卜辞中，有多条商王捕猎野鸡"雉"的记载，但未见捕猎其他鸟类，而且从来没有用禽类和蛋类献祭或食用的记载。其二，在商人的遗址和墓葬中，食用家禽的现象虽不能说完全没有，但的确比较少。殷墟宫殿区灰坑中曾发现猛禽和孔雀的骨头，王陵区的少数祭祀坑中也有猛禽骨，可能是王室豢养的猎鹰和珍禽，但不清楚是否有供奉崇拜的神鸟之意。总之，商人对禽和蛋的禁忌要多于别的族群。

在甲骨文中，最神圣的是"帝"字，写作 ，但其含义不明。有人认为，它是各线条汇合到一起，象征天地间的中心；也有人认为它是一捆支起来进行燎祭的柴堆，用燎祭的造型代表接受祭祀的帝神。[13] 卜辞中，帝也称"上帝"，有时会在帝字上面加一短横，是为"上帝"二字的合文，写作 。这一短横在现代汉字中演变成了点，所以现代的"帝"字，其实是甲骨文的"上帝"二字。

不管"帝"字的具体含义是什么，其关键肯定是神圣之意。作为一个偏旁，它也被用于其他带有神圣含义的文字，一般只保留上半部分的倒三角形状。

比如，龙，甲骨文写作 ，是顶着帝字头的龙形；凤，甲骨文写作 ，是顶着帝字头的鸟形；商人自己的"商"，甲骨文写作 ，帝字高高站立于一座大门（牌楼）之上，有时上面还会有两个并列的帝字头，写作 。

"玄鸟妇"铭文拓片

　　殷墟出土的武丁夫人妇好的墓，就随葬有多件龙凤造型玉器，而且龙和凤头上都有如甲骨文中的角（帝字头），特别是 354 号标本，"为一龙与怪鸟的形象，颇似怪鸟负龙升天的画面"[14]：龙头上有一只"角"，怪鸟则有两只。此外，妇好墓 371 号玉器是跪坐的人形，身上雕刻出衣饰花纹，身后伸出如同羽毛的鸟尾。这些玉器可能都反映了商人对鸟的崇拜。

　　商族人有奇异的来历，他们开创的王朝也注定不会平凡，特别是王朝建立之初，产生了诸多现代人匪夷所思的奇迹。

注释

1　傅斯年：《夷夏东西说》，《国立中央研究院历史语言研究所集刊》外编，第一种，《蔡元培先生六十五岁庆祝论文集》，下册，1934 年。

2　王震中：《商族起源与先商社会变迁》，中国社会科学出版社，2010 年；北京大学震旦古代文明研究中心等：《早期夏文化与先商文化研究论文集》，科学出版社，2012 年。

3　但在《史记》里，司马迁又给简狄和姜嫄安排了同一位丈夫，半神的帝王帝喾。这属于春秋之后的改编版，在《诗经》的商、周两族史诗里，都没记载这两位女子有丈夫。

4　《国语·鲁语上》与《礼记·祭法》。还有记载说，夏朝帝王少康、杼委派冥去治理黄河，结果殉职被淹死。见于《今本竹书纪年》："帝少康十一年使商侯冥治河"，"帝杼十三年商侯冥死于河"。但《今本竹书纪年》是不可靠的文献，它关于上古的事件都有准确纪年，可信度反而降低。有研究者认为，《今本竹书纪年》是南宋以后的人伪造的。

5　《史记·殷本纪》中，冥的儿子是"振"，振的儿子是"微"。王国维发现，"振"就是《山海经》中的"王亥"，甲骨卜辞中也多次出现祭祀"王亥"，所以"振"是"亥"的误写。"微"在《竹书纪年》中写作"殷主甲微"，甲骨卜辞中写作"上甲"。

6   参见中国社科院考古所《小屯南地甲骨》,1980 年,1116 条。以下简称《屯南》。

7   韩江苏、江林昌:《〈殷本纪〉订补与商史人物徵》, 中国社会科学出版社,
     2010 年, 第 63 页。

8   傅筑夫:《殷代的游农与殷人的迁居》,《中国经济史论丛》上册,生活·读书·新
     知三联书店, 1980 年, 第 46 页。

9   张光直:《中国相互作用圈与文明的形成》,《庆祝苏秉琦考古五十五周年论
     文集》,文物出版社, 1988 年。

10   胡厚宣:《甲骨文商族鸟图腾的遗迹》,《历史论丛》第 1 辑,中华书局,1964 年;
     《甲骨文所见商族鸟图腾的新证据》,《文物》1977 年第 2 期。顾颉刚:《鸟夷
     族的图腾崇拜及其氏族集团的兴亡》,《古史考》第六卷,海南出版社,2003 年。

11   顾颉刚:《周易卦爻辞中的故事》,《燕京学报》1929 年第 6 期。

12   常玉芝:《商代宗教祭祀》, 中国社会科学出版社, 2010 年, 第 156 页。

13   参见常玉芝《商代宗教祭祀》, 第 21 页。

14   中国社科院考古所:《殷墟妇好墓》,文物出版社, 1980 年, 第 159 页。

第六章　早商：仓城奇观

商代可能是中国历史上最为奇异的一段，如果将其分成早、中、晚三期，人们最熟悉的是晚商（殷墟阶段）。殷墟发掘最早，有精致的青铜器、甲骨文和大规模杀祭场。

但其实，早商的奇迹更多，它在二百年左右的时间里创造的成就，其后一千年都难以再现。那是一种几乎抵达秦汉大一统王朝的气象。比如，它拥有地跨千里的遥远殖民城邑，有规模庞大到脱离当时人口总量和经济水平的大型仓储设施。

可以这么说，在早期青铜时代，早商堪称一场"现代化"奇迹。

东西两都

在古史中，夏和商经常被相提并论，但从考古来看，它们几乎是两个截然不同的政治体。

夏朝-二里头文化保守，并不热衷对外扩张，虽发展出东亚最为领先的青铜技术，但一直将其封闭在二里头作坊区厚重的围墙之内，很少转化为用于扩张的军事实力。

但商朝不同，经过开国之初的数十年整合和同化，商族开始大规模扩张，到开国二百年时，商的统治范围已经超过夏十倍以上，包含无数语言和风俗不相同的族群。从这个层面来说，早商才是中国历史上的"第一王朝"。

不过，如果回到开国之王商汤的时代，形势还没有这么乐观。就如二里头考古显示的，夏朝的征服者并不是一个统一的族群或国家，而是来自不同文化区的松散同盟，因此，需要先把他们整合成一个新族群（新商族），并确保继承夏朝的一切技术积累。为此，商汤应当花费了很多思虑：他和后世两三代商王都致力于此；他们的努力及成效虽然没能载入史书，但被两座大城的遗址记录了下来。

从考古提供的信息看，商族人灭亡夏朝之后，一度保留了二里头古城，并同时开始兴建两个中心城市：一座是在二里头以东 8 公里处的偃师商城；另一座是在二里头以东 100 公里处的郑州商城——堪称早商的东西两都。

西都位于昔日夏朝的核心区，似乎有拆分二里头旧民的考虑：偃师商城以旧有的二里头陶器文化为底色，外来文化不多，初始阶段的主要居民应当是被迁来的二里头古城人群，以及少量商人征服者。[1]

郑州商城则建立在旧有的二里头文化村落基础上，是商王安置各路同盟军的主要据点，外来文化因素更多，有北方的下七垣、辉卫和东方的岳石等陶器文化类型，也有从二里头迁来的铸铜作坊。一座城邑竟能在中短期内汇聚如此之多的陶器文化类型，在此前和此后的历史中从未有过。

显然，这是一个为攻占夏朝而形成的"东方部落联盟"：各自使用的陶器风格不统一，语言或方言的差异也很大，充当"凝结核"的是规模很小的（先）商族。

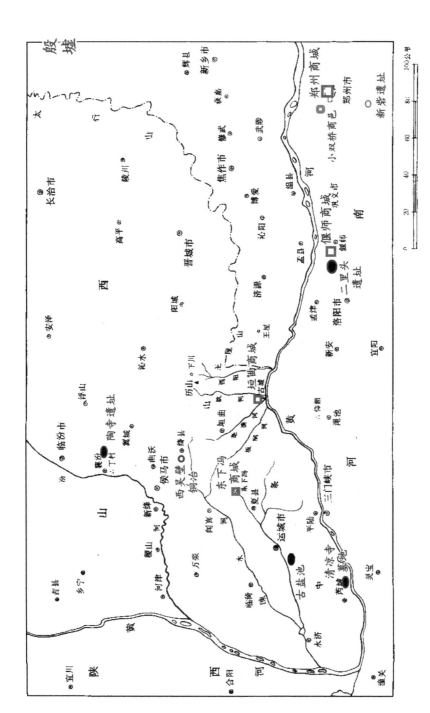

早商部分城址示意图 2

　　夏都二里头固然繁华了数百年，但内部一直是二元分立结构：宫殿区和铸铜作坊区长期保持共治，而且彼此的矛盾还是夏朝灭亡的直接根源。征服二里头后，商人对这两种人群加以分化、拉拢，并拆解到二里头和偃师两座古城中，最终把他们同化入自己的王朝之内。

　　在商朝早期，偃师商城和郑州商城都不大，只营建了小型的宫城。但几十年后，二里头古城已被完全废弃，人口全部迁入了偃师和郑州商城，所以两都迅速膨胀了起来：修建有城墙和规模更大的宫殿，以及兴旺繁荣的各种手工作坊和平民居住区。这两座商城的寿命都有二百年左右，是商朝前期的统治中心。

　　二里头古城被废弃时，商族统治区内多元的陶器文化融汇成了一种新风格，至少是二里头、下七垣、岳石和辉卫四种成分的杂糅和发展，被考古学家命名为"二里冈文化"。二里冈是郑州商城南侧一处小遗址的名字，和"二里头"只有一字之差，事实上，它也的确继承了二里头陶器的很多特点。

　　由此，来自各地的陶器工艺在郑州发生融汇，并迅速向外蔓延，说明制造和使用这些陶器的人群已经同化到一起，是新的商民族诞生的标志。它比之前的（先）商族规模大得多，可以称之为"王朝商族"。至此，商朝的多部落联盟体变成了一个整体民族。

　　当然，旧有的下七垣、岳石和辉卫文化依然在各自故地延续着，它们也许会被新兴的早商（二里冈）文化蚕食和吞并，但那还是以后的事。在早商阶段，迅速消亡的只有夏-二里头文化，因为商朝最优先占领的就是昔日夏朝的疆域。

　　二里头的衰亡和偃师、郑州商城的兴起，显示了夏商交替之际空前剧烈而复杂的族群整合运动：自新石器以来的漫长历史中，从没有哪一场部族征服和改朝换代，能带来如此剧烈的日用陶器的异地汇聚与风格转变。

　　商人对待夏人和盟友的手段也很高明。至于背后的原因，可能在于他们曾经长期游牧和贸易，在东部平原迁徙游走数百年，积累了足够多的关于东方各族群的知识。这是其他任何人群都不具备的优势。

　　灭夏时，商人已有了初步的文字。这是建立真正王朝统治的必要工具。商人应当也会利用宗教的神秘感和威慑力，虽然我们目前对于商初宗教的了解还很少，但从后来其在商朝的重要地位看，早期的商王们肯定在宗教上投入过相当大的精力。

　　待东西两都初具规模后，郑州商城和偃师商城的主城面积（不包括外郭城）分别约为 3 平方公里和 2 平方公里。其共同点是，都有宽约 10 米的夯土城墙，城内有宫城，有大型夯土宫殿区，而且宫殿区北侧都有石砌的长方形人工池塘；不同点是，偃师商城内有好几处大型仓储区，但铸铜等手工业规模不大，郑州商城则面积更大，人口和各种手工业设施也更多，外围还有一圈外郭城。

　　两座商城的保存情况也不一样。在后世，郑州商城一直是重要城邑，到现代更被市区占据，遗址破坏严重，各发掘地点比较零散，难以重现商城的整体风貌。偃师商城则一直是农田，所以保存相对完整，比如，有石砌的城市供排水系统，排水沟宽近 1 米，从西到东贯穿整座城市。

　　但新石器以来，早商的东西两座庞大都城，可谓绝无仅有。它们都有厚重的夯土城墙，显然是要防御外来威胁，但从当时的形势看，似乎没有什么势力能威胁新兴的商王朝：夏都二里头人不重视城防，一直只有小规模的宫城，没有修筑大城；相比之下，新兴的商人更有危机感，可能是担心被征服的夏人聚落以及土著部族随时会揭竿而起，所以不遗余力地修筑了两座大城。

　　更早的石家河、良渚和石峁古城，虽然面积接近郑州商城，但内部有很多不宜居的部分，比如，石峁城内梁峁坡地起伏，石家河和良渚的城墙本质上是防洪堤与建筑台地，城内有很多湿地和河汊。而郑州和偃师商城，则方正规则，内部多是宜居的平坦土地，能容纳的人口更多。

二里头出现的各种现象显示，早期王朝内部大都是自治部族，和王权的关系相对松散，而偃师和郑州商城则规划严密，内外分明，呈现的是早期商王整合各部族的决心：在聚族而居的状态下，一个部族聚落（族邑）就是一个独立的经济体，有自己的手工业和农牧业，而入住到大城内，需要放弃很多传统的自给自足生活，融入王室主导的更大的经济和政治体中。

相比偃师，郑州商城更特殊，其主要的手工业都在城外，如铸铜和制骨作坊，而城内很可能主要是为王室服务的人群，提供武装力量和管理、差役等。

早商王朝应当已经使用文字和文书。郑州商城范围内曾发现少数几件残破的刻字骨片，其中一片牛肋骨上有若干个字符，被释读为：

又，毛土羊，乙丑贞，比（及）孚，七月 [3]

它的行文风格和殷墟甲骨卜辞很相似，但这几片卜骨的原物和地层信息已经缺失，无法判断更精确的时代。据推测，属于商代早期 [4]，比殷墟早一百年以上。这说明，早商已经有了成熟的文字，而且还出现了在卜骨上刻占辞的做法。

青铜扩张潮

早商阶段，商朝的扩张极为迅猛。就连上千里外的长江边（今武汉市郊黄陂区），都出现了一座繁荣的城堡盘龙城；而在中原地区，商人城邑更是星星点点。

先商族的贸易游商生涯，使他们比其他族群更了解各地的交通地理和物产民俗，不仅如此，新王朝的成员来自周边各文化圈，对于扩张疆域也有很大帮助。而且，商王家族擅长用生意人的思维来管理新王朝，扩张目标主要指向矿产资源丰富的地区，如盐矿和铜锡矿产地。对商朝的远程扩张来说，贸易是和征战同样重要的手段。

商人很重视夏朝的青铜冶铸技术，偃师和郑州商城初建时，还没来得及建城墙，就从二里头古城移植了铸铜作坊。郑州商城的铸铜业尤其发达，当城南的铸铜场不敷使用时，又在城北的紫荆山新建了一座冶铸场。这些冶铸场沿袭了二里头的遗风，在铸铜工作区地面下均埋有人牲。

青铜技术曾长期被圈禁在二里头，而商人则更现实，各商人部族均掌握了冶铸铜技术，而且不仅是在偃师和郑州两座核心商城，每一支向远方征伐的商人队伍也都有铸铜技师。他们携带着铸造铜镞、铜戈的石范，一旦发现小规模铜矿，便可以就地生产兵器。在早商阶段，铜兵器的生产数量急剧上升，出土地点遍布中原各省，甚至蔓延到长江流域，促使一些南方土著族群也借机学会了铸铜。可以说，是商朝人真正普及了青铜冶铸技术。

王朝扩张的基础是人口数量，而这需要农业的支撑。在这方面，商朝也超越了夏朝。熟悉商贸和水牛养殖的商族人一旦经营农业，就表现出超常的能力：夏朝–二里头古城主要依赖水稻，这是夏人改造洛阳盆地沼泽的成果；而商人兴起于黄淮湿地平原，对水稻不会陌生，但他们的农业更为均衡。对郑州商城粮食浮选的一篇统计论文显示，样本中，粟、水稻和小麦各有 1576 粒、191 粒和 91 粒，统计者的结论是："至少在商代早期，粟仍是郑州地区古代先民种植的最重要的农作物种类。"[5]

小麦颗粒的千粒重接近稻米，把各种粮食籽粒折算成重量，粟米只比水稻略多，小麦则占到了 18.3%，也很可观。

表五：郑州商城出土粮食颗粒及折合重量

	粟	水稻	小麦	黍	合计
粒数	1576	191	91	44	1902
千粒重（克）	2	16	16	7	
粒数占比	82.86%	10%	4.78%	2.3%	
折合克数	3.152	3.056	1.456	0.308	7.972
重量占比	40.5%	38.3%	18.3%	3.9%	

如上表所示，和二里头时代相比，水稻的比例下降得很明显，旱作的粟和黍则明显回升。小麦更特殊一点，虽然属于旱作庄稼，但在春末灌浆季节需要的水量大，而华北春末时节少雨，要在华北地区大面积种植小麦，需要更成熟的灌溉知识和设施。因此，小麦应当是水稻种植的衍生产品。此外，这个阶段的气候湿热程度可能比二里头时期有所下降，也可能导致水稻数量减少。

郑州商城的粮食样本显示，商人已熟练掌握了各种主要作物的种植技术，而其意义不仅是人口增殖，也便于商人向各地殖民扩张，因为他们拥有适应各种自然环境的粮种和技术。

晋南的殖民城垒

早商王朝的扩张轨迹，在山西南部表现得最明显。

从偃师商城向西北，逐渐进入丘陵山地，200公里后渡过黄河，便是山西省垣曲县的古城镇。黄土台地上有一座夯土小城，控扼黄河渡口，是沟通豫西和晋南的要塞，考古学者称其为"垣曲商城"。

从垣曲古城继续向西北，翻越中条山脉，进入开阔的运城盆地，又出现了一座夯土小城，这便是夏县东下冯商城。垣曲和东下冯商城都不大，城墙边长三四百米，城池面积约 0.1 平方公里，建造时间也接近，都在商朝开国之后近百年。

晋南中条山区有零星的铜矿，夏朝时，夏县东下冯和绛县西吴壁都出现了冶铜工场，应当和二里头夏都存在铜料贸易，但还无法确定是否属于夏朝直接统治。而在商朝初期，关于王朝统治的铁证出现了。

在早商，东下冯不但建起了夯土城墙，还有密集的大型仓库建筑：位于城内西南角，每座建筑的夯土地基皆圆形，直径 10 米左右，中央有柱洞，十字形夯土墙基把建筑分成四个扇形隔间，圆形地基外缘还有外墙的一圈柱洞和墙基。总体来看，仓库是圆形的造型。

圆形建筑成排分布，密集而有序。有限的发掘区内已经挖出十几座，而根据钻探迹象推测，这组建筑至少有七排，每排六七座，总数近 50 座。

2019 年，东下冯发掘四十年后，在偃师商城也发现了同样的大型仓储区：地基呈圆形，室内有十字形木骨土墙，和东下冯的建筑完全一样。由此，证实了东下冯和商朝的直辖关系。

东下冯仓储区 F501、F502 圆形建筑发掘照片[6]

偃师商城内的这片仓储区，紧邻西城墙，编号为 VIII 基址群，区域面积达四万平方米，接近三个标准操场，估计有圆形仓储建筑100—120座。

偃师和东下冯的圆形仓储区基本同时建成，造型和整体布局完全一致，说明出自同一群规划者，是商王朝主导之下的产物；尤为重要的是，它也显示了商王朝的政治控制范围。这是仅靠陶器"文化"难以确证的命题。而且，东下冯和偃师商城的政治关系一旦确定，处在它们之间的垣曲商城的归属也就解决了。

以上说明，在商朝早期，王朝的统治已伸入晋南运城盆地。这段路程不算太遥远，但隔着黄河和中条山脉，地理环境和之前商人习惯的东部大平原很不一样。可见，商人在努力探索新的地域。

巨型府库之谜

接下来的问题是，这种圆形建筑的功能是什么？有学者认为是粮仓，也有认为是存放食盐的仓库。中条山北麓有一片咸水湖泊形成的古盐池——解州盐池，距离东下冯商城仅有60公里，路程地势平坦，交通便利，而再去往垣曲和偃师商城，则需要翻山和渡过黄河，交通比较困难。所以商人很可能在东下冯设立了庞大的食盐仓储和转运站。有学者称，已经对东下冯商城仓储区的土样做过鉴定，这里的钠离子浓度远高于其他地点。这似乎也证明了圆形建筑是食盐仓库。[7]

西都偃师商城并不只有这一处仓储设施。在它之前，已经发现两处长方形的大型仓储建筑群，分别编号为II区和III区：南北狭长，呈网格状紧密分布，每座建筑南北长约25米，东西宽约7米。

数量同样惊人。II区有六排，每排约16座，总数近百座。III区的规模类似。仓储建筑中间还有水池的遗迹，可能是为灭火储备的水源。

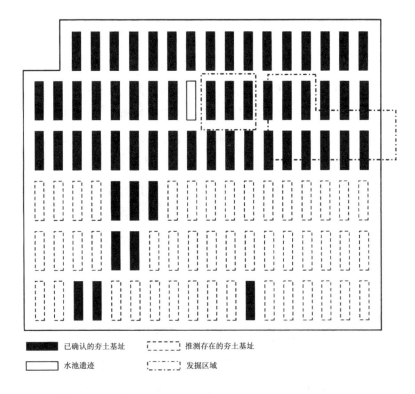

偃师商城 II 区长方形仓储建筑分布平面图

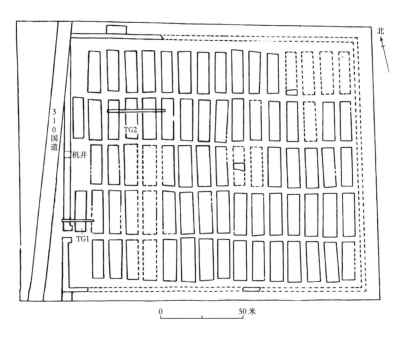

偃师商城 III 区长方形仓储建筑分布平面图 [8]

东下冯和偃师的这些仓储区，环境都很类似：有院墙环绕的封闭空间，戒备较严；使用时间可能近百年，有修补和重建的痕迹；仓储区内少有生活垃圾（陶片），说明几乎没人在里面生活，应该属于守卫森严的王朝禁地。

偃师 II 区和 III 区的仓储区里藏的到底是什么，目前还没有答案。遗址破坏比较严重，保留下来的只有夯土地基，基本没有留下墙垣和室内设施。有学者推测是兵器库，但规模过于庞大，当时应当没有如此多的兵器需要集中存放。

从空间和需求等因素看，粮仓的可能性比较高。但当时的粮储很难装满如此巨大的空间：以单个建筑容积长 20 米、宽 5 米、高 3 米统计，这二百座建筑的容积为六万立方米，可储粮七万余吨。当时的偃师商城总人口不可能达到六万，即使以六万计，这些粮食也足够吃四五年。在以自然经济为基调的上古时期，如此巨大的粮储设施很不可理解。

从粮食来源估算，哪怕是当时洛阳盆地的所有聚落缴纳的粮赋，也难以填满这些仓库；也许还有外地缴纳，但在当时的交通条件下，粮食并不适合陆路远距离运输——除非借助黄河-洛河航道。从商族人习惯湿地生活和行船来看，这种可能性是存在的。在东汉时期，都城洛阳东郊就有巨大的国家粮仓"常满仓"："永平五年作常满仓，立粟市于城东，粟斛直钱二十。"（《晋书·食货志》）常满仓位于偃师商城以西近 10 公里，其运输也大半依靠洛水-黄河水道。

再来看圆形仓库。如果东下冯和偃师商城的圆形建筑确实是食盐仓库，就会带来另一个问题：食盐库存远远超过了当地的需求总量。不考虑十字形隔墙，按直径 10 米、高 3 米计算容积，100 座圆形盐仓的总容量可以达到五万吨，扣除掉隔墙、廊道等空间，容纳一二万吨食盐绰绰有余。而以每人每年需要食盐一公斤计算（比现代平均消费量略低，上古时代食盐比较奢侈，普通人很难满足需求），这些盐可供一二千万人吃一年。在早商，黄河和长江流域的总人口不会有这么多，商朝也不可能把食盐销往这么大的地区。

且不论偃师和东下冯的大型仓储区的具体作用，到晚商殷墟时期，甚至后来的西周和春秋，都没有发现过如此规模的仓储设施。直到战国时期的洛阳，才出现了堪与早商偃师相比的粮仓。[9] 也就是说，在之后一千年里，偃师商城的仓储区规模都没有被超越。

如此巨大的仓储区说明，早商时期的王权有极强的控制力，甚至需要一个专业的官僚机构负责营建和管理。可以和它进行类比的，是战国秦汉时期的君主集权国家机构。但很可惜，早商时代没有留下任何文字记载，宏大王权像是昙花一现，然后就消失在了人们的记忆中。即便是殷墟晚商的甲骨卜辞，也没有任何关于早商政权和社会形态的记录。考古发现的这些现象，给我们提供的疑惑多于解答。

注释

1　《史记·殷本纪》等史书记载，商朝曾经五次迁都，最后一次是盘庚王迁殷。殷都遗址（殷墟）已经有了充分的考古发掘，至于前面四座都城在哪里，却一直没有定论，和目前的考古发现也无法完全吻合。

2　示意图改编自中国历史博物馆考古部《垣曲商城（一）：1985—1986 年度勘察报告》，科学出版社，1996 年，第 5 页。

3　李维明：《郑州二里岗早商骨刻字符与乇土祭祀》，《中国文字博物馆集刊》2021 年 9 月。

4　尤柔螭的一篇文章《二里岗遗址牛骨刻辞》（http://www.kaogu.cn/cn/kaoguyuandi/kaogubaike/2013/1025/34220.html）有这样的概述：1953 年发现于河南省郑州市货栈街的属于二里岗商文化期的两片牛骨，分别为牛的肋骨和肱骨。现下落不明，不知所踪。原骨曾由陈梦家先生鉴定研究，相关资料刊发于《文物参考资料》（1954 年）及其著作《殷墟卜辞综述》以及 1959 年出版的《郑州二里岗》报告中。其中牛肱骨刻辞仅有 1 字，今各家考释多读为"又"字。而牛肋骨刻辞，陈梦家先生认为有 10 字，李学勤先生也认为有 10 字，但李维明先生认为各家释文漏掉 1 字，应为 11 字。全文原 10 字释文为：又土羊乙丑贞从受十月。李维明先生将其释为：又，乇土羊，乙丑贞，比（及）孚，七月。陈梦家先生认为该刻辞不是卜辞，而是习刻文字，时代为殷墟时期。后来河南省考古工作者认为，该牛骨出土于经过扰动的二里岗期的地层中，应属商代早期。目前大多数学者认同此观点。

5　贾世杰等：《郑州商城遗址炭化植物遗存浮选结果与分析》，《汉江考古》2018 年第 2 期。

6　中国社科院考古所：《夏县东下冯》，文物出版社，1988 年。

7　马金磊：《运城盐池在史前考古学研究中的作用》，《科教导刊·电子版》2013 年第 4 期。但该论文没有列出检测样本的具体数据，所以目前少有学者采用。

8　中国社科院考古所：《偃师商城》第一卷。

9　洛阳博物馆：《洛阳战国粮仓试掘纪略》，《洛阳考古集成·夏商周卷》，北京图书馆出版社，2005 年。

第七章　人祭繁荣与宗教改革运动

　　在中国的城市中，很少有郑州这样的巧合：它完整地覆压在了3500年前的商代城址之上。

　　现代郑州的城市建设，伴随着与商城的试探和纠缠，也难免无意中的破坏。1974年，当地水文站准备扩建一座办公楼，院落正好位于商城宫殿区的中央。施工之前，考古工作者先进行钻探发掘，结果发现了一座大型宫殿基址，还在东侧发掘出一条人工壕沟：沟内堆积着近百颗人头盖骨，被加工制成碗的造型，边缘切割平整，甚至打磨光滑。

　　为保护遗址，基建工程被取消，水文站把院落转让给了考古部门，毕竟很少有人愿意和3000多年前的头盖骨做邻居，从此，郑州商城的考古工作者有了专用办公场地。当然，人头骨坑上面建了一座保护房，现在，这里是河南省文物科技保护中心。[1]

　　宫殿区壕沟堆积的这些人头骨，很符合现代人对商代文化的印象：以血腥著称，到后来的殷墟更是登峰造极。不过综合来看，考古提供的现象更为复杂：其一，商人并非生来就热衷杀戮和人祭，只是随着王朝步入扩张轨道，杀祭行为才陡然增加起来，成为蔚为大观的国家级宗教活动；其二，开国近 200 年时，商朝内部可能发生过一场王室"宗教革命"，提倡不杀生而掩埋青铜器的新祭祀方式；其三，改革失败后，则是动荡和内战，早商极盛时代宣告终结，随后是萧条、短暂而残酷的中商，而这更是人们不了解的商朝的另一面。

早商时期，东西两都并存，让我们先从西都偃师商城开始讲起。

偃师：从猪到人的献祭

偃师商城的人口数量和繁荣程度虽不如郑州商城，祭祀遗存也不如郑州商城多，但遗址整体保存较好，由其可以观察到早商时期祭祀行为的变化轨迹。偃师商城地层分为三期，时间跨度约 200 年，我们下面按 70 年为一期进行估算。

商朝刚刚开国时，偃师商城宫殿区建起了几座大宅院，并在宫殿北侧规划了两处祭祀区：B 区和 C 区，呈东西狭长的长方形，面积均超过 1000 平方米，四周有夯土围墙，构成两座"祭祀大院"。

这两处祭祀区主要用猪献祭，比如 C 区，目前发掘了三分之一，埋猪超过 100 头，据推测，祭祀区使用的猪可能超过 300 头。

这些猪有整只活埋的，也有去头的或剖成两半的，有多只一起埋的，也有单独埋的；有猪、牛、羊埋在一起的献祭组合，甚至有鹿的躯体。从某些痕迹判断，这些祭牲和祭肉被放在漆木容器之上，祭祀礼仪非常恭敬。

也有多层、多次献祭掩埋的，如 H124，堆积分为五层，每层都会埋入若干猪头、整猪或肢解后的猪骨，甚至和一些兔子的骨骼混在一起。

还有的祭祀坑内埋的不是食物，而是用具，如 H460，面积超过

40平方米，深度超过 1.5 米，埋有 150 多件完整的和可复原的陶器，还有大量竹席、草编筐和植物的茎叶堆积。[2]

在 B、C 祭祀区建成近半个世纪之后，商人又在宫殿区东侧开辟了 D 祭祀区（一期）。这原本是建设宫殿取土形成的一个大坑，深 5 米，面积约 230 平方米，埋有 72 只、分 64 处埋葬的整猪，并伴有一些牛角和牛下颌骨。[3]

以上是商朝开国 70 年内偃师宫殿区的祭祀遗存，明显继承了夏都二里头宫殿区的祭祀礼仪，以埋猪祭祀为主，没有人猪混埋现象，甚至用工程取土坑作为埋祭场的做法也被模仿了过来。

偃师商城整猪祭祀坑局部照片[4]

商朝开国近百年时（偃师二期），在 B、C 祭祀区的东侧，出现了长方形的 A 祭祀区，面积 800 多平方米，相当于两个篮球场，内部有各种形式的祭祀现场和祭祀坑，用人和牲畜献祭。

容量较大的是 H282 祭祀坑，长方形，深 3 米，近 30 平方米，接近一间普通客厅。根据发掘现场，偃师商人应该是在土坑刚挖好之后，先在坑底堆积柴草，用大火烘烤坑底和坑壁，然后在南北两壁上挖出很多放置祭品的"壁龛"。

用来献祭的主要是人、牛和猪，肢解、腰斩或全尸的人牲被摆放在坑底，与猪和牛的骨肉一起掩埋，还会铺垫一些石块或陶片，形成坑内堆积。这种堆积一共有 14 层，基本填满祭祀坑。

坑口边缘处有木桩痕迹，发掘者推测是"用于悬挂祭祀仪仗之物"：献祭时，剁开的人、牛和猪的肉体可能先悬挂在坑壁的木桩上展示，最后才放到坑底掩埋。

目前对该祭祀坑只做了局部发掘，而且发掘报告过于简单，没有祭祀用的人牲和牲畜的数量统计，也没有各层的平面图和照片，但献祭的原理基本清晰，就是向神灵奉献肉食。

除了人、猪和牛，A 祭祀区使用的祭品还有很多种。比如，有一片祭祀场，深约 1.4 米，面积约有 130 平方米，主要使用的是焚烧的稻谷。也有用狗、鱼类和小麦献祭的。有座用水井改造的祭祀坑，每间隔一定深度埋入一条狗，并摆放一些石块。还有的埋的是牛头和大量的鱼，甚至陶制的乌龟。[5]

这些祭祀区一起使用了约半个世纪。偃师商城二期结束时，B 区和 C 区堆积饱和，D 区大坑也逐渐被生活垃圾填满。到第三期，祭祀活动主要集中在 A 区进行，直到商朝进入内乱萧条，偃师商城被废弃。[6]

A、B、C、D 祭祀区附属于偃师商城宫殿区，只有商王和高级贵族能在这里举行典礼。但宫殿之外的平民区也有各种祭祀遗迹，说明随着宫殿区人祭的普及，平民中的杀人献祭现象也多了起来。

从夏都二里头和偃师商城宫廷区的祭祀行为看，商朝和夏朝存在非常明显的继承性。偃师商人学习了夏朝的宫殿区建设和祭祀方式：祭祀区集中在宫城北侧，以猪为主要祭品；开始时以幼年猪为主，国力强盛后升级为成年猪。在这方面，夏商两代的历程如出一辙。

但不同之处也很明显。二里头－夏朝宫廷区的人祭行为一直不太普遍，祭品也相对单调；偃师商人则在开国近百年后，越来越多地用人献祭，并摸索出了用牛、狗、鱼、鹿、兔以及稻谷等粮食混合献祭的方式——他们可能是认为神灵和人的口味应当是一样的，食谱花样应该多一些。

再来看偃师商城民间的人祭行为。

偃师没有很集中的墓区，墓葬零星分布在城内各地，特别是城墙内侧。在东城墙下的一小片墓葬区，有一座祭祀坑 K1，建造于三期（商朝开国约 150 年），坑口呈椭圆形，长径约 3 米，向下逐渐变成长方形，整体深近 2 米，坑底铺约 10 厘米厚的红褐色土块，沿坑壁有一具十来岁少年的尸体，仰卧，身上压着多块石头——坑中其他位置也铺满了石块。

在石块层之上，又有两具少年尸骨，其中一具的两手反剪交叉在身后，小腿也交叉，应当是被捆绑活埋的。两人臀部都压着石头。坑中央埋的是一头猪。摆放好人和猪之后，坑内填进了约半米厚的土，其中有一块人头骨碎片，宽约 10 厘米。

然后又埋入两名少年，其中一人俯身屈膝。两人身上也都压着石块，还摆放了陶盆和蚌刀各一件。这一层有大量碎陶片，属于很多种陶器，包括造型很大的鬲和鼎。

综上，整座祭祀坑分三层，共埋入五名少年，身长都在 1.3 米左右，但有两人小腿反折，全长不到 1 米。[7]

祭祀坑附近的墓葬等级不高，随葬品较少，很难判断 K1 祭祀坑是为哪位墓主建造的。也许，它是向某种自然神献祭。这片墓地紧邻着一片制陶作坊，坑中也有来自多种陶器的大量碎片，所以 K1 可能是制陶部族的集体祭祀行为。

偃师商城宫殿区的 H282 和 H124 祭祀坑以及东城墙下的 K1 祭

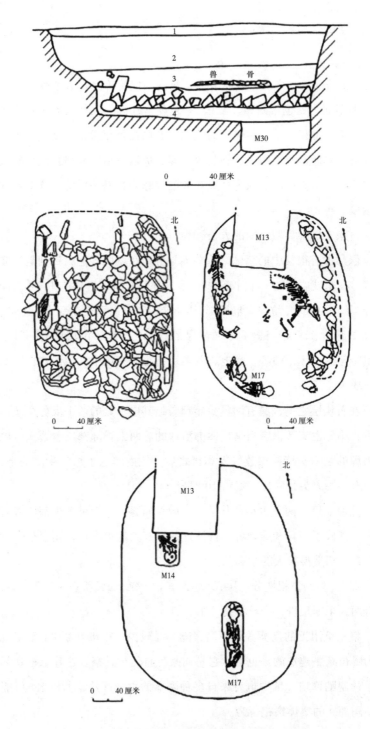

偃师 K1 祭祀坑剖面图和三层平面图

祀坑，都是分多层、多次掩埋人牲和祭品，整体造型犹如巨大多层汉堡。在商朝后期的殷墟，这种祭祀方式变得少见，主要是在方形坑单层埋入一人或多人。但殷墟末期的后冈 H10 祭祀圆坑也是分三层埋入 73 人，说明偃师多层祭祀坑的做法并没有失传。

郑州二期的民间祭祀

再来看郑州商城。它的地层分为四期，前三期和偃师商城基本同步。[8]

在商朝开国最初的 70 年左右（一期），郑州商城的主城墙尚未建造，只有宫殿区有少量夯土建筑，很少发现祭祀遗址。[9]当然，这也可能是遗址被现代市区叠压而发掘面积有限的缘故。

到郑州商城二期，城墙和宫殿区相继建成，人祭现象也多了起来。但这一时期的人祭地点主要不是宫殿区，而是普通商人的居住区和作坊。

南城外的二里冈地区有一座繁荣的聚落，坐落在一片紧邻小河的高地上。在这里，有很多埋有人尸骨的灰坑。发掘报告用了"掷埋"一词，意为死者躯体或零碎人骨被随意投入坑中。有三座掷埋多人的坑集中在一起，情况比较复杂，我们这里主要介绍其中两座。

H171，开口为椭圆形，直径约 2.8 米，坑底有两名即将成年的人的骨架，其中，一人的两臂被反绑，手指和脚趾被砍掉，另一人两腿被捆绑，两手被砍掉；此外，他们身下还压着几块别人的腿骨，而再到 3 米深处，还埋有一颗人头骨。这座坑没有挖到底，因为地下水涌出而中止，所以不确定下方还有没有埋人。

坑内填土中有大量碎陶片，以及兽骨、牛角、骨簪和骨匕等杂物，但在埋人的层位，"多是堆积比较纯净的黄沙层与灰白硬土层"。发掘报告认为，这些人和零碎人骨被埋入时，"是有意而从容的，其埋葬原因，可能与祭祀后的填埋有关"。

再看西侧的 H111。这是一座南北向的长方形坑，至少深 6.4 米，填土有十多层，其中六层有大量人骨和猪狗等家畜：最下面一层，埋一只大猪；向上一层，埋大猪、小猪各一只；再上一层，埋成年人骨架一具、儿童骨架三具，大、小猪各一只，还有人的零碎盆骨、股骨；再上一层，埋儿童骨架一具，大猪一只；再上层，埋成年人骨架一具，大、小猪各一只，狗头一颗；最上层，埋狗一只。多数人和猪的姿势都很不自然，像是被捆绑之后投入坑中的。

此外，在二里冈聚落还有多座只埋一人或者埋零碎人骨的灰坑。在二期郑州商城内外，有多座人和猪、牛或狗混合埋葬的祭祀坑。比如，北城墙外的一处制骨作坊遗址，曾发现五具掷埋的人骨架与五具猪骨架。

从上述情况看，商人民间的人祭行为在郑州商城二期已经很流行，而且多和牲祭（牛羊猪狗）混合掩埋。结合偃师商城二期宫殿区的祭祀情况，此时郑州商城的宫殿区应当也有了人祭和牲祭活动，只是可能已被后世破坏。

王室：人狗混合献祭与头盖骨加工

到郑州商城三期，宫殿区出现了人和狗的混合祭祀。

宫殿区东北侧 150 米处，有一片以"神石"为崇拜对象的祭祀场：场地中心直径 5 米范围内，有几块扁平的红色砂石块，其中三块堆在一起，最大的一块高约 30 厘米（底部埋入地下），宽约 45 厘米，厚约 15 厘米，犹如一块扁平石碑；在西南侧，另有三块列成一条线。发掘报告将其称为"埋石"，认为它们是接受祭祀的对象。

环绕着这些红石块，有多座埋有狗和人的尸骨的祭祀坑，其中，埋狗坑八座，里面重叠埋入大量完整的狗骨骼，有些狗的腿呈捆绑挣扎状，其中两座坑的底部有散碎人骨以及完整的人骨架两具。多数坑未发掘到底，用狗总量估计应该会超过一百只。

有一座狗坑还出土了一件黄金薄片夔纹饰物，可能是目前发现的中国最早的黄金工艺品。在这座狗坑的外侧，则有14座各埋一人的坑，都极为狭窄，人是勉强塞进去的，没有随葬品，有的手脚呈捆绑状。和狗一样，他们也是献给"神石"的祭品。

"神石"东西两侧各有一座五边形土坑，相隔1米多，坑内堆积着深灰色的油腻灰烬，坑壁呈灰黄色，且含有大量油脂，"手触异常光滑"，可能是主祭者割取狗和人牲的油脂在坑中焚烧"燎祭"所致。

在这之前的夏商遗址中，很少看到这种大量用狗和人共同献祭的场景，但稍晚的殷商阶段的铜山丘湾（今徐州市北郊）有一片埋狗和人的祭祀场，场地中心也是几块堆积的大石头。至于这种风俗源自何处，丘湾和郑州之间是什么关系，还有待更多的考古发现来印证。

此外，郑州商城宫殿区曾兴建过多座大型夯土建筑，到三期时，建筑被废弃，在地基上挖了一条南北走向的壕沟，宽2米，里面堆积和掩埋了大量的人头盖骨。壕沟东壁有三个南北走向的柱洞，柱洞之间相距1米多，地面上有很多生活垃圾和加工骨器的残余物，还有很少见的青铜簪以及玉簪和玉铲。据推测，沟的东侧可能有一座工棚。

从这些迹象看，壕沟东侧工棚区并非生产某种特定的产品，而是给宫殿区用户随时加工和改制各种生活用品，也可称为"修理区"。头盖骨应当也是在工棚内加工的，但不知出于什么原因，又堆积到了旁边的壕沟中。

沟内头盖骨从南到北堆成三堆，北堆和中堆相对完整，南堆残破，可能有人为破坏。有四十多枚头盖骨出土时较完好。没有发现人体其他部位的骨头。

这些头骨的加工方式是：沿着眼眶和耳孔部位锯开，只保留碗状的头盖骨部分，再用石头把锯割面打磨光滑。没有发现锯下来的面骨、下颚骨和牙齿等，看来工棚内有分拣处理程序，无用的残骨被运到了别处。

经鉴定，这些头骨均来自男性，主要是青年，也有少量中年和少年的。和人头骨堆在一起的，有一具带两角的牛头骨。从照片看，有些头骨上好像存在人为的凿孔，但发掘报告没有对此加以详细介绍。目前，商朝只发现这一处批量加工头骨的遗迹。有学者认为，它们是"饮器"，有原始宗教用途，可能是充当某种巫术法器。[10]

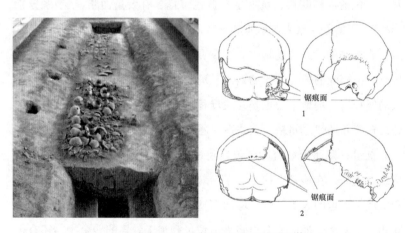

头骨堆积照片以及两件头骨的锯痕线图 [11]

这些头盖骨被扔进即将填平的壕沟，然后加以掩埋，显然是遗弃物。但是，它们当中很多都是完好的、经过加工的碗状头骨，而且这条沟也不是抛弃废骨料的场所。这很可能跟郑州商城三期末尾的一场大动荡和风俗变革有关。

在三期的繁荣阶段，宫殿区的头骨制作场并不是特例。郑州的商人还会用人骨制作生活用具，比如，商城北墙外的紫荆山北侧就有一座骨器作坊，从郑州商城二期开始运营，最初只用兽骨，到三期大量出现用人骨加工制作骨器的现象：先把人的肢骨两端的骨臼锯掉，只留下中段骨管，再锯成约 8 厘米长的骨条，用来磨制骨簪、骨镞或骨针。

这片制骨作坊区因被河南省多家省直单位的建筑覆压，考古发掘工作只能见缝插针。目前，已经发现很多制骨半成品和废骨料，没有发现头骨，而隔着仅仅 1 公里多的宫殿区内，则只有人头盖骨。

除了王室高层，郑州商城三期的普通族邑也大量用人献祭。比如，在南城外的铸铜场就发现了两座祭祀坑：M172，南北正向，长方形坑，东侧紧挨着铸铜操作区，形状像一个标准墓穴，坑底并列埋着四具成年人骨架，头朝正北方，有三具上半身已腐朽。发掘报告推测，"似为杀死后依次并列放入坑中"；M167，造型与 M172 类似，也埋着四具成年人骨架，多数骨骼已腐朽。

此外，商城内外还有很多零散分布的祭祀坑：西城外曾发现四座牛祭坑，每座埋入一头牛；城外西南角发现一座较深的坑，在深约 3 米处埋有两具男子尸骨，骨架不完整，发掘报告推测，"可能与举行祭祀后的杀殉有关"。

人祭成为国家宗教

综合偃师和郑州两城的祭祀历程可见，在商朝一期（最初 70 年），宫廷和民间祭祀以猪为主，用人的现象很少。但也不能断言完全没有人祭，毕竟自龙山时代以来，华北各地的人祭已经很常见，很可能只是偃师和郑州商城目前尚未发现而已。

商朝二期（开国 70—140 年间），偃师的王宫区开始批量用人献祭，郑州的普通商人族群也出现大量人祭现象。用牲畜祭祀的现象继续存在。

　　商朝三期（开国 140—200 年间），两城宫廷和民间的人祭数量空前增加。三期结束后，两座商城逐渐萧条，人祭现象也同步消失，如后文所述，转移到了商人新的统治中心。

　　总的来说，商朝开国百年，王室开始大量杀人献祭，从而在偃师和郑州商城的宫殿区形成密集的人祭遗存。而一旦王室献祭的人口数量远超民间祭祀活动，则标志着人祭成为商朝的国家宗教形态。

　　相比之下，在夏朝–二里头古城，王室的人祭活动并不多，目前只在三期 D1 宫殿庭院内发现五具尸骨，其他地点的人祭活动则都比较零散，看不出和王权有直接关系。也就是说，夏朝尚未把人祭作为国家宗教。二里头宫殿区的"1 号巨型坑"埋有大量献祭用猪，规模已经超过民间，说明夏朝王权对于宗教的依赖已超过民间，只是统治者尚未特别重视人祭。

　　人祭的迅速增长，和商朝的扩张有同步性。开国 50 多年后，商人的扩张触角开始伸向晋南、关中东部，甚至湖北省。在新征服地区，商人可以俘获大量人口，除了被用作强制劳动的奴隶，也可以作为献祭材料。

　　另外，商人的人祭宗教也和他们的复杂来源有关。灭夏初期，来自多个文化的人群融合成新兴的"王朝商族"，因此，他们需要构建一种维系自我认同的宗教文化，而用人献祭是最为明晰和便捷的方式：借此区分执行献祭的"我们"（商族人）和用来献祭的"他们"（非商族群），由此，商族人获得了独一无二的优越感。换句话说，他们用"野蛮"的异族人敬献诸神和先祖，祈求天界的福佑，从而获得君临大地和统治列族的权柄。

　　在商人的人祭宗教兴盛之际，王室成为人祭活动最大的主办者。这代表着王权和神权的高度融合。[12] 比起二里头–夏朝，这是一个新变化：人祭是商朝的国家宗教，也是商族人的全民宗教。人祭行为不仅出现在偃师和郑州商城的宫廷与民间，也被商人带到了各殖民城邑，比如，晋南的垣曲商城和夏县东下冯商城以及老牛坡，不仅有人祭和人殉现象，而且有埋入多人的圆形袋状祭祀坑：

一，夏县东下冯商城的 H550，埋入人的尸骨五具、羊和狗各一只。[13]

二，垣曲商城的 H353，多具尸骨无序叠放，其中一人小腿骨嵌入一枚柳叶形铜镞，显然是被射伤后俘获；M16，用了一名青年女子殉葬。[14]

三，在西安的老牛坡商人据点，一座三角形小坑夯筑了三颗两岁左右幼儿的头骨。[15]

然而，正当早商国运和人祭宗教双双空前繁荣之际，一种新的宗教理念输入郑州商城，结果引发了非常复杂的后果。这是一场尚未引起注意的商文化革新运动。

被隐藏的宗教改革运动

商朝开国 200 余年，郑州商城第四期初叶，郑州和偃师商城发生严重萧条，偃师商城迅速被废弃，郑州商城则在衰微中维持了数十年。

刚刚进入中商阶段时，郑州商城出现了一种全新的祭祀方式——埋藏青铜器。发掘者在城墙外侧发现了三处这一时期的铜器窖藏坑：张寨南街窖藏坑，1974 年发现，有三件铜器；向阳回民食品厂窖藏坑，1982 年发现，有 13 件铜器；南顺城街窖藏坑，1996 年发现，有 12 件铜器。

这三座窖藏坑中都埋有成组的鼎，其他小件铜礼器和兵器则整齐码放在大鼎腹中。铜鼎体型重大，铸造工艺精良，外侧有乳钉纹、夔龙纹和兽面饕餮纹。这些成套铜器的主人显然不是一般贵族，只能是商王。

二里头－夏朝的青铜礼器很少有纹饰，而郑州三座窖藏坑的铜器属于迄今发现最早的商代有纹饰青铜重器，铜鼎上的兽面饕餮纹和良渚古国玉器的神人兽面纹高度相似。

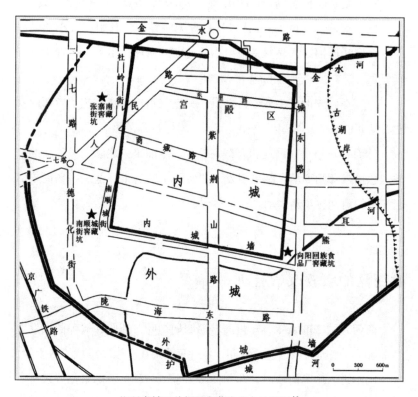

郑州商城三处铜器窖藏坑分布示意图[16]

在上古，青铜器非常贵重，一般只有发生战乱或仓皇逃命时才会挖坑掩埋。郑州商城这三座窖藏坑并不符合"逃亡藏宝"的特点：掩埋得非常从容，器物摆放整齐，且伴随着一些仪式性工作。

比如，张寨南街窖藏有大小两件铜鼎，为了让两件鼎的口沿一样高，操作者还特意把大鼎底部的地面挖低了一些；向阳厂和南顺城街的窖藏不仅数量多且码放整齐，坑内地表还进行了整理，有铺设木板和撒朱砂的痕迹；南顺城街窖藏坑分两层，底层埋了几件完整的陶器，

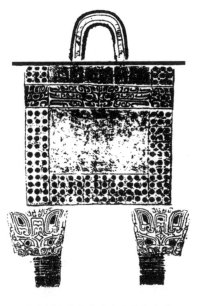

南顺城街窖藏坑出土铜鼎拓片 [17]

第二层才放置青铜器。

这不会是逃难之前埋藏宝物的行为。"逃亡藏宝"一般出现在王宫或贵族生活区内，但郑州商城的三处窖藏都在主城墙外侧，地势高，视野好，逃难者不会在如此醒目的地方埋藏宝物。所以学者多认为它们是商王举办祭祀的产物，而祭祀的对象可能是地神或天神。[18]

这三处窖藏以青铜器为主，只在张寨南街窖藏坑中埋入少量兽骨和人骨，另外两座没有任何人畜遗存，只有器物。对此，发掘报告没有详细介绍。本书认为，这少量兽骨和人骨应该是有意放置的，可能代表了从人牲、牲畜献祭到器物献祭的过渡。

这种摆放器物并埋藏祭祀的活动，在古老的新石器时代曾有先例。比如，距今 8000 年前，河北易县北福地遗址的祭祀坑，就埋有陶器、玉器和石器，其中有体型非常大、没有实用价值的石斧，完全是礼仪用途；[19] 5000 年前的长江中游的屈家岭文化，也有埋各种陶"筒形器"的祭祀现场，到 4000 多年前，屈家岭文化已演变为石家河文化，但仍在埋葬大量陶塑小动物和人偶献祭。

郑州的铜器窖藏坑距离商朝开国 200 余年，朝野上下的人祭活动曾达到史无前例的规模，而此时，商王居然开始尝试不杀人、不杀牲的祭祀活动，这着实让人难以理解。按照商人的观念，如此奢华的祭祀物品不搭配一些人牲，肯定属于"暴殄天物"。

但就在早商与中商之交，即商朝开国 200 年左右时，某位商王可能曾试图改革人祭宗教，用埋葬器物献祭代替杀人和杀牲。这场革新运动的另一个表现是，王宫区锯制头盖骨的工作场戛然而止，大量即将完工的成品被投入壕沟埋葬，似乎商朝上层一夜之间皈依了"不杀人"的新宗教。

变革来得很突然，但仍有先兆可寻。

埋设器物的献祭方式，曾出现在商人遥远的南方据点盘龙城商城。在王家嘴聚落，有 H6 和 H7 两座只埋葬器物的祭祀坑，埋有铜器、陶器和玉石器，属于盘龙城文化五期，比郑州商城向阳厂和南顺城街窖藏约早六七十年。这应当是商人征服者受到当地土著文化（屈家岭和石家河文化遗存）的影响。盘龙城商人的墓葬有人殉，但人祭和随意杀人（灰坑葬）的现象很少——这是和中原商人比较大的差别。

盘龙城这一支征服者可能和郑州王室联系密切。在郑州商城曾发现有湖北特征的印纹硬陶和原始瓷残片，[20] 很可能就是盘龙城征服者向王都输送了制陶工匠的缘故。可以合理推测，受盘龙城商人贵族的影响，某位商王突然接受了不杀人的埋祭理念，开始推行宗教革新，这才有了郑州城外的青铜器窖藏以及被掩埋在壕沟中的头盖骨堆积。

几乎和这场"埋祭改革"同时，商王室内部爆发了激烈冲突和战争。结果，早商极盛时代终结，不仅郑州和偃师商城，各地大大小小的商城也相继沦为丘墟，如垣曲、东下冯、盘龙等。郑州商城内应该还维持着一个惨淡的朝廷，举行过几次埋祭仪式，但已经失去对王朝的控制力。这段萧条期属于郑州商城第四期。[21]

《史记·殷本纪》记载，在商朝第十王仲丁时期，王朝发生了"九世之乱"，此后连续五代（九位商王）王族兄弟或叔侄不停内战，商朝从而中衰："自中丁以来，废适而更立诸弟子，弟子或争相代立，比九世乱，于是诸侯莫朝。"但史书记载很有限，不清楚到底是王室的哪些成员发生了争斗。

结合考古发现的青铜器窖藏坑，有可能是仲丁或者其父亲太戊（第九王）发起"埋祭改革"而引发了内战和萧条：改革派朝廷在郑州商城苟延残喘了一段时间，坚持人祭传统的反对派则在外地重新建都，与郑都商城分庭抗礼。双方的内战持续了一段时间，最终，改革派被彻底消灭。

《史记》记载，自商汤开国，商朝一直在"亳"建都，到第十王仲丁"迁于嚣"，第十二王河亶甲"居相"，第十三王祖乙"迁于邢"，接连三次迁都皆发生在"九世之乱"前期，可见当时商朝上层的斗争和内战动荡。但这些都城地名目前还难以和考古发现的商城准确对应。

发生九世之乱的中商可能持续近百年时间，这期间，另一座疑似都城小双桥商邑出现。似乎是出于对"埋祭改革"的敌意，这里的人祭活动不仅格外多，而且残酷。

中商：残忍小双桥

在郑州商城西北约 14 公里处的小双桥村，有一座巨大的人工土台。当地人传说，它是西汉开国功臣周勃的坟冢，名为"周勃墓"。

1989 年，当地村民在"周勃墓"以西数十米的农田耕作时，挖出了一块鞋盒大小的立方体青铜框，上面铸着兽面和复杂的花纹。幸运的是，它被捐献给了考古部门——考古专家这才发现，原来"周勃墓"的年代比周勃要早一千多年。由此，这座中商时代的城邑终于被揭开了面纱。[22]

九世之乱后，郑州商城逐渐被毁弃，小双桥成为商王朝几乎唯一的繁华都邑。和郑州、偃师商城相比，小双桥的聚落规模要小一些，留下的文化层也比较薄，说明使用时间不太长。[23]

上古时代的小双桥，东侧紧邻一片巨大的湖泊湿地，考虑到偃师和郑州商城的东部也是湿地，看来商人选择都城时有东面临水的习惯。

对"周勃墓"的钻探勘察发现，这是一座中商时代的大型夯土建筑，东西长约 50 米，南北宽约 40 米，夯土高 9 米以上，顶部可能有过宫殿，有被焚毁之后的红烧土堆积。新石器时代以来，还从没有发现过这么高大的夯土台基——良渚古城虽然有更大的人工堆筑土台，但没有经过逐层精细夯打。在之后的很长时间，它创造的纪录也未被打破。没人知道当时的商王为何要建造这座巨大台基。或者这么说，即便在国力衰微的时代，商人仍会做出各种匪夷所思的行为。

小双桥考古发掘最集中的地区在"周勃墓"夯土台基的西侧。这里有宫殿建筑和大量祭祀坑遗存，被划分为"宫殿区"和"祭祀区"。其实，两者是混合纠缠在一起的，难以截然分开。

考古工作者在宫殿区外围发现了一些宫城墙的遗迹，夯土墙基宽度只有 4 米左右，推测是长和宽均为 300 米左右的宫城。此外，没有发现更大的城墙遗迹，所以小双桥还不能称为"商城"。

截至目前，宫殿–祭祀区的发掘面积不太大，基本局限在南北200 米、东西 100 米范围内，从南到北被分为四个发掘区（IV、V、VIII 和 IX），有若干夯土建筑基址，还有柱洞、石柱础等，但由于后期破坏严重，难以复原出建筑原貌。

小双桥宫殿区的特点是有大量的人祭坑和随意抛掷的尸骨。看来，这里是郑州商城"埋祭改革"对立面的大本营，是商朝内战的胜利者，商朝的人祭文化也因此传承了下去。

有些人祭坑尸骨太多，发掘报告称之为"丛葬坑"。

先来看 V 区的 H66 丛葬坑。它的规模很小（长 1.88 米，宽 0.85 米，深 0.6 米），只相当于一个极为狭窄的单人墓穴，但里面却分三层堆积了大量人骨，以及少量陶炊器残片和兽骨：人头骨数量最多，有 31 枚，还有些被肢解的其他部位，比如单独的胳膊、肋排等，有些砍断的大腿骨还连着骨盆，但手指和脚趾骨较少，似乎肢解时已经被剁去。

鉴定显示，这些人骨属于青年男性，多数头骨有击打伤痕，有些

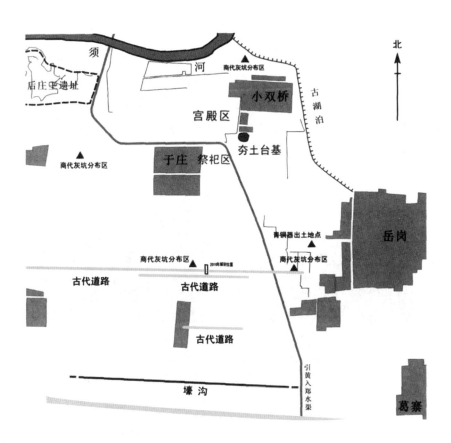

小双桥遗址主要遗迹分布[24]

是钝器造成的裂纹，有些是锐器穿孔，直径在 1—3 厘米间，有各种形状。

这些打穿颅骨的锐器，多数不像是商人常用的铜戈，戈刃较薄，按理应当形成狭长的创口；更像是某种铜凿，固定在木柄上，像战斧一样挥动。目前还没有出土过这种兵器。也有个别可能是用戈砍的，如 7 号头骨，创口大小为 2.5 厘米 ×0.9 厘米。

多数伤痕在头骨的左侧，也有部分在颅顶正上方，推测人牲死前是跪地姿势，行刑者（献祭者）站在人牲面前，右手执兵器猛击人牲头部：很多头骨有两三个不同大小的穿孔，或者兼有锐器穿孔和钝器裂痕，可能会有两名献祭者同时处死一名人牲的情况；有些头骨有两个穿孔，发掘报告推测是某种"双齿"锐器造成的。[25] 但有些孔的形状、大小和距离并不一致，很难断定是"双齿"兵器一次打击所致。从这些伤痕看，多数足以一击致命，不知献祭者为何二次、三次打击。目前这还不太容易解释。

H66 坑内的两枚穿孔人头骨：穿孔过于规整，
像是采用加工玉石器的管钻技术，但发掘报告没有详细信息

有些伤痕有助于还原屠杀的细节。比如 18 号头骨，左耳后有一个栗子大小的穿孔，应该是凶器凿穿头骨后被卡住，献祭者可能需要踩住头颅用力向外扳才能拔出来，从而造成了骨壁的向外掰裂。此外，头骨下部还连着一截被砍断的颈椎。

这些男性青年的尸骨坑中有一小段三岁幼儿的肢骨，可能是无意中混入的，也就是说，H66 至少埋了 32 人。但从其尺寸看，难以装下 31 名成年人的尸骨，即使肢解码放也不可能，所以，坑中的体骨不会是全部，而且很可能被剔去了肉，否则骨骼堆积不会如此密集。

再看 VIII 区 H18 丛葬坑。该坑坑口呈不规则椭圆形，长径约180 厘米，短径 90 厘米，从 20 厘米深处开始有零星的人骨堆积，主要是头骨和肢骨，没有其他部位的骨头；和人骨混杂在一起的有陶制盆、鬲、瓮等炊器碎片，还有零碎的猪骨等兽骨。

这座祭祀坑保存得比较完整，挖掘者决定将其整体转移到室内展示，所以只发掘了坑内最上层。在最上层，死者已不低于 30 人。从人骨的零碎状态以及和炊器碎片、猪骨等同埋来看，这些人牲应当是和猪一起被杀死的，然后被献祭者烹饪并吃掉了部分，剩余的骨头连同用完的陶制炊器和食器也被打碎投入 H18 丛葬坑。

IX 区的 H63 更特殊。这座坑比较大（长 10.5 米，宽 6.8 米，深1.7 米），平面近似水滴形，最底部挖了一小型圆坑，里面码放了九枚不含下颌骨的人头骨，再向上一层，则埋藏着大量头骨、零散人骨和几具基本完整的人骨架，以及大量陶器残片和兽骨。死者至少有 56 人。这座坑使用了较长时间，有过多次祭祀。

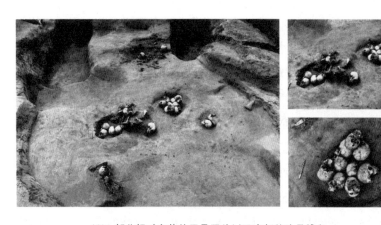

H63 部分相对完整的尸骨照片以及底部的头骨堆积

除了上述三座"丛葬坑"，宫殿区中部还有 30 座埋葬一到四人不等的祭祀坑，以及抛掷在地层或普通灰坑中的 60 多具尸骨。一般来说，零散抛掷在地层中的尸骨多是青年女性，"丛葬坑"则多是青年男性。这些尸骨和人祭坑多数在 V 区，少数延伸到西侧的 VIII 区。如同上述 H66，很多头骨被锐器砸穿，有些尸骨被剁去手脚，或呈捆绑姿势。

位于宫殿区最南端的 IV 区也有很多座祭祀坑。这个区有冶铸青铜器遗迹，人祭数量不多，主要是各种动物被混杂埋入同一坑内，发掘报告称之为"综合祭祀坑"和"多牲坑"。

比如，H6 有牛头骨、牛角、牛骨，还有猪、鹤、鸡等动物的骨头，以及大量碎陶片、原始瓷片、绿松石嵌片、骨器、蚌器、石器、残铜器和残玉器，坑中填土含有大量红烧土颗粒、黑色烧土块和炭黑，说明献祭时一直在烧火烹饪食物。

H29 有大量炼铜残渣、孔雀石（铜矿石）、各种小片残铜以及石器和骨器，动物骨骼有大象、牛、猪、狗和鹿等，象骨主要是象牙和头骨，有牛角 40 余只，经统计，至少来自 30 多头牛。此外，还有一倒扣的泥制熔铜炉。

在 IV 区的祭祀坑中，埋葬牛角和牛头的数量最多。跟之前的偃师与郑州商城相比，小双桥商邑用猪祭祀的现象急剧减少，用牛献祭则显著增多，但祭祀坑中少有其他部位的牛骨，献祭者可能会分食牛肉，只把牛头和牛角埋入祭祀坑。

从发掘迹象看，IV 区有一座大型夯土建筑基址，东西长 50 多米，南北宽近 10 米，可能是小双桥城邑的青铜冶铸区。在夏朝-二里头古城、早商的偃师和郑州商城以及晚商殷墟遗址中，青铜冶铸区和宫殿区都相隔一定距离，而小双桥的青铜冶铸区却和宫殿区紧密相连，说明冶铸铜从业者和王室宫廷关系更为密切。但奇怪的是，小双桥的冶铸铜区少有人祭现象，这和之前、之后都不一样。

综上，小双桥聚落存在时间不长，规模也不太大，但已发现很多人祭尸骨，说明中商王都的人祭数量空前增加。

目前小双桥的发掘还不太全面，已发现的平民聚落、作坊和正常墓葬较少，完整的青铜礼器也很少。最典型的青铜器是在"周勃墓"旁边发现的两件青铜方框形构件，有学者推测是安装在木梁柱头部的装饰物。

　　除了正面的兽面纹饰，方形青铜构件开方孔的侧面还有复杂图案，发掘报告称之为"龙虎搏象图"。龙形长而肥大，和二里头墓葬中的绿松石龙造型接近；"象"是长鼻兽造型，体型较小，但和大象有一定相似，结合 IV 区 H29 出土的象骨，小双桥人对大象应该比较熟悉。

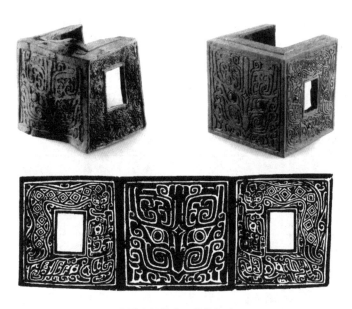

方形青铜构件及纹饰拓片

　　此外，小双桥遗址的有些陶器和石器，与同时代岳石文化的器物比较相似，比如黑皮陶器（在 IV 区祭祀坑中还多次发现一种类似石锄的长方形穿孔石器，但具体功能不详）。《竹书纪年》中有"仲丁即位，征于蓝夷"的记载，现代学者一般认为蓝夷属鲁中南地区的岳石文化，所以，中商王朝可能发动过征讨山东地区的战争。[26] 不过，早在商朝开国时，岳石文化就是商文化的来源之一，到小双桥时期，很可能另有一批东方人群加盟中商，从而带来了新的陶器和石器风格。总体上，小双桥王室和东方族群的关系应当以和平合作为主。

和早商相比，小双桥时期的商朝比较衰弱，突出表现就是小双桥聚落缺乏庞大的城墙、宫殿建筑和仓储体系，晋南和湖北的商城也被放弃。但考虑到小双桥的商王朝能够建造所谓"周勃墓"这种巨大的夯土台基，举行人祭的规模也更大，说明商朝的人祭文化此时已基本定型。

考古工作者在小双桥也采取了粮食浮选法：颗粒数量仍是粟米占绝大多数，[27] 折算成重量，粟米居首位，接下来的排名依次是小麦、水稻和黍米。这说明夏朝-二里头时期水稻独大的格局已渐行渐远，湿热气候的顶峰正在过去，黄河南岸逐渐回归旱作农业。

表六：小双桥遗址出土粮食颗粒及折合重量

	粟	水稻	小麦	黍	合计
粒数	1409	94	127	51	1681
千粒重（克）	2	16	16	7	
粒数占比	83.8%	5.6%	7.6%	3.0%	
折合克数	2.8	1.5	2.03	0.36	6.69
重量占比	41.9%	22.4%	30.3%	5.4%	

比起殷墟，早商和中商的考古起步晚，成果也很有限，比如，一直没在郑州和偃师商城发现王室和贵族墓葬区。从殷墟考古看，晚商最盛大的人祭场在王陵区内，所以我们目前见到的早商和中商的人祭场可能还不是当年的主体。

早商和中商共约三百年，在这期间，商人的人祭行为迅速增加，屠杀方式也越来越残忍，虽然可能有过用铜器代替人献祭的改革尝试，但也只是昙花一现。商文明的基本特征已经定型：文字、青铜技术、巨大城池，以及崇尚暴力、热衷人祭的文化。此外，早商的神奇扩张和庞大的仓储设施也是独一无二的，只是那个时代的辉煌和野蛮已经无法完整复原。

以色列考古学家吉迪·谢拉赫认为，在"早期国家"或"复杂酋邦"阶段，社会开始变得更复杂，王权刚刚出现，统治者发现自己的统治体系还不够发达，急需借用一种强大的机制来维护权力，从而导致人祭宗教和战俘献祭行为的产生。[28] 不过，为何战争与人祭可以铸牢新兴王权，吉迪却没有多谈。结合前文对新石器末期到中商这上千年人祭历程的梳理，本书认为可以从两方面来理解：理论层面，王的大量献祭（意味着他获得神的福佑）是王权融合神权的标志；现实层面，战争让本国族的民众团结起来一致对外，从而更巩固了王的权力。

对于吉迪的论述，我们还可以补充一个背景："早期国家"之前的部落甚至村落阶段，人祭行为已经广泛存在，原始时代的宗教（或者称之为"巫术"）并不缺乏人祭理念。比如，在龙山文化时期的华北地区，部落间的战争冲突颇为剧烈，多地孕育出"早期国家"的雏形，而且伴随着较多人祭现象。这有吉迪总结的"统治者希望获得牢固统治基础"的因素，但似乎战争本身是形成"早期国家"的主要原因，人祭则更像是战争的副产品。

吉迪的"早期王权倾向乞灵于人祭"的结论，虽符合大多数"早期国家"的特征，但也难免有例外。比如一度非常辉煌的"良渚古国"就并未发现人祭遗存，反倒是解体之后，人祭才在良渚文化的局部地区多了起来。[29] 龙山时代，陶寺和石峁这两个古国几乎同时并存，石峁的人祭很密集，陶寺则比较稀少，但后来却还是同步解体，也就是说，人祭宗教并没有能够保障石峁的持续繁荣。在当时的华北，像石峁这种热衷人祭的早期古国要占多数，但都没有逃脱衰亡的命运。

夏朝-二里头古国的人祭遗存也不太多，而且王室的人祭行为还要比民间少。这种情况一直持续到商朝初期，直到又过了近一百年，人祭行为才出现爆发式增长。

总之，从新石器晚期到商代，人祭是比较普遍的文化形态；这方面的特例，是长江中游地区。

注释

1　河南省文物考古研究所：《郑州商城：1953—1985 年考古发掘报告》，文物出版社，2001 年，第 477 页。

2　中国社科院考古所：《河南偃师商城商代早期王室祭祀遗址》，《考古》2002年第 7 期。

3　中国社科院考古所河南第二工作队：《河南偃师市偃师商城宫城祭祀 D 区发掘简报》，《考古》2019 年第 11 期。

4　同上。

5　中国社科院考古所：《河南偃师商城商代早期王室祭祀遗址》。

6　根据前引两篇发掘简报，B 和 C 区的使用时间是偃师商城商文化的第一期 1段至第三期 5 段，D 区为第一期 2 段至第三期 5 段，A 区的使用时间为第二期 3 段至第三期 6 段。偃师商城共分为三期，7 段。

7　中国社科院考古所：《偃师商城》第一卷，第 428 页，K1 祭祀坑平面、剖面图也来源于此。

8　河南省文物考古研究所：《郑州商城：1953—1985 年考古发掘报告》。以下有关郑州商城的基本信息及图片，凡未注明出处的，皆出自该报告，不再详注。

9　郑州商城分为四期（二里冈下层一、二期和二里冈上层一、二期，为行文方便，本书只用四期序号），前三期基本和偃师商城同步，属于早商 200 年时间。郑州第四期属于中商阶段，城市主体和宫殿都已经废弃，但商城内外还有零星的聚落。第四期的时间跨度可能有七八十年，又可分为前后两期。碳十四测年的精度范围尚无法达到数十年维度，故上述时间段都是概略的估值。

10　郝本性：《试论郑州出土商代人头骨饮器》，《华夏考古》1992 年第 2 期。

11　同上。

12　接受人祭最多的，可能是商王的历代先祖，但因为早商时期极少发现甲骨卜辞，所以我们对于商王献祭的对象并不完全明确。

13　中国社科院考古所等：《夏县东下冯》，文物出版社，1988 年，第 155 页。

14　中国历史博物馆考古部、山西省考古研究所：《1988—1989 年山西垣曲古城南关商代城址发掘简报》,《文物》1997 年第 10 期。

15　刘士莪：《老牛坡》,陕西人民出版社,2001 年,第 67 页。

16　张国硕：《郑州商城铜器窖藏坑性质辨析》,《中原文物》2018 年第 1 期。

17　河南省文物考古研究所、郑州市文物考古研究所：《郑州南顺城街青铜器窖藏坑发掘简报》,《华夏考古》1998 年第 3 期。

18　安金槐：《再论郑州商代青铜器窖藏坑的性质与年代》,《华夏考古》, 1997 年第 1 期；张国硕：《郑州商城铜器窖藏坑性质辨析》。

19　河北省文物研究所：《北福地：易水流域史前遗址》,文物出版社,2007 年。

20　孙新民、孙锦：《河南地区出土原始瓷的初步研究》,《东方博物》2008 年第 4 期。

21　商代中叶这个萧条期,被有些学者划入"中商"阶段,但对于中商涵盖的具体时段又有不同意见,有人把殷墟的最初几十年（洹北商城阶段）也划入中商范围。本书把殷墟阶段全都划入晚商,所以中商阶段更短一些。

22　河南省文物考古研究所：《郑州小双桥：1990—2000 年考古发掘报告》,科学出版社,2012 年。以下有关小双桥遗址的基本信息及图片,凡未注明出处的,皆出自该报告,不再详注。

23　对小双桥遗址的有机物碳十四测年显示,遗址使用的时间为公元前 1435—前 1412 年。这个时段划得有点窄且略有偏早,综合考虑,它基本属于距今3400—3300 年范围内。

24　季惠萍：《被遗忘的隞都：郑州小双桥遗址》,《大众考古》2018 年第 12 期。

25　"我"、"义"（義）两字的甲骨文造形,像是一把三齿斧状兵器。目前还未发现双齿或三齿兵器,但在商代它们应当存在过。

26　陈旭：《郑州小双桥商代遗址即隞都说》,《中原文物》1997 年第 2 期。

27　钟华：《河南省郑州市小双桥遗址浮选结果及分析》,《南方文物》2018 年第 2 期。

28　Gideon Shelach, "The Qiang and the Question of Human Sacrifice in the Late Shang Period."

29　良渚文化的时间和空间跨度都比较大,但"良渚古国"特指杭州市余杭区的良渚古城共同体,它有堆土兴建的大型"城墙"（土堤）、宫殿区和水坝,检测发现,这些设施的建造时间在距今 5000—4900 年之间,而在距今 4800 年之后,王宫区建筑废弃,也不再有王级别的墓葬,显示古国的王权已经解体。此后,古城范围内一直人烟较多,但只能维持部落权力结构。参见浙江省文物考古研究所《良渚古城综合研究报告》,文物出版社,2019 年。

第八章　武德沦丧南土：盘龙城

早商王朝的扩张能力往往出人意料，向南方，最遥远的城市是盘龙城，位于今武汉市郊黄陂区一片湖水环抱的半岛上。

在二里头－夏朝时期，盘龙城已经是一座小有规模的本地聚落，居民几乎完全使用石器，只有极少的小件铜器。制陶业发达，能生产当时独步天下的硬陶和原始瓷器——和常用的陶器相比，它们坚硬光润，烧制温度更高，陶土配比和工艺也更复杂。

那时这里已经有烧制大型陶器的"长窑"，刷新了人们对夏商时代的认知：地下窑穴长达 50 米，中间有几个窑门，一次可以烧制大量产品。显然，这是一种专业化的生产，而且本地也有充足的森林充当燃料，河道可以连通长江和汉江，便于陶器产品通过水路销往外地。[1]

约 3500 年前（盘龙城文化四期），一支商人远征队出现在盘龙城繁忙的陶器码头。他们装备着锋利的青铜兵器，如矛、戈、刀、钺、弓矢等，而满身烟尘的土著却只能任由外来者安营扎寨，发号施令。南中国长江流域最早的冶铜基地和铜交易中心，就这样出现了。

此时，商朝已经开国数十年，但统治中心在郑州商城，长江流域的居民很少有人听说过这个北方王朝的声威，更不知道这些人为何来到这遥远的南土世界。

长江中游有高品位铜矿，还有生产青铜必需的锡矿和铅矿，而这正是商人远征队一直寻找的东西。他们跋涉了无数河流和山地，可能花了不止一代人的时间才来到此地。虽然盘龙城本身没有矿藏，但它位居汉江和长江交汇之地，是长江中游通往北方的枢纽，也是各种冶铜原材料最方便的集散地。

当然，长江和汉水的支流众多，交通便利并非盘龙城独享的优势，商人之所以选择在这个小小半岛立足，还因这里一直有大规模的制陶产业。制陶和冶铸有相通之处，便于商人利用当地居民发展冶铜产业。此外，盘龙城此前的陶器外销，也使本地人比较熟悉长江商路，对商人来说，这些经验很有价值。

而江汉地区不仅有悠久的新石器文化，有过大型水利设施和繁荣的稻作城邑，还有民众参与度很高的乡土宗教，所以商人在这里设置据点，长期经营，自然和当地居民之间的相互影响越来越深。只不过，双方都难以预料它的结果：一百多年后，如日中天的早商王朝会因南土的影响而崩溃。

长江边的青铜产业基地

立足盘龙城后，商人逐渐向周边地区扩张，待冶铜产业初具规模，便开始建设夯土城池和宫室。此时，属于盘龙城文化第四期末段。

盘龙城的内城不大，东西宽 260 米，南北长 290 米，面积 7.54万平方米，尚不如夏都二里头的宫殿区。城的四面各有一座城门，城墙采用版筑法，宽和高都在 10 米左右。[2] 长江流域原本没有版筑工艺，

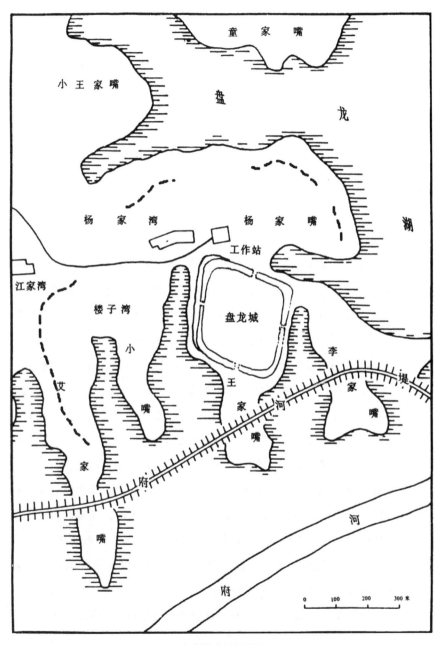

盘龙城遗址平面图

这应该是商人带来的。此外，内城也没有发现制陶和炼铜的遗迹，这些设施都分布在城外。

城墙外是一圈城壕（护城河），有些残留的木结构码头遗迹，发掘者推测，城壕水系联通长江，应该有航运功能。2001 年，发掘者又发现了一处断续的外城遗迹：南面临水，围起一块半月形陆地。这种外城接水、环抱内城的构造和郑州商城非常相似，堪称郑州商城的四十倍缩小模型。

内城的"宫殿区"有两座大型建筑建在夯土台基上，长 40 余米，宽 6—7 米。墙体是新石器时代长江流域常见的木骨泥墙结构：用原木做骨架，涂抹很厚的稻秸泥做墙体，并用白灰粉刷；屋墙外有密集的木柱，支撑起巨大的"四面坡"屋顶和廊檐；屋檐下的地上铺一圈碎陶片"散水"，防止雨水冲刷地面；有陶制的下水管道把雨水排出院落。南侧的建筑 F2 是没有隔间的大厅，可能是处理公务的会议室；北侧的 F1 有四间正屋，是主人家庭的起居场所。[3]

商人到来后，原本生产陶器的盘龙城地区立刻布满了青铜元素。考古工作者在墓葬和灰坑中频频发现各种青铜制品，有酒器、容器、炊器、兵器……内城外数公里内的聚落，如楼子湾和杨家嘴，都有大规模炼铜及铸造场，木炭灰的堆积范围达数十米。

杨家嘴遗址五期，有一条 30 多米长的灰烬沟，内部有陶坩埚和陶缸，还有残铜片、铜渣和孔雀石（铜矿石）；楼子湾遗址五期，有一处 10 平方米左右的圆坑，里面有石块和铜炼渣，还有沾着铜渣的陶缸碎片，发掘者推测，这座圆坑是炼铜的工棚；杨家湾遗址六期，有一条堆满灰烬的浅沟，长 30 米，分布着三组共十件陶缸，均被三四块石头支起，像是架起的锅灶。

发掘报告记录的这些炭灰冶炼痕迹，都是露天工作场，还没有发现二里头遗址那种铸铜"厂房"建筑。

盘龙城的土著居民擅长制作一种大陶缸，高度在 0.5—1 米之间，底部呈圆弧形，外表有凸起的棱块，发掘者称之为"侈口斜腹陶缸"。它可以追溯到五千多年前的湖北天门石家河古城，那里的居民经常制作大型陶筒形器和陶缸，然后成组埋入祭祀场。这种缸兼有祭祀功能和实用性，可以盛粮食或水，可以炊煮，而在商人到来、冶铜产业兴起之后，大陶缸又有了炼铜的功能。

盘龙城出土陶缸以及考古人用陶缸做熔铜浇铸实验

从盘龙城的冶铸现场来看，应当是先从外地运来各种矿石，在城外冶炼成铜锭，或者继续浇铸成铜器，然后销往中原的商朝腹地。盘龙城人随葬的各种铜器和同期中原的造型与纹饰基本相同，但也有少许本地特点：铜器上没有文字，也没有族徽等符号。

那么，盘龙城的铜矿来自哪里？

湖南岳阳铜鼓山遗址有和盘龙城造型类似的系列陶器，但没有古代采矿和冶炼的遗存，不过从地名推测，这里应当有过铜矿；[4] 江西瑞昌的铜岭遗址有古代矿井、冶炼炉和各种设备，最早的开采时间为商代前中期，和盘龙城基本同时，但陶器形制和盘龙城联系不大；[5]距离盘龙城更近的，是湖北大冶的铜绿山遗址，虽然目前只发现了西周的采矿遗迹，但很可能盘龙城时期已经有开采。

从这些零散的材料看，盘龙城的铜矿基本来自当时水路交通相对发达的鄂、湘、赣三省范围。这些矿产未必由盘龙城人直接开采，他们很可能是通过贸易获得矿石的，比如，用铸造好的铜器和当地人交换。寻找铜矿产地并不是太困难，铜矿表层有精致的绿松石，经常被制作成饰物流传，只要探听到这些绿松石饰物的产地，很容易顺藤摸瓜找到铜矿带。

至于盘龙城和商王朝之间到底是什么关系，学者们有不同的判断。有人认为，它由商王朝直接管辖。这意味着本地生产的部分铜锭和铜器要无偿进贡给商王。也有人认为，它是从商王朝裂殖出去，但政治上自主的方国。毕竟，它和黄河边的商朝腹地距离上千里，途中要穿过山地和大小河流，还有无数土著部族领地，在当时的交通条件下，王朝难以直接统治这么遥远的地区。还有人认为，它是由长江流域土著族群建立的原生态国家，和远在北方的商朝没有任何关系。[6]但不可忽视的是，这里出土的铜器和陶器与郑州商城类似，属于二里冈文化的分支；出土的卜骨上有钻孔，也和商朝腹地的占卜方式相同。当然，器物造型未必能完全代表政治关系，还要看其他证据：一，盘龙城人的墓葬中有一部分是用狗殉葬的，而这是中原商人特有的习俗，先在墓穴腰部挖一个土坑，埋下一条狗，然后安放棺木。在考古学上，这被称为"腰坑殉狗"。此外，在墓室和墓穴填土内也会埋入狗。二，有些墓主头朝北方。商朝远方城邑的墓葬，墓主往往头朝商都方向，比如，石家庄台西遗址（头朝南方）和陕西老牛坡遗址（头朝东北方）都指向商朝后期的殷都。

关于盘龙城统治者的族属特征，墓葬提供了很多信息。在已发掘墓葬中，李家嘴 PLZM2 的规格最高，和城墙建成时间接近，随葬了

李家嘴 PLZM2 椁板的夔龙饕餮纹在泥土上留下的印痕[7]

较多青铜器，还有三名殉人，其中一名是儿童。这是一座非常典型的商式墓葬，有腰坑殉狗，二层台放置随葬品和殉人，甚至棺椁木板上雕刻了经典的商式饕餮纹。

和盘龙城同期的郑州、偃师商城均尚未发现高级的墓葬，很难和盘龙城进行对比，但殷墟时代的商人贵族墓葬很明显和盘龙城有相同的渊源，所以盘龙城的统治者肯定属于商王朝上层。

李家嘴 PLZM2 随葬了 50 件铜器，主要是成套的各类铜礼器；兵器则有铜钺两件，铜矛和铜戈各一件，长 30 厘米左右的铜刀四把；玉器，除了装饰品，还有玉戈四件。这位墓主应该来自负责兴建城池和宫殿的统治家族。

此外，盘龙城还有些中小型商式墓葬。这些墓主应该属于同一商人部族，整体迁徙到盘龙城，并在此建立了一个繁荣的远方侯国。

盘龙城商人墓中随葬兵器的种类和数量都不少，除了常见的戈和镞，还发现了两把“铜钩刀”，刃长约 40 厘米，刀背有几个穿孔，方便固定在长木柄上。这是较早的一种砍刀，到殷墟时期，刀身进化得更宽，被称为“卷头大刀”。

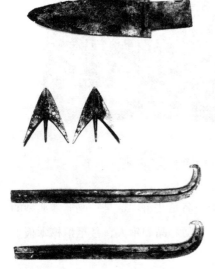

盘龙城出土的部分铜兵器，上为铜戈，中　　青铜"马面"，可能是皮质头盔上的装饰。
为铜镞，下为铜钩刀，三者比例不同。　　　盘龙城没有发现马车和马骨，当时的商人
　　　　　　　　　　　　　　　　　　　　还没有养马和马车技术。

不嗜血的商人

　　虽然有种种证据证实盘龙城的商文化特征，但它和商王朝的差
异之处也不容忽视，尤其是，这里没有杀人祭祀行为：城内和城外
都没有发现人祭坑，城墙和宫殿区也没有发现"人奠基"。在中原地
区的商代遗址中，人祭、人奠基、制骨作坊批量加工人骨、任意杀
人行为和灰坑中的遗弃尸骨都很常见；但在盘龙城，目前还没有发现
这些迹象。

　　盘龙城唯一保留的人祭特征是使用殉人，比如，前述李家嘴
PLZM2 墓中有三名殉人，稍后发掘的杨家嘴 M14 和杨家湾 M13（两
座中型墓葬）各有一名殉人。[8] 目前，盘龙城已经发掘了 30 多座墓葬，

殉人比例并不算低。

　　盘龙城的统治者是商人，也是青铜冶铸行业的经营者，这两种身份和人祭宗教有着密切联系，但为何和中原相比，他们变得更和平了（虽然还有人殉）？

　　长江流域是稻作农业，受水土条件制约较大，稻作聚落往往在小流域内密集分布，而不同的小流域之间往往距离较远，所以稻作聚落呈"大分散，小聚居"模式；而华北主要是旱作农业，受地形影响小，聚落分布不太集中。

　　这种人口分布对商人统治者有直接影响。在繁荣的盘龙城小流域中，这些外来统治者只是人口中的极少数，必须顾及本地土著的感受，否则，一旦周边土著同时揭竿而起，他们根本无法抵抗——这里离商王朝已经太遥远，难以获得王朝的军事支持。由此，他们就不可能像北方的边防城邑的统治者那样，对周边居民残暴而恣意（如后面即将登场的藁城台西和西安老牛坡），而只能放弃过于暴力的宗教祭祀和统治方式，尽量避免激起土著族群的反抗。

　　从盘龙城土著的立场看，他们之所以接受这些外来者的统治，除了青铜兵器的威慑力，更重要的应该还是青铜产业带来的利益。外来的商人有青铜冶铸技术，但他们的人数并不足以在新环境中搭建起整个产业，所以从一开始就需要与当地人合作，建立从找矿、采购、运输矿石、冶炼、铸造直到外销的整条产业链。这意味着本地人也能从新产业中获利，商人和土著可以合作共赢。盘龙城古国应该一直建立在这种产业合作的基础上。

　　在当时族邦林立的大环境下，盘龙城人不得不重视武备，从夯土城池到频频出土的各种青铜兵器都说明了这一点；但与此同时，青铜产业的运营又需要有一个和平环境，不管是外来商裔与土著居民的合作，还是和周边族群的商业交换（购入铜、锡、铅矿石，出售铜锭和铜器），盘龙城人也基本做到了这一点——盘龙城内外没有发现乱葬尸坑以及带伤或被肢解的零碎人骨，就是明显的证据。

可以这么说，盘龙城的商人不仅主动放弃了中原传统的人祭和人奠基等宗教仪式，还接受了本地土著族群的宗教理念——一种比中原更和平的文化。

南土和平祭祀

从 5000 多年前的屈家岭文化到 4000 多年前的石家河文化，盘龙城所处的江汉地区出现过很多防洪用途的"古城"和稻作水利设施，尤以天门石家河古城规模最大。然而，江汉地区却一直没有发生阶级分化，也没有出现早期国家与文明。其中的一个重要原因，应该就是当地的宗教形态：祭祀方式以摆放和掩埋器物为主，很少有杀人和杀牲畜的行为。

比如，5000 多年前的屈家岭文化以埋葬陶筒形器和陶缸为主，4000 多年前的石家河文化则制作大量泥塑人偶、动物和杯子等，然后烧制成粗陶并掩埋。这样一种和平的宗教理念，不仅有助于维持族群间的合作关系，在一定程度上代替了早期国家的暴力统治功能，而且还能消耗社会剩余产品，避免了因财富的过度集中而出现职业统治阶层。[9]

当商人到来之后，国家权力虽已不可避免，比如，盘龙城的城池和宫室显然代表了财富和权力的集中，但本地民间宗教仍起着融汇和同化的作用。发掘显示，盘龙城商人经常举行一种不杀人的祭祀：在土坑或灰烬里摆放陶器、铜器或玉器，然后掩埋。

盘龙城外的王家嘴有两座祭祀坑 H6 和 H7，属于盘龙城文化五期（此时，城墙和宫殿刚建成不久）。两者相距 1.5 米，呈南北向并列，紧邻一座数十年前建成的大型长陶窑（Y3），附近还有陶窑经营者的房子。当时，主祭者应该是先挖了一条数米长的浅坑，在坑中堆放柴草，点火敬神，等灰烬冷却后，再在坑底挖一个深且陡的小坑，然后往里面放置祭祀器物，最后则是用混合灰烬的泥土掩埋。

H6 出土铜锛两件、铜刀一件、铜钺一件、铜镞十件，都是武器和工具，没有酒器和食器；陶器则有鬲、斝、盆、壶、罐、大口尊和瓮等。

H7 出土有铜爵、铜觚、铜斝、铜戈、铜锛和铜刀，还有玉戈、玉柄形器以及石斧，但没有陶器。这些物品呈环形放置，沿坑壁还有三块石块。尤其值得注意的是，铜斝内藏有一块使用过的卜骨，上面有钻好的圆窝和烧烫裂纹，很可能是用来占算这次祭祀的，所以被一起埋入了祭祀坑。

甲骨占卜是典型的中原-早商文化，在长江流域很少见，所以，和铸铜技术一样，应该也是商人带来的。不仅如此，来自北方的甲骨占卜还被南方的埋物祭祀仪式所吸收，这显然反映了南北、主客两种文化间的融合。

此外，考古工作者还在盘龙城外的杨家湾发现了另一座祭祀坑，编号 H6（为与王家嘴 H6 区别，下文称为"杨家湾 H6"），属于盘龙城文化七期（商文化晚期），大概在城池和宫殿体系建成后一百余年。

杨家湾 H6 位于三座房子和一大片灰烬地带之间，灰烬可能是冶铸铜器形成的，呈不规则方形，边长 2 米多，深 64 厘米，坑内填的是混合灰烬的黑灰土，坑底铺朱砂，有兽骨，应当是作为祭品的肉食。

埋藏的器物多达 58 件，主要是铜制酒器和食器（礼器）；其次是陶器、玉器和石器；坑口位置集中摆放的是铜兵器，有钺一件、矛一件、戈二件、镞 15 件以及玉戈一件。其中，铜钺造型夸张，刃部呈半圆形，两刃角钩状上翘，钺身中部有一边缘较厚的大圆孔。这种铜钺在中原地区很少见，属于盘龙城最晚期发展出来的独特形制：美学功能增加，但实用性降低，难以深入地斩劈。杨家湾七期墓葬 M11 中，也有一件与此类似。

在这之前，盘龙城人还没有这种不实用的铜钺，比如，城池兴建阶段（四期）的李家嘴 M2 随葬的铜钺还是实用的商式特征。在商人文化中，钺是军事权的象征，也是杀俘献祭的重要工具。盘龙城人到晚期还在生产铜钺，说明他们的商文化血脉仍在延续，部族军事体系也一直存在。但是，晚期铜钺却变得不实用和卡通化，又说明他们已经很少杀戮人或牲畜。而把铜钺和各种兵器作为祭品埋入祭祀坑，则几乎是对商人杀祭宗教的一种讽刺了。

这三座祭祀坑是发掘报告确认的。此外，王家嘴遗址（地层不详）还发现了十多座密集的小坑，每座 0.5 平方米左右，里面埋有木炭黑灰、完整的陶缸或碎片以及很多盛放食物和酒的陶器。这些坑无法用于冶铸，所以也可能是祭祀场所。

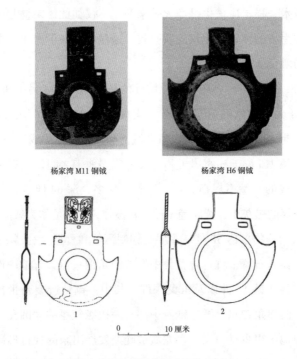

杨家湾 M11 铜钺　　　　　　　杨家湾 H6 铜钺

0 ⊢——————⊣ 10 厘米

杨家湾盘龙城七期的卡通化铜钺

目前，盘龙城城外一共发掘四座埋藏物品的祭祀坑（场），数量似乎不大，但考虑城内和城外发掘的墓葬总量也不过 30 多座，这样算来，平均不到十位死者就会有一座祭祀坑（场），而且每座祭祀坑内还会有多组器物，由此，盘龙城人的埋祭仪式之多和物资消耗之大就可见一斑了。

如前文所述，河北易县北福地遗址（距今 8000 年前）有将大量石器和陶器、玉器摆放在祭祀场并加以掩埋的现象，而考虑到北福地是石器制作工场，盘龙城是铜器冶炼场，它们之间很可能有类似的宗教逻辑：石器和铜矿石原料来自大地，将制成品埋入地下，是表达对大地的感恩；这也是一种"播种巫术"，把物品想象成种子，种子会在土壤中发芽成长，结出更多果实。

盘龙城距离郑州商城很遥远，但两地之间仍有很多联系。比如，盘龙城发达的制陶工艺已输入郑州商城；约 3400 年前，郑州商城还出现了王室级别的埋葬青铜器的祭祀活动，而这很可能是盘龙城商人对"母邦"的影响，致使商王朝一度曾考虑放弃人祭宗教。

但商朝腹地旋即发生大动荡，郑州商城和偃师商城被毁弃，继起的小双桥朝廷再次回归人祭宗教。这意味着商王朝内战的胜出者是盘龙城的对立面——盘龙城和王朝腹地的联系就此彻底断绝。

这之后，盘龙城（商人）又维持了数十年时间，而且和长江流域土著族群的融合程度越来越高。最终，盘龙城消失了，青铜技术却在南土扩散开来。

青铜技术扩散江南

很难追索盘龙城消失的原因，也许是周边部族攻灭了它，也许是盘龙城人迁徙到了别处。长江流域一直很难出现权力集中的政权，哪怕北来的青铜技术和文字书写技术（虽然尚缺乏直接证据）输入后，也没有太明显的改观。

而在北方，殷墟时期的商朝实现了稳定和复兴，对铜料的需求量越来越大，这也拉动了长江中游的铜矿开采和冶炼行业。由此，南土的铜、锡原料便一直可以输往中原，同时，有些商朝高端青铜器也被贩运到长江流域。当然，虽然南北之间有贸易和技术上的交流，但殷商王朝此后再也没有尝试把统治触角伸向这里。

长江流域的江西、湖南和四川都大量出土过商代后期（殷墟时期）的青铜器，有些出自窖藏，有些是随葬品，商代风格和本地元素杂糅，本地化特征普遍高于盘龙城：

一，江西新干大洋洲镇发掘的一座墓葬，随葬铜器多达 480 多件，比盘龙城的高等级墓葬要高十倍，其中，铜鼎有 31 件，铜戈 28 件，铜矛 35 件；此外，还有大量青铜农具和工具，如犁铧、耒、耜、锸和镰刀等。在中原地区，青铜农具从未普及，但大洋洲却因靠近铜产地，铜价低廉，甚至奢侈到用青铜制作农具。到晚商，江西的吴城还出现了夯土城池，很可能有盘龙城人辗转融入当地，但该城址缺少高等级宫殿和墓葬的信息，很难判断它作为早期国家的发达程度。

二，湖南零散出土过多件商代晚期青铜器，大都做工精良，造型奇异，著名的有四羊方尊和虎食人卣。尤其是宁乡县张家坳出土的一件铜鼎，口内有"己丙"二字铭文，属于典型商族人的特征（天干铭文），说明殷商和湖南地区有密切联系。此外，该县还出土有人面方鼎以及兽面铜瓿，铜瓿内装着 224 件小铜斧。目前，在湖南发现的晚商铜器多是零星出土，应当是出于祭祀目的而埋的。[10]

三，四川广汉的三星堆祭祀坑也有出土密集的青铜器，以及本地风格的青铜面具、神树和神人像，时代属于殷墟前期。但没有发现杀人祭祀现象，以及和王权有关的大型工程。这些都属于长江流域的宗教-社会传统。

　　盘龙城距离黄河边的商都郑州足有 500 公里，是早商王朝宏大扩张运动的产物。在 3500 年前，世界上还没有哪个政权能够达到这种规模的疆域。在今天，500 公里不算太遥远，但要注意，盘龙城和郑州分属长江和黄河流域，并没有水路航运的便利，只有分水岭的阻隔。下一次再把这两地同时纳入统治范围，则要等到战国晚期的秦国，而那已经是一千余年之后了。

　　过度扩张给早商带来了荣耀，但更有隐患和教训。后来的商王逐渐开始考虑如何让商人免受异族文化的侵蚀，避免早商王朝的覆辙，而这奠定了晚商（殷商）时代的基调。

注释

1　湖北省文物考古研究所：《盘龙城》，文物出版社，2001 年。盘龙城遗址分为七期，一期到三期基本相当于二里头文化－夏朝时期，四期中段出现商人拓殖现象，七期是商人拓殖时代的尾声。有关盘龙城考古的基本信息及图片，未注明出处的皆出自该书，不再详注。

2　由于长期的自然和人工破坏，现存的盘龙城城墙只有两三米高。另外，发掘报告记载，有些地段墙基宽约 20 米，由此被有些文章转引为城墙宽 20 米，这可能是不确切的，墙基和城墙的宽度可以有较大差距。

3　在 F1 北侧还有一座建筑的遗迹，被发掘者定名为 F3，但建筑史学者杨鸿勋认为，F3 遗迹不是房屋建筑，而是带廊檐的围墙，并由此推断 F1、F2 两座建筑都是被廊檐围墙包围的。复原图就是按照廊檐围墙院落绘制，但周围一圈廊檐是否存在，还缺乏进一步证据。杨鸿勋：《盘龙城商方国宫殿建筑复原研究》，湖北省文物考古研究所《盘龙城》。

4　胥卫华：《湖南岳阳市铜鼓山遗址出土商代青铜器》，《考古》2006 年第 7 期。

5　江西省文物局：《瑞昌铜岭矿冶遗址发掘获重大成果》，《中国文物报》1992 年 1 月 19 日。

6　张昌平：《关于盘龙城的性质》，《江汉考古》2020 年第 6 期。

7   盘龙城产的青铜器上也是这种窄条形饕餮纹。

8   武汉市博物馆：《1997—1998 年盘龙城发掘简报》，《汉江考古》1998 年第 3
期；武汉市考古文物研究所：《商代盘龙城遗址杨家湾十三号墓清理简报》，《汉
江考古》2005 年第 1 期。

9   张煜珧已经注意到，夏商时期的山川祭祀存在"南方用器、北方用牲"的差别。
张煜珧：《夏商周祭祀遗存研究》，西北大学 2019 年博士论文。不过这种差
异开端的时间更早，它们也不一定只是对山川的祭祀。

10   张煜珧：《夏商周祭祀遗存研究》。

第九章　3300 年前的军营：台西

　　滹沱河从群山中流出，与黄河最下游的湿地融为一体。麋鹿在浅水草滩觅食，一旦受到惊吓，便会迅速藏身到芦苇荡中。

　　草莽和湿地中点缀着小小的农业聚落，农民住在狭窄的半地穴式窝棚里，种植谷子、豆类、麻和桑树，也捕鱼射鸟，采摘野果，用麻皮和桑蚕丝纺织衣物。按《禹贡》的说法，这里属于"鸟夷皮服"的蛮荒之地，但进入王朝时代后，也开始出现显贵的统治者。

　　在石家庄市东郊藁城县的台西村有一处商代遗址，是滹沱河的冲积平原，有三座土丘高出地面数米，长约百余米，可以暂避周期性泛滥的洪水。土丘之上遍布商代遗迹，1973—1974 年，考古队在其中的"西台"周边发掘了一批房屋和墓葬，就此，一个商代小型聚落逐渐被揭开了部分尘封的面纱。

　　在诸多商代考古遗址中，台西的规模很小，"知名度"也不算高，但它是商王朝权力体系最末梢的完整个案。可以说，关于商王朝如何统治幅员上千里的辽阔疆域，台西是最难得的缩影。[1]

屋檐下的人头

发掘显示，最早在台西生活的是贫穷农夫，他们住在狭小的半地穴式窝棚里，使用石头和骨头做的农具，在地上挖掘不大的窖穴储存粮食，用粗糙的夹砂陶器烹煮食物。这种新石器时代的生活场景已经延续了数千年。

然后，一群使用青铜武器的外来者占据了台地，建立了对周边农业聚落的领导权。没有发掘到他们住的房子，但在西台土丘边挖到了他们的家族墓葬。

这是 3300 年前，商王朝已经建立近三百年。此前，商朝的统治中心一直在黄河之南，直到商王盘庚把王都迁到黄河北岸的殷地。迁都后，王朝需要调整防御圈，特别是要加强对蛮荒北方的防御，于是，一批批商人部族从殷都迁往北土，沿着太行山建立军事聚落。

来到石家庄台西的这几十名武士以及他们的家眷和仆从，要为王朝守卫滹沱河南岸——新营建的殷都在南偏西方八百里外。这是一个和盘龙城完全不同的据点，更接近商王朝的常态。

这群武士在台西立足数十年，第三代人已经出世。之后，滹沱河的一场大洪水淹没了一切，包括武士和农夫们的房屋，地势较高的墓区还淤积了一层厚厚的细土，夹杂着河蚌和田螺。

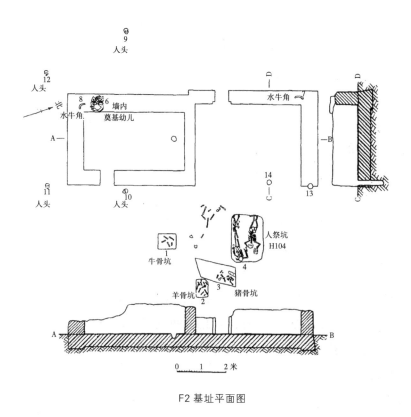

F2 基址平面图

　　当洪水褪去，武士们需要建设新居。这次他们把房址定在了西台边的高地。这里是他们的父辈和祖辈的墓地，不过现实的需求更重要，更何况，墓地已被覆盖在淤积的泥土之下。

　　发掘显示，青铜武士们认真考察了西台周边的地势，先是用白石粉划出新居墙壁的轮廓，接着平整土地，开挖基槽，夯筑起半米多厚的土墙，墙体用土坯垒砌，高 2 米以上（当地简陋的版筑技术似乎不支持筑太高），然后在土墙之上安放木头檩条和椽子，铺垫芦苇束，抹草拌泥，屋顶就宣告建成了。

　　到这里，一切似乎都很自然，但考古发掘揭开了惊悚的一幕。

　　一座两间连体的房子（F2）西墙的基槽里，埋着一件陶罐，里面是一具不满三岁的幼儿尸骨。显然，这是给新房奠基的巫术，用幼儿向土地之神献祭，以保佑家宅平安。献祭的死者不止幼儿，朝东的屋前还有四座祭祀坑，其中三座各埋入一只猪、牛、羊，第四座坑（H104）埋的则是人。

H104 的边长 2 米左右，方形，深约 1.5 米，底部埋有三人。一名十四岁的少年可能先被杀死，被扔在坑角；然后是两名成年男子，被捆住两腿扔进坑内，胳膊呈挣扎状，但尸骨并不在坑底部，而是弯曲在从 20 厘米到 120 厘米高的曲面上，说明当献祭者向坑内填土时，两名男子曾努力从土中蠕动钻出，直到力气耗尽，才被活埋。

从骨架姿势看，他们都是捆绑后被推入坑中活埋的。南侧的男子，三十五岁左右，两脚被捆，两手撑地，头仰起，呈挣扎反抗状；北侧的男子，年满二十五岁，两脚亦被捆绑，头朝下，两臂张开，亦呈挣扎反抗状。两具骨架几乎平行，可能是同时被推下坑的。

这座房子还有更匪夷所思的现象：在废弃后塌落的土坯中混杂着四枚人头骨，分别散落在东、西、南三面墙外。这些头骨没有被夯筑在土墙中，也没有埋在室内，这就只剩下一种可能性：它们被挂在室外的屋檐之下，最后随着房子的坍塌而被掩埋。

在其他的商代遗址中，人祭和人奠基很常见，但都没有发现房屋上悬挂人头的。这也可能是因为多数遗址的保存情况并不好，加之后人的耕作破坏，只剩下了房屋的地基和墙基，难以发现地面以上建筑的各种现象。人祭坑和人奠基因为埋在地下，所以能一直保存到现代。

而台西遗址不同，房屋坍塌后，废墟被掩埋而变成了当地土台的一部分，没有发生后期破坏：有些房屋残墙甚至还保留着两三米的高度，墙体上开的风窗亦清晰可见。

台西的地下埋藏和各地已知的商文化遗址很相似，如人奠基、人祭和人殉，但其保留在古地表之上的建筑遗迹却给我们补上了难得的

半敞厦　　　　　　　　　　门楼结构

F6 复原图

一课：原来与人祭有关的不仅是墓葬和祭祀坑，还有地上的展示。

那么，台西的房屋废墟为何能被完整掩埋，是风吹来的沙尘堆积，还是洪水泛滥造成的淤积？对此，发掘报告没有提及。

从祭祀坑和悬挂的人头来看，F2 可能是座神庙：北屋有一面没有墙，是敞厦，适合安放某些被崇拜和献祭之物；有一面对着四座祭祀坑，被几座房子从三面围成一个小院落，应当有某种特殊地位。

屋檐下悬挂人头的不止 F2，紧挨着的 F6 亦是如此：F6 由两间北屋和四间西屋构成，西墙内夯筑了一颗人头，是一名大约十八岁的女性的；在房子坍塌的泥土中散落着五枚人头骨，之前应当也是悬挂在屋檐之下的。

F6 并不像是神庙，似乎是权力中心。它有五间互不联通的独立单间，以及一间单面无墙的半敞厦，四个房门两侧都有安放木柱的洞，发掘报告推测，这些柱子支撑的可能是某种"门楼"式的装饰结构。而那些散落的人头，当初可能就悬挂在门楼上。

那么，居住在这些房子里的是什么人？坍塌的房屋内并没有发掘出太多文物，无法提供答案，但主人的坟墓就在房子周边，它给我们提供了一幅朦胧的青铜武士群像。

青铜武士群像

台西遗址共发掘 112 座商墓，随葬青铜器的只有 18 座，平均每座埋铜器五件，说明贵族统治者在本聚落人口中只占少数。有 11 座使用了殉人，殉二人的有两座，其余的殉一人，共殉 13 人。

贵族墓葬大多有青铜兵器，如钺、戈、戟、矛、刀、镞等，有圆形的青铜泡，可能是缀在牛皮铠甲上面的，但皮甲本身已经腐朽无存。还有成套的青铜酒器，如斝、觚、爵等。稍有身份的商人都会用一套青铜酒器殉葬，只不过多数质地粗糙。可能这个据点太小且资源贫乏，贵族们的家境不算豪奢，只好专门采购成本低廉的随葬铜器，兼顾阶级礼俗的面子与生活的里子。

台西的商墓也多有"腰坑殉狗"。这里食用狗肉的风气更盛，随葬的食器中多数盛有狗肉，主要是狗头和狗腿。更体面的墓葬有殉人，男主女殉、男主男殉和女主男殉的都有，但没发现超过两名殉人的墓，毕竟，武士们的经济不太宽裕。

下面，我们来看几位典型的墓主。

M17，一名早夭的武士。这座墓穴比较简单，没有二层台和殉人，只在腰坑殉了一条狗。墓主是名大约二十二岁的男子，头部和胸部的骨骼大都腐朽。随葬的用具只有一只陶鬲，其他都是兵器：铜镞四枚、铜匕首、铜凿、铜戈和铜戟（矛和戈的合体）各一件。

难得的是，铜戈和铜戟都带着木柄，虽然已经腐朽，但通过痕迹测量，戟 80 厘米长，戈 87 厘米长，都是短柄徒步作战兵器。台西遗址没有发现马车遗存，还处在徒步作战时代。墓中还有玉质石头磨制的钺和斧各一把，没有使用痕迹，属于专门随葬用的。

从随葬品看，M17 的墓主属于贵族统治阶层，父亲可能是拥有铜钺的军事头领，但这位墓主青年早逝，还没来得及分家独立，所以没有属于自己的奴婢随葬。除了本人拥有的兵器，父亲没舍得给他随

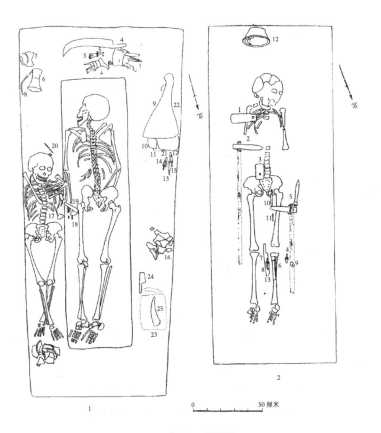

M14 和 M17 平面图

M14 随葬的獠牙铜钺

葬太值钱的物品，但用了一枚石钺，象征死者本可能继承父亲的铜钺和军事头领身份。

M14，一名四十五岁左右的中年男子，军事贵族、巫医兼占卜师，身高约 1.7 米，骨骼粗壮，葬在一具黑漆底、红色绘图的棺木中，棺木已经朽烂。

二层台上殉葬了一名二十岁左右的女子，身高接近 1.5 米，可能是被捆绑住手脚活埋的，还保持着张嘴呼喊的姿势。除了一支束发用的朴素无纹饰的骨笄，没有其他的首饰和饰物。

此外，二层台上还摆放着主人的随葬品：一件贴着金箔的漆盒；作为体面商人必不可少的青铜酒器组合；两件实用的煮饭炊器（陶鬲）；一把青铜大刀，连柄长约半米，刃部宽阔，刀头上翘，适合劈砍而不是刺杀；几件铜镞和一件獠牙纹饰大铜钺。

特殊的是右边的二层台上，有三片牛肩胛骨加工成的卜骨，上面凿好了占卜用的坑窝，没有刻写文字。还有小铜锯和铜凿，可能是修整牛骨的工具。

墓主左脚边有一件漆盒，里面放着一把手掌长的石头镰刀，考古学家推测，这不是农具，而是一种医用手术刀——石砭镰。古代战场上最常见的是箭伤，多数箭矢有倒钩，深陷在皮肉之中难以拔出，需要用砭镰先割开伤口，小心拔出箭头。另一种是被钝器击伤后的淤血，穿皮甲的战士常有这种伤，也要用砭镰划开皮肤，将淤血挤出来。可能古人不习惯青铜手术刀，觉得铜性恶，容易引起坏血，古老的石头工具反倒更有亲和力。

从卜骨和石砭镰看，台西 M14 的主人应该是一名占卜师兼军医。上古时代，这两种身份经常重合，被称为"巫医"。但这还不是他的正式身份，因为他有一件大铜钺，钺身长 30 多厘米，在台西遗址出土的铜钺和玉石钺中，尺寸最大。

钺是军事首长的身份标志，也是献祭时砍头的工具。商代铜钺的刃部，多数并不左右对称，但砍剁时更便于用力。M14 主人的铜钺形制威猛，钺体用朱红色装饰，造型酷似张开血盆大口的兽头，嘴里还有一对尖利的獠牙。

在台西墓葬中，还有一座随葬三片牛肩胛骨的 M103。墓主高约 1.7 米，用了两名矮小的男仆殉葬，其中一名是十五岁左右的少年，双腿在膝盖以下被砍去，似乎生前就已经残疾。在甲骨文中，砍掉小腿是"刖"：对那些有可能逃跑的奴隶，砍掉小腿是最好的预防手段，但死亡率也高。据殷墟卜辞，商王会一次对多名奴隶（仆）实施刖，还要卜问在哪天砍腿的死亡率会比较低。

M103 墓穴照片

上古时代，用甲骨占卜是一种高深的技术，往往在家族内部传承。如果台西的占卜技术也是如此，M103 的墓主很可能是 M14 的父亲，因为 M103 下葬要早一些，在发生大洪水之前。

M38，一名饮酒习兵的少妇，三十岁左右，身高约 1.5 米，葬在黑漆棺材中，向右侧卧，面向二层台的殉人。这名女墓主没有戴束发的笄，可能披散着头发。殉人是名十五六岁的少年，比墓主矮，也有自己的小棺材。

墓主的棺材中随葬了几件铜器：酒器有铜瓠和铜爵各一件，但缺少铜斝，无法构成完整的"三件套"。随葬铜器用丝织品包裹着，其中还有一种特制皱纹绢——"縠"。兵器有铜镞和铜戈各一件，戈刃纤巧，长约 22 厘米，最宽处约 5 厘米。这在台西遗址乃至在整个商周青铜时代，都算是比较短小的，有可能是为女性武士特制的兵器。

商代女性贵族普遍饮酒，甚至参加战争。和台西遗址基本同时，殷墟妇好的墓葬也随葬了大量酒器和兵器，并且，甲骨文中还有妇好带领军队远征的记载。

这名女武士应该是一位妻子和母亲，丈夫也是台西青铜武士，但死后都是单独埋葬，各自拥有自己的殉葬奴仆。

从墓葬可见，台西聚落青铜武士属于低级贵族，普遍拥有男女奴婢，用来殉葬的只是他们拥有奴婢的一部分，而非全部。武士们都随葬有兵器和酒器，但没有农业生产工具，显然，他们不事生产，靠从周边村落征收粮食和各种产品生活。墓中的武士，各年龄段都有，还有武装的女性，他们可能属于同一个氏族。这种家族血缘单位构成商

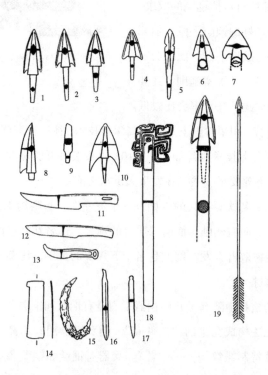

台西出土箭镞及复原图

朝最基本的军事和政治单元。

台西发现的青铜箭镞数量很多，而且造型各异，明显不属同一批次铸造。台西本地没有发现铸铜作坊，武士们的铜镞等兵器应当是购买的，且来源比较广。很多商人族邑都有铸铜作坊，铜镞是最常见的产品，可见当时商人聚落之间的铜器贸易应该比较活跃。

在台西墓葬区还发现了一支完整的羽箭，全长 85 厘米，杆已腐朽，但遗留的痕迹明显，可能是某种藤条制成，尾羽已经完全消失，发掘者绘制复原图时，参考后世文献增加了尾羽。

宿舍与伙房

住宅区的复原图可以提供一些武士们的生活信息。

发掘出的住宅区有连片的房屋七组，二十余间，所有的房间都有单独朝外的门，内部互不相连，开门的方向也不一致，一座房子的两个房间，可能一个向东开门，一个向西开门。总的来说，这片住宅区更像一组"单身宿舍"。

这些房子并不是用于日常生活的家宅，因为几乎所有房间都没有做饭的陶鬲等炊器，也没有炉灶火塘（炉灶的烧土和炭灰本是最容易保存下来的），只在住宅区最北边有两间"公共伙房"。

所以，这片住宅区可能是某种军营性质的公共建筑，供武士们定期在这里住宿和值班。他们应当另有私家住宅来安顿老人、妻儿以及奴婢和牲畜。几乎所有的青铜武士墓葬都随葬有做饭的陶鬲或铜鼎，这说明他们有自己的家庭生活，但目前尚未发掘到他们的私宅。从军营宿舍的规模判断，他们的家宅也不会太豪华，可能也是数十平方米的夯土房屋。

来看两间编号 F14 的"公共伙房"：两间敞厦式房屋，南室靠墙

0 ├──┼──┼──┤ 25 厘米

F14 房屋（伙房）复原图及部分陶器

是炉灶，木柱下半截用草拌泥包裹，以防止被炉火引燃。

　　两间伙房出土有大量陶制炊器，从大型盆罐，到小型的鬲、豆。其中一件大罐内有重达 17 斤的"灰白色水锈状沉淀物"，经化验，是制作黄酒的酵母。看来，伙房也兼作酿酒作坊。另外，出土器物中还有陶制的漏斗形器，应是灌酒之用。

　　伙房的几件大陶罐内，储存着很多干果，有李子和桃子的果仁、枣子以及大麻和草木樨的种子，有学者推测，它们可能是用来炮制有治疗疾病作用的药酒的。

华北亚热带时光

　　台西遗址出土的野生动物骨骼主要是鹿角制作的工具，其中麋鹿多于麅鹿。从生活习性看，麋鹿主要生活在湿热地带的沼泽，麅鹿则主要在较干旱的草地和稀疏林地，这说明当时台西地区以沼泽湿地为主，间有部分干旱草地和树林。

　　如前文所述，在商族人崛起和建立商朝的过程中，水牛一直伴随着他们，甚至当青铜武士来到遥远的北土建立军事据点时，还驱赶着这种熟悉的家畜。台西遗址的房屋和墓葬中大都出土过水牛骨。比如，西台东侧的一座祭祀坑 H50，就埋有一具完整的水牛骨架；M102 也随葬有一对水牛角，以及羊肩胛骨和猪腿，用来代表猪、牛、羊"三牲"；F2 东墙的南北两端，也各夯筑了一只水牛角。

　　在商人的传说中，先祖王亥曾经赶着水牛群到河北有易氏之地（台西遗址以北 250 公里处）。但另一种重要的家畜——马，却在台西遗址难寻踪迹，只在像是指挥中心的 F6 西门外的垃圾坑 H3 中发掘出一根马的肋骨。它可能是作为食物吃剩的。[2] 马和马拉战车在中国出现得比较晚，到商代后期才普及。和台西同时的殷都虽已有马车，但台西聚落级别较低，应该还没有。

　　此外，M112 的随葬品中有铁刃铜钺和铜瓿各一件。铜钺较小，接近成年人的手掌，主体为青铜，刃部是铁质，已经失落，但断口处还保留了较多铁质。为什么用这把没有刃部的钺随葬，毕竟碳化的铁远比青铜坚硬和锋利？这不好解释。可能是铁刃过于珍贵，后人敲了下来继续使用，只用青铜钺体给先人随葬。铜瓿则比较精致，做工比台西其他墓葬中的铜器都要好。看来，这位墓主是台西最富裕的人物。这座墓是 1972 年农民取土时挖出的，没有经过专业发掘，只知道墓葬有殉人，很多信息已经无法复原。

　　曾有学者认为，商代还没有冶铁和锻铁技术，这把铜钺的铁刃应

H50 祭祀坑中的水牛骨架

该是陨铁。但也有学者从其所含的微量元素推测，这不是陨铁，而是人工制作的熟铁。在"伙房"F14前面，出土有一些冶炼过的残铁渣和两小块铁矿石，显示台西人也许已经掌握初步的炼铁技术。但因为没有发掘到冶铁和锻铁的工作区与产品，目前还无法确定。

台西遗址并非只有青铜武士，还有普通农民。发掘虽集中在"贵族营区"极为有限的空间，但还是在最边缘处挖出了一座穷人的房基，这便是 F10。

F10 在武士营房后面十几米处，东西长 2.6 米，南北宽 1.6 米，室内只有 4 平方米的空间，极为狭窄局促。它的建筑方法是，先在地上挖出半米深的半地穴，形成居室的轮廓，然后加盖草木窝棚。

室内屋角有一直径和深均 50 厘米的圆形储物坑，里面有做饭的陶鬲和残破的石质农具。储物坑的旁边是灶坑，有烧土和灰烬，"除去藏穴和灶坑以外，仅能容两人栖息。这种简陋的房屋，自然与居住者社会地位的低下有关"。这是在新石器和青铜器时代极为常见的农舍。

农民的墓葬散布在青铜武士营区周围，大多没有随葬品，或只有一两件粗糙的陶器。台西目前发掘 112 座大小墓葬，"人架除完整的和腐朽成粉的以外，还有 10 座墓人架的股骨或胫骨全部或一半被截去。其中有的截面上有刀砍或锯的痕迹，似乎是受过刖刑"。

被砍掉腿的人数占墓葬总数的近十分之一，考虑到有些墓葬尸骨已完全腐朽，无法观察和统计，实际比例应当更高。这也是青铜武士统治农民的方式之一。

台西遗址还出土了大量用石头和骨头磨制的箭头（镞），有些是底层农民的捕猎工具，有些则属于青铜武士。这些贵族一般只用三四枚青铜镞随葬，看来再多就负担不起了。

台西遗址没有留下文字，青铜器上也没有族徽铭文，所以我们无法知道台西商人氏族的名称，也不知道他们如何称呼驻防的这片土地。商人把定居点叫作邑，台西遗址则是一座湮没在历史中的无名之邑：它只是一座规格不太高的军事聚落，主人也只是没有留下姓名的地方军事贵族，在他和安阳殷都的商王之间，应该还隔着至少一个指挥层级。

虽然距离殷都有些远，但台西商人并不孤立，他们使用的铜器和殷都完全同步，属于典型的殷都初期风格，礼器的花纹繁多，几乎遍布全身，而早商郑州和盘龙城的铜礼器大多只有一条纹饰窄带。这说明台西商人和都城的联系很密切，商王朝也比较重视这些北方边疆的守卫者。

这座军事营地后来被废弃了。发掘显示，部分房屋毁于火灾，比如最大的连体建筑 F6。但这并不意味着营地被废弃全因火灾，即使被火焚毁，重建也不是难事，况且这座营房本就是在水灾之后重建起来的。

被废弃的真正原因，应该是青铜武士们移防了。在盘庚迁都之后，商朝对黄河北岸的统治日渐稳固，边防线也就逐渐向北推移。到殷墟后期，北方防线已经推进到今河北定州（距离台西遗址约 80 公里），甚至更北。

或许，部分房屋的焚毁被台西首领解读为神降的启示，故而放弃旧居，继续向北迁徙。在青铜武士匆匆离去时，有些笨重物品被放弃，比如公共伙房内几个装着酿酒原料的大陶罐。对于周围的农民而言，军营里遗留的物品颇有价值，看来他们并没有进入这座悬挂着人头的营地，于是，房子在年久失修中陆续坍塌，最后被掩埋了起来。

与此同时，殷商王朝正在走向中兴繁荣。

附录：北土食人部落

在燕山南麓，有一个经常吃人的聚落，这便是今北京昌平区的张营遗址。[3]

在相当于夏朝—二里头时期，张营聚落已经存在，但那个阶段的遗迹很少。到了早商后期（张营遗址三期，二里冈文化后期），张营出现了一些商族风格的陶器，比如所谓"瘪裆"造型的陶鬲，但仍以本地陶器为主流。

新的改变是铜器制造。张营遗址发掘出的石头和陶制的铸铜范皆为制作小件铜器的双面范，如镞、针、锥、鱼钩和小刀。此外，还有铜制的耳环、凿、鱼镖和梳子。有炼铜的铜渣出土，说明本地用铜矿石冶铸。但没有发现任何铜容器的铸范和实物，也没有铜戈、铜矛和铜钺等兵器。检测发现，多数铜器是铜锡合金，基本没有铅，但这种合金硬度较高，只适合制作小件铜器。可能张营人的铜器以自用为主，外销较少。

张营聚落只发现几座很小的房屋遗址，没有明显的阶层分化，仍处在部落生活阶段。截至目前，发掘122座灰坑（垃圾坑），其中，

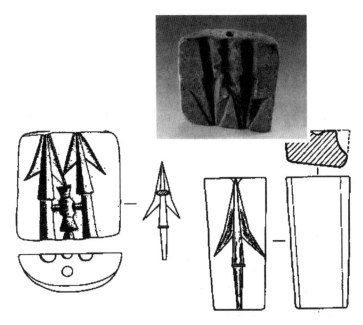

两件铸造箭镞的石范：分别只能铸造一枚和两枚箭镞。西安老牛坡二期发现的陶范一次至少能铸造五枚箭镞，郑州商城的陶范一次能铸造十几枚，张营聚落规模较小，铜器产量也低得多

有 12 座埋有零碎的和残破的人骨，[4] 跟猪、牛、羊、鹿的骨头混杂在一起，没有完整骨架或肢体，头骨也都被砸开。

　　有些人骨制成的工具，主要是用股骨（大腿骨）制作的骨锥，它们应该是用坏之后被扔进垃圾坑的。此外，在 F1 中还发现一块人股骨，可能也是制作工具用的。

　　在发现的 60 块人骨中，只有两块属于夏末商初（张营二期），其余属于商代中前期（张营三期）。发掘报告推测，灰坑 H84 中的人骨至少来自七个人，H105 至少来自两个人。人骨过于零碎，多数无法鉴定年龄和性别，只有几枚牙齿属于一名二十岁左右的青年。

　　有些骨头，特别是股骨上，有敲砸和刀砍断痕，可能是敲骨吸髓所致。约一半骨头被烧过，应是烧烤食用。发掘报告推测，当时这里应该存在食人风俗，战俘或奴隶可能会被杀死后肢解分食。

三期（商代中前期）的张营人虽然能够冶铸铜器，但还无法完全取代石器。发掘出的最主要的农具和工具都是石头做的：石斧 32 件，石铲 13 件，石镰 56 件，石刀 23 件，石锛 10 件，石镞 10 件，石磨盘 11 件，石磨棒 14 件。除了饲养家畜，狩猎占的比重也比较大，灰坑中有较多鹿类的骨头，还有虎、豹、棕熊、马、驴等。

那么，在张营人势力最盛、食人行为最多的三期，他们和商朝是什么关系？

这个阶段，早商王朝的扩张正达到顶点，但张营聚落到郑州商城的路程超过 750 公里，比湖北盘龙城还要远二分之一，所以很难断言早商王朝的势力能直接控制这里。不过，冶铸铜技术和商式陶器显示，张营人明显受到了商文化的影响。

张营人的食人风习应该是自身固有的传统，和商族关系不大，但新传来的铸铜技术却可以让他们更容易击败周边部族，使得食用人骨的数量大增。这是一个被技术改变过的人群，但终究没有扩张成为早期国家。看来张营人比较安于部落生活，后来又迁移到了别处，消失在三千多年前的迷雾中。

对于蛮荒的上古时代，我们现代人能理解的实在很少。

注释

1 河北省文物研究所：《藁城台西商代遗址》，文物出版社，1985 年。以下有关该遗址的基本信息和图片，未注明出处的，皆出自该书，不再详注。

2 一同出土的有猪的下颚骨，以及一具老年妇女的零散骨骼：人头和一条腿已经脱离身体。她大概是一名为军营服劳役的土著农妇，可能因触怒某位青铜武士而被砍成数段，然后被扔进了垃圾坑中。

3 北京市文物研究所：《昌平张营》，文物出版社，2007 年。有关该遗址的基本信息和图片，未注明出处的，皆出自该书，不再详注。

4 这些含人骨的灰坑编号是：29、33、62、70、78、83、84、99、103、105、106、107。

第十章　殷都王室的人祭

小双桥遗址代表的"中商"不算长，可能不足百年，有残酷的人祭仪式，有巨大夯土台"周勃墓"，但商朝总体仍呈现衰微不振的迹象。直到从第十九王盘庚迁都殷地，这才算走出中商的低迷。

商王朝前后存续五六百年，殷商大约占了后一半，约两个半世纪，因此学界也称之为"晚商"。殷墟考古比较丰富，出土有大量的商王占卜刻字甲骨，发掘了王宫、王陵和多处商人的族邑及墓地，有属于王族的，也有普通商人族邑社区的。

殷墟保留的人祭活动的数量和种类最多，本章主要介绍殷都王族的生活区和人祭场：王宫（宗庙）区和王陵区。

盘庚王的训诫

后世的迁都往往只是换一座都城，对全国的影响一般不太大；但在国族一体的上古时代，国都是统治者族群最集中的地方，除了那些散布在远方的零星据点，整个统治族群，或者说国家和王朝，都要整体搬走，不仅是王宫，还有所有的商族部落和家支，以及他们的牲畜、家奴。所以，迁都动议充满争论，多数商人并不愿搬迁。

这正是盘庚王当时面临的困境。

儒家经书《尚书》有若干篇历代商王的讲话记录，虽然难免有后人的改编和再创作，但仍有个别篇章基本保存了原貌。其中，最可信，篇幅也较长的是《盘庚》：在这篇讲话中，商人的精神气质和世界观体现得颇为充分。

在商人的观念里，喜怒无常的诸神主宰着人世间，所以为了推动迁都，盘庚的讲话所表达的神权理念非常直白，充满着恐吓和威胁，不仅距离儒家描述的古圣先贤实在太远，也突破了后人对上古时代的想象力。[1]

《盘庚》的行文古奥、艰涩，这是商人的语言特色。但它用的毕竟是和后世一脉相承的文字，就像是听某种汉语方言的谈话，我们还是能基本判断其大意的。

《盘庚》记录了盘庚王的三次迁都讲话，第一次在搬迁之前，后两次是迁徙到新都之后。

第一次，盘庚把贵族召集到王宫庭院做了一番长篇演讲，大意是，迁都之议不容更改，必须执行。讲话一开场，盘庚就引用祖先的权威说，是先王奠定了今天的王朝，如今，商朝不幸遭遇大灾，先王却没有出手相救，正是想让我们离开此地。如果你们心怀不满，不服从我的搬迁命令，我家先王会从天上给你们降下惩罚，他们会说："为什么敢不服从朕的幼孙！"一旦先王们不开心，从天上惩罚你们，你们就不会有好下场！

……先后丕降与汝罪疾曰："曷不暨朕幼孙有比！"故有爽德，自上其罚汝，汝罔能迪！

按照商人的宗教观念，历代商王死后会升到天上陪伴上帝，一直监护和保佑着自己的子孙，也就是后代商王，并随时对人间降下福佑或者灾祸。按照同样的逻辑，贵族死后也会进入天界，有一点点干预人间的能力，自然也要保佑自己的后代。人间的分歧，似乎由此将发展成天界争端。面对这个悖论，盘庚必须强调神界的规则：天界的贵族们必须服从诸位先王，不能偏袒自己的子孙；倘若现世的贵族违逆商王，你们的先祖自会大义灭亲。

盘庚说，"当年，我家先王接纳了你们先祖的投靠，所以到今天，你们才能做我（像牲畜一样）养活着的人民。你们心里有恶，会遭到刑罚和杀戮，我先王会（在天界）追究你们的先人，所以你们先人不会出手相救，只会抛弃你们，看着你们死掉！"

古我先后，既劳乃祖乃父，汝共作我畜民。汝有戕，则在乃心。我先后绥乃祖乃父，乃祖乃父，乃断弃汝，不救乃死！

盘庚继续说，现在，那些负责祭祀的人员已经准备好了祭品（贝和玉），"你们的先祖（跟着先王享受了我的祭品）就会告诉我家先王：'快给我孙子降下刑罚吧！'我家先王就会给你们降下不祥之灾！"

兹予有乱（司）政同位，具乃贝玉，乃祖先父，丕乃告我高后曰："作丕刑于朕孙！"迪高后丕乃崇降弗祥。

但在先王降罚之前，盘庚还要动用现世的刑罚杀戮。他用了生活中的事例来警告那些不安心搬迁的人："你们思想顽固，不体谅我的苦衷，还试图改变我的想法，都是在给自己找麻烦和痛苦。就像大家要坐船过河，就你不愿意，在船里继续捣乱，不安好心，那我就只好把你扔到水里去。你不好好反思，自己生气又有什么用？"

> 汝不忧朕心之攸困，乃咸大不宣乃心，钦念以忱，动予一人，尔惟自鞠自苦。若乘舟，汝弗济，臭厥载。尔忱不属，惟胥以沈。不其或稽，自怒曷瘳？

最后，盘庚恩威并施，用诱导和威胁结束了第一次讲话："呜呼！如今我跟你们说的，都不要忘了。永远感念我的大恩吧，别做自绝于我的事情。你们只要在自己心里找到公平，就能懂我的道理，老老实实服从。再有不安心、不听话的，想搞点为非作歹的坏事，我会切掉你们的鼻子，然后再杀掉你们全家，一个不留，那样的话，新都城里面就没有你们的子孙后人了！去吧，你们这些活人！现在我就要让你们搬迁，给你们建个长久的家！"

> 呜呼！今予告汝不易，永敬大恤，无胥绝远。汝分猷念以相从，各设中于乃心。乃有不吉不迪、颠越不恭、暂遇奸宄，我乃劓、殄灭之，无遗育！无俾易种于兹新邑！往哉，生生！今予将试以汝迁，永建乃家！

迁都大业终于完成。后面两次讲话都发生在新都城，因为意见分歧已经不太严重，所以盘庚发出的威胁少了，鼓动更多一些。他还是拿"上帝"当自己迁都的理由："你们说我：'何苦震动万民搞搬迁？'这并不是我的意思，而是上帝要回报我家高祖的好心，帮我家振兴起来。朕只能虔诚地服从，老实承担你们万民的命运，在新都城永远安家。"

> 尔谓朕：曷震动万民以迁？肆上帝将复我高祖之德，乱（司）越我家。朕及笃敬，恭承民命，用永地于新邑。

在讲话中，盘庚还特别提到了受上帝重视的"高祖"："肆上帝将复我高祖之德，乱越我家。"在后世商王的卜辞中，"高祖"一般是指王亥。可能因为王亥曾首次带商族北渡黄河，而盘庚王这次也是向黄河北迁都，所以会重点受到高祖王亥的福佑。

从《盘庚》讲话来看，商王的权威来自天界的上帝，但商王并不和上帝直接沟通，而是由列祖列宗代表上帝干预人间。面聆盘庚讲话的，应该都是商朝高级贵族，但盘庚对他们并没有太尊重的称呼，直呼其为"民""汝万民""我民"，还有"众""汝众""尔众"。至于王和这些高级"民"的关系，则是畜牧的畜——"汝共作我畜民"，"奉畜汝众"——动辄以杀戮和神灵的惩罚相威胁，少有温情，刻薄寡恩。

王还称贵族们为"生生"，直译为"活人"。这也是个提示：生杀予夺的权力在王手里，所以任何人活着都是王的恩赐，再高级的贵族也不例外。

两百多年后，商朝灭亡，当周公旦提出搬迁殷都的要求时，他也将和盘庚王一样，对殷商贵族发布一番动员讲话。而殷都的诞生与毁灭，就在盘庚和周公的这两次讲话之间。

洹北商城半途而废

盘庚从哪里搬迁，目的地又是哪里？《史记·殷本纪》说是从黄河北迁到了河南："帝盘庚之时，殷已都河北，盘庚渡河南，复居成汤之故居，乃五迁，无定处。"而事实正好相反，根据现代考古，实是从郑州小双桥迁到安阳殷墟（殷都）。

殷都地处古黄河西北侧，太行山东麓的平原。洹水从太行山流出，向东注入古黄河，而洹水两岸就是殷地。在殷墟甲骨卜辞里，曾出现"殷"的地名，写作"衣"，字形是一件宽领长袍，属于音近的借字；不过它更常见的名称是"大邑商"，在甲骨文中，"大"和"天"通用，所以也被释读成"天邑商"。商族人管自己的都城叫"商"，不管搬迁到何地，这个地名会一直随行。

至于盘庚为何要迁到黄河北的殷地，史书和考古都没有提供解答。《尚书·盘庚》曾提及商人在昔日的都城遭遇过一些困难，不够安定。不过，从考古看，小双桥时期的中商虽然称不上宏大，但并没有什么势力能威胁它，特别是在小双桥的西方与南方，并不存在强大的族群，所以难以解释盘庚为何向东北方向迁徙。

小双桥都邑有一些来自山东地区的岳石文化元素，这似乎标志着小双桥朝廷和东方有着较为紧密的联系，按理盘庚应迁往山东。但事实却又相反，之后的甲骨卜辞显示，山东地区的土著（东夷）和商朝的关系并不算好。看来，融入小双桥的岳石文化因素并不代表商朝和东方有着一种持久亲密的关系。

也有学者从躲避水患和寻找铜矿等角度寻找迁都原因。[2]确实，殷墟比小双桥地势略高，也远离大河，且西部的太行山还有铜矿；但问题是，满足这些条件的地方还有很多，比如关中盆地的老牛坡商文化遗址以及晋南地区的垣曲和东下冯商城遗址也都远离水患，临近铜矿。

殷墟的考古发掘提供了一条线索：在这个阶段，商人掌握了一种重要的技术——马拉战车，而这种技术可能是从北方传来的。因此，盘庚向北迁都也许是为了更接近马的产地。

上述这些，都是从"理性"层面寻找盘庚迁殷的原因，但在商人的时代，"理性"只是影响决策的一部分原因，还有相当部分是由鬼神和占卜决定的。这些"非理性"因素虽然无法复原，却不能忽略。

洹北商城是盘庚王在洹河北岸规划的一座大型城池，基本是正方形（边长约2200米），夯土城墙底宽十余米，规模超过早商的郑州和偃师商城。显然，盘庚试图重建早商的黄金时代。

洹北商城的王宫区在城内中央偏南，有两座大型宫殿基址，闭合的四合院结构，主殿堂在北面。

一号宫殿基址很大，总面积近 1.6 万平方米（东西长约 173 米，南北宽约 90 米），犹如一座标准操场。这座宫殿的规模打破了以往的纪录，之后几百年内也无法被超越。由此亦可见盘庚王当时的野心之大，所以商人贵族乃至民众对迁都的抵触情绪并非毫无道理，毕竟新都和宫廷的建设成本会落到所有商人身上。

宫殿正室内有埋狗的奠基坑，有多座台阶通往庭院，且多数台阶东侧也都挖一座坑，埋一名奠基人。目前发表的简报信息有限，还不清楚到底有多少座坑，以及坑内人的特征。其他的房屋和门房旁边也有奠基或祭祀坑，坑内主要是羊，或者是空坑，发掘者推测，可能是用酒和血祭祀。门房边的奠基坑也埋了一个人。[3]

二号基址规模略小，面积约 0.6 万平方米，目前只发掘了一小部分。它的祭祀坑内没有发现殉人。一口水井中有大量动物残骨，黄牛和水牛都有，黄牛占绝大多数。[4]

洹北商城使用的时间不长，很多城墙段落还没有完工，整座城池就被废弃了。然后，商人在洹河南岸营建了新的王宫区，多数族邑聚落也都坐落在洹河以南，这便是后世著名的"殷墟"。只是洹北商城被遗忘了三千多年，直到 21 世纪才被重新发现。

那么，商人是何时开始搬迁到洹河南岸的？从殷墟出土的甲骨卜辞看，最早属于第二十二王武丁时代。武丁是盘庚的侄子，他们中间还有两位商王，盘庚的弟弟小辛和小乙（武丁之父）。所以，洹北商城可能只经历了盘庚、小辛和小乙这三代，时间不超过五十年。

洹北宫殿区有大量烧毁迹象，如烧过的墙壁和屋顶倒塌形成的烧土堆积，有学者据此推测，可能洹北宫殿曾发生火灾，损失惨重，武丁王认为这座迟迟未能完工的大城不吉利，便废弃了它，在洹河南岸建造了新的宫殿区。[5]

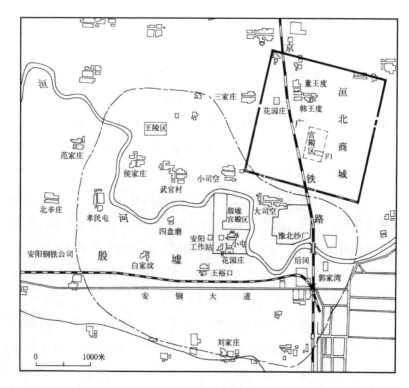

洹北商城与殷墟遗址群范围

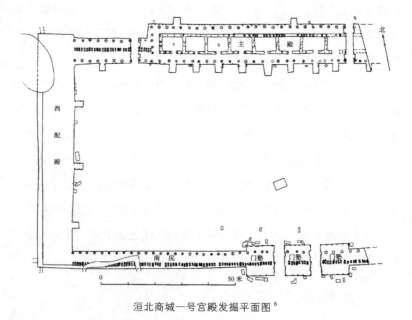

洹北商城一号宫殿发掘平面图[6]

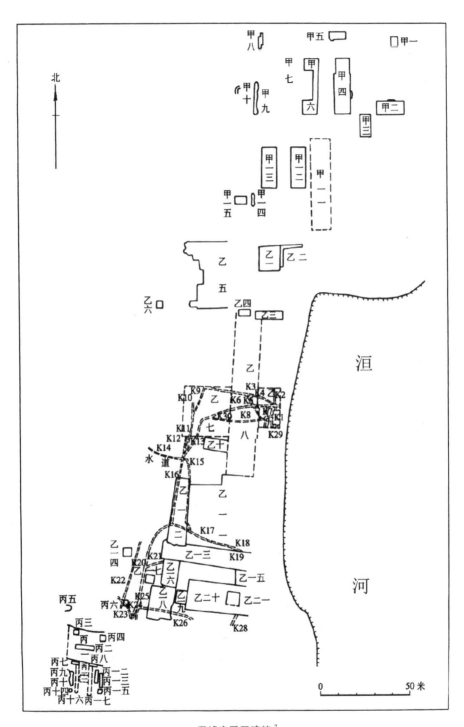

殷墟宫殿区建筑 7

武丁王的新殷都

新宫殿区坐落在洹河弯内侧，今安阳小屯村北，"殷墟博物苑"所在地。

营建新宫殿时，武丁抛弃了之前的"城池"都城模式。他可能不相信商朝都城会受到外来威胁，认为与其耗费庞大的人力夯筑城墙，不如主动对外扩张。武丁规划的宫殿也不再是封闭的大院落，而是若干座彼此独立的大型建筑，皆有厚达 1 米的夯土地基、木柱框架结构和厚重的夯土墙，足以抵抗地震，且分散的单体结构也更利于防火。

王宫建筑大多面对着洹河和太阳升起的东方，南北狭长。最北端被划为甲区，是商王的主要生活区，有五六座主体殿堂，还有饲养禽鸟的苑囿，可能喻示商人的鸟崇拜信仰。宫廷杂役人员住的小房子则星罗棋布在周边。

在甲区，甲十一宫殿基址最大，南北长 46.7 米，宽 10.7 米。最大的木柱安放在圆形铸铜片上，而不是常见的柱础石。夯土中有一枚人头骨，但因为没有挖开宫殿的夯土地基，尚不知道用了多少颗人头奠基。

甲十一西侧是甲十二基址，南北长 20.5 米，东西宽 8.7 米。两圈柱洞遗迹显示，这是一座有重檐结构的殿堂。在两个柱洞旁边，各发现一枚头骨，其中一枚是沿耳和鼻砍下来的半截人头。[8]

甲区面积不大，南北跨度 100 米左右。它的南端是乙区，这里殿堂更多，也更宏大，且每座大殿周边都有多座杀祭坑。考古学者推测，乙区是商王的宗庙区，供奉自商族始祖契以来的历代先王和先妣。

最大的祭祀区在乙七基址南侧空地。这里密集排列着 100 多座祭祀坑，用人数量超过 600，还有马车五辆，马和牛数十头，羊和狗过百只。有些坑中埋的是被砍了头的密集尸骨。也有些是单人坑，人牲携带兵器，被摆放成跪坐、手持戈盾造型。殷墟博物苑复原了部分乙区祭祀坑，还加了玻璃顶盖做露天展示，以方便参观者直面商王朝的独特气质。[9]

乙区也是商王议事办公的主要场所，因为重大决策需要用甲骨占卜请示历代先王，所以宗庙也是议政堂。有些御用占卜师也住在这里，以随时给商王提供服务。紧挨着人祭区的乙十二殿堂旁边，有一座窖穴YH127，里面堆放着1.7万多片甲骨，主要是龟甲，经过释读，是武丁王时期的卜辞。这里可能是一座卜甲储藏室，过期之后被填土埋藏。甲骨堆里还有一具完整尸骨，发掘者推测是甲骨保管人，最后被"随葬"给了甲骨档案，成为守护窖穴之鬼，保护着这个秘密长达三千多年。武丁王留下的甲骨很多，在殷墟的散布范围也更广，远不止YH127。

乙区祭祀坑大都是供奉给先祖的，但王宫区面积有限，几次祭祀就可以用掉这片广场，武丁只好在洹河北岸规划新的王陵区和祭祀区。此后，乙区殿堂的宗教职能减少，功能上逐渐向甲区靠拢。占卜师家族的繁衍也很快，他们向南搬迁了数百米，在今小屯村一带形成了新的占卜师聚落。[10]

在乙区西南侧十余米处，是被发掘者称为丙区的部分。这块基址范围很小，方圆不过三十米，而且遗迹很特殊，只有一些窄小的夯土台和祭祀坑。有五座祭祀坑埋有被砍了头的人，其中一座埋有20人，其余四座都是3人；有些祭祀坑埋的是狗和羊；有八座则填满黑色灰烬，混杂着羊骨；还有些是空的。灰烬是焚烧祭品的"燎祭"遗存，空的坑里献祭的应该是酒和血。由此推测，这些窄小的夯土台不是普通建筑，而是献祭的祭台，用来屠杀、分割人和牲畜，摆放祭品。

商王的祭祀有很多种，直接埋入地下的只是一部分。在甲骨卜辞里，商王也常祭祀自然神，有四方风、鸟、河、岳等，对这些神，经常使用燎祭。丙区的祭台和祭祀坑可能主要供奉自然神。[11]

乙区和丙区的东南侧，也就是发掘者称为"丁区"的部分，有一组大型建筑，可能是商朝王室的"大学"，我们后文会详细介绍。

商人各族邑聚落星罗棋布在王宫外围，形成直径达五六公里、广阔而松散的"殷墟遗址群"，地跨洹河南北，面积超过 30 平方公里。

每座族邑聚落都是一个基本独立的经济单位，周边是自己的农田和牧场，也大都有自己擅长的手工业作坊，如铸铜、制骨、制陶等。此外，肯定还有不容易留下遗迹的产业，如纺织、印染、木器（造车）、皮革和食品加工等。

武丁王建设的殷都使用了 200 年左右，虽然有过小规模的改建和扩建，但基本格局一直未变，直到商朝终结。

刚对殷墟进行考古发掘时，还没有人意识到殷都如此庞大而松散，毕竟，最初的"殷墟"概念只是小屯村北出土甲骨的王宫区。所以，初期的保护区范围非常有限，甚至安阳市西北郊还被规划为钢铁工业区，结果，大量商代遗址遭到破坏。

在工厂、楼盘、铁路和机场的缝隙中，仍不时有商代族邑被发掘出土，它们普遍用人祭祀、奠基和殉葬。这是商文化，也是中国上古人祭文化最后的"辉煌"。

王陵与殉葬人

宫殿区向西北方 5 公里外，是殷都王陵区。

从 1935 年开始，王陵区的大规模考古发掘已发现十多座王级墓葬，墓穴的边长都超过 10 米，有的甚至 20 多米，深度也超过 10 米。这是迄今发现的最古老的王级墓区，有些因地下水涌出而无法发掘。

墓穴在建造过程中，一旦挖得过大过深，运土和安置棺椁等工作就会变得很困难，为此，需要建造缓坡形的"墓道"以方便进出。王陵区的大墓中，四墓道的有八座，双墓道的有三座，单墓道的有两座。[12]

从空中俯视，四墓道大墓呈十字架造型，其中，M1576的挖掘尚未完工，只挖出部分方形墓穴，没有墓道，也没有埋藏物。有学者推测，它是末代纣王帝辛给自己建造的墓穴，但后因纣王身死国灭，墓穴没有被使用。

这些王级大墓周围，还分布着一些王族显贵的墓。

商人高级墓葬的建设程序是，先挖掘墓穴和墓道，然后在墓穴底部挖出方形的墓室，里面用木料搭建椁室，犹如一座木房子。椁木往往雕花，刷红漆，造型美观，椁室内则放置棺木和最珍贵的随葬品以及墓主最贴身的殉人。墓主入葬后，椁室顶部会盖上木料，接着在墓穴二层台继续放置随葬品和殉人，然后填土，逐层夯筑，直至大墓完成。

有些埋葬在王墓二层台上的殉人地位较高，有自己的棺材，也有青铜兵器和礼器以及玉器随葬，甚至还有属于自己的一两名随葬人。

可惜的是，王陵区所有的高等级墓都遭到严重破坏，不仅随葬品基本被洗劫一空，墓穴结构和棺椁构造也多被挖毁或焚烧，基本无法判断这些王陵属于哪一位商王。

王陵的墓穴和墓道里还残留着大量殉葬尸骨。殉人的程序是：一，先在椁室底部挖若干坑，分别埋入一人或一狗，人多持青铜和玉石兵器，身份是墓穴守卫者。这是商人"腰坑殉狗"葬俗的豪华版本。二，安置完这些殉人和殉狗后，再搭建椁室。三，在墓中各处摆放殉葬人，如棺椁外、墓穴内、墓穴边缘土台和墓道，甚至对墓穴填土夯筑时，也会继续埋入完整或被肢解的殉人。每座王陵的殉葬者至少有数百人，这还是被严重破坏之后的数字。

有些墓穴和墓道因装不下过多尸首，所以会只埋入人头。比如，

M1550 大墓埋有 243 枚人头骨，北墓道摆放 235 枚，南墓道摆放八枚，多数都带着几节颈椎骨，发掘报告认为，这"证明当时是将人头砍下，连皮带骨地埋在夯土中"。[13] 这些殉人的尸骨，则被埋入依附于王陵的殉葬坑群：王陵旁有成排的长方形坑，尺寸类似单人墓穴，每座坑里都密集埋有十来具无头尸骨。其他王陵也有类似现象。

在王陵区大墓中，最东端的 50WGM1 遭受的破坏稍轻一些，还能看出一些基本的墓葬结构。它有南北两条墓道，在王陵区属于规模较小的王级墓葬。椁室内部虽然已经被破坏，但东西二层台上的殉人基本完好：东侧葬 17 人，其中 E9 棺随葬铜戈三件，铜簋、铜爵、铜斝和铜觚各一件，以及驾驭马车的铜弓形器一件，说明这位殉人拥有自己的车马。西侧葬 24 人，其中 W8 棺随葬铜戈一件，铜鼎一件，铜觚和铜爵各两件，此外，还有玉器和各种小件铜器。发掘者推测，E9 和 W8 分别是东西殉葬队伍的首领。

比较可见，西侧 24 人共随葬玉器十件，小巧的铜戈三件；东侧 17 人共随葬玉器五件，厚重实用的铜戈六件。西侧，人骨多腐朽；东侧，人骨多健壮，保存完好。他们可能分属墓主的两种家仆，东侧负责保卫和战斗，西侧负责家务。此外，北墓道内埋了二人、四犬和 16 匹马，是墓主的出行车马队。

整座墓发现殉葬者全尸 45 具，头骨 34 枚，还有犬、马、猴、鹿以及难以辨别种类的动物骨骼。该墓也在后期被破坏，这只是残存的数量。[14] 大破坏前，破坏者在 50WGM1 墓穴口挖了一个直径 6 米的破坏坑，向下直达椁室，先是洗劫了所有物品，然后点燃了棺椁，大火烧红的椁室土壁足有 2 厘米厚。

虽然被严重破坏，有些王陵里还是能发现一些出人意料之物，如巨大的鲸鱼骨头，看来商人与海洋一直有某种联系，只是现存的甲骨文从未记载这些，我们也就无从知晓细节了。

发掘中的王陵区 M1550 大墓 [15]

刚发掘完的双墓道大墓 50WGM1 [16]

墓道里成排的人头，每排 10 个 [17]

密如繁星的人祭坑

除了王陵下葬时的殉葬者，商王每年都要祭祀历代先祖，而这需要大量人牲。

在王陵区的东半部分，有成排、密集的小型墓坑，里面填埋了多具身首分离的尸骨。1934—1935 年，中央研究院的考古队在这里发掘了 1221 座"小墓"，其中少数是殉葬坑，多数是祭祀坑，但发掘的详细资料一直没有发表。

此后，王陵区又多次发掘出祭祀坑，如 1950 年、1959 年、1976 年、1978 年，每次都发掘数十甚至上百座，加上已经钻探定位、未经发掘的 700 多座，累计发现祭祀坑 2200 座左右。直到 2021 年，还有新的祭祀坑陆续被发现。

1976 年，在 50WGM1 南侧发掘出 191 座祭祀坑，被完全破坏、尸骨无存的有 22 座，局部被破坏的有 21 座。这次发表的信息稍微多一些，可以据此了解商代王陵祭祀的一些细节。[18]

一，这些祭祀坑分两种：一种南北朝向，占大多数，埋的是斩首的青年男性；另一种，东西朝向，埋的主要是全尸的青年女子和幼儿。从叠压次序来看，东西向祭祀坑要晚一些。根据坑中器物，发掘者推测，南北向坑是武丁王时期的，东西向坑是武丁的儿子祖庚和祖甲，甚至祖甲之子廪辛王时期的。总的来说，这些祭祀坑的使用时间跨度近百年。

二，在甲骨卜辞中，砍头献祭多称为"伐"，这是商王献祭时使用最多的方式。就发掘的南北向祭祀坑看，多数砍得颇为草率，"有些人的颈椎上还残留有下颚骨，或上颚骨。在有的下颚骨上亦可以看到刀砍的痕迹"。1959年发掘的祭祀坑也有这种现象："人骨架……存上下颚骨，牙齿俱存，斩杀时惨状可想！"[19]在砍头之前，有些人牲可能经历过虐杀："有的骨架上肢骨或下肢骨被砍，有的人架手指被砍去，有的人架脚趾被砍去，还有的人被腰斩……M161内埋奴隶遗骨八具，头皆被砍去，而且大部分手指和脚趾被砍去。"

三，还有些人牲甚至被肢解。甲骨卜辞中有䏁祭，有学者认为，这是一种剖腹取肠、剁开肢体的祭祀。[20]此外，还有"岁"（崴）祭，甲骨文字形是用斧钺剁开肉块，也是一种肢解献祭。所以，一些祭祀坑中填满了被分尸后的残骨。比如，M141，乱骨"重叠三四层，堆积高达1米"，应当包含数十人；M137，有四具肢解后的残骨，有的骨头有刀痕，似经历过剥皮剔骨等操作，此外还有人牙四颗、狗牙五颗和猪牙三颗，发掘者推测，可能有些人牲是和猪狗一起被屠剥、烹食和献祭的。

四，在稍晚的东西向祭祀坑中，人牲主要是青年女子和幼儿，大多被捆绑活埋，很多人保持着挣扎的姿势。少数坑也混杂被斩首的男子。个别坑以埋葬器物为主，如M229，埋有大小铜鼎两件，铜斗一件，陶器两件，以及两腿被绑、俯身活埋的幼童尸骨一具。

五，上述这些祭祀坑中，只有极少数有"随葬品"，主要是一些随身佩戴的小件玉饰，如玉簪和玉鱼，说明个别人牲并非赤贫的战俘或奴隶。其中，在八名有较高级饰物的人牲中，属于早期南北向坑的两座，晚期东西向坑的六座。这样看来，好像武丁朝后用相对有些身份和财产的女性献祭的现象增加了。但这种区别未必是祭祀礼仪的变化，毕竟1976年发掘区面积和样本有限，并不能代表总体情况。

六，经统计，这191座祭祀坑共埋有尸骨1178具，但这并不是完整数字，除了有些坑被破坏，还因1976年的发掘比较仓促，统计有疏漏。2013年，考古队再次挖开了当年发掘过的三座祭祀坑（M57、M58和M208），原报告中，这三座坑分别埋有六人、八人和七人，但经过重新核对，每座坑均埋有十人。[21] 按照这种漏计比例，1976年发掘的尸骨总数会达到1683具，减去22座完全被破坏的坑，按169座统计（包含21座被局部破坏的），则平均每座坑内大约埋葬十名人牲。此外，王陵区有些地段还没有进行探查，而且很多坑已被农业活动平毁。1976年发掘时，考古队从村民中调查得知，以往该地棉田内时常挖出成堆掩埋的人头骨。这应当是无意中挖毁的祭祀坑。

七，按位置和尺寸，1976年发掘的这191座祭祀坑可分为22组，每组代表一次单独的祭祀活动。坑数最多的一组有47座，最少的有一座。照此计算，则平均每次献祭挖坑8.7座。目前，王陵区已经发现祭祀坑约2200座，按上述规模计算，应当有253组，恰好和殷墟王陵区的使用时间接近，照此推测，王陵区大概平均每年会举行一次大型祭祀，并埋下一组祭祀坑，如此持续了约两百年。

八，王陵区祭祀坑内埋的并不都是人牲，还有少数"牲祭坑"。1978年，祭祀区南侧发掘出40座祭祀坑，其中，有30座埋马117匹，有五座各埋一人，还有五座埋的是各种家畜和兽类，除了猪狗牛羊，还有亚洲象、狐狸、猕猴和河狸。[22] 牲祭坑排列严整，各种动物的摆放也非常整齐规范，甚至有种美感。其中，亚洲象很年幼，尚未长出

1. M26　　2. M1　　3. M39　　4. M161　　5. M6　　6. M139

部分祭祀坑平面图

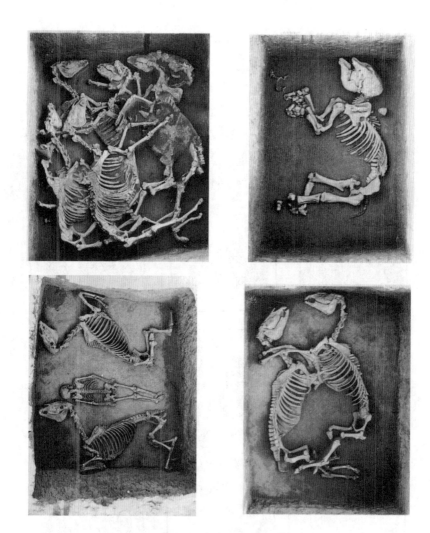

1978 年发掘的马坑和象坑 [23]

门齿，背部有一枚铜铃，显然是人工养殖的。在它的前方坑角，摆放
的是一头幼猪，大小相对，构图感很强。由此，我们可以合理推测，
猪狗牛羊属于商王奉献给先祖的食物，马和各种野生动物是给先祖的
生活用品和玩物。比如，1976 年发掘的一座坑中，就埋有一人和五只鹰，
这应当是把驯鹰师和鹰都献给了先王和先妣。

砍头的认真程度

王陵大约二十年左右增加一座，祭祀坑则每年都会增加。虽然王陵中的殉人和祭祀坑中的人牲大都被砍头，但这两者间还是存在着细微的区别。

如前所述，王陵墓穴中的人头骨多数连着几节颈椎骨，说明屠杀时有人专门负责拽住人牲的头发，使其脖子伸长受刃。

这种杀祭方式在甲骨文中有专门的字，除了"伐"，还有一个字：戠，写作┒。学界普遍认为，该字象一人双手反缚，发辫直竖，一把斧钺正砍杀人头之形。[24] 有些甲骨卜辞的戠，人头上方还会画一只手，写作┒，表示砍头时有人用手拽着受刑人的头发。[25]

把头发编成束状的用途很明确，显然是为了防止人牲缩脖子。伐是用普通的戈砍头，戠则是用尊贵的钺，所以砍头的过程也更认真，有可能是由王或王后等领袖人物亲自执行。

王陵墓道中摆放着比较完整的人头，以示对刚去世的先王的尊重。这是孝子的人之常情。至于每年向历代先祖的献祭，就没有这么讲究和投入了：祭祀坑中的无头尸身，往往连带着下颚甚至上颚骨，说明每年例行的祭祀的随意性更大。

殷商的王陵祭祀对男性人牲和殉人多用斩首，甚至肢解，而女性则多能保存全尸。这背后的宗教思维可能是：男性俘虏和奴隶具有反抗能力，砍头可以使其灵魂彻底驯服；相对而言，女性奴隶和战俘则缺少攻击性，甚至也有给男性先王和诸神充当性奴之用，自然需要保存全尸。当然，性别不全是区分用途的标准，无论男性还是女性人牲（殉人），都可能被肢解、剔剥，甚至烹饪加工。

殷墟宫殿区发现近千名人牲，王陵区则有上万，这说明商王室献祭的主要场所是王陵区。而目前在早商的郑州商城和偃师商城以及中商的小双桥遗址尚未发现王陵区，这意味着它们的大规模献祭区可能还未被发现。

早商和中商宫殿区的献祭人牲，头骨经常被锐器戳出孔洞，但到殷商时期，这种现象已经很少见。这是祭祀方式的重要转变。

甲骨卜辞中记录的很多祭祀现象，在考古中还难以找到对应。比如，"沉"祭，是指把祭品投入河中，祈求河神的庇护，自然难以留下考古现场；还有用血或内脏献祭的字，但它们也不可能在地层中保留下来；几乎没有用马献祭的记录，但祭祀场中却有数以百计的马牲，这也是考古和卜辞不能对应的地方。

以上是商王室的人祭和人殉。而王室之下，还有为数众多的贵族，他们的人祭和人殉虽然不如王室集中，但分布范围更广，随时代升级的趋势也更加明显。

附录一：人髋骨占卜

从考古来看，在盘庚迁都前，殷地已是一座比较繁荣的商人聚落，不仅有随葬铜礼器的墓葬，还有超过 200 平方米的夯土建筑。

发现两座早于盘庚时期的庭院建筑（分别编号为 F1 和 F2），其中，F1 有奠基人七名，F2 则至少有五名（发掘不完整）；主要是幼儿，超过一岁的，腿或下半身会被砍掉。F2 东侧还有一座祭祀坑，里面有两具尸骨和一枚头骨，与散乱的红烧土块堆积在一起。[26] 这是典型的商人宗教遗存，所以，对于盘庚朝廷来说，殷并非陌生的化外之地。

在殷都早期以及宫殿区从洹北迁到洹南的前后，商人似乎尝试过一些奇异的占卜方式。在洹南宫殿区南方 1 公里处的苗圃北地遗址，发掘出一些这个时期的灰坑，其中有各种动物和人的零碎骨头。一期的 H19 有大量占卜用牛肩胛骨和六块人髋骨残片，而且人髋骨被钻凿出圆坑和长方形坑，还有灼烫之后的裂纹。显然，这是操作者在尝试用人骨预测的准确性。

在 H19 及旁边的灰坑一共发现 150 多块人骨，大都是残碎的，有髋骨、臼骨、脊骨、肢骨、颅骨和颚骨等，占兽骨总量的十分之一。这片区域有可能是座骨器作坊，H19 则是一位占卜师的工作地点，他应该就住在作坊旁边，以方便拣选、加工和实验各种骨头占卜的准确性。制骨的下脚料则被扔到了灰坑之中。人骨的预言效果似乎不如牛骨，所以并没有普及开来。再以后，商人用龟甲占卜的现象明显增多，这应当也是商人反复试错之后的收获。[27]

殷墟苗圃北地的人髋骨卜骨碎片 [28]

附录二：第一颗蒸锅人头

1984 年，考古队又一次发掘了几座殷墟王陵区的墓葬，包括曾经被盗出过"司母戊方鼎"的 M260——它可能是武丁王的一位夫人"妇妌"的墓。

这座大墓旁边，还有些相对较小的贵族墓葬。这些墓主应当是王室近亲，所以获准埋葬在王陵区。其中的 M259，从地层和随葬器物看，属于殷墟二期，约在武丁王中晚年。

M259 墓室内的二层台上有一具儿童尸骨，头被砍下，压在自己身下；沿着东西两侧的二层台，顺序摆放成年人头骨 14 枚，其中一枚盛放在铜甗（蒸锅）内，铜甗是躺倒的，局部被压扁，可能是木椁室塌陷所致；墓室脚端的二层台上有牛腿等食品。此外，墓穴填土过程中还杀了一人埋入。

人头骨所属的躯体不在墓穴内，可能因为墓穴面积有限，便在墓穴两侧各挖了一座坑：东侧坑埋无头骨架六具，西侧坑埋八具，正好和墓穴内的 14 枚头骨对应。[29]

铜甗是蒸食物的炊器，里面的人头会不会是被作为食物蒸熟的？在当时，考古工作者从未想过这种可能性。直到十几年后，在另一座殷墟贵族墓葬也发现了铜甗人头组合，而且人头所属的躯体就在旁边，人们这才对商朝的人殉行为有了新的认识。

M259 出土的铜甗和里面的人头

附录三：甲骨卜辞中的献祭人数

胡厚宣先生根据甲骨卜辞统计过殷商诸王的献祭人数。他共找到有关人祭的甲骨 1350 片，卜辞 1992 条，合计共献祭 13052 人。此外，还有 1145 条人祭卜辞未记载人数，即便按最少一人计算，甲骨卜辞记载的献祭总人数也会超过 1.4 万。

按卜辞所属时代划分，殷商各期的人祭数量是：

一，属于武丁王的人祭卜辞 1060 条，献祭 9021 人。另有 531 条卜辞没有记载人数。

二，在武丁之子祖庚（第二十三王）和祖甲（第二十四王）期间，有人祭卜辞 111 条，献祭 622 人。另有 57 条卜辞未记载人数。

三，在廪辛（第二十五王）、康丁（第二十六王）、武乙（第二十七王）、文丁（第二十八王）期间，有人祭卜辞 688 条，献祭 3205 人。另有 444 条卜辞未记载人数。

四，在最晚期的帝乙（第二十九王）和帝辛（纣王，第三十王）期间，有人祭卜辞 117 条，献祭 104 人。另有 56 条卜辞未记载人数。[30]

上述统计中，武丁王献祭的人数最多，占殷商诸王的 69%；不过，这只是出土甲骨的样本，未必完全代表实际发生人祭的比例。最明显的是在祖甲、帝乙和帝辛时期，人祭卜辞数量很少，而这很可能是因为祭祀制度不同造成的。

在武丁等多数商王的时代，王的祭祀有较大的不确定性，每次献祭之前都要占卜询问献祭的方式和数量是否符合神灵的意旨，这自然会留下大量关于人牲的记录。但祖甲、帝乙和帝辛三王实行的是所谓的"周祭"，方法是按照天干顺序，为所有需要祭祀的先王和先妣制订一年周期的祭祀表，固定每次祭祀的时间和形式，所以卜辞中便不再记载献祭用人和动物的种类与数量。[31] 关于"周祭"到底使用哪些和多少祭品，目前还没有准确的结论。

注释

1　参见顾颉刚《尚书盘庚三篇校释释论》,《顾颉刚古史论文集》卷 9,中华书局,2010 年。

2　朱彦民：《殷墟都城探论》, 南开大学出版社, 1999 年, 第 100 页。

3　中国社科院考古所安阳工作队：《河南安阳市洹北商城宫殿区 I 号基址发掘简报》,《考古》, 2013 年第 5 期。

4　中国社科院考古所安阳工作队：《河南安阳市洹北商城宫殿区二号基址发掘简报》,《考古》, 2010 年第 1 期。

5　张国硕：《盘庚迁都来龙去脉之推断》,《郑州大学学报》(哲学社会科学版) 2004 年第 6 期。

6　中国社科院考古所安阳工作队：《河南安阳市洹北商城宫殿区 I 号基址发掘简报》。

7　中国社科院考古所：《中国考古学・夏商卷》。

8　中国社科院考古所安阳队：《1987 年安阳小屯村东北地的发掘》,《考古》1989 年第 10 期。

9　中国社科院考古所：《殷墟的发现与研究》, 科学出版社, 2007 年。石璋如：《北组墓葬》(1970 年)、《中组墓葬》(1972 年)、《南组墓葬附北组墓补遗》(1972 年)、《乙区基址上下的墓葬》(1976 年), 均为 (台北)“中研院”史语所出版。

10　中国社科院考古所安阳工作队：《1973 年小屯南地发掘报告》,《考古学集刊》第 9 集, 科学出版社, 1995 年。

11　石璋如：《殷墟建筑遗存》, (台北)“中研院”史语所, 1959 年；陈志达：《殷墟》, 文物出版社, 2007 年。

12　中国社科院考古所：《殷墟的发现与研究》。

13　梁思永、高去寻：《侯家庄・1550 号大墓》, (台北)“中研院”史语所, 1976 年, 第 25 页。

14　以上详见郭宝钧《1950 年春殷墟发掘报告》,《中国考古学报》第五册, 1951 年。

15　梁思永、高去寻：《侯家庄・1550 号大墓》。

16　中国社科院考古研究所：《中国考古学・夏商卷》。墓穴中央挖有方形墓室 (椁室), 二层台上有大量殉人尸骨, 这些尸骨在底片上进行了描色以便观察。

17　图片来自“中研院”史语所。

18　安阳亦工亦农文物考古短训班、中国社科院考古所安阳发掘队：《安阳殷墟

奴隶祭祀坑的发掘》,《考古》1977 年第 1 期。以下引用该报告的文字和图片
不再单独注明出处。

19　郭宝钧:《1950 年春殷墟发掘报告》,第 45 页。

20　王平、顾彬:《甲骨文与殷商人祭》,大象出版社,2007 年,第 88、97 页。

21　唐际根、汤毓赟:《再论殷墟人祭坑与甲骨文中羌祭卜辞的相关性》,《中原
文物》2014 年第 3 期。

22　中国社科院考古所安阳工作队:《安阳武官村北地商代祭祀坑的发掘》,《考古》
1987 第 12 期。

23　同上。

24　于省吾先生认为,"奚"字"象人的顶部,发辫直竖,用手捉之",而"戣是
从戉奚声的形声字,系用斧钺以斫断奚头,是杀戣之意"。参见于省吾《殷
代的奚奴》,《东北人民大学人文科学学报》1956 年第 1 期;胡留元、冯卓慧
《夏商西周法制史》,商务印书馆,2006 年,第 88 页。

25　姚孝遂:《商代的俘虏》,《古文字研究》第一辑,中华书局,1979 年,第 371 页。

26　中国社科院考古所安阳工作队:《1998 年～1999 年安阳洹北商城花园庄东
地发掘报告》,《考古学集刊》第 15 集,文物出版社,2004 年。

27　中国社科院考古所安阳工作队:《1982—1984 年安阳苗圃北地殷代遗址的发
掘》,《考古学报》1991 年第 1 期。

28　同上。

29　中国社科院考古所安阳工作队:《殷墟 259、260 号墓发掘报告》,《考古学报》
1987 年第 1 期。

30　胡厚宣、胡振宇:《殷商史》,上海人民出版社,2003 年,第 165—166 页。
胡厚宣还划分出了武丁之前的三位商王盘庚、小乙和小辛的卜辞,也有少量
人祭记录,共 100 人。但殷墟卜辞的时代划分尚未有公认的完整方案,有学
者认为殷墟甲骨中没有早于武丁的,这些卜辞应属于武丁及之后。

31　学者董作宾的《殷历谱》首先提出了祖甲、帝乙、帝辛时期的周祭现象,他
称之为殷商的"新派宗教"。另参见常玉芝《商代宗教祭祀》,中国社会科学
出版社,2010 年,第 427—467 页。

第十一章　商人的思维与国家

　　商王朝留下了众多遗址、文物以及累累白骨，那么，这个身居华夏文明源头的王朝是如何运作的？商王如何解释自己的权力来源？他的臣民对此又是如何理解的？

　　商朝已经有了文字，即使按最严格的"文明"标准，它也完全符合。商代甲骨文和后世的汉字一脉相承，从未中断，这自然会给现代人释读甲骨文带来天然的便利，但也会有误导，容易让现代人以为商朝的文化和政体很容易理解。其实，它和西周之后的华夏文明很不一样，和战国之后的中国更是判若云泥。

　　假设一位战国时代的思想家，如孟子或者荀子，亲身访问商朝，其所见所闻将会彻底颠覆那些从史书中获得的认识。现代考古学也只是揭开了真实商代的一个小角，不仅如此，如何解读考古发现甚至复原真正的商文化，却是更加困难的工作。

冷酷而暴力的世界观

殷墟虽然出土了十多万片甲骨卜辞，但它们都是商王针对特定问题的占卜记录，并没有宏观的自我陈述。相对而言，《尚书·盘庚》记载的盘庚王的迁都讲话在这方面有不可替代的价值。

盘庚的讲话中，频频出现"德"字，似乎商人已经有了一整套道德观念。其实，商人的"德"和后世的意思还不太一样，它不是客观的行为规范，而是具体的"给好处"之意。王的"德"是给臣民好处，它的反义词是惩戒，是"罪"和"罚"，两手都不可少："用罪伐厥死，用德彰厥善。"[1]直到周公在西周初期发展出"敬德"的理念，"德"才逐渐被当作一种通行的价值观。

在商人的眼里，世界是冷酷的，充满暴力、杀戮、掠夺和不安全。他们不认为鬼神有明确的善恶观念，或者说，商人本没有明确的善恶观念，自然也不会想象鬼神能有。商人认为鬼神会随时、随意给任何人降下灾难，大到灾荒和战乱，小到生活中的各种不如意，都有鬼神在背后操纵，即便是商王也难免。

为获得鬼神的恩宠，或者不降祸，商王一直在向鬼神奉献大量祭品。但这仍不能保证有效。在甲骨卜辞中，商王频频占卜询问："帝其降我旱？帝弗害年？唯帝令作我祸？唯帝肇王疾？帝其作我孽？"翻译成白话就是，上帝最近会不会降下旱灾？会不会损害年成？上帝会不会保佑我？会不会让某个异邦起兵攻击我？会不会让我生病？

除了上帝和大大小小的自然神，直接影响商王生活的是天界的列祖列宗。但凡商王有任何不适，包括牙痛、耳鸣或者噩梦，都要先预判是哪位先王或先妣在作祟，然后用占卜确认，并决定举行哪种祭祀，以消弭祖先祖神的愤怒。

上帝和先王不仅需要人牲在内的各种祭品，还垂涎着世间的活人，包括商王的夫人。武丁王最倚重夫人妇好，但她不幸早逝，于是武丁王占卜询问："是上帝要娶妇好吗？还是唐（商汤）、大甲、祖乙、父乙（武丁之父小乙）要娶妇好？"

最后，占卜的结果刻在了甲骨背面，但似乎并不是上面列举的几位，而是商族建立王朝之前的第八代酋长上甲微。[2]

> 惟帝取妇好？（《合集》2637）
>
> 惟祖乙取妇？惟父乙？（《库》1020）
>
> 惟唐取妇好？惟大甲取妇？惟祖乙取妇？妇好有取上。王占曰：上惟甲。（《合集》2636）

商人对世界秩序的理解，也表现在他们创造的甲骨文里。甲骨文里最常见的是和杀人有关的字，其意思不仅是杀戮，更是仪式化的杀人献祭。

戈，是商人使用最多的兵器，甲骨文写作 ✝。而以戈为部首，又有一系列会意字，如伐，甲骨文写作 ✝，在甲骨卜辞中出现极多。用戈砍一个人，是伐；砍两个人（象征多个），则是"歼"，甲骨文写作 ✝，至今繁体的"殲"字还保留着原字形。殷墟祭祀区出土的大量身首分离的尸骨，大都是伐祭的遗留。

殷商的人祭多用羌人，可能是为书写方便，占卜师甚至给"伐羌"专门造了一个字，甲骨文写作 ✝，字形是用戈砍一名羌人。

职务的"职"，甲骨文写作 ✝，隶定为戠，繁体的"職"即从此来。✝ 的字形是"戈"＋"石"，显然，石头是磨砺戈刃用的。在卜辞中，这个字的意思是等待的待，因为磨砺戈是为了砍杀，本身就是个需要等待的过程。卜辞中经常出现"戠，亡尤"，意为"等一等，不用担心"。由此，又引申为"职务"的"职"字，因为职务本身也是待命状态。

戎，甲骨文写作 ✝，像一个人扛着戈，代表出征和戍卫。戎，甲骨文写作 ✝，是"戈"和"盾"两个字的组合，意为战争。西部周族语言中的"戎"字有野蛮人之意，如"戎狄"，被后世一直沿用，但商族人的戎字本无此意。

翦，甲骨文写作 ，像一撮羽毛装饰刃部的戈，意为攻占和普遍性的杀戮。羽毛的意义不详，也许商人崇拜鸟，就将鸟羽作为神圣的标志。但在甲骨卜辞里，不仅有商人"翦"别族，蛮族也可以"翦"商的城邑。后来的周人史诗把他们的灭商事业称为"翦商"，也是取其宏大之意。

除了大量"戈"部的字，类似兵器造型的还有天干的"戊"，甲骨文写作 ；地支的"戌"，甲骨文写作 ；甚至第一人称的"我"，甲骨文也是写作 。由此，便又造出一些常用字，如岁（歲）、义（義）、咸、成等，其本意是什么已经很难判断，但肯定都和杀伐有关。甲骨文的"王"字，甲骨文作 ，一把战斧（钺）的刃部，象征军事征伐是王专有的权力。[3]

除了对敌人（外族）的杀伐，在商人自己的生活里也不乏暴力。如"教"字，甲骨文写作 ：右边是攵，手拿一根棍子；左上是"爻"，一种用摆放草棍计数的方式；下面是"子"，也就是幼儿。顾名思义，用棍子督促孩子学习算数，就是教。爻字可能让人联想到八卦，不过早期的爻还没有八卦占算之意，只是单纯的算数，但更晚的八卦的确是从草棍算数发展来的。

手拿棍子的部首，不仅有"攵"，还有"攴"，都表示威胁和驱赶之意。此外，还有手拿战锤的"殳"部，写作 ，比如甲骨文 ，就是一种用棍棒击打人牲头部致死的祭祀方式，在祭祀北风之神时会用："［北方曰］伏風曰 。"（《合集》14294）

甲骨文是标准的"男性文字"，而且是龙山文化之后部落旧习未褪时代的男人们创造的文字。那时还没有后世人理解的王朝秩序，部族之间的掠夺和杀戮司空见惯，嗜血的诸神主宰着蛮荒大地。

当然，甲骨文里也有女人的形象。"女"，甲骨文写作 ，像一个跪坐姿势的女子，以驯服的造型和较大的胸部为特征。手抓一名女子，则是"妥"，甲骨文写作 𢾅 ，一种用女子献祭的方式。"母"，甲骨文写作 𡚉 ，在女字的胸前加两点，突出其哺乳的特征。

商人称尊贵的女性为"妇"，如著名的商王夫人"妇好"和"妇井"。"妇"字的彐部，甲骨文写作 𠂒 ，一把扫地的笤帚，即"帚"字，由此可见商人默认女性的职能是做家务，用笤帚即可代表妇女。至于当时和女人有关的工作，如纺织、缝纫和制衣，在甲骨文里很少有相关的字，看来它们不属于制造、使用文字的男人（武士）关注的内容。

当然，王的夫人（王后）会很有权势，经常主持战争和祭祀，但这并不代表商朝总体的性别秩序。

外来技术与殷商中兴

早商的扩张，主要依靠的是青铜技术；而到晚商–殷墟时期，商人又获得了一种对王朝至关重要的技术：马车。

双马拉的双轮轻型战车是如何进入商朝，或者说如何进入东亚的，至今还是个历史谜团。这种技术来自五千年前中东地区出现的牛拉、驴拉轮式车辆，以及黑海北岸的草原人驯化的马匹。三千多年前，驾驶着马拉战车的"印欧人"四处扩散，远及南亚次大陆和希腊半岛，比如，古印度梵文史诗或荷马史诗中就曾多次歌颂这种英雄的座驾。

除了驾车，骑马也是快速的交通方式；不过，在距今 4000—3000 年前，人类还很少有骑马的尝试。这背后的原因很难说清楚，也许有生活习俗的惯性，也许有马匹品种进化的因素，比如，越是古老的葬马坑，马的个头往往越小，可能并不适合长途骑行。在上古时代，马拉双轮战车是唯一可以提升陆地交通速度的工具。

在商代，有些殉马坑中也有殉人，有学者因此推论说，商代已经有了骑马行为和骑兵。但这种推论未必成立，商人很擅长用象形原理造字，如果商代已经有骑马行为，按理说他们应该会造出人骑马造型的字，但目前发现的甲骨文中完全没有这种字。

和人力车辆、牛拉货车不同，制造双马拖曳且高速奔驰的轻车，需要很高的制造工艺。不仅如此，驯化马和驾车的技术也非常复杂，都不是一朝一夕能发展出来的。战国时期的《庄子》有"轮扁斫轮"的寓言，说这位工匠制造的车轮可以用于高速马车，可见其技术细节之精妙。

在商代前、中期，从未发现马车的踪迹，只有人力推拉的小型双轮车辙痕。夏-二里头和商代前中期遗址中几乎从未发现马骨。华北北部有些族群遗址中发现过马的骨头，但也只是将捕获的野马作为食物，从没有驯化马的迹象。

到盘庚王迁都殷地后半个世纪，武丁在位时期，却忽然出现了成熟的双马拖曳双轮战车，比如，殷都宫殿区乙区埋祭了四辆双马拉战车，武丁的夫人妇好的墓中有六件驾驭马车用的铜制弓形器，武丁的甲骨卜辞中也频频出现马车。可以说，马车在殷商出现得非常突然，而且似乎从一开始，技术就已经完全成熟。这很可能是外来输入。

也许是某个中东地区的马车族群进入了中亚和蒙古大草原，又南下穿过燕山，在山西或河北地区遇到了商族人，然后，商人迅速掌握了驾驭战车、繁育马匹和制造车辆的技术。另一种比较缓慢但可能性更大的方式，则是马车技术自西向东，在若干个族群之间经历了"接力"式的传播，最终到了商人手里。

在俄国西伯利亚地区，考古学家已经发现了拥有马车的聚落，但在从西伯利亚到中原的漫长之路上，目前还没有发现马车技术传播的中继站点。这些谜团还要留待未来揭开。

中国最早的马车实物和文字记录出现在武丁朝，但这不代表武丁时期是商人引进马车的起点。因为哪怕是技术移植，也需要一定时间的学习和积累。这个过程可能需要数十年乃至上百年。由此，在武丁的伯父盘庚王时期，商人应当已经引进马车技术。倘若真是如此，盘庚北渡迁殷就很可能是为了更方便地引入和繁育马匹。

在商代，中原的气候比较湿热，本不适合马的繁育，但殷地紧邻太行山，山间草甸相对高寒，不仅适合养马，而且也更方便从冀北和晋北草原地区购买马匹。商人虽然习惯的是中原湿地环境，但殷都还属于他们可以接受的足够靠北的地域，这样，传统的水牛以及新来的战马均可兼顾。

由此，在殷商早期的石家庄台西商人据点发现的那块马骨，也可以获得解释：台西商人聚落虽还不够配备马车的资格，却是北方驯化马匹销往殷都的所经之路，所以不排除个别马匹有可能病死在这里，从而变成灰坑中的骨头。

殷商阶段，马车还不太多，还不足以改变陆地战争形态，但它有更重要的价值，这便是作为通信的手段和王朝上层人物的交通工具。

马车可以加快殷都和数百里外的商人侯国间的信息沟通，而且侯国的君长们也可以更方便地往返都城，朝见商王。当然，这也有利于他们保持商族特性，避免因终年僻处一隅而逐渐被异族同化。而且，驾乘昂贵而罕见的马车奔驰，本身就是一件荣耀之事，不仅能让沿途的化外异族惊惧，车上的商人贵族也可以获得充足的优越感。这也是王朝精英认同的一部分。

在具体用途上，依靠马车的快速通信能力，相距上百里的商人军事据点可以保持有效联络，一旦某个城邑遭到土著部落威胁，周邻据点可以尽快参战，战报也可以迅速送到殷都，以便后方组织增援力量。马拉战车比徒步快三倍以上，这意味着传递战报和命令的时间只需原来的四分之一，而王朝可以有效管理和及时反应的面积则扩大了不止十倍。

甲骨卜辞就记载过一场使用马拉战车的战争，讲的是武丁对一个叫宙的部族的征讨。

卜辞上说，在癸丑日，一名叫"争"的占卜师为武丁王卜问：从今天到丁巳日，我军（在哪一天适合）攻击宙人？

武丁王解读说：丁巳日不合适，要到下一个甲子日。

十一天之后的甲子日，龟甲刻上了战斗结果：癸亥日，战车没投入战斗，从这天夜里到第二天的甲子日，（可能因为战车投入使用）确实消灭了宙人。

宙地环境应当比较平坦，适合战车奔驰作战。武丁王在占卜中否决了在前面四天进行决战，应该是在等待战车集结。

有学者认为，宙地在山西南部的长治一带，从殷都到这里需要翻过山岭。商人的战车可能需要拆解，然后用马驮运，翻过山岭再组装起来投入战斗，所以商王的主力需要多等待七天。至于这场战斗投入了多少战车，卜辞中没有记载，估计最多有数十辆。

宙应该是个不大的部族，在殷墟卜辞中出现的次数不多。这场战斗可能是武丁王比较集中的一次使用战车的尝试，其卜辞用异常粗大的笔画刻在了一片龟甲的正面，说明武丁王对战事非常关心——与此同时，武丁可能也在发动对"缶"部族的战争，但相关占卜却只是用细微小字刻写在"宙"的边缘。二者差别极大。这应当不是因两个敌对部族的实力区别，而是对战车实验的强调。

武丁王还经常乘马车打猎，比如"逐兕"，也就是追猎野生水牛。

在某次癸巳日，占卜师"殼"为商王卜问：下一旬不会有灾祸吧？武丁王解读说：好像有些不顺利。第二天甲午日，武丁去捕猎野水牛，一名"小臣"（王的私家奴仆）为王驾驶马车，结果，奔驰中王的车撞到了一块石头，车轴被撞断了，整辆车都翻了，武丁的一位亲戚、重臣"子央"也从车上摔了下来。王和子央可能不是乘坐同一辆车。

这起事故超出了占卜预测的结果，被补刻在了前一天的卜辞后面。

目前发现的甲骨卜辞中，关于马车的记载主要属于武丁王，但这

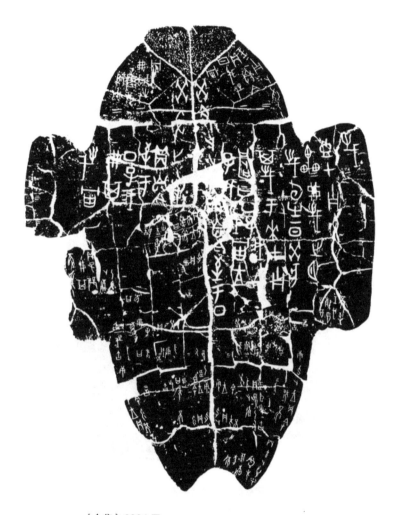

《合集》6384 正
癸丑卜，争贞：自今至于丁巳，我𢦏（戋）宙？王占曰：
丁巳我毋其𢦏（戋），于来甲子𢦏（戋）。旬有一日癸亥，
车弗𢦏（戋）。之夕向甲子，允𢦏（戋）。

《合集》10405 记载的武丁王马车事故

癸巳卜，殼鼎（贞）：旬亡祸？王（占）曰：乃兹亦有咎，
若偁。甲午，王往逐兕，小臣叶车马，硪，奂（坏）王车，
子央亦坠。

不等于武丁时期使用马车次数最多。从考古发掘可见，武丁之后，马车数量一直在增长，到殷商晚期，车马坑的数量大大超过了武丁时期，不仅王室祭祀、殉葬要埋车马，殷都内外越来越多的商人贵族也开始流行殉葬车马。

因此，殷商晚期能够投入作战的马车数量应该已经远超武丁王时期，可能达到数百辆规模。至于为什么武丁之后的甲骨卜辞中少见马车记载，很可能是出土甲骨数量不均衡所致：武丁时期的甲骨侥幸保存下来的较多，后世诸王的则较少，这是考古工作难以避免的偶然性。

大约和盘庚王迁往殷都同时，在中东地区，古埃及和古赫梯两国发生了一场著名的大战——卡迭石战役，双方投入的马拉战车均超过一千辆。这次战役被古埃及文和赫梯人的楔形文字记录了下来。两相比较，商代的战车数量应该还达不到这种规模。

商人社会的基本单位："族"

商王的权力来自神界，貌似对人间的一切都有生杀予夺之权，但现实呈现得更为复杂。

早商时代的考古资料较少，文献史书又不可靠，直到发掘出垣曲和偃师商城的巨大仓储建筑群，我们才得以窥见早商王朝巨大的控制力。至于这种控制力是如何实现的，目前还无法回答。

经历衰落和模糊不清的中商后，晚商殷墟时代的信息开始多了起来。殷墟没有发现早商那种超级仓储建筑群，从甲骨卜辞等各种材料来看，殷商并没有现代人熟悉的各种政府体系，如完备的国家机构和层级政府等。商人社会的基本单位是血缘关系的"族"，甲骨文写作 𗇡，字形是战旗和一支箭，直观表现了它的战争属性。商人的族，可以理解成宗族、部族或氏族，每个商人宗族都有自己的领地，统治着耕作的土著农民。

每个族有自己的"邑"，即农业居民点。相对而言，在殷都范围内，因为人多地少，族邑很密集。邑未必有级别高低的统属关系，商王都城虽然称为"大邑商"，但在字面上也只是个较大的邑而已。

那些都城之外的部族可能占地数十里，算得上一个小邦国，它们的主人（族长）可能有"侯"的爵位，统治区就是侯国。"侯"，甲骨文写作𥎸，望楼下面的一支箭，意为担任警戒任务的哨所，所以分封在边地、保卫商朝的部族首领就是侯。在甲骨文里，侯只能是商族人，投靠商朝的异族方国首领不可能被称为侯。只是商朝以后的人已经不了解这种分别。

商人的族不仅是血缘家族，也是政治和经济单位，有自己的家族武装力量，还可以有畜牧业、渔业、手工业和商业。有些族的某种产业较为发达，如铸铜或制骨，或者贩运某些商品，但他们仍有自己的农庄产业，自然经济占很大比重。

从神权法理上说，商王可以剥夺任何一个族长的土地和属民，但在现实中，这种情况极少，除非该族长有明显的罪错。在商人生活中，传统习惯法很重要，王不能随意介入各部族的事务。

有些族是历代商王的王子们繁衍出来的，由此获得一块封地和上面的农夫，或者是从王室直辖区分割出来的，或者是新征服的，从而建立自己的族邑。

还有些族更古老，在商朝开国之前或者在灭夏的过程中，和商汤王建立了同盟或依附关系，从而在商朝建立后，被吸纳、同化到广义的商族之中。从商初考古来看，当时的加盟者非常多元，分别来自岳石、下七垣、辉卫等文化。在殷墟时代的卜辞中，商王会祭祀一些来自商王家族之外的"大臣"，如伊尹、巫咸、黄尹，这些人应当是早期加盟商族的各部落酋长。随着商王家族繁衍得越来越多，这些老资格的加盟族也就变得疏远了，但仍属于商的政治和文化圈。

商人的族在历史文献里的记载很少，但在考古发现里很多。比如，商王的甲骨卜辞经常会命令某个人去外地征战，却没有说拨给他多少兵力，说明此人是族长（侯国之君），理应带自己的家族武装出征，不需要专门写出。

卜辞里常出现"多子族"出征的记载，"子"特指商王家族的子弟，"多"是众多之意。王族子弟是和商王亲缘最近的，所以他们的家族武装也比较好。不过，一位王子繁衍几代之后，会形成一支独立的族，

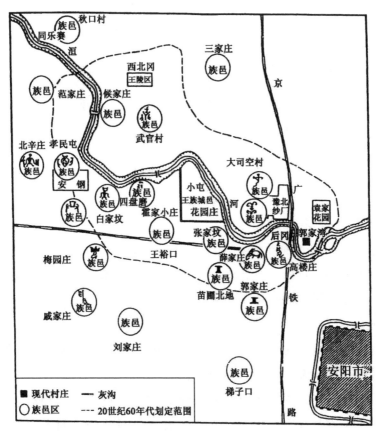

殷墟范围内的各族邑分布图，圆圈中的族邑符号来自出土青铜器上的"族徽"[4]

商代青铜器上的部分族徽符号[5]

就不再属于"多子族"序列了。

商代贵族重视青铜器，有些礼器和兵器上会铸造主人的名字或宗族图腾（族徽）。一旦家族繁衍扩大，往往会分成几个不同的家支，从而族徽也会产生相应的变化，比如，加上一些小符号以区别。

商人以族为基本社会单元，这在墓地上表现得非常明显。正所谓聚族而居，聚族而葬，族墓地一般排列有序，族长与同族成员葬在一起，位于靠前或居中较尊贵的位置，一般不会脱离族人单独埋葬。男性族人往往有兵器随葬。族墓地的成员，虽然彼此之间贫富差距可能较大，但都享有同一块墓地，出土的青铜器上也往往有同样的族徽。那些被统治的农奴不可能葬入主人家族的墓地，除非作为殉葬人。

在政治、经济和军事上，商人的"族"有很大的独立性和世袭性。有些外地的族也是侯国，这属于"分封制"或"封建制"的社会规则。其基础原理是，因社会发展程度低，交通和通信手段落后，很难采用官僚制的直接管理方式，故而王权只能承认各商人部族或家族世袭的权力结构，遵循传统习惯法中的权利和义务原则。商文化有残暴血腥的一面，但内部的社会又是分权运行的。

王权与家族分封制

由于社会以族为基本单位，没有完备的政府体系，也就没有赋税和兵役制度。殷商王室和朝廷的开支不是靠在王朝境内普遍征税，而是由王室自己的产业承担。贵族们会向商王进献各种物品和人员，但没有量化要求。甲骨卜辞中有各种贵族向商王进献的记录，如牛、羊、犬、战俘、奴隶、玉石、甲骨、贝和盐（卤）等，但从未提及有额定的赋税指标。

这种规则之下，商王需要直接管理的王朝事务比较少，其最重要的事务是组织祭祀和战争，而商人各宗族则承担提供祭祀贡品和战争兵员（自带装备）的任务。所谓："国之大事，在祀与戎。"这正是家族分封制而非官僚帝制时代的规则。

甲骨卜辞对祭祀的记载都很简单，一般只记载王的参与，很少记载其他的参加者。但在实际操作中，在殷都的相关宗族应当都会有代表出席。比如，祭祀某位先王时，这位先王后人形成的各宗族应该都要派代表并携带祭品参加。越是祭祀古老的先王，参与者就越多。祭祀商王家族之外的先代人物，或者河、岳等自然神，相关部族应该也会派员参加。

一旦发生战争，商王会直接命令某个或某几个宗族参战，有时则会集结编组。比如，"登旅万"[6]，意思是召集一万人的军队，这应当是先确定需要的兵力总数，然后向各宗族分摊兵员。有时还要编组成三个支队，所谓"王做三师，左中右"[7]。从春秋时代的战事来看，各家贵族的武装不会被打散，只是被编组到更大的作战单位中。各宗族参战，既是对王的义务，也是抢掠战利品和人口的机会。

因为没有税收体系，所以商王的宫廷开支主要靠王室自己的产业。商王拥有很多邑（田庄），由王任命的管家（小臣）经营，收获物属于王室私产。这些王家田庄可能分布在殷都附近，乃至周边数十、上百里内。殷墟卜辞中经常有祈祷风调雨顺的内容，这应该主要是商王在关注自家田庄的收成。

商王也有放牧牛羊的牧场。牧工"刍"多是战争中捕获的奴隶，常有逃亡的记录。王家的邑设有粮库（廪），商王时常会派人视察。王宫内还有铸铜作坊，但规模不如宫外的大。关于商王的田庄如何经营，虽然甲骨卜辞中有些王命令众人耕作和开垦的记录，但更细致的管理工作应该是由基层小吏来做的。

殷墟的考古还提供了一些颇难解释的现象。比如，商王宫殿里储存着大量的石头农具。在甲九宫殿基址旁边的窖穴 E181 中，出土收割用的石刀 444 件；[8]此外，宫殿区的"大连坑"中有石刀过千，石镰也有多处集中出土，共 3640 件。[9]这些石刀和石镰应是集体保存的农具，多有使用磨损痕迹，使用人可能是王室蓄养的奴隶。也就是说，这些人连属于自己的农具都没有，生存状况接近家畜。

E181 窖穴的埋藏物极多，除了石刀，还有大量卜甲、卜骨、小件铜器、大量绿松石块，以及金箔（原报告称为"金页"）和金箔制作的"金花"。[10]这都是王室才会有的财物，看来王室和奴隶们居住的地方相隔并不远。

需要注意的是，只有殷墟王宫区发现有大量集中存放的石头农具，其他任何商代聚落，包括殷墟范围内的，都没有类似发现。这意味着在王室之外，各商人族邑并不采用标准的"奴隶制"劳动形式，而是由各家农奴自己制备农具。

那么为何只有王室使用这种野蛮且低效的生产方式？这也是一个历史谜团。

在以"族"为基本单位的社会结构中，商王朝内部的阶级差异和族群差异往往混杂在一起。都城及周边是商族人最为集中的地区，但也会有各种来历的贱民部族，以及商人贵族拥有的奴隶。这些奴隶来自边地战俘，随时会被用来献祭，只是我们还很难确定奴隶所占的人口比例有多少。

离开都城越远，各地土著人群和商人的语言、风俗差异就越大。他们多数被本地的商人宗族统治，属于人身权受限制的农奴。在商朝势力的外围，土著人群开始有自己的首领和部落组织，他们往往要接受邻近的商人侯国的统治，为侯国缴纳贡赋和服劳役。

这些异族首领，被称为"伯"，甲骨文写作 ⊖，其来历不详，和"百"音形近似，有可能是商人习惯认为异族头领都是百人规模的领导，但实际上也有大得多的，堪称"方国之君"。

"伯"并非商族人。比如，甲骨卜辞中常出现的"羌方伯"，指的就是羌人方国的首领。周族的首领，则是"周方伯"。《史记》记载，周文王曾被商纣王任命为"西伯"。这个称呼是有所依据的，只不过在周灭商后，后人已不了解"伯"在商文化中的意义了。

异族方伯不一定臣服于商朝，有些还自恃险远，长期和商朝敌对。商朝亦经常征伐这种异族方国，并用捉获的方伯首领献祭，尤其在殷商后期，商王对此更是重视。可能商王认为，人牲的地位越高，作为祭品的价值就越高。

甲骨卜辞显示，长寿的武丁王经常亲征异族地区，特别是西部的羌人（今山西和陕西地区的土著居民），并用羌俘献祭。武丁王的卜辞经常记载献祭人牲的数量，相比之下，武丁之后的八位商王都没有这么活跃，这很可能是因为那时的献祭人牲已越来越依靠边地的侯或者臣服的伯来提供。但亲征异族一直是商王的荣耀之举，每一位商王都必须履行，以证明自己是合格的王者。

商王有一种军事征伐的仪式，名"步"，甲骨文写作 ᚼ 或 ꧁，字面意思是步行，可能是指商王全副武装带领部队行军。甲骨卜辞中有大量王"步"的记载。在殷都时代，商王行猎或出征一般会乘坐马车，但"步"这种古老而威严的仪式一直存在。

在少数情况下，比如身体不适，商王会指定某个贵族代替自己履行"步"的仪式。卜辞中从来没有其他人自行"步"的记录。在周族崛起时，周人也学习了"步"的仪式，比如，有些文献就记载过周武王"步"而行军，和甲骨卜辞很相似："王乃步自于周，征伐商王纣。"（《逸周书·世俘》）

被异族同化及传统沦丧的危险

凭借独步天下的青铜技术，早商王朝曾经扩张到无以复加的程度，最典型的例子，便是长江畔的盘龙城商城；但早商的迅猛扩张，也蕴含着未知的风险。

军事上，远方的殖民城邦虽然可能足以自保，但毕竟和王朝腹地山河悬隔，身处异族土著的包围之中，由此，商人征服者难免和当地人互相侵染、同化，从而丢掉商人的精神内核——勇武和人祭宗教，甚至接受诡异的异族宗教。这是盘龙城发生过的教训。更不可容忍的是，南土的异族文化还向郑州都城倒流，污染商朝王室，引发了王朝内战——九世之乱。外来精神污染虽然最终被肃清，但早商的扩张成果也大半化为泡影。

商朝不可能被武力摧毁，却可能会因异族熏染而堕落。如何维持地跨千里的广域王朝，让商族保持自己的高贵特性，是早商时代留下的命题。对此，除了前文所述及的马车技术，武丁王还需要用其他手段保持商王朝的文化特质，避免被异族腐蚀。

早商不仅疆域过大，殖民城邑前出太远，而且王权也过于发达，其标志就是郑州和偃师商城庞大的城池与仓储体系。这就需要职业化官僚团队，而"职业"则意味着脱离原生态的宗族生活，只对雇主，也就是商王负责，从而丧失传统文化特质。

早商王权还改变了商人的社会结构，特别是偃师和郑州这两座庞大的城池。传统的商人宗族共同体和城市生活存在矛盾，城内宗族只能放弃旧有的农业、牧业、手工业兼营的自足模式，成为王权游戏规则中更为专业化的人群。这是商人传统精神沦丧的起点。

在王权和官僚体系主导的社会规则中，倘若某位商王突发奇想，要放弃传统的人祭宗教，就像郑州商城晚期曾经发生的一幕，那么，唯命是从的官僚体系是难以起到纠正作用的——它只能充当王的工具。幸运的是，郑州最发达的铸铜和制骨作坊都在城外，它们所代表的群体才是商人传统的保存者，并在内战中挫败了城内欲废人祭的"改革派"。商族传统精神离不开那些分散而自治的商人族邑，就像美国的白人精神离不开南方种植园的"红脖子"一样。

经过九世之乱，当盘庚迁都殷地，开始建造庞大的洹北商城，历史似乎要复制早商时代的循环。但武丁意识到了这种危险，转而放弃洹北商城的营建，让各商人族邑自行其是，自由发展，以维持商族旧有的小共同体社会结构和传统部族生活方式。由此，商人的宗教文化才能得到维护和传承。

盘龙城的腐化，以及它引发的郑州商城朝廷对传统宗教的背叛，是武丁王的警钟。或者说，武丁的主要政策都源自对早商朝廷崩溃的反思。

　　哪怕获得了马车这种新的统治技术，武丁王也尽量把疆域保持在可控的安全规模内。过大的疆域会包含太多各色异族，而这会稀释商族人口，从而带来诸多风险。武丁虽然四面出击，开疆拓土，但他尽量稳定地推进商朝的势力范围，不做盘龙城那样遥远的跳棋式布局。王朝统治的异族不需要太多，关键是献给诸神的祭品要足够。

　　武丁的扩张战争总是伴随着大规模的人祭典礼。那些异族俘虏本可以作为劳作的奴隶，但人祭宗教是商王朝的精神支柱和商族获得诸神眷顾的根源，所以，舍弃一点现实的物质利益，也要取悦诸神，维护商文化的兴旺。

　　武丁王奠定了殷都的布局和之后二百年殷商文化的基调，其陵墓虽然已经被毁弃，无法确认，但他的夫人妇好的墓穴却被完整地发掘，由此，现代人亦可以见识商代王室生活之一斑。

注释

1　《尚书·召诰》，它虽然是周人的文献，但体系是商人理念的延续。

2　韩江苏、江林昌：《〈殷本纪〉订补与商史人物徵》，第 312 页。

3　字形摹写及隶定来自李宗焜《甲骨文字编》，中华书局，2012 年。

4　郑若葵：《殷墟大邑商族邑布局初探》，《中原文物》1995 年第 3 期。

5　张光直：《商文明》。

6　《英藏》150 正："辛巳卜，贞：登妇好三千，登旅万，呼伐羌。"

7　《粹》597："王乍（作）三自（师），右、中、左。"

8　石璋如：《第七次殷墟发掘：E 区工作报告》，《安阳发掘报告》第四期，1933 年，第 722 页。

9　何毓灵：《论殷墟手工业布局及其源流》，《考古》2019 年第 6 期。

10　石璋如：《第七次殷墟发掘：E 区工作报告》，第 722 页。

第十二章　王后的社交圈

　　游客走进安阳殷墟博物苑（宫殿宗庙区）的大门，向左转，能遥遥看到一位女子的大理石像，手执铜钺，全身戎装，站立在自己墓穴的展示厅旁边。她就是武丁王的夫人妇好。

　　1976 年，妇好墓被发掘出土，殷商王族的生活由此首次完整地展示在现代人眼前。商王陵区的墓葬大都已被严重破坏，但位于宫殿区西南侧的妇好墓却躲过了各种盗墓者的探寻，保存得非常完整。在武丁王的甲骨卜辞里，经常出现妇好的身影，故而，这位殷商王后的生前身后事，有很多可以讲述。

侥幸保全的王后墓

　　殷都王宫区西侧，是洹河溢出的湖沼。湖沼的西南有一片略微高起的台地，在武丁王营建新王宫时，这里也出现了繁荣的聚落。它距离王宫只有 200 米，在这里安家的人，肯定和王室关系密切。这应该就是妇好的家族，她死后也埋葬在了这里。

妇好墓，长方形墓穴，南北长 5.6 米，东西宽 4 米，深 7.5 米。发掘时，墓穴底部已经被地下水浸泡，很多随葬品和骨骸是从泥水中捞出的。共用 16 人殉葬，墓穴底部的腰坑埋有一人，椁内、棺外埋有八人，椁室顶部埋有四人，墓穴壁龛埋有三人。此外，还有殉狗六只。妇好本人的尸骨已经完全腐蚀不见，[1] 在商代墓葬中，这比较常见，很可能是受铺撒的朱砂腐蚀所致。

随葬品保存得非常完整，共有 1928 件，其中，铜器、玉器和骨器都各有数百件，铜器总重量达 3250 斤。很多铜器上有铭文"妇好"字样，直接证明了墓主的身份。还有铭文"后母辛"："辛"是妇好的出生日，用天干日起名是商人的习俗；"后母"，则是她为商王生育过子女后获得的尊称。

在铜礼器中，仅鼎就有 31 件，最大的是一对青铜方鼎，高 80 厘米，重量分别是 256 斤和 235 斤。至于商人最重视的酒器，则有铜觚 53 件，铜爵 40 件，还有各种盉、觥、壶、斗、斝、卣、罐等。比较独特的炊器是一件三联甗，它与烧水的底座是一体的，上面有三个可以单独取下的蒸锅（甑）。还有一件"偶方彝"，表面铸有鸟形、夔龙纹，以及长鼻大耳的象头，器物整体像一座殿堂，顶盖如"两面坡"式屋顶，

偶方彝

三联甗

双虎食人头大钺

下方有屋椽头造型，底座形似房屋的台基。

　　早商和中商时代，铜器表面的纹饰很少；但到妇好时代，青铜器表面开始铸满纹饰，显示了殷商时代的艺术和技术的提升。

　　妇好也是军事统帅，随葬的青铜兵器有钺四把，戈 91 件，镞 57 枚，其中的两件大铜钺有"妇好"铭文，一件有双虎食人头花纹，重 18 斤；一件有龙纹，重 17 斤。加上木柄，这两把铜钺都会超过 20 斤，显然礼仪性更强，并不适合做实战兵器。两件小钺铸有"亚启"铭文，属于实用兵器。部分铜戈体型轻薄，是专门用以陪葬的低成本兵器。

　　玉器中也有兵器，其中玉戈 39 件，玉戚九件。玉戚的造型接近钺，可能是为了增加新意（和铜钺造型有所区别），商人在其两侧增加了若干道须状装饰。有两件"玉援铜内戈"，用玉作刃部，铜作尾部。这些玉兵器的用途主要是仪式性的。

　　还有一件玉扳指，表面有容纳弓弦的细槽，还有钻孔用来穿绳携带，便于戴在大拇指上拉弓开弦，属于实战兵器。

　　此外，玉器还有大量璧、玦、璜、琮。有些玦和璜做成了龙虎等艺术造型。玉琮则保持着良渚文化的基本形状，也有些出现了变异，如边缘造出扉棱。和良渚古国时期的经典玉琮（瑶山、反山墓葬）相比，妇好墓的琮形体要小一些，也没有了良渚古国的经典神人兽面纹饰——只有一件还有良渚兽面纹的简化遗留（编号 1003），但也有了较大变化，比如兽面出现在玉琮的平面上，而良渚兽面占据的是棱角的两侧。

玉戚

玉援铜内戈

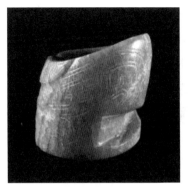

妇好墓玉扳指　　　　　　　　　　玉琮（编号 1003 ）

　　商文化和良渚文化到底有多少联系？这是个很难回答的问题。毕竟，从良渚文化结束到商朝建立，中间有七百多年，到妇好时代，则是一千年。但妇好墓中出土的这些玉琮，却又似乎暗示着某些可能性。

　　作为女性，妇好的墓中还有玉梳两件，以及大量束发的笄，其中玉笄 28 枚，骨笄 499 枚，笄的顶部多雕有鸟、夔龙或人形。纺织工具则有玉纺轮 22 件。此外，还有大量玉质动物形小刻刀和动物造型青铜尺，也和女红织纫工作有关。

　　妇好墓还出土有六件铜制"弓形器"。考古学者起初不知道这种器物的用途，后来发现它总是和马车一起出现，于是推断，它应当是挂在驭者腰前用来系挂缰绳的车马器。看来妇好本人至少拥有六辆马车。此外，墓中还随葬一对小型玉马雕塑。

　　除上述礼器、兵器和饰物，墓中还有各种质地的工具，比如，铜制的斧、凿、锛、锯、铲、镰、小刀、簸箕，以及"多钩形器"和"双角形器"（这可能是挂物品用的）；石制的，则有铲、锤、杵、磨石等。

　　妇好墓有大量玉石雕塑工艺品，如玉雕的容器（礼器）簋。玉饰体型都很小，属于日常的玩物，或者缀在纺织品上的装饰。有些人和动物雕像是三维立体造型，发掘报告称之为"圆雕"，这在殷商之前比较少见。

玉器中还有一对杵和臼，臼直径约 30 厘米，杵长 28 厘米，应该是研磨朱砂颜料用的，纹理中渗入了朱红色，研磨面非常光润。下葬时，这套杵臼是分离的，玉杵放在椁内，臼则是在墓穴上层的填土中发现的。它们应当不是制作日常化妆品的用具，因为体型比较大，位置离墓主也比较远。商人崇尚红色，在某些重要场合，如祭祀和战争，人们可能会在脸上涂抹朱红色。这套杵臼应该是为妇好的部下提供朱砂染料之用。

商人是用热带海洋的货贝做钱币的，妇好墓内一共发现了 6880 枚货贝。这些货贝都放在棺材内的墓主腰间位置，说明货贝是墓主人去往天界时最重要的财物，一定要随身携带。

"后 母" 铭文拓片

墓中的铜器铭文，除了"妇好"和"后母辛"，还有一种是"后弜母"。发掘报告认为，弜也是妇好的名。其他铜器铭文，则还有"亚其""子束泉"等人名。他们可能是妇好的亲人或同僚，把自己的铜器赠送给了妇好。

和王陵的对比

王陵的规格比妇好墓大得多。仅从墓穴面积来说，王陵大墓边长多在 20 米左右，墓穴底部面积也会超过 100 平方米，而妇好墓仅接近 40 平方米（7 米 ×5.6 米），要小很多，而且也没有墓道。王陵内发现的殉人动辄过百，甚至数百（这还是被破坏之后的残余），妇好墓则只有 16 人，相差很多。可以想象，如果王陵区大墓没有被破坏，随葬品肯定比妇好墓丰富华贵得多。

王陵大墓劫余的文物，有些和妇好墓类似。比如石雕，M1001 出土有蹲坐石兽（虎首人身）像、石枭；M1500 出土有石龙、石牛和石虎各一对。它们的造型和妇好墓中的玉石雕塑有些类似，但体型较大，长度为三四十厘米。这种石雕工艺品在后世的西周和春秋亦很少见。

妇好墓出土铜戈 91 件，王陵区的随葬兵器规模则更大。比如，M1004 大墓出土铜盔超过 100 件（已全部破碎），铜戈 72 件（多数带约 1 米长的木柄），铜矛头 731 件；M1001 大墓盗掘后的填土出土骨镞 6583 枚。这些是破坏后的残余，不代表完整数字，更可见王陵大墓之豪奢。[2]

此外，王陵区的 M260 并非商王墓葬，它比各商王墓的规模小得多，著名的"后（司）母戊"大鼎，便是当地村民 1939 年在此墓盗挖出土。有学者据此推测，它应当是武丁王的另一位王后"妇妌"的墓。

　　M260 只有一条墓道，1984 年发掘时，发现殉 38 人，比妇好墓多一倍以上；[3] "后母戊"大鼎重达 1600 多斤，而妇好墓中最大的方鼎仅重 256 斤。对比可见，这位"后母戊"的墓葬规格比妇好要高很多。至于原因，可能是妇姘死得较晚，彼时殷商国力已经更为强大，或者妇姘之子可能成了王储或下一代商王，所以她的墓葬要更豪华。

商王夫妻的生活

　　从甲骨卜辞可知，武丁至少有过三位夫人，分别是妣辛、妣戊和妣癸。"妣"是后世商王对她们的尊称，其中，妣辛就是著名的妇好。

　　妇好是武丁的第一位夫人，在武丁王时期的甲骨卜辞里，她出现过二百多次。武丁刚把王宫从洹北商城搬迁到洹河南时，大约二十来

《合集》13925 正

丁酉卜，囗贞（占）：妇好有受生？王占曰：吉，其有受生。

岁，所以他可能是一边发动对西部山地族群的战争，一边确定王后人选的。

在为此占卜时，武丁最关注的是妇好能不能生育继承人。一个丁酉日，一名叫宾的占卜师为武丁王卜问：妇好能不能受孕生育？似乎牛肩胛骨烫出的裂纹不太理想，占卜师不太敢写出结果，于是，武丁自己解读裂纹的预兆：吉利，妇好会受孕生育。

从《合集》13925 看，武丁王迎娶妇好的动机，似乎主要不是来自占卜，而是他预先做出了决定，占卜只是完成必要的程序而已。

妇好曾几度怀孕，为了预测能否生出儿子，武丁做过很多次占卜。

某次甲申日，占卜师殸灼烫甲骨后为武丁王卜问：妇好生育是否"嘉"（生子）？武丁解读说：丁日生育，可以生子；庚日生育，同样吉祥。结果，三十一天后的甲寅日，妇好生育了，不是儿子，是个女儿。

《合集》14002 正
甲申卜，殸贞：妇好娩嘉？王占曰：
其惟丁娩嘉。其惟庚，娩，弘吉。三旬又一日甲寅娩，不嘉。惟女。二告。[4]

还有一次，妇好的儿子因流产或难产而死，武丁在占卜中提出怀疑：是不是自己的祖母"妣己"之灵害死了这个儿子？ [5]

"妣己"是商朝第十六王祖丁的夫人。据《史记·殷本纪》，祖丁有四个儿子接连为王，分别是阳甲、盘庚、小辛和小乙。看来列祖列宗并不会无条件地保佑后世商王家族，他们可能会因为各种原因作祟，而禳解之术是及时献上祭品。

根据甲骨记载，妇好是武丁非常得力的助手。比如，妇好参与王朝礼仪活动时，曾接见过"右老"："妇好允见右老。"（《合集》2656 正）"右老"是指贵族长老代表。妇好还在"徉"这个地方接见过"多妇"："贞乎妇好见多妇于徉。"（《合集》2641）"多妇"可能是指各贵族家族的主妇们。在外地时，妇好还会搜罗各种礼物送给武丁王，比如，武丁占卜用的有些甲骨上就刻着"妇好入"。（《合集》10133 反）

给列祖列宗献祭是商王的重要工作，作为王后，妇好也要分担一部分。武丁的卜辞里就时常出现妇好受命主持祭天、祭先祖、祭神泉等各类祭典的记载，比如，祭祀"妣癸"和"多妣"（多妣，意为历代女性先祖）："乙卯卜，□宾贞：乎妇好有□于妣癸。""贞：妇好有

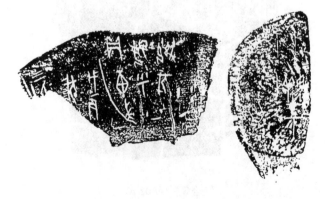

《合集》2631
贞：叀妇好呼愢（禦）伐。

纠于多妣。"献祭方式是"□"，有学者认为，通"服"字，也就是献祭战俘。[6]

尤其是，妇好还曾主持"伐"祭，即用戈或钺等砍下人牲的头颅向神灵献祭，是人祭中最为常见的杀人牲法，不过，现存卜辞并没有记载妇好献祭用人的数量："贞：叀妇好乎恸（禦）伐。"

妇好墓出土有"妇好"铭文字样的两把大铜钺，其重量并不适合实战，但又都有使用痕迹，比如，重达九公斤的那把已经缺了一角，所以，它们很可能是用来砍杀献祭人牲的。武丁曾占问妇好"肩凡有疾"，我们可以据此推测，这大概是挥舞铜钺砍杀人牲过度而引发的。[7]

武丁时期，扩张战事频繁，妇好也经常带兵出征。

甲骨记载，妇好曾作为武丁出征的先导，从"庞"这个部族征集兵员："甲申卜，㱿，贞乎妇好先登人于庞。"（《合集》7283）其中最著名的，也是征召人数最多、规模最大的一次，一共集结了一万三千人："辛巳卜，贞：登妇好三千，登旅万，呼伐（羌）。"在甲骨文中，动员和编组军队称为"登"，也就是说，妇好集结三千人，其余一万人（应

《英藏》150 正
辛巳卜，贞：登妇好三千，登旅万，呼伐（羌）。

《合集》13931
□申卜，争贞：妇好不延有疾？ 贞：妇好其延有疾？
癸未卜，㱿贞：妇妌有子？ 贞：妇妌母其有子？

当）由武丁王集结。

因甲骨残碎，敌人不详，曾有学者猜测，"呼伐"后面应当是"羌"字。在另一片甲骨上，妇好确实参与过对羌人的战争："贞戈不其获羌。贞呼妇好执。"（《合集》176）大意是说，一位名叫"戈"的将领在捕猎羌人，武丁命令妇好也去"获羌"。

妇好还讨伐过土方和巴方，[8]这两个方国皆在殷都西部，今山西和陕西两省境内。此外，她也曾经征讨尸（夷）方，也即东夷，今山东省境内。

武丁还有一位夫人，名叫妇妌，年龄应当比妇好小。和妇好一样，妇妌也经常主持祭祀，[9]也曾带兵出征。[10]此外，她还有一项卜辞记载中妇好很少参与的工作，就是管理商王的农庄——卜辞里有多次提及妇妌监督收获谷物，祈祷丰年。

妇好最后死于疾病。在她病重期间，武丁曾频繁地向各位祖先献祭，祈祷他们保佑妇好健康。而在妇好病重时，妇妌刚好怀孕了，于是，武丁占卜妇好病情和妇妌孕产的内容出现在了同一片龟甲上。

龟甲左右两边占问的是同一件事，但分肯定和否定两种结果。右侧是武丁希望出现的结果，"妇好不延有疾"（病情不会加重），以及"妇妌有子"；左侧是不希望出现的结果，"妇好其延有疾"，以及"母（毋）其有子"（妇妌不会生儿子）。

有卜辞显示，妇妌被后世商王尊称为"妣戊妌"。（《屯南》4023）这说明她出生日的天干是戊，也是著名的"后母戊鼎"和王陵区M260墓的主人。

《帝王世纪》记载的妇好之子

武丁是商朝历史上一位很重要的王，奠定了殷都的格局以及商朝后期的疆域，遂被后世称为"高宗"。

甲骨卜辞没有记载他的在位时间，但《尚书·无逸》记载，周朝建立后，周公在一次对殷商遗民的讲话中曾提到高宗武丁"享国五十有九年"。[11] 我们不知道他几岁继位，即使只有十岁，也意味着活了近七十岁。

在殷商，从盘庚到纣王，中间一共有十二位商王，历经二百多年，[12] 可见，武丁王在位时间几乎占了四分之一。而在传世的史书里，完全没有出现过武丁的夫人，倘若没有殷墟甲骨和墓葬，我们将完全不知道妇好和妇妌的存在。

不过，妇好有个儿子"孝己"曾经出现在西晋皇甫谧的《帝王世纪》："初，高宗有贤子孝己，其母早死。高宗惑后妻之言，放而死，天下哀之。"[13]

关于王子"孝己"，更早的史书从未有过记载，但出土甲骨能够证明。在武丁之子祖庚和祖甲两位王的卜辞里，曾经祭祀一位"兄己"；[14]到祖甲的儿子庚丁（康丁），又称父亲的这位"兄己"为"小王父己"；[15]到最末两代商王帝乙和帝辛（纣王），又称之为"祖己"。[16]看来，后世历代商王皆承认这位太子的商王身份和接受祭祀的资格。

武丁王实在太长寿了，他的夫人和儿子大都死在了他的前面。至于孝己是不是被流放而死，已经难以证实，但从时间顺序来看，他有可能是妇好所生。

至于"孝己"中的"孝"字，在甲骨卜辞里面没有出现过，不仅这位王子，卜辞中所有商朝帝王，都没有用"孝"做称呼的。这或许是到更晚的时代，比如秦汉时期的人加上去的。

《帝王世纪》的信息来源也是一个谜。这本书写作于4世纪初，比司马迁晚了四百年左右，没人知道它为什么能提供司马迁没有记载的史事。看来，有些历史碎片虽然没有进入儒家的"六经"，也没载入《史记》，但从商周到秦汉三国，它们一直在阴影中流传。

妇好去世时，武丁王还在世，并在洹河北的王陵区为自己建造了坟墓，但为什么王后不埋葬在王陵区，而留在自己娘家，这似乎有点不好解释。不过，这也让她幸运地躲过了商朝灭亡时王陵区遭受的大洗劫。

妇好家族的生活

妇好墓不是一个孤立的存在，它位于一片家族墓地之中，有些墓葬已经被盗，有些则被村民院落压住而无法发掘。

　　1976 年，安阳考古工作队在妇好墓周边的小屯村北发现殷商大墓六座，随后发掘了其中相邻的两座（在妇好墓以东 22 米处），编号为小屯村北 M17 和 M18。两墓保存较好，和妇好墓时代接近，应当属于妇好家族的成员。

　　M17 墓主的尸骨已朽，墓内有殉人两名，狗两只。

　　M18 墓主是年龄在三十五岁到四十岁间的贵族女性，墓内有殉人五名，狗两只。可识别的殉人，都是男性青壮年。有一人埋在填土中，其余四人则在椁内，其中，有两人肩部各扛铜戈一件，一人的铜戈边有铜镞十枚，显然，这二人是墓主的卫士。

　　M18 随葬有铜礼器 24 件，兵器则有铜戈九件，玉戈和玉戚各一件。和妇好墓相比，规格要低得多，随葬铜器的总重量为 178 斤，只是妇好墓的约二十分之一，但这位女墓主应该也是拥有家族武装的政界活跃人物，随葬的朱书玉戈援部尚存墨笔书写的七个字（见下图），大意为在"北"捉获或献祭了某些敌人。

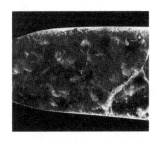

M18 所出朱书玉戈细部及摹本 [17]

　　此外，墓中还有一件重八斤、口径约 33 厘米的铜盘，盘内刻有一条蟠龙纹，龙的身边还有一条小型夔龙纹，外圈则围绕着一周鱼纹。

　　在商代贵族墓葬中，龙形并不算普遍，基本只有和王室有亲缘的墓主才能使用。M18 的这件铜盘，不仅与四千多年前陶寺贵族墓中的彩陶龙盘造型相似，而且还有甲骨文里特有的代表神圣意义的角，这说明龙崇拜一直辗转延续千年。

M18 随葬的铜礼器虽不太多，但族徽铭文有好几种。属于墓主本人的，可能是"子↑母"："子"，表示墓主的先祖是一位王子；↑，应该是她的名。其他铭文的铜器，可能是亲友赠送给墓主的。其中，有一位叫"子渔"的，"渔"字是三股水流里的四条鱼，造型复杂而精美。"子渔"经常出现在武丁王时期的甲骨卜辞中，[18] 可见是王朝重臣。由此，这位"子渔"可能和 M18 墓主有亲戚关系，所以赠送给她铜尊和铜斝各一件。在 M18 的随葬青铜器中，这两件比较重，也比较精致。[19]

妇好墓所在这片墓区的西侧和南侧是居住区，密集分布着多座面积 100 平方米左右的房子。在武丁王时期，殷商的经济水平还不算太高，可能中级以上的贵族才能住这种房子。

其中有一座近方形的建筑 F29，离妇好墓约 50 米，可能是妇好家族的宗庙。它的南边庭院内有两块方形夯土基址（F30 和 F31），上面没有柱洞等建筑遗迹，但有多座祭祀坑，应该是人们祭祀先祖的场地。妇好死后，她的族人可能就是在这里为她献祭的。

这里共发掘 17 座祭祀坑，除有一座埋了一只狗外，其余皆埋一到三人不等，共 27 人。

人祭坑分为两种。一种埋的是全躯的儿童，共 13 名，其中，有五座坑埋的是单人，有四座坑埋的是两人。这些儿童多为俯身，多佩戴简单的玉饰或蚌片胸饰、小骨珠和绿松石饰物，没有明显捆绑和挣扎的痕迹，像是处死后放进坑内的。妇好和 M18 墓主都是女性高级贵族，可能生前都喜欢孩子，所以后人会给她们献祭一些打扮得漂漂亮亮的儿童。

另一种埋的则是男性青壮年，每座坑埋一到三人，都是被砍了头后埋入的。砍头的过程应该颇为粗野，有些人体的颈椎上还带着颚骨，有些人头上则有很多砍痕，如 M53 中的两颗人头的砍痕主要集中在

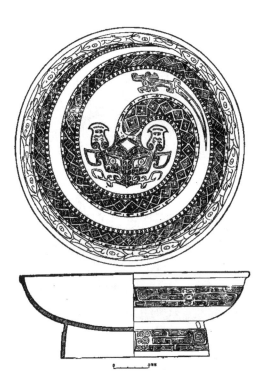

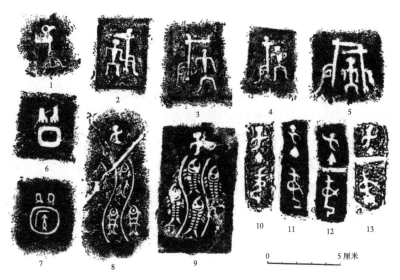

M18 随葬铜盘拓片与随葬铜器铭文（族徽）

M64 人牲照片

脸颊和下颚部分。这些迹象表明，人牲被砍头时应该没有被扯住脖子，
刀斧遂频繁地砍到了脸上。

比较特殊的是埋单人的 M64。人牲的两臂被反绑在背后，只砍
下了他的头盖骨，大部分头骨还和身体相连，包括脸部、眼眶和后脑勺。
他被扔进祭祀坑时可能还没有死，因为其他被砍头的尸骨都是直身，
而他呈侧卧欠身挣扎姿态，头盖骨就在自己的胸前。这很可能是蓄意
地虐杀，献祭者想要欣赏人牲被砍掉头盖骨之后的挣扎和喊叫，由此
获得刺激和满足感。不管是用刀或钺，能如此整齐、完整地砍下人的
头盖骨都是一件很困难的事，所以又有两种可能：一，献祭者是用锯
子开颅的；二，操作者已经熟能生巧，可以顺利地砍下完整无缺的头
盖骨。

妇好家族这片聚落没有一直繁荣下去。妇好死于殷墟二期的早段，

此后四五十年，商朝开始进入殷墟三期阶段。从此，王宫西南这片高地上已经没有大型房屋，也不再有贵族墓葬，居民似乎换成了普通人。

到殷墟四期，这里出现了一些窖穴，发掘报告推测，它们应该是王宫储存谷物的仓库。但这些窖穴规模很小，直径只有不到 2 米，最深处也不过三五米，而且数量很少，不超过十个。商王朝的仓储区显然不会这么寒酸。

妇好家族出自王室，且又和王室联姻，按照商代的世袭原则，应该不会在几十年内家道中落成一般民众，所以，他们很可能是搬走了，去了稍远的某个地方重新建立族邑。而他们曾经生活过的这块小高地，则成了王宫某些下等差役人员的住所。妇好和"子↑母"这些贵族的坟墓，也就逐渐被人遗忘。[20]

周灭商后，已经没人记得这里曾是王后及其家族的坟墓，从而幸运地躲过了周人对商王宫和王陵的报复性破坏。

注释

1　中国社科院考古所：《殷墟妇好墓》，文物出版社，1980 年。

2　梁思永、高去寻：《侯家庄·1001 号大墓》，（台北）"中研院"史语所，1962 年；《侯家庄·1004 号大墓》，1970 年，第 33—35、133—154 页。

3　中国社科院考古所安阳工作队：《殷墟 259、260 号墓发掘报告》，《考古学报》1987 年第 1 期。

4　卜辞中的"二告"，可能是解释当初的预测为何没实现，这涉及兆纹的解读，现在已经无法完全了解。

5　《东京》979："贞：妣己害妇好子？"

6　《合集》94 正、《合集》2607，以及郭沫若《卜辞通纂考释》别一，科学出版社，1983 年。另，卜辞中还记载妇好也曾主持燎祭，《合集》2641："贞勿乎妇好往燎。"

7　《合集》709 正。历代商王的卜辞都时常占问"肩凡"问题，大概和他们负责
　　祭祀有关。另，有些学者将"肩"释读为"骨"。

8　《合集》6412："乎妇好伐土方。"

9　《合集》8035："贞：翌辛亥乎妇姘宜于磐京？"意思是令妇姘在磐京举行"宜
　　祭"。

10　《合集》6585："勿乎妇姘伐龙方。"

11　《尚书·无逸》："其在高宗，时旧劳于外，爰暨小人。作其即位，乃或亮阴，
　　三年弗言。其惟弗言，言乃雍。不敢荒宁，嘉靖殷邦。至于小大，无时或怨。
　　肆高宗之享国五十有九年。"

12　《史记正义》引《竹书纪年》："自盘庚徙殷至纣之灭，七百七十三年，更不徙都。"
　　这个时间无疑太长了，有学者认为"七百"当是"二百"之误。

13　《太平御览》卷八三引《帝王世纪》。

14　《合集》23477："癸亥〔卜〕，贞：兄庚岁…罞兄己更（惠）…""贞：兄庚
　　岁罞庚〈兄〉己其牛。"

15　《合集》28278："…小王父己。"

16　《合集》35865："〔己〕绤卜，贞：王〔绤（宾）〕且（祖）己祭，〔亡尤〕。"

17　陈絜：《小屯 M18 所出朱书玉戈与商人东进交通线》，《故宫博物院院刊》
　　2019 年第 3 期。关于释义，学界说法不一。可参见中国社科院考古所安阳工
　　作队《安阳小屯村北的两座殷代墓》；吴雪飞《安阳小屯 18 号墓出土玉戈朱
　　书考》，《殷都学刊》2016 年第 2 期。

18　参见中国社科院考古所安阳工作队《安阳小屯村北的两座殷代墓》，第 515 页。

19　以上关于 M17 和 M18 的考古信息、数据及图片，未注明出处的，皆来自中
　　国社科院考古所安阳工作队《安阳小屯村北的两座殷代墓》。

20　以上关于房屋和祭祀坑的发掘报告及图片出自中国社科院考古所《安阳小
　　屯》，世界图书出版公司，2002 年。

第十三章　大学与王子

1991 年，在商王宫殿区不远处，今花园庄东侧的农田里，发掘出一座填满甲骨的窖穴，编号 H3。[1] 这些甲骨的主人，是一位名"子"的年轻王族，生活在殷都格局初定的武丁王前期，家宅位于王宫以南 400 多米处。

H3 的甲骨卜辞记录了"子"不算长的一生：从他开始接受教育和严格而残酷的战争训练，到长大后征伐异族，为王朝兴盛而东征西战的过程。这是商代王族最常见的人生轨迹。

而且，他受教的大学[2] 的建筑也被发掘出土。

王族学生的训练课

殷墟出土的甲骨卜辞绝大多数属于商王，很少记录其他王族成员和高级贵族的生活，而且，由贵族自家占卜的更少，可见，花园庄东地的这位"子"的身份比较特殊，可能是武丁王的弟弟或堂弟。[3]

在他年幼的时候，父亲已经去世。我们也不知道他的真实名字，"子"可能是他在卜辞里的自称，或是占卜师对他的称呼。

"子"自少年时代"入学"，在王室大学里学习各种贵族技能，比如"舞戌"。商人的"舞"并非后世意义上的表演性舞蹈，而是团体实兵演练，甚至有伤亡的可能。

有一条卜辞显示，"子"这次不应该去参加舞钺，因为队员们会遇到灾害："子弜（勿）叀（惠）舞戌，于之？若用，多万有灾……"[4]

商人称团队舞钺为"万"，各位队员就是"多万"。为避免在操练铜钺的万舞中伤亡，"子"或其他人可能都曾占卜应站在队列的哪个位置，是左边，还是中间或是右边？

　　丁亥卜，子立于左。[5]
　　甲午卜，弜（勿）立中，叀（惠）学，弜（勿）示伐。[6]

第二条是其他人的卜辞，显示的是，这次不应当立在队列中部，也不适合砍杀。至于万舞操练为何会有危险，后文会有答案。

除了舞钺，"子"还学习射箭。在成长的过程中，他曾使用不同力度的弓，如"二弓"和"三弓"。后世的《红楼梦》中，也有这种数字划分的弓力：

　　贾母笑问道："这两日你宝兄弟的箭如何了？"贾珍忙起身笑道："大长进了，不但样式好，而且弓也长了一个力气。"贾母道："这也够了，且别贪力，仔细努伤。"

某天，"子"有生病，曾占卜：今天不用上学了吧？不过，这可能是管家替他占卜的。

己卜：子其（疫？），弜（勿）往学？（《花东》181）

甲骨文中的"疫"字，字形是一个人躺在床上，身下正在出汗，有人手拿锤子打击其腹部，象征病痛的状态。另有一种解释则为手拿砭石为患者做按摩治疗。无论哪种，它反映的都是卧床生病。

卜辞里的"往学"两字很重要，它表明"子"是去家外面的"大学"学习，而非在家中接受私教。此外，卜辞里还曾多次出现过"学商"，以及出现过一次"学羌"，这可能是模拟羌人和商人之间的战斗，当然，两方战士都由学生扮演。

甲骨文的"学"字，写作𦥯，上面是两手在摆放计数的草棍（爻），下面是一所房子，意为"学习算数的地方"。

上面的两只手有时会被省略，写作𡥈，爻也可以从两组省略为一组，写作𡥈，但下面的房子不能省，它代表学习的场所。不过，在卜辞里，殷都的"大学"似乎没有教过算数。也许因为这是很初级的学习内容，不值得用占卜来记录。至于殷都的大学都有哪些建筑，课程又是怎么开设的，"子"的卜辞里并没有太多信息。

1973 年，在"子"的甲骨窖穴西北 400 米（今小屯村南）发现了大量刻字甲骨，其中的一片牛骨卜辞（《屯南》662）上有关于大学的课程安排，是大学的总教官留下的。而总教官很可能就是商王本人。

第一条卜辞是：丁酉日占卜，今天是丁日，（学生们）是否应该学习万舞呢？第二条卜辞是：还是应该在下个丁日学习？

后面的两条卜辞是关于万舞学习场地的占卜：在"右宋"学？还是在"内"学？[7] 看来，大学的建筑分左右大厅，还有位居中后部的"内"。

1. 丁酉卜，今日丁，万其学？
2. 于来丁乃学？

《屯南》662

3. 于右宋学？

4. 若内学？

商王会亲自关注大学的课程，这也很正常，因为里面的学生都是王的亲戚。另一条王室卜辞显示，商王曾在"入"地建设大学："乍（作）学于入，若。"（《合集》16406）这个"入"，有学者解释为"内"，王宫之内。不过，它可能还有"汭"之意，即水滨。

1996年，在王宫区南侧，紧邻洹河边，考古队发掘出一处大型建筑基址，它很可能就是殷商时期的王族大学。

如果参观殷墟博物苑的宫殿区，朝北走进大门之后，右手边是一组"54号"建筑基址。它是一座凹字形大型建筑，发掘时被命名为

"丁组"。这里是王宫区地势最低的地方，东边紧邻洹河，所处环境和建筑构造很接近甲骨卜辞中描述的"子"曾经学习舞钺的大学。它的北面紧邻着王室宗庙乙区和祭祀自然神的丙区；向南400米，是"子"的家宅，花园村东甲骨出土地；向西南200米，是发现安排大学课程甲骨的地方。

　　考古发掘的地层显示，在武丁王即位初年，也就是他准备在洹河南岸建设新王宫的时候，先在丁组这里建设了一组中小型房舍，而且没有用人奠基。对于商人来说，这意味着它并非长期项目，只是过渡性的临时校舍而已。

　　大概二十年之后，武丁的新王宫相继落成，丁组大学区也进行了大规模的改扩建：南北各新建了一排平行的殿堂（丁二和丁一），长度分别为75米和65米，连接和贯通它们的是西端的一列厅堂（丁三），从而形成一组"凹"字型建筑，并围起一片庭院，对着东边的洹河。

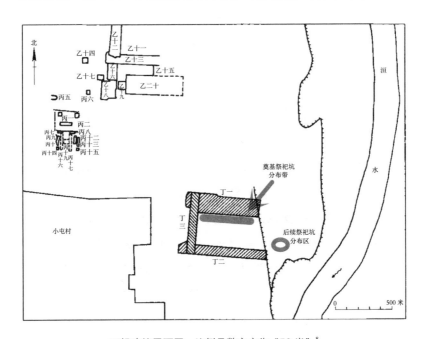

丁组建筑平面图，比例尺数字应为"50米"[8]

按照那片安排大学课程的甲骨的描述，丁三就是"内"，在这里朝东望，右侧的丁二就是"右寀"。而在甲骨文中，寀字的造型，上面是屋顶，下面是捆束起来的羽箭。所以，它有可能指的是室内射箭场馆。射箭是大学的重要课程之一，而且射箭馆空间大，还可以用以练习"万舞"。

丁组建筑面对着洹河，周边环境是河滩的芦苇湿地，可能还有水沟环绕在建筑的西面、南面和北面，甚至还会有码头供大学生们练习驾船和水战。"子"的卜辞里，就有命令下属准备船的内容（《花东》183），或者说，这所贵族大学也是商人对祖先生活的南国水乡环境的再现。发掘报告对它的描绘是：

> 三座建筑之间有较宽阔的活动空间，建筑群的整体轮廓呈长方形，东面是由北向南流去的洹水……如果我们认真体验这一古老的建筑群，就会感到它既要给人以宏伟壮观之感，又给人以环境优美、富于生活情趣的感受。

这片地区低洼临河，土质多沙，并不适合营建大型建筑。但武丁王却不惜工本，工程之初就先挖下2米多深的基坑，填入黄土，逐层夯实，然后才开始埋设木柱和版筑墙体。从柱洞看，最粗的柱子，直径接近1米。

北面的丁一体量最大，是主体建筑，室内出土了一件铜盉，上面有铭文"武父乙"，发掘者推测，它是武丁给自己的父亲小乙王制作的祭器。这件铜盉被装入陶缸埋进了一个挖在地基上的小坑，看来武丁王对这座建筑很是重视，希望父王的灵魂能保佑它。[9]

发掘报告称这座建筑为供奉武丁"三父"的宗庙，很可能，里面还供奉着小乙王的两位兄弟（盘庚王和小辛王）的灵位。花园庄东地的那位"子"的卜辞显示，学生们会带着人牲或畜牲到这里献祭。这很好理解，这三位先王也是这些贵族学生的先辈。

武父乙铜盉及铭文[10]

陪练角斗士

丁一有一系列朝南的门，门的两侧皆挖有祭祀坑，共十座，发掘者用墓葬 M 编号。目前已发掘其中八座，每座埋有斩首的三四人，多为俯卧，人头在死者肩部。能够辨识的死者，皆为青壮年男性。

一个比较特殊的现象是，有一半的祭祀坑发现骨制的箭镞，其中两坑分别埋有一枚和三枚，另两坑则各埋有两枚。

以 M18 为例，共埋有四人。坑底埋有三人，俯卧，头骨被夯碎，颈部朝东；后又在其脚端的坑壁上挖出一个壁龛，里面是呈跪坐姿势的一人，但头骨没有夯碎，而是放在了壁龛里。该坑埋有三枚骨镞，其中一枚在北侧俯卧之人的腿部，另外两枚分别在中间人的上臂和肋骨部位，肋骨上的已经残断。其他三座坑中的骨镞，有的在人牲的腿部（M3 和 M2），也有的在腰部和前臂（M15）。

这些骨镞的出现颇难解释，并非每座坑都有，也并非每个人牲都有。

箭的木杆会因腐朽而消失，那么，这些镞最初是带着箭杆埋下去的吗？ M2 北侧人牲的腿部有两枚箭镞，其中一枚横在小腿部位，尾端朝坑壁，说明它没有连着箭杆，不然，杆会触及坑壁而改变方向。这些箭镞应当是射到人牲身体上的，只是有些还能被主人完整地拔出来再利用，而另一些因嵌入人骨或筋肉，主人只能把箭杆拔出，箭镞则随着人牲被埋进了坑中。

由此可以推论：可能多数人牲都中过箭，只是有些被拔掉了而已。那些带箭镞的尸骨很多也是被射在腿部或胳膊等非致命部位，说明他们生前并不是在静态而是在奔跑逃命中被射中的，也正因此，中箭的才会是非要害部位。

历史学者李竞恒有注意到殷墟人牲带箭的现象，他的推论是，这是商人为活捉羌人等俘虏而故意射击其非致命部位所致。[11] 本书认为，这种推测难以成立，在真实的战斗中，没有哪一方可以如此从容地选择命中部位，而且中箭之后，俘虏也很难身着箭头被带回殷都，在传统时代，外伤往往会引发致命的感染。

因此，这只能是发生在祭祀场附近。而且，这四座祭祀坑中的箭镞是同种规格，骨质三棱形锋，形制较大，长度超过 10 厘米，发掘者称之为"大三棱"，其特点是，没有倒锋，容易拔出来继续使用。故而，这些人牲应当是大学生们练习射箭和搏杀的陪练。

商朝王室和"大学"不会缺乏青铜箭镞，但为何不对人牲使用铜镞呢？这可能是基于"训练"的考虑，毕竟锋利的铜镞更容易致命，而骨镞则致死率较低。另外，出土骨镞的锋刃多有磨损也说明，它们是被多次使用的练习品。

丁一南檐下的祭祀坑是统一制作和填埋的。先是挖掘坚硬的夯土，有 2 米多深后，放进人牲的尸体，有些还会打碎几件陶器放进去，象征人牲在地下也会有些生活用品，以让其灵魂更安心地守卫殿堂。然后，填土夯打。人牲的头骨应该就是这么被夯碎的。填满土后，为使祭祀坑不那么容易被发现，又在地面整体铺了一层 20 厘米厚的黄土。

后经钻探发现，南檐下并不止十座祭祀坑，但为保存房基的完整性，考古队没有继续发掘。据推测，人牲不会少于 40 人。

丁组建筑全部完成并投入使用后，大学生们还要反复用人牲练习射击和搏杀，这样便会不断地出现新的祭祀坑。这些后期坑建在丁一东南方的空地上，目前已发现成排的六座。其中，M10 埋有三具俯身的尸体，没有被砍头，其中一人缺失了手和脚。此外，坑角还发现了两处散落的牙齿，发掘者推测，这应该是"当时被打掉的"。

这座坑最特殊之处在于，不仅有陶器碎片，还有四件小巧的青铜斧、三件环首铜小刀以及两块不及巴掌大的长方形磨刀石。铜斧的整体长度在 7—14 厘米之间，铜刀长 20 厘米左右，刀斧基本完整，刃部略有残缺，是使用过的。两块磨刀石上有穿孔，当是为系绳之用，便于随身携带。

与前述 M18 不同，M10 中的这三名人牲的身上没有箭镞，但携带了近战用的刀斧。他们可能是大学生们练习万舞（短兵近战）的陪练，这种高度仿真的肉搏战训练也可以看作一种角斗，比赛规则自然对人牲不利。卜辞中，用钺的"万舞"练习者要分左、中、右站立，可能是众多的学生列队围拢对付少数几名陪练角斗士。

另外，这四件铜斧的形制比较特殊，并不是商式风格，而是燕山以北草原地带流行的"管銎斧"：顶端铸造出圆管形的銎，銎管上还有一个小孔，将木柄插进去，钉入一枚钉子固定木柄。商式钺则是整体片状，在木柄顶端开槽，把钺上端的凸起部分插入槽中，再捆绑固定。

殷墟地区较少发现这种管銎斧。发掘报告推测，坑中三人可能是来自北方草原的战俘。倘若丁组建筑是王族大学，那么这些北方战俘

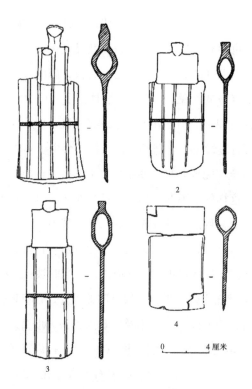

M10 出土的四把管銎斧线图

就是贵族学生们的陪练。花园庄东地的"子"的卜辞里的"学商"和"学羌"也表明，大学里经常组织对抗性演练，有时甚至要靠商人学生来扮演假想敌。

后期的这些祭祀坑中没有发现骨镞，尸骨也大都有砍伤痕迹，可见人牲皆被砍杀而死。比如，M11 中的无左手，M13 中的左手和左腿被砍断，M12 中的无右手。无手者可能是用胳膊抵挡刀斧所致，这说明人牲可能没有装备盾牌。

人牲几乎都被砍头，但也有相对完整的尸骨的，如 M9 中的甲，双腿被从膝盖部位捆在一起，双手亦被反缚，而且是该坑三名人牲中第二个被扔进坑的。只是我们已经不知道为何偏偏是他被活埋而不是被砍杀。

如前所述，殷都大学所在地称为"入"，这里也是大学生们祭祀其先祖（先王）的地方。在"子"的卜辞里，有两次提及在"入"祭祖：第一次，是剁一头牛，再"伐"一人（夷）；第二次，是伐羌一人。

> 甲午：宜一牢，伐一夷？在入。一二三。（《花东》340）
> 己酉夕：伐羌一？在入。庚戌，宜一牢，弹。一。（《花东》178、376）

从"子"的卜辞可见，有些人牲并非学校提供的，而是学生自备，可能先进行搏斗训练，最后把处死的人牲奉献给祖先。在殷都大学长达二百余年的历程中，因作陪练角斗士而死的人牲肯定不止已发掘的六座坑中的这些，许多尸体可能另有处理，或者只有具有特殊纪念意义的才会被葬入祭祀坑。

"子"的贵族人生

在"子"的众多卜辞里，他最日常的工作是向先祖先妣献祭。多数是用猪牛羊和酒（鬯），也有少数是用人，如为了祭祀祖庚和祖辛，"子"分别"册羌一人"（《花东》56）。在甲骨文里，册，是剁成块的意思。此外，他还祭祀过与商族始祖有关的"玄鸟"。（《花东》1557）祭祀经常在一个名为"来鹿"的地方举行，这应是"子"的庄园领地。

他的射猎活动也很多，主要在"品鹿"，这应该是私家猎场。马车是"子"的生活中一项很重要的内容，他曾多次占卜左马或者右马有没有灾病。看来拉车的马各司左右，一般不混用。

"子"很关心自己的健康，多次因为耳鸣、做梦、心疾、首疾、目疾占卜。他经常有头疼症状。

"子"和武丁的夫人妇好关系密切，他们应当是亲属，后来成为妇好的侍卫官。在他的卜辞里，"王"只出现过两次，而妇好出现过几十次。"子"经常占卜是否应该到某地见妇好，是否应该和妇好一起举行祭祀。他常向妇好贡献礼物，有一次贡献了六人（《花东》288），还贡献过一名"磬妾"，应当是擅长演奏磬的女子。（《花东》265）

妇好应该曾负责为商王采购马，因为有些马贩子（多御正、多贾）多次通过"子"向妇好送礼，希望得到参见的机会。"子"安排过不止一次集体参见，每次都由马贩子拿出十捆丝绸作为觐见礼物。

有一个叫"弹"的马贩子，经常到"子"的家里奔走服务，想通过"子"送给妇好三捆丝绸，以获得单独接见的机会。"子"就占卜问：是否应该转达这个礼物？占卜结果是"用"，也就是可以。"子"又占卜：是否应该向妇好引荐"弹"呢？占卜结果是"不用"。（《花东》63）

"子"自家也经常买马，他常到马贩子处看"新马"。看来他相马的技术不佳，卜辞里记载说："自贾马其又死。"意思是说，有一次，马刚买来不久就又死了。

武丁王时期，商朝对外战争频繁，"子"曾经考虑是不是应该跟随一位叫"白"的将领去征伐"邵"地。他还曾试图通过妇好和"白"拉近关系，向"白"赠送过占卜用的龟壳。但最终他应该还是没去，因为卜辞里没有进一步的信息。（《花东》220、237）

在卜辞里，"子"的妻子被称为"妇"，妻子的母亲被称为"妇母"。看来这位岳母喜欢对"子"的事务发表意见，比如"子"在卜辞里曾询问："妇母让我和某甲在一起，不要和某乙在一起，是否应该听从？"（《花东》290）卜辞里没有出现"子"的子女信息。

"子"的寿命可能不长，毕竟当时成年人的平均寿命只有三十岁左右。在他死后，他占卜过的甲骨被埋入了2米多深的窖穴之中。1991年，因修筑通往殷墟博物苑正门的公路，考古队决定对工程用地进行考古调查，这才发现"子"的甲骨坑（编号 H3）。其中，有龟甲一千五百多片，刻辞的五百多片，还有少量卜骨。

由于从未被盗掘者发现，坑内甲骨保存得非常完整。许多整版的龟甲虽然遍布裂纹，非常脆弱，但经过技术处理，基本保持了原貌。倘若是被非法盗掘，绝大部分甲骨都将变成碎片，无法识别。历代商王留下的甲骨卜辞虽然数量多，但大都是盗掘出土，非常凌乱，很多同属一王或同一批次的卜辞都丧失了联系。考古学者们希望通过字体和占卜师的名字对零散的卜辞进行分组、划分年代，但结论往往充满争议。这是盗掘带来的无法挽回的信息损失。

五年之后的 1996 年，"子"曾经受业的大学所在地丁组基址也被发掘出土，这位殷商王子的生平这才展现在了世人面前。这是殷商时代关于一个人的独家而完全的记录文献。

"子"的住宅和坟墓没有被发现；但一般来说，他使用过的甲骨不会被丢弃到远处，应该是在自家院内挖坑埋藏。很可能，他的宅院基址已经被后世破坏。

战死的族长"亚长"

"子"的甲骨坑（H3）被发掘十年后，在它的西北侧数十米处又发现了一片墓葬，其中有一座比"子"晚两三代人（殷墟二期末）的贵族墓，编号 M54。商人都是聚族而居，居葬相邻，所以 M54 的主人很可能是"子"的后裔。

2000 年冬季，在花园庄东的农田里，考古工作者用洛阳铲进行钻探调查，初步确定了 M54 的位置。由于 1991 年这里出土过"子"的甲骨坑，人们判断可能会有高等级大墓，计划 2001 年开春解冻后发掘。结果盗墓者一直追踪着考古队的进展，趁夜间找到了墓穴位置，好在有村民发现异常，将此事报告给了考古工作站。于是，考古队决定赶在盗墓贼之前进行发掘。就这样，在 2001 年初的大雪中，墓穴内的椁室得以揭开。由于从来没被盗墓贼光顾过，大量随葬器物和殉人还保持着下葬时的布局。[12]

这座墓穴，口部南北长 5 米，宽 3 米多，向下逐渐扩大，深约 6 米。墓底四壁有高约 1.8 米的夯筑二层台，中央是黑漆木板搭成的椁室，里面放着雕花夔龙纹、镶金箔的红漆棺木。

很多随葬铜器铸有"亚长"族徽。"亚"，表示主人有军事首长身份；"长"，是家族的族徽，字形是一个人侧面站立，脑后有很长的头发，手中扶杖，像是个老人。可能是"子"的后人繁衍出了"亚长"氏族。

墓主是一名三十五岁左右的男子，头骨面部略有女性特征，俯身直肢而卧，右脚掌骨有长期踞坐（臀部坐在脚上）形成的磨痕。这是上古人习惯的坐姿。在殷墟发掘的贵族墓葬中，M54 主人的死因比较特殊，尸骨上有多处伤痕：一，左上臂肱骨上有三条锐器砍痕，长度都在 1 厘米左右。"这三处砍痕均未见骨骼自我修复痕迹，说明砍痕形成于墓主人死亡之前的时间很短，即墓主人遭受连续打击后不久即死亡。"二，一根左肋骨的中前部位，有明显的锐器砍痕。三，骨盆中部靠右侧被刺穿一孔，深约 2 厘米，宽 1.15 厘米，"……内部呈圆孔洞。从创口形状推测，应是矛戈类刺兵形成"。四，大腿骨后方也有很深的砍痕。

这位"亚长"氏的族长很明显是在战争中受伤而死的。敌人未能对其头部一击致命，可能是因为他戴了铜盔（胄）。打斗的时间可能非常短暂，其左臂被连续砍伤，说明此时他尚能站立，但已无力格挡或逃避。

我们可以对当时的现场稍作复原：在战斗过程中，他应该是冲在前方，又因为其服饰属于贵族长官，所以受到多名敌人的攻击。首先

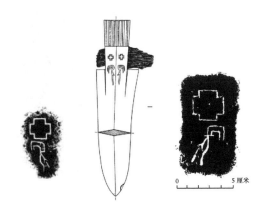

"亚长"族徽铭文

是被迎面敌人的铜矛刺入右下腹，矛锋深入骨盆。虽穿戴半身铠甲，但这个部位很难防护，而且矛锋也足以贯穿常用皮甲。他被迫用双手抓握矛杆，以防对手再刺，但铜矛已嵌入人骨，不容易拔出。此时，又有敌人从左方靠近，挥刀连续砍杀，在他的左上臂和左肋造成多处伤口，致使左臂肌肉断裂失能。从股骨上的伤痕看，应该还有一支戈至少两次砍或勾在其左大腿和臀部。

他之所以未被敌人斩首，应该是己方士兵上前把他救了下来。但在随后不到一天的时间里，"亚长"会因失血和创口感染而昏迷，这时，军中巫医会对他进行急救，但也无力回天。最终，他的尸体被马车拉回了殷都丧葬。为了减轻腐烂的气味，他的尸体被撒上了大量花椒粒。对他的战死，商王也可能会表示慰问，并赏赐一些钱物。

在王陵区之外的商代贵族墓葬中，花园庄东 M54 的随葬品比较丰厚。首先是有大量的铜礼器。知名度比较高的是一件重达 14 斤多的"亚长牛尊"。这是一头站立的水牛，造型圆润可爱，嘴微张，全身布满龙、虎、鸟形花纹，尤其牛背上还有一个带把手的盖子，可能是为了便于在牛腹中存放货贝。

墓中共有40件铜礼器和
铜容器，有些稍薄的铜器在入
葬时被打碎了，出土后，考古
工作者尽量把它们拼贴复原了
起来。这头著名的"亚长牛尊"
就是复原的产物。

复原后的"亚长牛尊"

大件的铜兵器有161件，
其中，钺七件，矛78件，戈
73件，卷头大刀三件。除了主人自己使用的钺，其余的戈、矛和刀
能装备超过150人的部队，而这肯定还不是主人家的全部兵器。考虑
到氏族成员自家的装备，亚长氏族的兵力应该会有上千人。

较厚重的一件铜钺重12斤左右，其他的较薄，多在1.4斤左右。
多数的戈和矛都连接着一段木柄（柲），只有十几厘米，但最长的一
件却有38厘米。这可能是为了节约空间，入葬时把木柄锯断了。

铜镞有881枚，分好几处成束摆放。从残留痕迹看，有些下葬时
带有木杆，是完整的羽箭。墓中还有些盾牌和弓的遗迹。

车马器有铜策（马鞭杆）两件和弓形器六件，说明主人拥有至少
六辆马车。弓形器上铸有繁复的花纹，有的还用绿松石镶嵌。考虑到
其他氏族成员，亚长氏族应该拥有不少于十辆战车。

乐器有铜铙一套。铜铙是军事首长发布命令的工具之一，所谓"鸣
金收兵"。此外，还有各种铜工具和杂物，其中，圆形铜泡有149件，
可能是缀在皮甲上的。

比较特殊的是主人棺内的一件铜"手形器"，比正常的右手略小，
长13厘米，呈微弯曲的半握姿势，上面铸有目形纹饰，甚至有指甲
的纹理。它的小臂部分中空，用来容纳插入的木柄，但木柄已经腐蚀
消失，无法确知其具体长度。

和其他的青铜器不同，这件手形器被放在主人的棺内，靠近左小

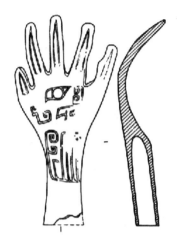

亚长铜手形器线图

腿处。墓主的两手基本完整，手形器也不在主人右手处，所以并不是义肢。有学者推测，它是用来在鼎内捞取食物用的，类似餐叉。但餐具似乎并不需要单独放入主人棺内。从它与墓主的亲密程度看，应当经常被主人握在手里，有点类似权杖。

铜工具中有小刀五件。有两件的手柄末端铸造的分别是马头和鹿头，刀柄的纹饰则类似长脖子。还有一件整体呈虎形（发掘报告认为像狗），长尾延伸成刀的刃部，有完整的四腿，可以站立在桌面上。

随葬的玉石器，除了小件的玉饰和玉雕，还有些玉兵器，但实用价值不高，主要作为军事首长身份之象征：玉钺一件，玉戚六件，玉矛两件，玉戈八件；此外，还有玉质刃部和铜质装柄结合的"铜骹玉

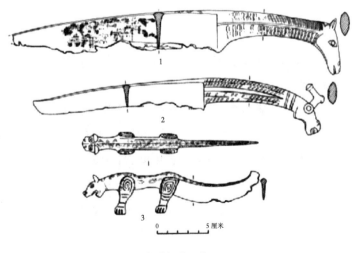

亚长墓铜小刀线图

援矛”两件和“铜内玉援戈”三件。

随葬的骨镞有43枚，没有锋刃，前端平整。发掘者推测，这是为了射猎时不损伤猎物的皮毛。本书认为，这也可能是训练品，非致命箭镞可以减低人牲的致死率，士兵可以获得更多的训练机会。

在墓室二层台上，有大量木棍，共47根，长度在1.3—3.6米之间，直径约3厘米。有些木棍刷红或黑色漆。发掘者推测，这是部分铜戈和铜矛的木柄，因为太长难以放进椁室，就被截断放在了二层台上。

发掘出海贝1472枚，几乎都是经过研磨的货贝。

陶器不多。有些陶器内部有大量梅子核，可能是熬制的果羹；还有的里面有较多碎骨，发掘者推测是肉羹。

墓穴内用了15名殉人和15只狗随葬，其中一只狗在墓室底部正中的腰坑内，这是商人“腰坑殉狗”的传统礼仪。离墓主最近的六名殉人，在椁室内的棺材外，左右各三人，全尸，但骨骼保存较差，可能是椁内的某些随葬品有较强的腐蚀作用。这些人应是先被处死，然后用草席包裹身体放入椁室之内的。椁室外的墓底有四名殉人，能鉴定性别的有三人，全是男性，只有一人在二十五岁左右，其余都是十几岁。

上述所有全躯的人牲，姿势和墓主一样，都是俯身直肢。在殷墟的墓葬中，这颇为奇特。可能是因为墓主死于兵灾，颇不吉利，所以用这种方式来禳解。

二层台内有三颗人头，[13]一颗是一名二十岁左右的男性的；其余两颗则都是女性的，年龄分别为三十岁和四十岁左右。值得注意的是，三十岁左右的这名女性，应该自幼就拔掉了下牙的两颗门齿。这属于“东夷”习俗，自大汶口文化以来，在山东及胶东某些地区一直存在。墓主生前很可能参加过征讨东夷的战争，并从当地带回了一些俘虏。

和人头同一层面的二层台内，还有牛腿和羊腿，以及陶制的豆、觚、爵，它们应当是用来盛放食品和酒的。

　　放置完随葬品和人牲后，开始往墓穴里填土夯筑。夯填的过程中，还会埋入殉人和殉狗：到一半深度时，杀了一名两三岁的幼儿，将其头颅面朝下扣在了土中。到距离地面1米左右时，又杀了一名二十五岁左右的女子，将其头颅侧放在了填土内。对头骨和牙齿的鉴定表明，这名女子生前应该营养较好，属于物质生活比较丰富的人群。根据发掘报告，共埋入四名成人和一名幼儿的头骨，但没有发现他们的身体，而且该墓周边也没有发现人祭坑或者无头尸坑。

　　在墓葬填埋数年后，墓主的家人为其建造了一座墓上"享堂"：先是在墓穴正上方筑起1米多厚的夯土台基，并筑进一枚成年人头骨和一名全躯的少年，然后在台基上建造亭子式享堂。

　　若干年后，享堂塌毁，有人便在它的基础上挖了一座近方形坑，坑底埋入一名被砍头的仰身直肢的男子，人头放在身体的左侧，右侧则是两具儿童的尸体。这座祭祀坑，可能出自"亚长"的后人。

　　在M54附近，考古队共发掘出40座竖穴墓，大多数是随葬品较少的小墓，有殉人的只有两座，其中一座殉二人（M82）。这些墓葬可能多是亚长氏族的成员或者属民的，看来他们多数人并不富裕。

　　"子"和亚长的后人应该繁衍了很多代。周灭商后，其后人和其他王族被迁到了商族人的起源地——商丘，并在那里建立宋国，继续传承商王家族的血脉。至于他们能否放弃血腥的杀祭宗教，这就是一百多年后的故事了。

注释

1　　中国社科院考古所：《殷墟花园庄东地甲骨》，云南人民出版社，2003年。以
　　　下简称《花东》。殷墟有两个花园庄，一个在洹河北岸的洹北商城内，一个

在洹河南岸的宫殿区南侧（已整体搬迁），出土 H3 甲骨坑的在洹河南。

2 商代已有大学，如《合集》3510 : "右学。"《合集》20101 : "丁巳卜，右学。"《礼记·王制》记载："殷人养国老于右学。"郑玄解释说："右学，大学也。"《屯南》60: "于大学寻。"

3 关于这位"子"的具体身份，学者们有不同的解释。有人认为是王室近亲，但又认为"子"没有祭祀盘庚王的卜辞，说明他是盘庚之前的王繁衍出的旁支。本书认为，这种推测方式可能有问题，因为盘庚一代有四位兄弟当过王（阳甲、盘庚、小辛、小乙），盘庚之外三王的后裔不当王自然就不会祭祀盘庚，但这不影响其作为王子的尊贵地位。花园庄东地"子"的卜辞里从未提及"父"，很难确定他的父亲是谁。

4 《花东》206。

5 《花东》50。

6 中国社科院考古所 :《殷墟小屯村中村南甲骨》，云南人民出版社，2012 年，489 条。

7 《屯南》662。另可参见宋镇豪《甲骨文中的乐舞补说》，《海南大学学报》（人文社会科学版）2020 年第 4 期。

8 中国社科院考古所 :《安阳殷墟小屯建筑遗存》，文物出版社，2010 年。以下有关小屯建筑丁组遗存的基本信息、数据及图片未注明出处的，皆出自该书，不再详注。

9 按照发掘报告的描述，这种器物坑有对称的两座，但另一座已经被后世破坏，只剩了一些陶片。

10 王恩田 :《武父乙盉与殷墟大型宗庙基址 F1 复原》，《中原文物》2006 年第 1 期。

11 李竞恒 :《干戈之影 : 商代的战争观念、武装者与武器装备研究》，四川师范大学电子出版社，2011 年。

12 中国社科院考古所 :《安阳殷墟花园庄东地商代墓葬》，科学出版社，2007 年。以下凡有关 M54 的基本信息及图片，未注明出处的，皆出自该书，不再详注。

13 《安阳殷墟花园庄东地商代墓葬》发掘报告称，这三个人头"并未放置在二层台上，而是放置在二层台内"。此描述有些难以理解，"二层台内"有两种可能，一种是夯筑在二层台的土内 ;另一种是在二层台侧面掏出壁龛、放置人头。

第十四章　西土拉锯战：老牛坡

关中盆地在群山环抱之中，犹如一片东西狭长的柳叶，渭河从盆地中央流过，沿途接受沣河、灞河、泾河和北洛河等支流汇入，最终注入黄河大拐弯处。

在漫长的新石器时代，关中盆地内一直有众多繁荣的小村落，但到了四千多年前的龙山时代，华北各地开始进入普遍的动荡和战乱。关中也不例外。今西安市西郊的客省庄（二期）就出现了大量杀戮、冲突甚至人祭的迹象。

但不知何故，关中的新石器人群未能"进化"到早期国家。龙山动荡期过去之后，这里又回归仰韶时代那种与世无争的社会状态。在关中之外，南佐、石峁和陶寺等古国兴废倏忽，夏、商文明迅速迭代升级，却都没影响到关中的宁静生活。

这是上古时代的常态：并非所有的人类社群都会自动进化成更大的共同体和国家；事实是，多数会一直停滞无为，直到被强大的古国或王朝吞并，被强行裹挟进人类的"发展"大潮中。

王朝扩张也会引发土著的反抗。关中是商王朝的"西土"边疆，也是献祭人牲的重要来源。商朝的势力虽在这里活跃数百年，但从未占领整个盆地。西安市东郊灞桥区老牛坡村的黄土地层，记录着商朝对关中数百年的经营史。

商朝通过设立城邑或侯国管理外地和边疆，本质上，这是一种分封建国的制度。后来的西周也同样实行封建制，但不同的是，商朝的城邑或侯国很重视商文化的独特性，与土著人群泾渭分明，很难出现文化和民族融合现象。当然，对于商朝来说，湖北盘龙城是特例，也是一个教训。

老牛坡是商朝设在外地侯国的典型个案，显示了商族人祭文化和土著部族文化之间的激烈冲突。

早商的入侵者

20 世纪，老牛坡的村民耕作时还偶尔会挖出商代青铜器，这引起了考古工作者的注意。1985—1989 年，考古队对这里进行了多次发掘，由此，一个从新石器时代发端、跨越整个商代的聚落逐渐露出部分真容。[1]

老牛坡村接近关中盆地中心，背靠骊山，面对灞河。在商人到来之前，本地土著还生活在石器时代。他们在黄土坡地上开垦出农田，用石刀和石镰收割谷物，在灞河中用网捕鱼，留下了很多拇指粗的石制渔网坠。他们也做些艺术工作，比如，在陶罐的口沿捏出花边，用石头磨制成巴掌大的环形"石璧"。

土著墓葬的随葬品很少，没有任何兵器，说明他们的生活中少有暴力冲突，也几乎没有权力组织和社会分化。那么，又是什么引来了商人征服者？

墓葬里埋藏着答案：发掘的七座墓中，四座随葬有绿松石。也就是说，附近的山中有铜矿，这正是商人搜寻的目标，而且也只有在能生产铜器的地方，商人才能建立稳固的据点。

可能在刚刚灭亡夏朝—二里头古城之后，新兴的商族人就乘胜进入了关中。他们沿着黄河南岸古道而上，穿越豫西的山涧和密林。这一路虽颇为艰辛，但并不缺少人烟。在仰韶时代，农业聚落已经遍布这里山间的各处台地。

关中盆地虽然开阔，但尚未进入古国时代，并没有值得掳掠的繁荣邑聚，所以这批商人并未把关中视作久留之地。直到开国百年，郑洛地区开始面临人口增长的压力，关中地区这才成为商朝扩张的新大陆，一批又一批商人进入潼关，在盆地东部扩散开，建起一系列大大小小的据点。其中，老牛坡规模最大，延续时间也最长。

老牛坡商代地层分为四期。一期还是本地土著的生活世界，到二期，开始出现冶铸青铜的遗迹，并伴随着大量早商式（二里冈文化）陶器碎片。这是商朝人入侵和定居的证据，湖北的盘龙城也在这一时期形成。关中周边的铜矿少而零散，虽难以形成盘龙城那种规模的青铜产业，但已经足够征服者自用。

老牛坡二期的生活—作坊区布满了大大小小的灰坑，考古工作者在里面发现了两块铜炼渣、两枚铜镞和一枚铜锥，还有铸造铜镞和铜戈的陶质残范各一块——是铸造小件铜器用的"双面范"，两块范拼合，可以多次使用。在半块砖头大小的镞范上，五枚箭镞呈扇形分布，其中四枚完整，无倒刺，两翼三角形；戈范刃部平直，锋利。这都是早商时代青铜器的特征。

没有发现任何稍大的铜器和铸铜范，比如商族人常见的铜酒器。由此可见：一，这批征服者地位不太高；二，军事需求最为迫切，必须用有限的铜资源巩固新据点。不过，他们还是仿照铜器的饕餮花纹制造了陶器，试图效仿故乡显贵们的生活。

商人常见的杀人献祭自然不会缺席。一座边长约半米的三角形

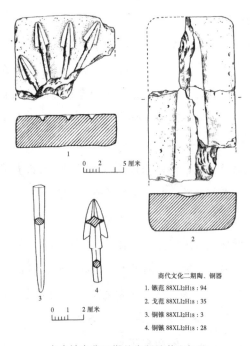

商代文化二期陶、铜器
1. 镞范 88XLI2H18：94
2. 戈范 88XLI2H18：35
3. 铜锥 88XLI2H18：3
4. 铜镞 88XLI2H18：28

老牛坡商代二期的陶制铸范和铜器

二期仿铜陶簋，有商代铜器常见的饕餮夔龙纹饰带

小坑，里面埋着三枚完整的幼儿头骨，但没有任何躯干骨和肢骨。填土经过夯打，头骨非常破碎，无法分辨性别，只能判断他们的年龄在两岁左右。这些幼儿可能是用来向铸铜设施献祭的，因为人头坑紧挨着一座大灰坑（88XLI2H6），从中发现了两块铜炼渣，说明铜炉应该在不远处。

在出土了铜镞和铜锥的88XLI2H18灰坑，还发现了两片由人头骨磨制成的椭圆形"骨饼"，直径约3.5厘米，比硬币略大，没有穿孔和纹饰，不知有何用处。

由于发掘范围有限，没有发现商人的房屋和墓葬，只有一些灰坑。从这些信息看，在二期，商人征服者数量不多，生活也不算奢华。

综上，老牛坡二期只发现有铸造工具，但没有冶炼铜的迹象，比如大量的铜炼渣。那么，用于冶铸的铜料又来自哪里？

沿灞河向上游20公里，蓝田县的怀珍坊村有这一时期堆积的铜渣、木炭屑以及冶铜炉的残迹。比如，有草拌泥的红烧土块，一面粘有一层绿色凝结铜汁，发掘者推测，这可能是炼铜炉的炉壁碎块。

和同期的老牛坡一样，怀珍坊没有发现大件铜容器（礼器），但出土有早商式陶器，以及一些小件铜器，如铜戈、小铜刀、铜锥、铜钻、铜镞和铜环等。此外，还有一块重三斤的铜圆饼（用于铸造的铜锭）。

也没有发现铸铜设备，比如铸造用的范。看来，这里和老牛坡正好互补，冶炼出的铜锭会被送到老牛坡投入铸造。只是本来可以整合在一起的冶铸工作，为何要分在相隔20公里的两地？

其一，可能是铜矿石不易运输，且冶炼场地离铜矿越近，则成本越低；其二，这两种工序都有很特殊的条件，冶铜需要有矿石来源，铸铜则还需要铅和锡，以及合金配比技术。两种工序分离背后的原因可能是，这是两个不同的商人部族各自拥有的产业，怀珍坊这家有矿山，老牛坡则有铅和锡以及铸造技术，他们可以分工合作，却不愿合并成一家。

和冶铜设施同期，怀珍坊遗址还发掘出五座低等级墓葬，尸骨大多残缺，下葬时应该已被砍去肢体。M1墓主缺头骨和右半身骨骼，有右小腿骨。从骨架观察，头骨及右半身骨骼应该在埋葬时就缺了，足骨有明显截断的痕迹。M2墓主是一名儿童，"坑内仅有两根小腿骨，有明显的截痕"。M3墓主的骨架缺上肢骨和肋骨等，发掘报告认为，下葬时尸体就已经不完整了。M4墓主的骨架缺右上肢骨、左股骨及其他小件。[2]

这是伴随商人而来的征服和残酷统治，自给自足的土著村落成为商人统治下的奴隶庄园。一方面，开采和运输铜矿石需要较多劳动力，怀珍坊的这些死者可能是被奴役和虐杀的本地劳工。另一方面，这些人仍然拥有比较正规的墓葬，墓穴里有几件简陋的随葬品，说明他们还生活在自己的村落和家庭环境中，死后也由亲人安葬。

怀珍坊的早商文化层很薄，没有更晚的（殷商时期）陶器和铜器，说明这个据点只是昙花一现，然后被永远废弃。

第二轮西进运动

不止怀珍坊聚落，甚至不止关中，在商朝中叶，商人在各方向的扩张潮都在冻结和收缩。此时，并未出现强有力的外敌，正如前文所述，商人的挫折来自内部的九世之乱，这造成了王朝近百年的停滞。

然后是盘庚王迁殷。之后，殷商终于稳定了下来。经过几十年休养，王朝实力逐渐恢复，到长寿的武丁王在位时期，又开始了对四方的征伐。而且，殷商已经有马拉战车，王宫和上千里外的战线的联络得以解决，征伐已不再是盲人摸象般的自发扩张，而是由商王统一指挥的军事行动。

第二轮"西进运动"是武丁开启的，重点指向晋南和关中盆地。

商人入侵者持续向关中西部推进，与各种土著部落频繁发生激战。这是上一轮自发扩张潮从未能抵达的地区。

关中西部有一个叫"周"的羌人部族。有一条甲骨卜辞的内容，就是武丁占卜要不要亲自去征讨周方："丙辰卜，宾贞，王惟周方征。"（《合集》6657正）此外，武丁还多次占卜需要派哪些武装去"寇周"，寇也释读成"扑"，都有征伐之意。这种卜辞多达九条，预备动用的武装则有"多子族"："己卯卜，允，贞：令多子族从犬侯寇周，叶王事。"还有犬侯、尹侯、崇侯虎以及一些字形无法释读的侯和人名。[3]可见，武丁动用的兵力非常强大，尤其是"多子族"，它是商王族的武装，陈梦家将其比作清代的八旗军队。

需要特别强调的是，武丁这里讨伐的羌人周族（姜姓周族），和后来周文王的姬姓周族不一样。[4]武丁王时期，周文王的先祖姬姓周族还生活在偏远的陕北山地，而非关中盆地，商朝还不可能知道他们。当然，羌人周族和姬姓周族还有血缘上的联系，后面我们会对此详细介绍。

商人军队消灭姜姓周族后，占据了岐山之南、渭水之北的周原地区。然后，武丁王册封了一名王族显贵统治周原，在甲骨文里，他被称为"周侯"。注意，这是商人建立的周原侯国。

周原地区出土过几次商代青铜器，[5]有窖藏，也有墓葬。多数铜器造型属于殷墟前期，恰和武丁时期的西进运动吻合，但也有少数铜器时代更早，属于迁殷之前的商前期。这少数的商前期铜器可能是被主人从商朝核心区带到新征服的周原的，保存和使用了好几代，最后被随葬埋入地下。

这些铜器表明，占领周原后，商朝便试图在此建立稳定的据点和扩张基地。显然，新册封的这位周侯和王室关系密切，武丁时期的卜辞里有很多关于他的内容，比如，"令周侯今生月亡祸"（《合集》20074），意思是，武丁祈祷周侯这个月没有灾祸。

再到几代人之后，商朝授予周文王的封号则是"周方伯"。[6]伯是异族酋长，商朝是不会给异族头领"侯"的称号的。

武丁曾占卜一位"妇周"的病情会不会延续。[7]"妇某"的称呼专用于商族血统的后妃，比如著名的妇好。倘若是异族女子，哪怕成为商王宠妃，也不会享有这种称呼，比如末代商纣王宠爱的妲己，她来自"己"姓的苏国，而非"子"姓的商族，所以不能称"妇妲"。

武丁死后，西进运动再次式微。结果，西部土著羌人和商人的冲突日益频繁，关中西部的商人据点还没来得及稳固就纷纷沦陷。在周原，虽然发现过多组武丁时期的青铜礼器，但没有发现任何高等级建筑。这说明，这个商人侯国可能立国不久就被消灭，或者被迫离开了。

1972 年，在周原范围内的岐山县京当村出土了五件有"目"形纹饰的商式铜器。它们被保存在一个"用圆石头砌成的窖穴"中，村民挖掘时没有发现人骨，说明这批铜器不是随葬品，而是战乱来临时埋藏的，很可能是主人发现自己遭到羌人围困，来不及带走财宝，只好在突围之前先埋了起来。

商人对待异族过于残忍，俘获的羌人被一批批送到殷都献祭，故而许多羌人宁愿战死或逃亡，也不愿在商人的统治下苟活。所以，仅靠武力，商人一直难以统治整个关中盆地。

更复杂的是，动荡甚至形成了一种虹吸效应，更遥远的西北方土著部族，正在缓慢而持续地翻过陇山和六盘山朝关中迁徙。他们可能是被商人新奇的青铜产品吸引，同时试图占据因战争而荒芜的土地。比如，以"分裆袋足"陶鬲为特征的刘家文化，有学者认为，它是从西北方进入关中的，属于甲骨文中的羌人群体。[8]

武丁死后，他的儿子祖庚和祖甲相继为王。《史记·殷本纪》记载，祖甲"淫乱，殷复衰"，周侯之国遂被废弃。自此，商人势力撤出关中西部，这里彻底萧条，连青铜器也很少被发现。但商人还是固守住了关中东部的老牛坡，在这里，武丁王新册封了一位商人贵族，他就是《史记》和《封神演义》里鼎鼎大名的崇侯虎。

崇侯虎早生了二百年

据《史记·周本纪》，文王周昌被商纣王囚禁羑里的起因是：

> 崇侯虎谮（诬告）西伯于殷曰："西伯积善累德，诸侯皆向之，将不利于帝。"帝纣乃囚西伯羑里。

从此，周昌经历了一系列遭遇和幸运。获释后，他开始积蓄力量，密谋翦商，并在其去世前一年，穷周族之全力向崇国发动进攻，终于攻灭了这个仇敌之国。

《诗经·大雅·皇矣》对崇国的灭亡有生动描写。"帝谓文王：询尔仇方，同尔兄弟；以尔钩援，与尔临冲，以伐崇墉！"翻译成白话就是，上帝命令文王："召集你的同盟，集合你的族人，带上你攻城的钩梯和冲车，去攻打崇国的城墙。"

那么，让文王如此咬牙切齿，以至动用上帝来诅咒的崇国，究竟在哪里？对此，史书却语焉不详。

其实，在比周文王早二百年的商王武丁时代，甲骨卜辞中就已经出现了崇侯虎。（《合集》6554）

1. 贞：令从崇侯虎伐𢀛方，受有佑。
2. 贞：勿从崇侯。[9]

武丁让崇国伐𢀛方，说明它们之间比较近。后来，周武王灭商，

《合集》6554
1. 贞：令从崇侯虎伐髳方，受有佑。2. 贞：勿从崇侯。

盟军之中也有"髳"。(《尚书·牧誓》)可见，周原和髳方距离不远。据此推测，崇国和周原之间也不会太远。

从甲骨文字形看，崇字中间是一张树立的床，上下各有一个类似方括号的符号，"床"可能是音旁，和"崇"发音接近。在卜辞中，这个崇字经常被写得非常瘦高，超过正常的两个字的高度，可能用来表示它有"高"的含义。从音和意来看，它都很接近"崇"字。

崇侯虎为何会出现在文王之前二百年？很可能是因为，作为崇国的开国之君，他在武丁王时期就非常活跃且显赫。胡厚宣先生就总结说，武丁时有捍卫商王朝的鼎足三大将，崇侯虎就在其中。这可能导致名人效应，使得后人在讲述文王经历时，把晚近的"崇侯"误记成了"崇侯虎"。

此外，开国之君的名字也可能成为后世历代国君的代称。比如，西周建立后，周文王的两位弟弟虢仲和虢叔的后人的封国皆名为虢，这两国后世的国君便也继续分别被称为虢仲和虢叔。按这种逻辑，崇国历代国君也都可以被称为崇侯虎。

至于崇国在何地，老牛坡遗址提供了答案。

《诗经》和《史记》有记载，攻灭崇国之后，文王立刻把驻地从周原迁到了丰地："文王受命，有此武功。既伐于崇，作邑于丰。"[10] 古代已有学者猜测，崇国应该离丰地不远："崇国盖在丰镐之间。"（《史记正义·周本纪》）丰地，在今西安市西郊，而老牛坡在东郊，两地相距仅约 50 公里。所以，发掘报告推测，老牛坡可能就是崇国都城：

> 若老牛坡遗址所在地果为崇国都邑旧址，则丰、镐一带地属崇国势力范围或政治辖区，是完全可能的。[11]

考古发掘显示，在老牛坡三期（相当于殷墟前半期，武丁王的西部扩张开启之时），一批身份更高的商人来到这里定居，兴建起高等级建筑，老牛坡因此从普通据点扩大为城邑和侯国。这可能是崇侯虎建国的开端。

商朝需要在关中建立稳定的前进基地，而老牛坡位居关中盆地中心，有铜矿资源，还有商人征服者上百年的经营史，各方面条件都最合适。

崇国食人者

大约在武丁时代，老牛坡出现了两座大型建筑。

一号基址东西长 30 米，南北宽 15 米多，夯土地基厚 1 米，上面曾有多座分体建筑。能识别出三座建筑痕迹，其中的 F3 相对完整，

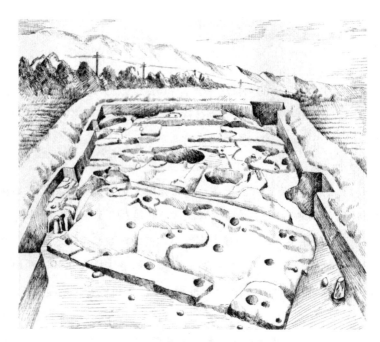

一号基址 F3 房基发掘绘图

南　人骨　　踏　　碰碰　层

夯　　基

白灰面房子

0　　　　　1米

二号基址发掘绘图

长 11 米多，宽近 6 米，是"一座面阔四间、进深二间、面东二门、前有走廊、屋顶为两面坡式的中型房屋建筑"。它很可能是崇侯虎家族成员的住宅。

二号基址与一号相距 100 米，被雨水冲毁了一部分，南北长 23 米，东西宽 12 米，夯土地基厚 1.3 米，复原出的柱子，有南北五排，东西八行，是一座大型单体殿堂建筑。这里可能是崇侯办公理事的朝堂。

为保护房屋遗迹，考古队没有发掘夯土地基，所以无法确定是否有人奠基。但在发掘之前，村民曾在这里修建一座砖窑，留下的土崖断面上恰好有"小儿骨架一具"，被压在室内地面之下。如此偶然的机会都能发现尸骨，看来用人奠基的数量应当不少。

在夯土台基宫殿区的东侧，是土著农夫的房屋，还延续着制造花边陶罐和石璧等传统。武丁大扩张时期，因到老牛坡定居的商人越来越多，一些农夫遂被驱逐，供新来的商族人营建新居。而土著们的房屋，则正好用来做垃圾坑。这是黄土地带特有的"地窖"式房屋：地上挖一出近圆形坑（直径 3—5 米，深 1.5—2.5 米），坑口搭草棚遮挡风雨，坑壁上挖出供上下出入的阶梯。

从关中到伊洛和晋南是黄土分布带，而黄土有较好的垂直层理，不容易倒塌，适合挖掘地窖，而且保温性好，比较宜居。这种地窖式房屋使用了上千年，从仰韶文化晚期直到商周。

但自商人大量来到老牛坡后，这种地窖灰坑就不仅埋有陶片等生活垃圾，更还有人骨。比如：

H5 底部有人骨架两具，人骨很不完整，且和猪、狗的骨骼混杂在一起。发掘报告推测，"显然是死者被砍杀后而随意扔入的"。

H19 底部有人骨架一具，"除头骨外，骨骼亦残缺不全，显系非正常的死亡现象……同时还发现有鹿角、碎骨、大小不等的河卵石、已经成堆的烧土灰烬"。

H17 底部"紧靠坑壁发现一个完整的人头骨，近头骨处有大量草

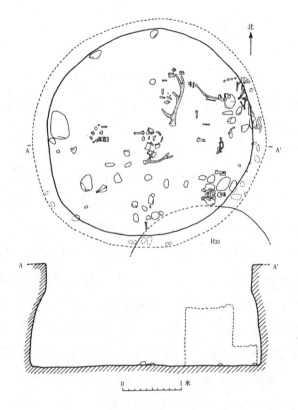

北

A —— —— A'

A —— —— A'

H20

0   1米

H19 平面及剖面图

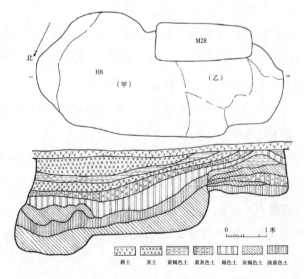

北

M28

H8
（甲）

（乙）

0   1米

耕土　灰土　黄褐色土　黄灰色土　褐色土　灰褐色土　淡黄色土

H8 平面及剖面图

木灰，在草木灰烬中还有烧过的动物骨骼、鹿角和红烧土块"。

上述三座灰坑，人骨都在底部，显然是垃圾坑刚使用时扔进去的。坑内有大量家畜骨头和人骨混在一起，还有灰烬和烧土块。所以，它们也可能是祭祀坑，但发掘报告中的信息较少，难以确证。

H8 更特殊，是一座连体大灰坑。它不是窖穴改建的，而是先挖了一座专用垃圾坑乙（长 2.6 米，宽 2.3 米，深 1.1 米），当快被填满时，又紧挨着它挖了一座更大更深的垃圾坑甲（长 3.7 米，宽 2.9 米，最深处有 2.4 米），最后，甲坑也被填满。

甲乙两坑内埋有各种生活垃圾，还有"许多人骨和牛、狗、猪等动物骨骼混杂在一起"。和其他灰坑不同的是：一，这两座灰坑不止底层有人骨，而是各层都有，说明杀人行为伴随着垃圾坑的使用全程；二，人骨都是零碎的，且和其他家畜骨骼混杂在一起，应该是吃完以后被遗弃的特征。或许 H8 周边的人家有吃人肉的习惯，而且持续了很多年，否则难以形成这种遍布垃圾坑的人骨堆积。

但另一方面，往 H8 里倾倒垃圾的，应该不仅有贵族肉食者，还有本地土著居民，因为坑中还出土有石刀、石镰、石凿以及本地传统的花边口沿陶罐。

这个居住区共发掘三期灰坑 19 座，有人骨的只有上述四座，并不占多数。这说明商人统治者的杀人行为还是有所区别，嗜杀和吃人肉的应该只属于少数人，或者特定场合。

崇侯的青铜产业

建立崇国，是商朝向西扩张的保障，由此，武丁先后灭亡羌人周族和分封商人周国。但武丁去世后，周原的商人侯国未能保住。在武丁王的儿子祖庚或祖甲时期，一片关于"周"的甲骨卜辞中又出现了

"崇侯"等人。[12]

甲骨磨损过于严重，难以判断商王到底让他们做什么。从时间看，祖庚和祖甲时期，商朝势力衰退，商人的周侯正遭受土著的威胁，为此，商朝很可能要调动周边诸侯救援。但此举无效，土著势力又淹没了关中西部。

商人的周国灭亡后，老牛坡对于商朝的重要性得到了进一步提升，功能布局也随之发生了变化：殷墟前期的大型夯土建筑被废弃，改建为冶炼铸造区；崇侯的新宫殿区可能移到了遗址西北侧，也就是考古划出的第四发掘区。目前，这个区的发掘还比较少。

到殷墟末期（老牛坡四期），崇国更加繁荣，青铜产业的规模也更大了：有很多冶铜的炼渣堆积，填满了一条至少长 18 米，最深处可达 2 米的土沟。距离铜矿渣不远的山坡上，有四期铸铜作坊的垃圾堆积，里面埋有很多熔铜陶缸碎片和残陶范。

与二期那种铸造小件铜器以及可以多次使用的双面陶范不同，四期的陶范多用来铸造相对较大的器物，且只能一次性使用。目前发现的铸范可以制造各种容器和兵器，如鬲、戈、钺、皮角上缀的圆铜泡，还有类似面具的所谓牛面和人面形饰，但尺寸略小，不适合戴在脸上，可能是系在皮质头盔的额顶部位，起威吓敌军之用。[13]

从老牛坡二期的冶铸设施分离、规模很小，到四期的冶铸一体、规模增大，意味着权力结构已经发生重组：原来分散且互不统属的商人据点，以及基于自然资源和商业交换的产业布局，被整合到更大的政权体系中，形成了方国政治体。

怀珍坊相对偏僻、封闭，而老牛坡更接近关中盆地中心，控扼渭河南岸的交通干道。因此，把铜的冶铸设施集中到老牛坡，更便于军事防御，避免被对手分割击破。虽然铜矿石的运输里程要多 20 公里，但冶铜和铸铜两道工序却可以无缝衔接，免去了再次熔化铜锭的成本。

虽然尚未发现殷商晚期的宫殿区，但从铸铜业的兴盛程度看，这一时期肯定有更大的核心建筑群，甚至还可能有夯土城墙。后来的周人史诗说，攻打崇国时，他们面对的就是牢固的城墙，正所谓"崇墉仡仡"。[14]

崇国商人的墓葬还使用大量殉人，等级稍高的殉人数量更是要十人左右，比多数商人侯国和据点都要"奢侈"。只是在商朝末期周文王灭崇国后，这些墓葬被严重破坏，相关细节我们会在后文商周易代的部分介绍。

崇国–老牛坡后期的安定繁荣，和商人招降了一支北方山地部族有关，这便是周文王祖父一代的姬姓周族。他们被安置在土著和商朝反复拉锯的周原地区，而改变上古华夏文明历程的大转折，也自此开启。

注释

1 刘士莪：《老牛坡》，陕西人民出版社，2001 年。以下有关老牛坡考古的基本信息及图片未注明出处的，皆出自该书，不再详注。

2 西安半坡博物馆、蓝田县文化馆：《陕西蓝田怀珍坊商代遗址试掘简报》，《考古与文物》1981 年第 3 期。

3 《合集》6812 正，以及《合集》6813、6814、6815、6816、6817、6821、6822。

4 徐中舒先生认为这里的周方是姜姓所建的女国，即母系社会的姜嫄国。参见徐中舒《周原甲骨初论》，载《徐中舒历史论文选辑》（下册），中华书局，1998 年，第 1423 页。另可参见俞绍宏等《甲骨文"周"笺识》，《大连大学学报》2015 年第 1 期。另外，董珊先生认为，周原这个地域在不同的时代有不同姓的族群进入并建立国家政权，这些先后成立的国家可以使用同一国名"周"，并用此国名来命名自己的国族。参见董珊《试论殷墟卜辞之"周"为金文中的妘姓之琱》，《中国国家博物馆馆刊》2013 年第 7 期。

5 王光永：《陕西省岐山县发现商代铜器》，《文物》1977 年第 12 期；罗西章：《扶风美阳发现商周铜器》，《文物》1978 年第 10 期；齐浩、张天宇：《周原遗址新见京当型铜器墓浅识》，《中国国家博物馆馆刊》2015 年第 11 期。

6　周原甲骨 H11:84 有"册周方伯"。

7　《合集》2816。《乙》8894："贞：妇周。"

8　尹盛平：《周文化考古研究论集》，文物出版社，2012 年，第 11 页。

9　古文字学家对该字有不同的释读，有人释读为"蒙"字，但胡厚宣认为是"崇侯虎"，见胡厚宣《卜辞中所见之殷代农业》，《甲骨学商史论丛二集》上，台北大通书局，1972 年影印本上册，第 52 页。韩江苏、江林昌：《〈殷本纪〉订补与商史人物徵》，第 478 页。

10　《诗经·大雅·文王有声》。《史记·周本纪》："明年，伐崇侯虎。而作丰邑，自岐下而徙都丰。"

11　《老牛坡》，第 359 页。

12　《合集》23560 的这片甲骨图片模糊，多数字难以辨认，此释文来自胡厚宣《甲骨文合集释文》。

13　汉中地区发现的这类面饰更多，属于当地土著发展起来的青铜文化。

14　《诗经·大雅·皇矣》："以尔钩援，与尔临冲，以伐崇墉。临冲闲闲，崇墉言言。执讯连连，攸馘安安。是类是禡，是致是附，四方以无侮。临冲茀茀，崇墉仡仡。"

第十五章　周族的起源史诗与考古

周，是一个兴起于西土的部族。

和商人的传说类似，周人的始祖也是未婚女子遇到神迹而生下伟大的儿子，但比起夏商两代的族源，周人史诗包含的信息量要多得多。可以说，从一开始，周族的来源就相对清晰可靠，不仅后世考古有发现周族开国三百年前的聚落，亦和文献中的很多记载有呼应。

但是，讲述周族的起源也有很大的困难。周族本来没有文字，只有口头的传说，是灭商之后才开始用商人发明的文字记录自己的历史，难免会渗入一些商文化元素。而且，西周之后，人们还创造了那些更古老的半神帝王的"创世记"，比如黄帝和炎帝，嫁接和混淆了很多周族早期传说，造成了很多混乱。

所以，我们需要剔除那些西周以后附会的故事，"正本清源"地讲述周族的起源。

周族出自羌人

《诗经·大雅》中《生民》，记载了周族的创始传说。

厥初生民，时维姜嫄。生民如何，克禋克祀，以弗无子。履帝武敏，歆，攸介攸止。载震载夙，载生载育，时维后稷。

诞弥厥月，先生如达。不坼不副，无菑无害。以赫厥灵，上帝不宁。不康禋祀，居然生子。

诞寘之隘巷，牛羊腓字之。诞寘之平林，会伐平林。诞寘之寒冰，鸟覆翼之。鸟乃去矣，后稷呱矣。实覃实訏，厥声载路。

诞实匍匐，克岐克嶷，以就口食。蓺之荏菽，荏菽旆旆。禾役穟穟，麻麦幪幪，瓜瓞唪唪。

诞后稷之穑，有相之道。茀厥丰草，种之黄茂。实方实苞，实种实褎，实发实秀，实坚实好，实颖实栗。即有邰家室。

诞降嘉种：维秬维秠，维穈维芑。恒之秬秠，是获是亩；恒之穈芑，是任是负。以归肇祀。

诞我祀如何，或舂或揄，或簸或蹂。释之叟叟，烝之浮浮。载谋载惟，取萧祭脂。取羝以軷，载燔载烈，以兴嗣岁。

卬盛于豆，于豆于登，其香始升。上帝居歆，胡臭亶时。后稷肇祀，庶无罪悔，以迄于今。

这篇史诗说，周族的始祖是一位叫"姜嫄"的女子，她生活在一个定居村落里，有房屋院落和小巷，有放牧的牛羊，村外平地上生长着树林，村民在林中伐木建屋。看来，这是一座位于平原，至少不是崎岖山地的小村落。

姜嫄曾经向神明献祭，祈求自己婚后能生育儿子。然后，她便踩到了上帝留下的巨大脚印（郑玄注疏说，是大脚印上的拇指部分），从而怀孕，最终顺利生下了一个儿子。姜嫄非常紧张："还未结婚就生下孩子，难道是我的祭品没能让上帝满意才导致这结果吗？"

她试图扔掉这个婴儿，结果一系列神迹保护着婴儿活了下来：被扔在小巷里，有牛羊来给他喂奶；被扔在平旷的树林里，结果遇到村民们来伐木；被扔在寒冰上，鸟群飞来用翅膀给他取暖。婴儿的哭声响亮，一直传到大路上，所以总会有人发现和照顾他。等到他能够爬行，就可以自己找食物吃了……

姜嫄最终是否"收回"了儿子，史诗里一直没有提及。等这个儿子长大之后，他开始从事农业种植工作，播种大豆、粟米、麻、麦、瓜，还掌握了一系列管理庄稼的技术，比如除去杂草以让各种作物长得茂盛，培育出各种庄稼的优良品种。

这个儿子，名为"后稷"，字面的意思是"谷物首领"。在上古，"后"的意思是首领，"稷"是谷物。《史记·周本纪》说，因为儿时被母亲遗弃，所以他的名字是"弃"。这应该是较早的本名；[1]等他壮年事业有成后，才有可能被尊称为"后稷"。

在史诗的最后，是弃—后稷用自己的收获向上帝献祭。他舂粮食去皮，簸扬淘洗干净，蒸出香气（用的应该是新石器晚期常见的陶甑）；还屠宰公羊，在香蒿上涂抹羊脂，放在柴堆中焚烧；所有的饭食都盛在高足陶盘（豆）里。上帝正在天上安居，闻到了祭品的香气，感叹："哪里来的香味这么及时！"

后稷靠祭祀得到上帝的保佑，一直没发生灾祸。周人的祭祀从此一直持续下来。

同样是未婚生子，简狄繁衍出商族，姜嫄繁衍出周族。有学者认为，这是人类早期母系家族的表现：女子不出嫁，男子到外部落约会临时性伴侣，所谓生子"知其母，不知其父"。不过要注意，在《生民》里，姜嫄发现自己未婚先孕后，还是会感到恐惧。而这是父系家族时代的观念。所以，《生民》反映的应该是母系家族和父系家族正交替的时代，在当时，两种家族观念还杂糅并存。这也正是男性始祖领袖产生的背景：从母系家族诞生，然后建立起自己的父系家族与国族。

在《生民》里，"上帝"频繁地出现。通过殷墟甲骨卜辞可知，"帝"或"上帝"本来是商人的说法和宗教概念，也就是说，这是后来的周人从商人那里学来的，并非周人自有。在《生民》史诗的最初版本里，这位周族之神应当有另外的名分，比如当地的某个山神或天神。

《生民》还说，在经营农业获得成功之后，弃-后稷在母亲的有邰氏部族建立了家庭。古代注家说，邰在陕西的武功县，属于关中盆地内的平坦地区，地貌接近《生民》中的描写。而且，武功县距离周原地区很近，也可以说是广义周原的一部分，所以后稷的后人有了"周"族之名。[2]但古代史家忽略了一点，姜嫄的姓是"姜"，其本意是女性的羌人。这意味着，姜嫄是羌人，周族是从羌人繁衍出来的。当然，这不是说我们比古人聪明，只是因为我们今天可以借助殷墟甲骨卜辞知道，关中地区的居民主要是羌人。

后稷成年之后，需要按照父系家族的规则娶妻。他的妻子是个姞姓女子，后世的周人也因此形成了一种观念："姬姞耦，其子孙必蕃。"意思是说，姬姓和姞姓通婚能生育很多后代。[3]但这背后还隐藏着一个问题，就是西部族群的"同姓不婚"禁忌（商族人很可能没有）。后稷此时还身在姜姓有邰氏部族，属于姜姓成员，不适合在母亲的姜姓部族里找配偶，而附近有一些姞姓族群，可以和姜姓婚配。

农牧兼营与迁徙

《生民》里还藏着一个大问题：后稷之前有没有农业？如果有，后稷就只是农业的改良者；如果没有，他就是农业的创始人，地位更加重要。

从《生民》的预设环境来看，并没有渲染后稷生活在过于远古、蛮荒的世界。《史记·周本纪》记载的周族历代首领，从始祖后稷到文王，一共有十五位。这个数字也许不是全部，但至少说明后稷时代并非过于久远和洪荒，换句话说，《生民》并未预设是后稷发明了农业。

再从考古来看。周族起源的关中地区，在后稷之前的三四千年里，大地湾和仰韶文化遗址已经星罗棋布，新石器农业发展兴盛。在如此悠久的农业文化圈中，周人也不大可能想象是自己的先祖发明了农业。

《生民》说，后稷被丢弃时，有成群的牛羊保护和哺育了他。本书认为，当时畜牧业的繁荣更值得关注。

从距今四千年开始，全新世大暖期逐渐结束，中国西北部海拔较高的地区首先受到影响，气候呈现从暖湿转向干凉的趋势。这种变化更适合畜牧，所以高地居民的粮食种植逐渐减少，牛羊畜牧业比重则缓慢上升。

到商代，山西和陕西的很多土著被商人称为"羌"。羌的甲骨文写作𦍌，羊头人身，说明畜牧业在其生活里占重要地位。但这些人仍然有农业经济，并未变成完全依靠牲畜的游牧人。商朝灭亡后，周人和羌人学习商的文字，把羌人的族姓写作为"姜"——女性的羌人。

周人之所以强调后稷精于农业的形象，应该是为了强调自己和羌人旧邻的区别，让自己显得更为"进步"和"开化"。在畜牧和农业之间，后稷选择了优先发展农业。那么，这两者到底有何区别？

动植物的自然繁殖周期告诉我们，相比畜牧业，农业的收获周期短，投入产出比高，"周转"增殖更快。牛、马以及未经现代改良的羊，一年只能生一胎，每胎生一只，不仅如此，牛羊还需要数年的生长期才可以繁殖。这些都决定了畜牧业的增殖速度较慢，即使有无限充裕的草场和人力，也无法加速循环。在家畜当中，相比牛羊，猪每胎产仔数量多一些，增殖更快，但猪的食物主要依赖农业，单靠养猪无法形成畜牧业。

跟牛羊相比，哪怕是传统低效的粮食品种，收获和播种的比率也很容易超过十倍（一颗粟米种子能收获上千颗粟米），而且，粮食每年至少可以收获一季。这意味着，在土地和人力足够的情况下，农业的规模和提供的食物数量可以高速递增。因此，少年时代的后稷勤于农作，很快便发家致富。当然，在史诗里，他被赋予了无穷的精力和丰富的经验值。

关中盆地的面积不太大，四周被山地环绕，宜农的平地和宜牧的山地相距很近，所以后稷（及早期周族人）有机会深入了解这两种经济形态，并作出自己的选择。

到"野蛮人"中去

《史记》说，后稷曾经在尧帝的朝廷担任"农师"，负责农业指导工作，一直供职到夏朝。后稷的儿子叫不窋，后遭遇夏朝的动荡，丢掉了农师的职位，只好带着一批族人离开周原（以及关中盆地），迁徙到戎狄野蛮人中谋生，继续繁衍。从此，周人在陕北山地生活了十一代，直到文王的祖父亶父一代才迁回周原。

> 后稷卒，子不窋立。不窋末年，夏后氏政衰，去稷不务，不窋以失其官而奔戎狄之间。
>
> 古公亶父复修后稷、公刘之业，积德行义，国人皆戴之。……乃与私属遂去豳，度漆、沮，逾梁山，止于岐下。豳人举国扶老携弱，尽复归古公于岐下。

上述传说中关于尧帝和夏朝的内容已经无法验证，二里头文化并没有延伸到周原地区，很难证明早期周人和夏朝–二里头古国有什么联系。

至于不窋向北方迁徙的时代，很可能是在商朝前期，正值商人征服者侵入关中。不窋家族虽然还未必全面了解扩张中的商朝，但很显然，那些使用青铜兵器、到处抓捕俘虏的人让他们感到非常可怕。而且周原地区过于平坦，完全暴露在入侵者的视野中，所以为了安全起见，他们只好选择躲到北方山地。

后来，周人称这段流亡为"窜于戎狄"。现代史家经常误以为戎狄就是游牧族，其实不然。这需要解释戎和狄在周人眼里的含义。

在商人的甲骨卜辞里，没有戎和狄。周人说的戎，是地域和文化与周族比较接近，但略微"野蛮落后"一点的族群。最明显的是，戎人也有族姓，比如姬姓和姜姓，从这里也能看出来，他们和周人有渊源。实际上，在商人看来，周与戎区别不大，都属于广义的羌人。

而在周人眼里，狄则是个更野蛮的族群。春秋之前的文献，几乎没有关于狄人的记录。春秋的狄人，族姓是"隗"，而商代甲骨卜辞中有"鬼方"，也许他们之间有些关系。

故而，不窋"窜于戎狄"，并非投奔游牧族，因为当时还没有纯粹的游牧族；不窋去的，实是关中盆地以北的山地，在那里生活的是姜姓戎人（羌人），他们的畜牧业经济虽多一些，但也有农业，过的是定居生活。

不过，不窋和他的儿子鞠具体生活在哪里，史书中没有记载。这个空白期，也可能不止两代人，毕竟对于遥远的古代，口耳相传的先民传说难免会有脱漏。脱离姜姓有邰氏部族的生活圈后，后稷的后人为自己选择了一个新的族姓——姬，以表示他们和姜姓群体的血缘关系已经足够遥远，可以通婚了。这就是后来建立周王朝的姬周族。

《诗经》中，有一首鞠的儿子公刘带领族人再次迁徙的史诗——《公刘》。

先周部族迁徙图示

　　笃公刘，匪居匪康。乃埸乃疆，乃积乃仓；乃裹餱粮，于橐于囊。思辑用光，弓矢斯张；干戈戚扬，爰方启行。

　　笃公刘，于胥斯原。既庶既繁，既顺乃宣，而无永叹。陟则在巘，复降在原。何以舟之？维玉及瑶，鞞琫容刀。

　　笃公刘，逝彼百泉。瞻彼溥原，乃陟南冈。乃觏于京，京师之野。于时处处，于时庐旅，于时言言，于时语语。

　　笃公刘，于京斯依。跄跄济济，俾筵俾几。既登乃依，乃造其曹。执豕于牢，酌之用匏。食之饮之，君之宗之。

　　笃公刘，既溥既长。既景乃冈，相其阴阳，观其流泉。其军三单，度其隰原。彻田为粮，度其夕阳。豳居允荒。

　　笃公刘，于豳斯馆。涉渭为乱，取厉取锻，止基乃理。爰众爰有，夹其皇涧。溯其过涧。止旅乃密，芮鞫之即。

　　这次迁徙的目的地是豳地，过程隆重而欢快。他们已经提前做好了准备，把收获的粮食装进口袋和筐里，族人拿着弓箭、戈和盾戒备而行。一路时而翻过山梁，时而下降到低洼的平地，涉渡众多泉水，终于看到一片平坦的山间谷地。然后，他们在高地上安家，搭起草棚，在临水的平地上开荒，还杀猪备酒举行宴会。作为部族首领，公刘受到众人景仰。

那么，豳地在哪？《汉书·地理志》认为，在旬邑县。据后世考古，位于今陕西咸阳城西 148 公里处的长武县碾子坡村，有一处先周文化遗址，应当属于公刘开始定居的豳地时期。在后世周人的回忆里，那还属于"窜于戎狄"的岁月；而从考古看，则属于半农半牧的经济形态。

窑洞与高粱

今陕西省长武县，属于关中盆地北缘的黄土高原沟壑区。1959年，中国社科院考古所在这里发现了先周碾子坡遗址，1980—1986 年，考古所泾渭考古队对遗址进行了十多次发掘。[4]

这是泾河支流冲刷出的一条大型沟谷，碾子坡遗址就位于向阳的山坡上，而且有多个不同时期的文化地层。

最早的遗迹距今 6000 年左右，生活着仰韶半坡文化晚期的居民。半坡文化遗址已经发掘过很多，而碾子坡的特殊之处是，这里的居民留下了用马骨制作的器物：两件骨锥和一件骨笄。而同时期的华北新石器遗址还很少出土有马骨，小小的碾子坡却能发现三件，且还出自不同的灰坑。这说明，这里的人经常捕猎和食用野马，用马骨制作器具。

这些半坡文化和后来的姬周族可能没有关系，但它展示了公刘和周族人到来时的环境：这里比关中更有北方特征。

从地理上看，碾子坡虽距离农业繁荣的关中盆地不远，只有 100公里左右，但它已属于陕北黄土高原地貌，从此向北到鄂尔多斯、蒙古草原，地形开阔，属于后来的内亚游牧地带边缘。碾子坡的海拔接近 1000 米，比关中盆地气候干爽，更适合野马生存。

半坡时代之后，碾子坡有一段长达 2500 年的空白期。到商代，这里出现了繁荣的村落，碳十四测年距今 3500—3100 年，发掘者称之为"先周"文化，并把它划分为早期和晚期两段。这里的"先周"指的可能就是迁到豳地的公刘部族时期。

先周阶段的碾子坡出土了很多农具，有用石头或骨头做的铲、镰，收割用的穿孔石刀，以及石臼，等等。农作物应该有粟和黍，但碾子坡遗址发掘得比较早，当时还没有使用"浮选法"收集细小的植物种子。

先周碾子坡人有好几种房屋，最常见的是黄土坡上的"窑洞建筑"。当时的上古人应该还没有能力把土坡削成垂直面，他们会先向土坡里面挖一条 1 米多高的巷道，深入内部之后再向周围掏挖以扩大居住面积，从而形成一间穹顶的窑洞居室。巷道就是进出的门道。窑洞墙壁上还挖掘出壁龛，作为储藏收纳的空间。

后来，周人的史诗《诗经·绵》回顾了这段住窑洞的生活："陶复陶穴，未有家室。"这是新石器晚期黄土地带的常见民居，再早一千年，山西陶寺古国的普通居民也是住这种窑洞。

比窑洞数量少一些的是半地穴式房屋，先挖约 1 米深的坑做居室，再用树枝搭起墙体和屋顶，最后抹黄泥覆盖。在华北新石器时代，这种半地穴式房屋很常见。

碾子坡还有一座夯土版筑的地面房屋 F1。它坐西朝东，房基为整体夯筑，土墙厚约 1 米，室内空间不大：长 5.4 米，宽约 3 米。门外地面铺垫着多块石板，还有呈品字形的三个灶坑。普通民居不大可能同时使用三个灶坑，它应当是村落集中活动的场地——可能是敬神的祠庙。

F1 后面有一座坑（H189），坑底是一处高粱作物的堆积：东西长

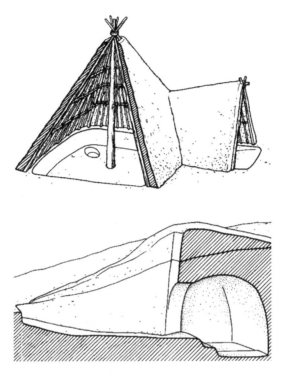

碾子坡的先周半地穴房屋和窑洞复原剖面图

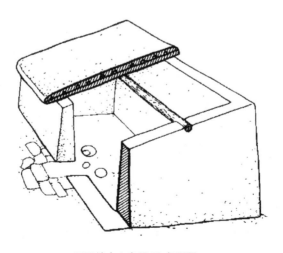

碾子坡夯土房屋 F1 复原图

1.8 米，南北宽 1.2 米，面积和形状近似一口棺材；厚度 5—20 厘米，这是被土层压实之后，估计掩埋之前厚度在半米左右。

这些高粱不是单纯的种子，而是整个穗子连带二三十厘米长的茎秆，还带着少量叶子。它和 F1 前后相邻，而且都指向东方。这恐怕不是巧合，很可能是一处祭祀遗存。

在中国上古时代遗址中，极少有高粱出土。距今约 5000 年前，郑州大河村遗址仰韶文化晚期房址中曾发现一只装满粮食的陶罐，经鉴定是高粱种子。但此结论仍有争议。碾子坡的这处高粱遗存距今约 3300 年，则完全没有争议，因为它有完整的高粱穗、秆和叶子。另外，在一所窑洞式房屋（H823）的壁龛里也发现了一小堆尚未去皮的高粱种子。

周人始祖名后稷，在古代，稷泛指谷物，但也有狭义的高粱之意。[5] 碾子坡遗址有掩埋高粱祭祀的遗存，说明在早期周人的观念里，高粱与周始祖有着密切联系。

碾子坡的房屋（窑洞）和粮食作物显示的是一种定居农业生活；而它的垃圾坑，则又显示了畜牧业的发达：

> 我们在发掘中收集到大量的兽骨，主要是牛、马、羊和猪等牲畜的骨头，其中又以牛骨为最多，它们显然是这个遗址中的先周居民的食后残余。该现象充分表明，以放养牛群为主的畜牧业生产在当时是很发达的……

除了大量牲畜骨头，还发掘出土了很多屠宰和剥皮的工具。各种骨制工具里面，用马骨制作的占了很大比重；除了常见的骨锥和骨匕，还有一种用马的下颚骨磨制的铲形骨刀，多达 27 件，发掘报告认为，它是一种加工肉类的工具。看来碾子坡先周居民不缺乏肉食。

用石头和骨头制作的箭镞数量也很多，但很少有食余的野兽骨骸。

从地理环境看，古碾子坡周边应该有各种野兽，但他们的捕猎行为应该不多，这可能是因为饲养的家畜已经足够肉食之需求。

在其中的一座灰坑（H2018）发掘出一具完整的马骨架，发掘报告称，没有发现捆绑的痕迹，应是死后埋进去的。灰坑纵轴和马头都朝东，联系前述宗教性建筑 F1 和高粱祭祀坑 H189 也都是朝东，这很可能也是座祭祀坑，背后应该有先周居民的宗教信仰因素。

除单独的葬马坑，还有用马殉葬的做法。在先周晚期墓葬中，有一座女性二次葬墓（M195），墓主四十岁左右，墓穴深近 3 米，在墓穴上层有一匹献祭的小马。在碾子坡两百多座先周墓葬中，殉马墓目前只发现这一座。

在碾子坡，在食用和利用皮、骨之外，马还有没有其他用途？此时的碾子坡还没有掌握马拉战车技术，因为制造马车需要发达的青铜工具，而且这里属于黄土高原丘壑环境，垂直高差大，沟谷纵横，并不适合马车行驶。

碾子坡人饲养的马、牛、羊很多，这些牲畜需要较大的草场，仅靠农作物秸秆和村落附近的草地应该很难维持。为了放牧，他们需要在一二十公里的半径范围内移动放牧。而牛羊容易走失，还要防范野兽和异族人的袭击，所以最合适骑马放牧。碾子坡人很可能已经学会了骑马。

商人难民带来铜器？

在先周碾子坡，没有发现炼铜和铸铜的遗迹，但有少量铜器。这显示了碾子坡和外界（很可能是商王朝）的联系。

最大的铜器来自一座先周前期的窖藏坑，共有三件，一瓿、两鼎。

窖藏坑呈椭圆形，长径超过 2 米，深约 1.1 米，坑挖好之后，先在坑底铺了一层 30 厘米厚的土层，然后呈品字形紧贴着放置三件铜器，都是口部朝下倒放，最后，填土掩埋。

埋葬过程比较从容，仪式感很强，因躲避战乱而藏宝的可能性不大。发掘报告推测，这处铜器埋藏可能具有祭祀性质。

在关中和陕北地区，较少发现埋葬器物的祭祀。这不属于本地宗教仪式，容易让人联想到郑州商城晚期的三座青铜器窖藏祭祀坑。也许，郑州商城的"宗教改革"曾经波及这座遥远的山村聚落？

从时间上看，碾子坡埋祭坑只略晚于郑州商城的那场"宗教改革"，而且其墓葬也显示有商文化移民的存在，这就是先周晚期的 M163 墓。墓主是一名五十岁左右的男子，墓穴中央挖有一脸盆大小的坑，里面有兽骨，发掘者推测是狗骨，其上先是被一块石板盖好，再安放棺木。这是典型的商人"腰坑殉狗"葬俗。

在碾子坡墓区，目前只发现了这一座商式墓。但这名商族男子肯定不是孤身一人，至少得是一家人，因为给他构筑墓穴的人显然也懂得商人的墓葬习俗。

故而，上述青铜器埋祭遗存和商人葬俗显示了这样一种可能性：在郑州商城的宗教改革引发内战后，可能有少量失败的"革新派"商人逃亡到了遥远的碾子坡，并把郑州商城新生的（从长江流域盘龙城引进的）埋祭宗教理念带到了这里。西土没有杀人献祭的宗教，这些流亡商人容易得到土著的接纳。

再来看这三件铜器。其中，瓿是青铜铸造，没有铭文和族徽，做工较精细，显然是从商朝境内输入的高端商品。两件铜鼎则不同，都是红铜铸造，没有纹饰，不含铅和锡，所以铜液流动性差，致使器物表面有很多沙眼和褶皱。此外，足跟不平整，其中一只的足底呈疙瘩粘连状，发掘报告推测，这应该是第一次铸造失败再次补铸所致。

虽然技术不佳，但这两件鼎的分量不小，都重约 10 公斤，口径约 30 厘米。看来主人并不缺铜料，但缺相关技术。主人应该还长期用它们炊煮食物，因为在鼎足及鼎的下部有约 2 毫米厚的烟灰层。青铜瓿是盛食器而非炊器，所以没有烟灰。

M163 出土铜鼎

两只红铜鼎有可能代表的是流亡商人的铸造技术。铸造铜鼎需要制作好几块外范、内范和芯范，这不是揣摩成品实物就能获得的知识，必须曾经参与过铸造才能仿制。这些操作者很可能只知道铸铜工艺，但缺乏关于青铜的配方知识，或者是因为西部山地难以获得铅和锡。

总之，外来者未能使陕北土著成功生产青铜制品（至少是大件青铜器）。碾子坡发现的其他铜器都是小件工具，如铜制的小刀、匕首、锥和铜泡，且都出自垃圾坑。先周墓葬中，随葬铜器的极少，只有晚期墓出土有铜镞两枚和铜铃一枚，还分别出于三座墓葬。其中，有一位墓主是中箭身亡的，一枚铜镞射入了他的右大腿骨（M1169），显然，铜镞的真正主人属于敌对部落。

安宁部族

目前，已发掘分属先周碾子坡早期和晚期的两片墓地，都没有发现人殉和人祭的现象。

这些墓葬很简单，多数死者有木棺材，几乎看不出贫富差异：前期墓葬几乎没有随葬品；后期平均每座墓有一件，基本都是煮饭的陶鬲。可见，碾子坡–周族几乎没有产生贫富分化。均等并不意味着贫穷，从遗址的家畜骨头看，碾子坡人的肉食摄入量远超任何已发现的古代农业聚落，他们甚至都懒得去射猎和捕鱼。

此外，先周墓葬还有两个特点：一，男人和女人下葬的姿势不同，男人俯身直肢，女人仰身直肢。二，有很多"斩肢葬"，死者的部分手或脚被砍掉，有些砍下的肢体放在了墓穴里。斩肢葬在仰韶半坡文化中曾颇为流行，从半坡到先周长达三四千年，中间经历过好几轮新石器文化更替，但斩肢葬却一直保留了下来。考古学者迄今还未能读解其背后的原因。

再来看部落生活中的暴力因素。墓穴中的尸体基本完整，没有发现被砍头或分尸后埋葬的现象。有极少数是用灰坑或废弃的水井和窑洞埋人的，死者直身，两手交叉，身边放有一件随葬品。很明显，这不是被杀死后的抛尸，而是由家人正常殡葬，只是可能因为某些原因而不宜埋入部落公墓。

碾子坡的灰坑中没有发现散碎的人骨，但有一件经过切割的人骨，像是肢骨一端。发掘报告说，它不是用刀具切割的，而是采用了一种类似加工玉器的线切割工艺。

比较特殊的是利用废弃灰坑埋人的 M501。这座灰坑比较大，在快被填满时，埋进了两具成年人尸骨：一具相对完整，是一名二十五岁左右的男子；另一具则性别不明，只残留部分四肢骨，且摆放凌乱。在两具尸骨旁边，还各摆放了一件随葬的陶豆。看上去，这两具尸骨像是在野外被野兽咬死后吃剩的。

H318 是一口废弃的水井，后被当作灰坑，在较深处埋有一枚人头骨，中间段有一具俯身直肢且缺手的十八岁女性尸骨。在碾子坡先周时期发现的所有尸骨中，这具看上去最接近非正常死亡。

总体上，碾子坡遗址的非正常死亡和被随意或恶意抛掷的尸骨极少，占比非常低，甚至远低于仰韶半坡文化时期的典型遗址。可以说，这里的生活非常和平。后来周族之所以能够消灭商朝的人祭文化，建立起全新的周文明，很可能有些文化基因在碾子坡时期就已经决定了。当然，碾子坡先周遗址只是一座小村落，充其量有数百居民，并不能代表豳地时期的整个姬周族（部落）。当时的姬周应当有几座甚至十几座这种规模的村落。

《公刘》中说，姬周族人在豳地定居后，还会南下关中盆地，渡过渭河，以获取一些小件铜制品："笃公刘，于豳斯馆。涉渭为乱，取厉取锻。"这其中就应该包含着姬周族对商朝据点的最初印象。看来，商人在渭河南岸的城邑（如老牛坡）生产的铜器对远在山地的姬周人有很强的吸引力。而"取厉取锻"，说明这些铜器还需要磨砺和锻打，显然，这不是大件容器，而是小件的刀、锥等工具。这也正是蛮荒的姬周人最需要且能交换得起的铜器。

那姬周族人拿什么交换呢？商人城邑统治着周边土著居民，应该不太会缺粮食，所以姬周最适合用来贸易的商品是牲畜，尤其是马和牛。史诗里之所以没有提及这些，有可能是因为在他们看来，牲畜容易和受歧视的野蛮人身份联系在一起。

自始祖后稷以来，周族一直有谨小慎微的自我保护意识。周是小族群，生长在羌人为主的大环境里；自命姬姓，以显示自己和羌人不同；未参与西土族群抵制商朝的战争，而是躲进山地，远离冲突。他们知道，和强者保持距离才是最好的生存之道。

在陕北山地，周人宁静地生活了三百多年，历经十几代人。直到周文王的祖父"古公亶父"一代，周族才和强大的商王朝建立了联系。从此，周族人的命运发生了剧变。

而关于周族和姬姓的起源，以及与黄帝传说的关系，因为还有许多学术争论尚未厘清，所以本书暂把相关讨论作为本章附录。

附录：华夏起源故事的来历

炎、黄来自羌和周

在《诗经·生民》里，弃-后稷的结局只是家业兴旺，受上帝福佑，成为家乡颇有威信的长老。但到春秋，后人又创造出了更古老的、《诗经》里没有的尧和舜，于是，后稷的经历再被翻新，增添了更显赫的内容：尧帝闻知弃的才能后，举荐他担任"农师"，教导天下百姓农业；到了舜帝，则更受重用，还获得"后稷"的称号。

但让后稷给尧舜效力，时间上很难对应。尧舜被安排在夏朝之前，而夏朝和商朝加起来有一千年左右，在这期间，周族首领却只传了十五代人。这样算起来，平均每代首领要在位七十年。这不符合常识。[6]

不仅是后稷，商族的始祖契也被拉进了这个半神伟人们的职场，成为大禹治水的助手。其实，周族和商族刚诞生时距离遥远，不太可能知道彼此的存在，其始祖更不会发生联系。只有到了西周，商周各自的始祖传说才被改编整理到一起，分享身份认同。某种意义上，这也是一种对失去王朝的商人的安抚。

春秋末年，孔子编辑《尚书》，他认为，那些最古老且可靠的半神帝王是尧、舜和禹，后稷和弃则是他们的部下，这构成《尚书》叙事的起点。以现代学术标准看，《尚书》中那些最古老的篇章，如尧、舜、禹及夏朝，都是不可靠的，只有到了商朝才开始有一些可信的内容，如《盘庚》。

关于周人更古老的始祖，或者说商、周等各民族的始祖，春秋时还出现了黄帝和炎帝的说法。有一种说法是："黄帝以姬水成，炎帝以姜水成。"意思是说，黄帝住在"姬水"旁边，所以用"姬"姓；炎帝住在"姜水"旁边，所以用"姜"姓。[7]这其实是把羌人和周人曾经的共生关系推到了更古老的时代：炎帝成了羌人的始祖，黄帝则成了周人、商人以及其他各族群的始祖。

史学大家顾颉刚称这种现象为"层累地造成的中国古史"，意思是说，越晚产生的传说，反倒在神谱里面越古老，就像人们堆柴堆，"后来者居上"。因为时代越晚，各族群的祖先传说就越是逐渐汇总到一起，这时，各自的先祖孰先孰后以及谁比谁厉害就成了问题。因此，为了制造更大范围的身份认同，就只能创作更古老的先祖，给各族群增添一位共同的始祖。先祖诸神的关系和谐了，世间各族群的关系才能和谐。

这种创造各族共同祖先"黄帝"的工作，从春秋就已经开始。孔子编辑《尚书》时，比较谨慎，没有采用。但到西汉时，黄帝的故事已经有了各种版本。司马迁认为，这些都不太可靠，有学问的人不应该轻信它们："然《尚书》独载尧以来。而百家言黄帝，其文不雅驯，荐绅先生难言之。"（《史记·五帝本纪》）

但司马迁还不可能有顾颉刚所说的那种科学认知方法，也没有孔子的自信心，他只能选择把相对显得不那么荒诞的黄帝及其他四位古帝的传说编排起来，写成《史记》第一卷《五帝本纪》。

再来看周人"姬"姓的来历。它应当和后来被创造的黄帝没关系。有古代经学家解释，姬字是女字旁加一个脚印的造型，象征姜嫄踩到的上帝足迹。东汉许慎的《说文解字》则认为，姬是形声字，右边是它的音旁。确实，它和"巨"字造型很像，但问题是，姬字来自商人的甲骨文，而商人是不太可能关注一个遥远的小部族的族源神话的，所以脚印的说法应该不实。

那么，周人的这个姬姓到底是怎么来的？应该是来自居住的地名。剔除后起的黄帝传说，可以推测，后稷的某一代后人应该曾经居住在一条姬水附近，故而给自己的部族冠以了姬姓。从这以后，他们就可以和姜姓部族通婚了。

长期以来，周人都是只有口头语言而没有文字，直到商朝末年与商朝接触后，周族上层族长才开始学习商人文字，并从中选了音近且带女字旁的"姬"字，从此一直沿用下来。商人姬字的本意，可能是女子梳头用的篦子，其实也是一种人祭方式。上古的族姓多用女字旁的字，如姜、姞、姒等，这可能和他们的女性始祖传说有关。

三个"周"的纠缠

武丁时期的殷墟卜辞里有"周"，但卜辞里关于"周"的事件，从未出现在周文王族人的记忆里，也没有进入《诗经》等文献。这有点难以解释，因为商末的周族很热衷攀附商朝，不应当遗漏掉武丁王时期的荣耀。

其实，这背后的问题是，"周"本来只是一个地名，生活在这里的族群曾经发生过更迭变换，先后有三个人群生活在周原地区，彼此区别很大，不能混淆。

先来看最早的。后稷的儿子离开故乡周原和有邰氏部落后，那块土地上还有居民吗？当然，有邰氏的多数人还是会在故乡继续生活，不仅如此，他们在周原还形成了以"周"为名的部落。

《山海经·大荒西经》记载说，是后稷之弟台玺的儿子叔均继承了后稷的农耕事业，建立了一个"西周之国"：

> 有西周之国，姬姓，食谷。有人方耕，名曰叔均。帝俊生后稷，稷降以百谷。稷之弟曰台玺，生叔均。叔均是代其父及稷播百谷，始作耕。有赤国妻氏。有双山。

这里说的"帝俊（喾）生后稷"，不再是姜嫄未婚生子，显然属于后人加上去的附会之辞。根据《诗经·生民》，姜嫄生后稷之后，应该还会继续生育，所以后稷会有同母弟弟台玺。台玺的台就是邰，说明他属于姜嫄的有邰氏部族，而台玺的儿子叔均自然生息在周原，并将其发展为"西周之国"。这个"西"周容易和后来的西周王朝混淆，实际上，《山海经》之所以称其为"西周之国"，可能是为了和后稷、不窋后人那一支远行的周族相区别：后稷和不窋的后人（姬周）迁入了戎狄山林；台玺和叔均的后人则开发故乡周原，沿袭后稷的农耕事业。

另外，《山海经》可能还混淆了一点：叔均这支周族未必是姬姓，很可能沿袭的是姜嫄旧有的姜姓。只是后稷那一支姬姓周族后来建立了周王朝，名气太大，使得后人误以为周人必然大都是姬姓。

在不窋"远窜于戎狄"期间，周原的姜姓周族应该一度比较繁荣。如前所述，武丁时代的甲骨曾多次记载对"周"的讨伐（"寇周"），光卜辞就有近十条，说明商人对其印象深刻。当然，结局是姜周被商人征服，大多数人可能被押送殷都成了武丁卜辞中的祭品。从此，这一支姜姓周族就在历史上永远地消失了。

这之后，武丁王应该是把周地分封给了一位商人贵族，建立了一个商人的"周侯之国"。甲骨卜辞里也有关于它的记录，都是一些和王室关系亲密的内容。武丁朝后，商人势力退潮，这个商人的周国也随之消失，周原遂成为荒芜之地，只有少数族属不详的人群在这里活动。

总结一下，"周地"只有一个，就是周原地区；但名为"周"的人群，则有三个：

一，姜姓的周族。这是台玺和叔均的后人形成的族群，可能从夏代起就一直住在周原，到商王武丁时被剿灭。这里说的夏只是时间概念，夏朝并不能统治关中。

二，武丁王分封的商人周侯之国，存在时间很短。

三，后稷和不窋的后人形成的族群。他们从夏代就离开周原，迁入山林过戎狄的生活去了，但到商朝末期，又迁回周原（叔均后人曾经的生息之地），成为后世熟知的姬周族，并且灭商建立了周朝。

长期以来，人们都没有意识到前面两个周族（国）的存在，只知道后稷后人这支姬姓周族，所以容易产生这样的疑问：在武丁时期，后稷和不窋的后人形成的这支姬姓周族还是深山戎狄，不但根本没有和商朝作战的能力，更主要是也没这种机会，为什么当时的甲骨卜辞里还经常出现"周"？再有，倘若姬姓周族在武丁王时期就和商朝频繁地发生战争，那灭商后的周人为什么没有大肆宣扬，把这些事迹写到史诗和史书里去？

最先意识到这个矛盾的是徐中舒，他推论说，在姬姓周族来到之前，在周原生息的是"姜族女国"，也就是姜嫄部族的后人，曾和姬姓的周族长期保持通婚关系。[8] 这个推论非常重要，本章就是对徐中舒观点的深化。

"周"字的甲骨文写作圃或用，古文字学家认为，这是耕作的农田的形状，因后稷以来的周人擅长耕作，所以便用农田的造型来表示周。但这个说法其实是有问题的。甲骨文是商人创造的，在商人眼里，西土的羌人是野蛮人，所谓周人的农业水平高也只是就西土的环境而言，和商王朝相比，他们的农业技术不值一提，商人不可能为远方蛮族专门造一个表示农业的字。

所以，甲骨文里的"周"可能就是周围、周边之意，属于生活中常用的会意字。而周人自称的"周"，可能只是个地名发音，没有文字，也没有明确的含义，也或者我们迄今还不知道。

神农是炎帝，也是羌人

不窋为什么离开周原？很可能是因为和自己的堂兄弟叔均不睦，只好远走他乡，重新立足。[9]

姬和姜这两支周族，虽然很早就分家了，但姬姓周族应该仍保留着对台玺和叔均这支亲族的记忆。特别是，当他们迁回周原定居时，叔均一支虽早已绝迹，但姬姓周族知道，周原这块土地本是叔均的族人耕种的，于是叔均被抬升为"田祖"之神：姬姓周人以弹琴和敲鼓的方式来祭祀田祖，祈求降雨；当庄稼发生虫害，会捕捉害虫投到火堆里，以此祈求田祖帮忙除虫，所谓"田祖有神，秉畀炎火"。[10]

大约是春秋以后，因为人们要创造更古老的帝王传说，叔均的地位又有了上升，成了神农。[11]而在传说里，神农和炎帝经常被纠结为一个人，这就出现了一个有趣的现象：从春秋始，人们创造的更古老的帝王传说（黄帝和炎帝）的素材主要来自后稷和叔均这伯侄二人，结果，后稷化身成了黄帝，叔均化身成了炎帝（神农）。甚至在有些版本里，黄帝和炎帝还成了兄弟，这又是后稷和叔均之父台玺关系的翻版。

姜嫄生的这一对儿子，不仅分化成为两支周族，也被后世创造为黄帝和炎帝，成为整个华夏世界的共同祖先。这背后的原理是，自西周以来，姬周文化成为正统，他们的族源故事自然成为重新创作古史的首选素材。当然，其他东方部族的族源传说也会是素材，但地位远不如周族始祖化身那样处于核心地位。

了解了叔均这一支姜姓周人，不仅可以解释武丁卜辞中的"周"，还有助于理解《诗经·大雅·文王》中那句著名的"周虽旧邦，其命维新"。对于姬姓周族来说，称为"旧邦"不太确切，他们并没什么太显赫的历史，但姜姓周族不一样，至少武丁王的卜辞能证明，他们曾经是商朝比较重视的对手。所以，这个旧邦应主要是指早已灭亡的姜姓周族。

注释

1　《国语·郑语》中，郑桓公和史伯对话，史伯说"周弃能播殖百谷蔬"。郑国出自周王室，是后稷–弃的直系后人，可见周人都知道自己的始祖名弃。

2　汉魏以来，学者理解的"周原"多在岐山县和扶风县之间，但这只是狭义的周原。史地学家史念海认为，上古周原的范围更大："当时的周原包括现在陕西省凤翔、岐山、扶风、武功四个县的大部分，兼有宝鸡、梅县、乾县、永寿四个县的小部分。"史念海：《周原的历史地理与周原考古》，《陕西师范大学学报》（哲学社会科学版）1978 年第 2 期；尹盛平：《周原文化与西周文明》，江苏教育出版社，2005 年，第 107 页。

3　《左传·宣公三年》。这是一位郑国大臣的发言，郑国出自周王室，此语应有依据。

4　中国社科院考古所：《南邠州·碾子坡》，世界图书出版公司，2007 年。以下有关该遗址考古的基本信息、数据及图片未注明出处的，皆出自该书，不再详注。

5　"稷"到底代表什么粮食，古人有不同说法，有的认为是某种粟，也有的认为是高粱。这是学术史上的一桩公案，清代学者程瑶田、王念孙都属于高粱派。

6　唐代经学家孔颖达在给《诗经·大雅·公刘》做注解时，已经提出了这个疑问。

7　见《国语·晋语》。晋国出自周王室，这个说法虽然未必真实，但属于周人给自己创造的更显赫的始祖。

8　徐中舒：《周原甲骨初论》，载《徐中舒历史论文选辑》（下册），中华书局，1998 年，第 1423 页。

9　后来姬姓周族又发生过类似的一幕，亶父的长子泰伯和次子仲雍"窜入荆蛮"，留下的幼子季历则继承了族长。

10　《山海经》："叔均乃为田祖。"《诗经·小雅·甫田》："琴瑟击鼓，以御田祖，以祈甘雨。"《诗经·小雅·大田》："去其螟螣，及其蟊贼，无害我田稚！田祖有神，秉畀炎火！"《周礼·春官宗伯》："凡国祈年于田祖，龡豳雅，击土鼓。"

11　《山海经》："稷之孙曰叔均，是始作牛耕。"《周礼·春官宗伯》郑玄注："田祖，始耕田者，谓神农。"《诗经·小雅·甫田》郑玄注："田祖，先啬也。"《礼记·郊特牲》郑玄注："先啬，若神农。"

第十六章　成为商朝爪牙：去周原

在商代诸王之中，纣王的知名度最高，他有着亡国之君的各种经典表现。其实，还有一位比纣王行为更夸张的商王，这就是纣王的曾祖父武乙（第二十七王）。而且，武乙还把周族纳入商朝的附庸之列，这是姬周和殷商之间长达半个多世纪故事的开端。

在史书中，武乙王是个非常另类的商王。他凶悍强健，不遵守商人传统的宗教原则，甚至对至高的"天神"不敬。《史记》对他的描写近乎漫画：武乙下令制作了一个叫"天神"的人偶，然后表演和人偶摔跤搏斗，结局自然是武乙王大胜，人偶惨遭蹂躏。当然，他更有创意的戮神行为是"射天"，命人用皮袋装满血并悬挂在高处，放箭射去，鲜血淋漓而下，象征天神被射死。[1]这种荒唐表演的背后，是人类原始宗教中的"交感巫术"，一种用杀死象征物达到杀死本体的魔法。

不过，司马迁写《史记》时，商朝灭亡已经有一千年，他对商朝的描写难免会有些走样。在甲骨卜辞里，商人崇拜的并不是天，而是上帝；到西周，人们才把天和上帝等同起来。所以，还原到武乙时代，他殴打和射猎的是商人敬畏的上帝。[2]

武乙时期的甲骨卜辞显示，商王朝最主要的军事对手有两个：一个是北土的"方"人；一个是西部的"刀方"人，刀可能通"召"，即属于西部羌人的召部族。

当初，武丁王开启西部扩张，在老牛坡分封了崇侯之国；近百年后，武乙王的重归，则让崇国更繁荣。此外，武乙王还做了一个当时看似微不足道的决定：接纳了一个从北部山地迁来的小部落，也就是姬姓周族，允许他们在周原定居，充当商朝的微末附庸。

不速之客来到窑洞

对周族人来说，从豳地–碾子坡迁居到周原是件大事，后世的史诗经常歌颂此事。当时的周族首领，是古公亶父。不过，后世周人并不愿提及此次迁徙的商朝因素，需要我们从文献里抽丝剥茧进行还原。

先来看周人的官方叙事。

亶父为何要带族人离开豳地，去往周原？史书的说法是，周族受到了戎狄的威胁。孔子之孙孔伋（字子思）曾讲过一个掌故：当初，狄人来攻击豳地的周人，勒索财物，族长亶父命令族人满足狄人的要求；但狄人还想获得豳的土地和人口，又发动进攻，周族人决心抵抗，但古公说："土地、民众属于我，或者属于戎狄，又有什么区别？如果为了我开战而死人，我这首领又有什么意义？"于是，亶父拄着拐杖离开了豳地。他翻过梁山，来到了周原。豳地有很多人都追随着老族长，跟着搬家而来的有三千辆马车。从此，周人便在周原定居了下来。[3]

这里记载的三千辆马车，实在过于夸张，因为从碾子坡的考古看，豳地时期的周人还没有马车。《史记·周本纪》就删去了三千马车的说法，只保留了豳人"扶老携幼"追随亶父。

这个版本的迁居故事明显经过后世儒家的加工，突出了仁义的力量。不过，它还是给我们提供了一些信息：一是周人迁居的时候，亶父拄着拐杖，说明他年纪已经比较大了，而他的几个儿子应该都已经成年；另一个信息则是，并非所有的族人都追随亶父到了周原，还有部分的人留在了豳地。碾子坡的墓地布局表明，先周晚期墓的北侧是西周和东周墓地，说明这里一直有人居住，聚落生活一直保持着连续性；明显发生变化的是墓葬的数量：先周早期墓葬有 93 座，晚期墓葬有 139 座，相比之下，西周时期的墓葬仅有 45 座，比之前少了很多，说明当时聚落人口规模发生了骤减，而原因可能就是，在亶父时代，多数居民都追随族长迁徙到周原去了。

子思讲的这个版本，虽然有后人添加的道德色彩，但仍显露了周人早期部落时代的特点：族长没有绝对专断的权力，部落民众有较大自主权，他们可以决定是否迁徙。

但史书所说的戎狄袭击豳地，在考古中则找不到迹象。碾子坡聚落一直在延续，墓葬随葬品还有增加，每座西周墓一般都随葬有几件陶器，说明在亶父带部分族人迁走之后，豳地并没有发生过外来征服和剧变，甚至居民的生活水平还在持续提高。

既然豳地–碾子坡并没有什么外来威胁，为什么亶父和族人还要迁徙？其实，这是武乙王西部大扩张的副产品：商朝希望招募一个仆从部族，让他们定居到周原，充当商朝的附庸和马前卒。这才是姬周族来到周原定居的根本原因，因而也是周人灭商后不愿再提起的黑历史。

但有一份文献暗藏着这段往事。在周文王创作的《易经》中，有些卦的爻辞涉及当年亶父迁徙周原这一事件。至于《易经》为何会有如此翔实的周族历史信息，后面我们会对此进行分析。

这里先来看益卦。这个卦名，顾名思义，就是获得利益。它的六四爻辞是："中行告公从，利用为依迁国。"高亨认为，"依"是"殷"的通假。[4]和周人首领打交道的这位"中行"，在《易经》中出现过好几次。"中行"的字面本意是行军最中间的行列，可能代指战车，因为战车走在道路中间，步卒走在两边。所以，整句翻译为白话是，有人乘着战车来告诉公（亶父）："跟我走，为了殷商朝，你们这个小国搬迁一下，这对你们也大有好处。"

这位乘马拉战车深入豳地、劝说姬周族首领搬迁的人，很可能是崇国的国君——崇侯。崇国是商朝经略西土的基地，武乙王亲征关中自然需要崇侯提出各种具体方案。

接着看需卦。该卦的主要内容是周人投靠商朝之后为商朝捕猎俘虏的各种经验。它的上六爻辞比较特殊，记载的不是捕俘，而是几位贸然来访者：

　　　　入于穴，有不速之客三人来，敬之，终吉。

穴，是亶父在豳地的窑洞。《诗经·大雅·绵》描写过豳地生活："古公亶父，陶复陶穴，未有家室。"[5]意思是说，亶父住在从黄土上掏出的洞穴里，还没有建造房屋。

在爻辞里，三位不速之客来到了族长的窑洞，虽然亶父不知道这三人的用意，但还是以礼相待，最终的结果是，大吉。

不速之客为什么有三位？因为殷商时代的马车只能承载三个人。需卦把这一条放在了最后（上六爻），因为全卦主要是讲周人为商朝捕俘的经历和经验，而这条则是追溯他们为商朝服务的起因：当初乘马车而来并钻进亶父窑洞的那三个陌生人。

再看升卦。该卦的内容都是关于遇到机会而获得升迁的。它的卦辞是："元亨，用见大人，勿恤。南征吉。"意为，举行大祭祀，去拜见大人物（商王），不需要担心，去南方的征途吉利。

对于豳地-碾子坡来说，周原在南方，亶父去往那里就是南征。可能当时武乙王驻扎在周原，正在研究如何利用这块荒废的土地。至于亶父具体的行程，应当是沿着泾河河谷向东南方向，出了山地之后再折向西，然后到达周原。

老族长的新领地

升卦的六四爻辞是："王用亨于岐山。吉，无咎。"说的是亶父到达岐山下的周原，拜见了武乙王，武乙举行祭祀，同时招待了这位异族番邦的小头领。

周人的史诗《诗经·绵》，记载的就是亶父带领周族迁居到周原的大事件。

> 绵绵瓜瓞，民之初生，自土沮漆。古公亶父，陶复陶穴，未有家室。
>
> 古公亶父，来朝走马。率西水浒，至于岐下。爰及姜女，聿来胥宇。
>
> 周原膴膴，堇荼如饴。爰始爰谋，爰契我龟。曰止曰时，筑室于兹。

开头部分，是亶父和夫人对周原的首次考察。他的夫人是"姜女"，也就是在豳地娶的姜姓（羌人）女子。豳地周边是姜姓戎人，这种姬姜联姻很正常。后世周人尊称亶父夫人为"大姜（太姜）"，她生了泰伯、仲雍和季历。

亶父夫妇可能是骑着马跟随"中行"的战车出发的，所谓"古公亶父，来朝走马"。去拜见王才是"朝"，史诗中虽略去了商王武乙，但用词仍留有痕迹。他们出山地之后，沿着一片水泊向西走，就到了岐山之下的周原。

益卦的六二爻和六三爻也是记录这次朝见的。六二爻曰："或益之十朋之龟，弗克违，永贞吉。王用享于帝，吉。"说的是有人赠给（亶父）一只占卜用的龟甲，价值二十串海贝，用它占卜得到的结果会很吉利，不可违抗；（武乙）王还在这里祭祀了上帝，很吉利。羌、周等西部族群本来没有用龟甲占卜的习惯，他们只会用牛马的肩胛骨，碾子坡虽出土了很多这类卜骨，但从没有龟甲。龟甲占卜是商人带来的习惯。

六三爻记载的是亶父朝见武丁王的细节："中行告公用圭。"意思是，那位招募他来的"中行"教他如何用玉圭朝拜王。这条爻辞还说，用益卦来占卜战争，没有灾祸，会捕获俘虏。[6]

到了周原后，亶父认真地观察环境，发现这里有广阔而平坦的草场和树林，很容易开垦成大片农田，长出的苦菜也像麦芽糖那样甜，正所谓"周原膴膴，堇荼如饴"。总之，周原比豳地-碾子坡局促的沟谷好得多，占有和开发这里，周族人口会增殖很多倍。于是，亶父开始考虑迁徙大业。他在龟甲上凿了小坑进行占卜（爰契我龟），结果是，就在这里留下，现在正是好时机，应当在这里修建房屋，正所谓："曰止曰时，筑室于兹。"

其实，亶父和姬周族在这之前对周原也会有所了解，毕竟碾子坡到这里不算太远。但之前这里不安全，不仅有满怀敌意的野蛮部落在此活动，强大的商朝-崇国军队也时而前来屠戮破坏。如今有了商王的首肯，这就完全不同了。

> 廼慰廼止，廼左廼右，廼疆廼理，廼宣廼亩。自西徂东，周爰执事。
>
> 乃召司空，乃召司徒，俾立室家。其绳则直，缩版以载，作

庙翼翼。

　　捄之陾陾，度之薨薨，筑之登登，削屡冯冯。百堵皆兴，鼛鼓弗胜。

　　廼立皋门，皋门有伉。廼立应门，应门将将。廼立冢土，戎丑攸行。

　　肆不殄厥愠，亦不陨厥问。柞棫拔矣，行道兑矣。混夷駾矣，维其喙矣！

　　虞芮质厥成，文王蹶厥生。予曰有疏附，予曰有先后。予曰有奔奏，予曰有御侮！

　　最后，《诗经·绵》用了很大的篇幅来记录周原的建设工作。亶父一路安慰追随他的民众，最后在周原停下来。他先在原野上规划，确定各宗族占有的疆界以及村舍和田亩的方位，然后是各种分工和任命，如司土（司徒）和司工（司空），让他们带领民众建设家宅。最先建好的是周族的宗庙，供奉自姜嫄、后稷以下的历代族长。

　　和《生民》歌唱后稷的农耕事业以及《公刘》颂扬公刘迁居豳地一样，《绵》也洋溢着欢快、昂扬的情绪。这些史诗都喜欢用排比，罗列先民的种种劳作场景。几乎所有的建筑都是版筑夯土墙，先拉绳子画出笔直的墙基，再埋柱子，固定两面木版，中间填土夯筑牢固，然后固定更高一层木版，继续向上夯筑。

　　夯土版筑需要密集的协作劳动，周人便唱起节奏明快的歌谣来协调动作。周人史诗的四字句，很可能就源自集体劳作时的"夯歌"。当上百堵土墙同时动工，轰隆隆的夯筑声比鳄鱼皮鼓还响亮："捄之陾陾，度之薨薨。筑之登登，削屡冯冯。百堵皆兴，鼛鼓弗胜。"

　　周人还建起"皋门"和"应门"，说明中心聚落有两层土墙和环

壕防御。周原考古还没有发现先周夯土城墙，甚至连亶父时期的建筑
遗存也没有。可能在立足之初，周人的工程建设规模还很有限，能留
下的遗迹更是微乎其微。但亶父时期的周族，像是一颗种子，体量虽小，
但只要落在合适的土壤里，就有长大的可能。

《诗经》还记载说，周族初到周原时，这里的原野上长满了树林
和灌木，并且有和周人敌对的土著部族"混夷"和"串夷"。[7]所以，
周人在砍伐树林上投入了很多劳作，他们挖掘土壤里的树根，平整土
地，开垦农田，而当树林消失，串夷部落就逃窜走了。

> 作之屏之，其菑其翳。修之平之，其灌其栵。启之辟之，其
> 柽其椐。攘之剔之，其檿其柘。帝迁明德，串夷载路。天立厥配，
> 受命既固。（《诗经·大雅·皇矣》）

在后世周人的史诗里，亶父被尊为"大王"（太王，古老的王），
他迁居岐山之阳的周原，也被描述成周人"翦商"事业的开端：

> 后稷之孙，实维大王。居岐之阳，实始翦商。（《诗经·鲁
> 颂·閟宫》）

但在亶父的时代，周族还完全没有挑战商朝的可能性，也不可能
有称王的非分之想，这应该都是周朝建立之后对历史的改造。不过，
这首史诗措辞颇有些狡猾，它说亶父"事实上开始了翦商大业"（实
始翦商），其实正是为了遮掩当时还没有这种现实可行性。

迁居周原之后，周族并非一切顺利，尤其族长家还发生了
分裂。

出走的兄长，远来的妻子

史书记载，亶父至少有三个儿子：泰伯、仲雍和季历。亶父想把族长之位传给幼子季历，于是两位长兄高风亮节，离开周族去了南方蛮族之中生活，后来，他们的后裔建立了吴国。

> 太伯、仲雍二人乃奔荆蛮，文身断发，示不可用，以避季历。
> （《史记·吴太伯世家》）

这段记载引发了很大的争议，因为关中的周原和江南的吴相隔太遥远了。有些史家认为，泰伯和仲雍逃往的应该是山西南部的虞国，也有人说是关中西端的宝鸡一带。[8]

两位兄长的行踪难有定论，但兄弟三人决裂的原因，很可能比史书记载的要复杂。

武乙王恩准姬周族迁居到周原是有条件的，立足安居之后，周族人需要承担相应的义务，这便是替商朝捕猎人牲，以供商王献祭。

甲骨文中用于献祭的羌人，是周人的同宗、近邻和联姻盟友。因此，为商朝捕猎羌人（周人文献里的姜姓戎人）并不符合周人的传统伦理。这可能是泰伯、仲雍与父亲决裂的根源，他们希望躲开这件可怕的事。

而幼弟季历则和父亲站在一起。毕竟，只有依附强大的商朝，周族才有发展的机会。或者说，通过亶父的朝见，周族上层在见识了商朝发达的战争和统治技术后受到巨大震撼，他们已无法满足那种蛮荒深山中的生活。

后来，季历继承了父亲的族长之位。对季历来说，在作为继承人和族长的时期，他最主要的工作是征伐各种戎人，给商朝缴纳俘虏。传世的史书虽没有记载这些，但4世纪初（西晋）的《竹书纪年》里记载了一些季历的事迹。[9]

据《竹书纪年》，武乙王三十四年，季历到殷都朝见，被王赐予
土地三十里，玉器十套，马八匹。这三十里土地很可能在商都近郊，
以作为季历在殷都生活的封邑。看来季历获得了武乙王的赏识。

为了持续获得商朝支持，周族必须为商王征战，缴纳"血税"。
季历在主持周族的十几年里，几乎一直带着部属在外面征讨，这也使
周族变成了一个高度武装化且热衷于战争与劫掠的部族。

武乙王三十五年，这位好战且慢神的王再次亲征关中，周族则
为商王充当马前卒，大力征讨周边部族。据《竹书纪年》，在这一年，
季历的征伐获得重大战果，他率军进攻"西落鬼戎"，可能是山西和
陕西两省之间的土著部落，战果是俘获了二十位"翟（狄）王"。

文王的未济卦九四爻涉及了这一事件：

> 贞吉，悔亡。震，用伐鬼方，三年有赏于大国。

这句爻辞的大意是说，季历的征战虽然艰难，但战果颇丰，周族也因
此更得到商王朝（大国）的赏识，似乎前途一片光明。但武乙王却在
此次巡视和亲征中离奇地死亡，据《史记·殷本纪》："武乙猎于河渭
之间，暴雷，武乙震死。""震死"，就是被雷电劈死。未济卦九四爻
辞中的"震"似乎也与此有关。

武乙王暴死之后，其子文丁（第二十八王）继位。[10]

文丁二年，季历再次带领族人远征，"伐燕京之戎"，结果遭遇惨
败。"燕京"，古代注家解释为山西太原一带。对于周族来说，这是一
次跨越黄河、进入汾河上游的远征，所以周人不可能占领如此遥远的
土地，战争目的应当还是捕猎当地土著向商朝上贡。

文丁四年，周人又进攻"余无之戎"，获胜，商朝授予季历"牧师"
头衔。周人史诗虽一直强调自己是农耕文明，但在商朝看来，它的特
点还是畜牧业比较发达。

　　此后，季历接连取得战果：七年，伐"始呼之戎"，获胜；十一年，伐"翳徒之戎"，俘获三名酋长。

　　季历还从挚国迎娶了妻子。挚是个东方小国，族姓为"任"。这位妻子被后世周人称为"大任（太任）"，她是当时挚国国君的二女儿（挚仲氏任）。后世注家解释，挚国在今河南省汝南一带，属于殷商的南土，一个附属于殷商的土著小邦，知名度很低，记载非常稀少。不过在亶父和季历时代，这大概是周族能攀附的离商朝最近的婚事。[11]

　　在《诗经·大雅·大明》中，周人向西土各部族宣称，这位新夫人是从殷商王朝嫁过来的，暗示她是来自商王家族的公主：

　　　　挚仲氏任，自彼殷商，来嫁于周，曰嫔于京。乃及王季，维德之行。大任有身，生此文王。

但周人这个说法有很多漏洞。商王家族的族姓，是"子"；而挚国的族姓，却是"任"。这说明挚国和商王没有同宗关系。从甲骨卜辞来看，商王家族基本实行族内婚，极少和蛮族藩属通婚。

　　自从迁居周原，亶父和季历先后带领周族四处扩张和捕捉俘虏，自然和周边族群的关系很差。为此，他们急需用商朝的旗号壮大自己的声势，以震慑周边各族。如此，从东方娶来的夫人自然要派上用场。西土各族群对商朝内部情况很不了解，周人的吹嘘也许能起到一定作用。

　　从另一面说，迎娶挚国的公主，是周族头领有心向化的表现。在商人看来，刚从豳地-碾子坡迁出来的周族，近乎生番；而挚国，则更接近中原文化圈，国君家族应当比较商化，可能会使用商人的文字和官方语音，如此，新娘大任给季历和周族带来的影响是深远的，特别是她生了一个叫周昌的儿子，也就是后来的文王。

　　母亲对儿子的影响是全方位的。周昌成长的环境，肯定兼有商和周两种文化氛围，尤其是自幼就可以说商朝语言，书写商人的文字，甚至晚年还沉迷于占卜和易卦占算，这应该都和母亲带来的文化影响有关。

但季历时代的周族尚未脱离野蛮色彩，因此，从相对繁华开化的中原远嫁荒僻西土，这让大任一直难以适应。后世经过改造的历史说，大任在怀胎（周昌）之后，"目不视恶色，耳不听淫声，口不出敖（傲）言"，全面符合儒家的妇道礼仪，是胎教的创始人。其实，这很可能是和丈夫疏远而造成的家庭生活冷淡所致。据说，大任是到猪圈里小便时生下文王的。可见，此时周族首领家的生活条件与部落普通民众并没有太大差别，从东方邦君家族嫁来的女子自然难以适应。[12]

周昌还有两个弟弟，后世的称号分别是虢仲和虢叔，但这两人知名度极低，可能是季历与其他女子所生。

文丁王在位时间不长，可能只有十一年。[13] 在他驾崩前不久，季历到殷都献俘，却诡异地被杀死。《竹书纪年》的记载是："文丁杀季历。"此外，没有更多信息。事实上，文丁王和季历可能都是死于商朝内斗。下一位商王是文丁的儿子帝乙（第二十九王），他一上台就废除了商朝传统的祭祀方式，改用了一套被现代研究者称为"周祭"的制度。

当然，这个周祭和姬周族毫无关系。它的特点是不再祭祀上帝及山岳河川、龙、凤、四方等自然神，只祭祀历代先王；而且，统一规定给各位先王献祭的时间和方式，形成一张一年周期的巨大值日表，不必再临时占卜决定。而这限制了占卜师和祭司的权力。

"周祭"是商代第二十四王祖甲最先发明的，被董作宾先生称为商人的"新派"宗教。[14] 但祖甲死后，旧宗教迅速回潮，直到末代二王帝乙和帝辛（纣王）时期，新派的"周祭"才算正式确立下来。新派宗教甚至不仅称先王为"帝"，也称在世之王为帝，所以商朝末代两王的称号分别是帝乙和帝辛（纣王）。按照商人的传统宗教，这肯定触犯了天界上帝的独尊地位，几乎是大逆不道的僭越。

商朝上层的这场宗教改革可能伴随着宫廷内的派系斗争和政变。文丁王的死因难以确定，但季历属于老王亲信，自然是新王帝乙的对立面，所以他很可能是与文丁王的势力一起被消灭的。帝乙初年重启革新，新旧两派争的就不仅是仪式，也是权力分配。老派宗教祭祀的各种自然神，可以包含一些非商族起源的神灵，这为商王拉拢异族提供了操作空间。新派却是一个更加保守的王族小群体，排斥一切没有商王族血统之人，因而季历这种当红的蛮族酋长自然下场堪忧。

季历死时，周昌可能还不到十岁，应当会有老练的家族成员"辅政"。《竹书纪年》记载，帝乙二年，"周人伐商"。这显然是不自量力之举，所以，现实地看，也许是周人不得已介入了商朝内战。

周族的直接领导是老牛坡的崇国，而武乙王也数次亲征关中，应该和崇国关系非常密切。也许在文丁王死后，崇国曾纠集周之类的番邦介入朝廷内战，但帝乙的地位已经不可动摇，这次勤旧王之举也就只能是半途而废。

帝乙似乎没有报复西土的这些侯和伯的举动。他和父亲不一样，对西部的扩张事业可能并不感兴趣，只要羌人俘虏能一直按期送到殷都献祭给列祖列宗就行了。而且，像周这种蛮族的首领也很可能不再有获得重用的机会，并被禁止进入殷都，毕竟崇国这种西土侯国足以管理他们。所以，在甲骨卜辞里，帝乙上位之后的三四十年中，周族上层再没有获得商王赏识的记录。

幼年的周昌只能安于他的西土生活。这个小邦又经历了四十余年沉寂的时光，直到因为周昌晚年发生的某些事变，才再次进入庞大商朝的视野。彼时，商王已经换成了帝乙的儿子帝辛，也就是后世著名的商纣王。

注释

1　《史记·殷本纪》："帝武乙无道，为偶人，谓之天神。与之博，令人为行。天神不胜，乃僇辱之。为革囊，盛血，昂而射之，命曰'射天'。"

2　白川静注意到了周人崇拜天的现象，他认为武乙侮辱天神是为了"侮辱周人之信仰"。但本书认为，在武乙时代姬周族还非常弱小，商朝人恐怕不会注意到它有什么信仰，更不至于蓄意侮辱其信仰，史书也没有记载武乙辱神之事发生在关中。如武乙想侮辱周族，用后稷做靶子似乎更合适。武乙之事从发生到记录成文，中间经历了较长的流变，从西周开始，宗教观念里的帝与天已经混淆不分，所以才会把武乙羞辱的上帝记录成天神。[日] 白川静：《西周史略》，袁林译，三秦出版社，1992 年，第 15 页。

3　见《孔丛子·居卫第七》。该书是西汉初年作品，司马迁写《史记》时可能部分取材于此。

4　高亨认为，"依"通"殷"，此爻内容可能涉及为殷商而搬迁，"武乙与古公亶父年代亦相值，则《易》所记盖武乙亶父故事，所谓公即古公亶父欤？"见高亨《周易古经今注》，中华书局，1984 年，第 281 页。

5　这里的"古公亶父"，曾被认为是亶父的全称。也有学者认为，"古"是表示追溯的"当年"之意，"公亶父"是称呼，其中"公"又表示长者尊称，"亶父"是日常用的称呼。

6　益卦之"用凶事，无咎，有孚"。

7　也许他们本是同一个部族，只是后来的古文字用了两种写法而已。

8　尹盛平：《西周史征》，陕西师范大学出版社，2004 年，第 61 页。

9　西晋时期，有人盗掘战国魏王墓，挖出了很多竹简，当时的学者释读和整理了这些竹简，定名为《竹书纪年》，但在印刷术普及之前，此书失传，只有被唐宋著作引用过的一些句子保留了下来。

10　《史记》等传世史书写作"太丁"，"文丁"是甲骨卜辞的写法。

11　但在春秋时期，黄帝的传说被制造出来之后，任姓和姬姓都被列为黄帝之子。这可能是后世周人在抬高自己母系先祖的地位。见《国语·晋语四》："凡黄帝之子，二十五宗，其得姓者十四人，为十二姓：姬、酉、祁、己、滕、箴、任、荀、僖、姞、儇、依是也。"

12　刘向《列女传》卷一："大任者，文王之母，挚任氏中女也。王季娶为妃。大任之性，端一诚庄，惟德之行。及其有娠，目不视恶色，耳不听淫声，口不出敖言，能以胎教。溲于豕牢，而生文王。文王生而明圣，大任教之，以一而识百，卒为周宗。君子谓大任为能胎教。"

13　来自"夏商周断代工程"的《夏商周年表》。参见胡厚宣、胡振宇《殷商史》，
　　第 630 页。

14　董作宾：《殷历谱》，（台北）"中研院"影印本，1964 年。

第十七章　周文王地窖里的秘密

上古时代的历史人物的家宅，极少有机会被发掘到，或者即使发掘到了，也缺乏相应的记载。比如，殷墟发掘了很多宫殿基址，但我们无法确定商王们到底居住在哪座建筑。即便是秦皇汉武、唐宗宋祖，我们也无法指认他们住在遗址建筑的哪间殿堂。

只有周文王是特例。1976年，他居住的宅院被完整地发掘了出来，而且有甲骨卜辞为证。这座宅院不仅展示了周族首领的生活空间，还隐藏着文王的惊天秘密：和诸神共谋的翦商事业。

让我们从青年时代的文王开始。

文王是纣王的姑父？

渭河上喧嚣了起来，很多条小木船被系在河中，上面铺有木板，一座浮桥就这样搭了起来。青年族长周昌，后来的周文王，带领着族人在渭河边迎接从东方远道而来的新娘，隆重地宣扬这场婚姻带来的荣耀。新娘来自姒姓的莘国，后人称为"大姒"。

《诗经·大明》曰："文王初载，天作之合。"这是上帝（天）亲自撮合的婚事，而这位来自大国的女子简直就像是天帝的妹妹："大邦有子，伣天之妹。"文王晚年创作的《易经》有两个卦的爻辞出现了"帝乙归妹"，意思是时任商王帝乙（纣王之父）下嫁了妹妹："帝乙归妹，以祉元吉。"按照这种说法，文王成了帝乙的妹夫，纣王的姑父。

不过，这显然不是事实，因为姒姓并非商朝王族，更不可能是商王帝乙的妹妹，估计周人自己也不会当真。那么，大姒的莘国在何处？有旧说是今陕西省合阳县，但未必成立，因为合阳县和周原都在渭河北岸，往返不需要渡过渭河。莘国应当和挚国类似，也在河南地区，新娘的车队从豫西古道驶向关中，然后向北渡过渭河，才抵达周原。[1]

莘国姒姓，据说是夏王室后裔。这个小国似乎以女子著称。商代开国君王商汤的夫人出自莘国，再后来，周昌被商纣王囚禁，臣僚们为营救主公，搜罗各种名贵礼物进献商纣，其中就"有莘氏美女"。也许正是文王的夫人出自莘国，才引发了后来各种附会的历史创作。

和文王母亲的挚国相比，莘国的知名度更高一点。这也是周族势力上升的体现，它已经是西土一个颇有前途的新兴小邦国。莘国嫁来的有姐妹两个，所谓"缵女维莘"。"缵"，连续、不止一个之意。周昌还暗中怀疑，好像姐姐的衣服不如妹妹高级："帝乙归妹。其君之袂，不如其娣之袂良。"（《易经》归妹卦六五）妹妹可能嫁给了周族另一个重要人物召公奭。召公奭的年龄比周昌小，在周昌晚年以及武王的灭商事业中，作用非常重要，他的头衔是"太保"，意为"国君的监护人"。

商周时代，职位多是世袭。召公奭的父亲可能辅佐过少年周昌，才使自己的家族得到了"太保"的殊荣。正如前文所述，周昌童年丧父，过早地登上了族长之位，[2] 应当有长者替他管理周族事务，召氏家族的可能性很大。

召公家族虽也是姬姓，但和周昌家族似乎没有太近的亲缘，至少史书中没有这方面的记载。[3] 武乙王时期的卜辞经常出现讨伐"刀方"的记载，陈梦家认为刀即是"召"，[4] 本书推测，"刀方"可能是召公所属的召部族，他们因遭受来自商人的沉重打击，侥幸残存的成员（如召公奭的祖父辈）后来投靠了周族。这位没能进入史书的召公奭之父，这里可以暂时称其为"召祖"。

召氏有和商人长期作战的经验，召祖也比较熟悉商朝的情况，并辅佐少年周昌直到成年。周昌的婚事很可能也是召祖奔走操办的，还顺便给自己的儿子、后来的召公奭娶了一位莘国公主。周昌因此又和召公奭成了连襟。

《易经》归妹卦显示，妹妹的嫁妆似乎更丰厚。也许是因为她在娘家更受宠爱，也许是因为召祖在周族"辅政"多年，女方家族更重视这位实权人物。来自东方的新娘也造成了召公奭家族的某种商化，比如，他或者他的孩子就有名"辛"的，而用生日的天干作为名字是商人的习俗。[5]

结婚后的周昌很快便开始"亲政"，新一代周族人的历史就此开启。

和父亲季历相比，周昌的夫妻生活要幸福得多。这部分是因为周族上层已逐步商化，族长家也阔绰起来，有了体面的大宅院，族长夫人已用不再把猪圈当厕所。

周昌这一代的首领和东方贵族的交流已经没有大的障碍。他以多子著称，有所谓"文王百子"之说。仅他和大姒生下的儿子就有十个左右，此外，还可能有几个庶出的儿子，但没有任何女儿的信息。

商王帝乙可能在位二十六年，[6] 然后由儿子帝辛继任，这便是末代商王纣。他名为"受"，也称"辛受"。"纣"可能是后世周人给他的贬义称呼。

这一次商王更迭时，周昌大概三十岁稍多，而周族人最重要的工作仍是为商朝征战和捕俘。从《易经》的一些内容来看，周昌年轻时经常带领族人远征羌戎部落，积累了很多捕俘经验。不过随着儿子们逐渐长大，周昌开始脱离征战厮杀，由长子伯邑考和次子周发（后来的武王）更多地承担军事工作。

伯邑考后来死于殷都，在史书中，他的信息很少。文王诸子都是单字名，比如，武王叫发，周公叫旦，只有伯邑考的名字比较奇怪。其实，这背后有很多隐情。

他原名应该叫邑。"伯"，表示他是嫡长子，这是周人的家族排行用语（伯仲叔季）；"考"，意为父亲，但伯邑考没有后嗣，实是后世周王室祭祀时对他的尊称。从这个不同寻常的称呼也可以看出来，他本应是周昌的继承人。

《诗经·大明》曰："长子维行，笃生武王。保右命尔，燮伐大商。"这里，长子（周邑）的名字被隐去，且暗示死在了外地（维行），二弟周发这才成为周族继承人。伯邑考之死是商周关系的重要转折，让文王的翦商决心从此不可动摇。

文王是何时萌生翦商之意的，已经无法确定，但至少在他有机会去往商都之前，对商朝的认识肯定非常模糊，应该不会有明确的计划。最早开启文王想象力的，是占卜。

当儿子们能够替自己分担一些工作后，周昌便开始研究占卜、祭祀、通灵等巫术。他这方面的兴趣，最初可能来自占算捕猎羌戎的方法，诸如在何时或何地设伏。甲骨占卜技术的起源很早，从四千多年前的龙山文化开始，华北地区就已经流行用牛或羊的肩胛骨占卜吉凶。而随着研究的深入，周昌开始进入危险的禁区。

甲骨占卜的表面原理是观察骨头或龟甲上烧烫出的裂纹（兆纹），解读吉凶；但其深层原理却是通灵，即向某些特定的神灵询问神意。比如，商王会向历代先王或上帝提问，然后神的解答会表现在骨头的裂纹上。而比商王地位低的人，无权请教高级神灵，只能求助于低级的鬼神，比如自家先祖或本地土地神，乃至家里的灶神等小神。

而且，普通人不能把占卜内容用文字刻写在甲骨上。殷墟发现的甲骨卜辞，绝大多数都是历代商王的，只在武丁时期有极少数的王子卜辞。这可能是商人的一种宗教观念，认为刻在甲骨上的文字可以传达给诸神，是人神沟通的唯一通道，所以严禁王之外的人采用。商朝分封在外地的重要侯国，如盘龙城和老牛坡，都没有发现刻字的占卜甲骨。

周昌还想尽办法搜罗来自商朝境内的人，以获取和利用商朝上层的占卜通神技术。《史记·周本纪》说，文王礼贤下士，为了接待外来的有才之人，经常到中午还顾不上吃饭，所以从商朝投奔他的人逐渐多了起来，有太颠、闳夭、散宜生、鬻子、辛甲大夫等人，甚至远在孤竹（据说是辽西）的伯夷和叔齐兄弟也来到了周原。不过，这些人的身份来历大都不可考，只有辛甲大夫可能是商人——因其名字中有天干，这是商人的起名习俗，但连用两个天干的也很少见。

周族首领的四合院

文王宅院位于岐山脚下的周原，今陕西省岐山县凤雏村北侧，编号为凤雏村甲组建筑基址。院落坐北朝南，东西宽 32.5 米，南北长 45 米，总面积 1469 平方米，相当于三个并列的标准篮球场。有三排房屋、两进庭院和东西厢房，围拢成一个标准的四合院，大门外有一堵影壁。[7]

整个院落为夯土木结构，夯土台基厚约 1.3 米，墙壁厚 0.6—1 米，屋顶檩条上铺紧密的芦苇捆束，再抹泥构成屋顶。所有地板、墙面和屋顶都涂抹了 1 厘米厚的白灰砂浆，室内墙面的白灰比例略高，呈发

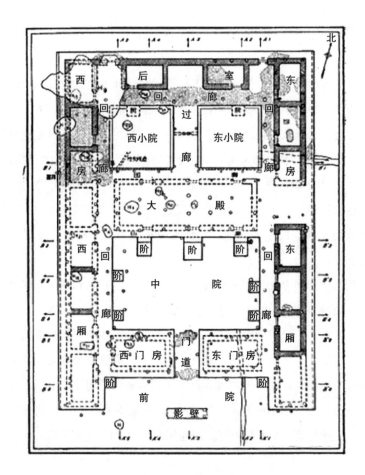

北

后　室　东

西　回　廊　回

回　过廊

西小院　东小院

房　廊　廊　房

大　殿

西　回　东

阶　阶　阶

阶　阶

中　院

廊　阶　阶　廊

厢　厢

西门房　东门房

门道

阶　前　院　阶

影　壁

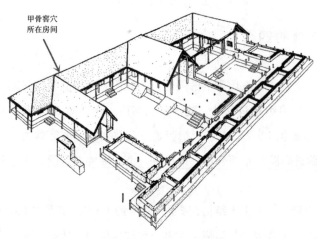

甲骨窖穴
所在房间

凤雏村甲组基址平面图及复原解剖图 [8]

白的浅黄色。影壁上不仅涂白灰砂浆，可能还有绘画。

南面第一排是门房，住着负责迎宾和警卫的人员。左右门房之间的门道宽 3 米，勉强可以通行一辆马车，但考虑到大门外的影壁，应该极少有马车入院。

进了大门是前院（报告称为"中院"），两侧是厢房，院内三座台阶通往正厅大殿。正厅跨度较大，不分间，内部有两排木柱支撑屋顶。这是族长平日议事和接见宾客的场所，周族的很多大事都是在这里谋划的。

正厅朝南的一面可能没有墙，只有木柱，构成一面敞厅，来人稍多时，可以聚集在前院，听族长站在檐下讲话。正厅后面，一条过廊分割开东西两个小院，北房（后室）和东西厢房围拢起小院，这是族长家眷们的起居场所。

院落的东西两面是两排厢房，各有八间，进深都是 2.6 米，宽度略有区别，使用面积在 11—16 平方米之间，不算大。两间厨房都在东厢房，一间在从南数第三间，面对前院，一间在从北数第二间，面对东小院，厨房内各有一个宽约 1 米的灶坑。

几乎所有的房屋都有探出的屋檐，有专门的擎檐柱支撑，檐下用小石子铺成散水面，防止雨水冲刷地面。

正厅是公务议事的场所，主人家平时起居主要在东西厢房内。除了正面大门，门房和东西厢房之间也各有一座小门，方便家人低调进出院落。

前院和东小院内有下水管道通往院外，以便排出雨水。前院用套接的六节陶制排水管，穿过东门房地下到院外；东小院则是石砌的下水道，穿过东厢房的地下。

总体上看，这座宅院四面围拢闭合，且有影壁遮挡外来视线，很重视私密性，且有两个不起眼的东西小门方便进出，低调、审慎、私密、便利，堪称后世中国民居的典范。

相比之下，商朝建筑很不一样。殷都时代的商朝，王宫区建筑多采用分散的单排结构，彼此间很少围拢，呈现出不重视防御和隐私的自信。普通商人贵族的院落，多是完全围拢起的"回"字形布局，犹如一座全封闭的碉楼。文王大宅则更接近后世的"四合院"。

文王这座宅院似乎很阔大，但因多数房屋开间都比较小，若亲临实地，还是会让人觉得有些局促。考虑到文王有至少十几个儿子，算上女儿的话应该会有 30 人左右，再加上不止一位夫人以及家仆，这座宅院很难容纳。这样看来，成年的孩子可能另有住处。

经碳十四测年，凤雏村甲组基址（文王大宅）的建筑时间为公元前 1095 年（误差范围 ±90 年）。从这个年代值看，它建成于周灭商之前半个世纪，当时的文王刚接近成年，或者说，这座宅院是为他的婚事准备的，而周族灭商的事业也将从这里萌芽。

地下工作室

表面上看，文王大宅只是一位西土酋长的体面院落而已，但在不起眼的西厢房，南起第二间，还埋藏着更深的秘密。

从这间厢房的墙壁下挖出了两座窖穴，较大的 H11（1.55 米 × 1 米）在屋子东南角，底部逐渐增大，堪称一座微型地窖。向下挖了 1.9 米，挖穿了 1 米多厚的夯土台基，然后朝东西两边扩展出一段，形成了一个底部长 3 米，宽 1 米，向上逐渐收拢的扁瓶形空间。

对周人而言，这种地下室生活方式不算陌生，在豳地-碾子坡时，他们就主要居住在窑洞或窖穴里。不过，文王在世时，这座微型地窖应该有木制的梯子供人上下，入口可能有木地板或家具提供隐蔽遮挡，是专属于主人的密室。

H11 地窖中存储的不是普通物资，而是用来占卜的甲骨，一共发

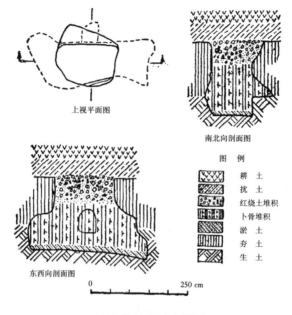

上视平面图

南北向剖面图

图 例

	耕 土
	扰 土
	红烧土堆积
	卜骨堆积
	淤 土
	夯 土
	生 土

0   250 cm

东西向剖面图

H11 窖穴平面与剖面图

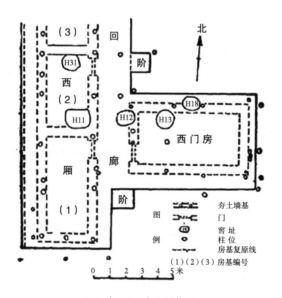

北

（3）

回

阶

H31

西

（2）

H11

H18

H12

H13

西门房

厢

廊

（1）

阶

图

例

	夯土墙基
	门
	窖 址
	柱 位
	房基复原线

（1）（2）（3）房基编号

0　1　2　3　4　5（米）

H11 与 H31 窖穴的位置

掘出 1.7 万多片，绝大多数是龟甲，但都是散碎的小块。这些残碎龟甲中，刻字的只有 282 片。

当然，这座地窖不仅是甲骨储藏室，也是秘密工作室。它的北边土壁上凿出了一个床头柜大小的壁龛，距离地窖底面 40 厘米，构成一个简易工作台：把油灯放在壁龛里，席地而坐，就可以趴在壁龛里占卜或镌刻甲骨文字。

第二座窖穴 H31 紧贴北墙，更为隐蔽，初次发掘的时候并没能发现。这座窖穴直径约 1 米，深约 1.6 米，只是储物而不能容人。里面保存的甲骨很少，有数片刻有卜辞。

考古学者多认为，这座凤雏村甲组基址是周族人的宗庙，依据的是后来《周礼》中"藏龟于庙"的说法。但在周昌时代，周族还没有这种严格的礼制，甚至西周中期的垃圾坑里也还是会发现占卜后的甲骨，所以《周礼》的说法并不符合先周和西周的实际。

而且，宗庙是公共建筑，需要有较大的公共空间，但凤雏村甲组建筑则不同，它的正厅和庭院都不大，而且大门前还有一堵影壁。这都是居家宅院的特征，至少在使用初期，这座建筑就是周昌的家宅。

而比地窖更隐秘和难以解释的，是里面收藏的甲骨。

在殷都，商王都是在整面的牛肩胛骨或龟甲上占卜刻辞，但在文王大宅的两座地窖里，刻字甲骨都是小碎块，刻痕比蚊子腿还细，文字极为细小，小得像粟米粒，必须借助高倍放大镜才能看清楚：多数文字只有 1 毫米见方，一片拇指盖大小的甲骨就可以刻写 20 多个字。

在最初发掘时，考古队并未识别出这些刻字甲骨，以为它们只是混杂在泥土中的细碎骨片而已。这种细微的文字难以拓印，所以周原甲骨文都是放大的照片，或者由整理者对着放大镜临摹下来。

为什么要把卜辞刻得如此细微？李学勤先生认为："甲骨字刻得小如粟米，便是为了把辞局限在相关的兆旁边，不与其他的兆相混。"[9]

意思是说，必须在烫出的裂纹范围内刻字。不过，从这些甲骨残片看，刻字的空间是充足的，大量残片都是空白，而且，殷墟的甲骨卜辞也都不存在这个问题。所以，我们可能还是要从周昌所处的现实环境寻找答案。

实际上，周昌要做的事情，是秘密学习商王的通神占卜之术。而这在商朝过于僭越，而且后来周昌又萌生了翦商造反的念头，就更是大逆不道，超出所有人的想象力。一旦这个阴谋泄露，不仅自己在劫难逃，整个周族也会陪着他一起殉葬。

所以，周昌必须保密。为此，他把自己关在不起眼的西厢房，躲进暗无天日的地窖，做各种占卜推演和刻字，而且故意把文字刻得很细微。毕竟，这是文王最为隐秘的事业。

沉迷占卜算命的人，大都信仰各种超自然能力和现象，包括那些神异的传说。根据商人传说，玄鸟（燕子）是商王的祖先。在《易经》里，有"飞鸟以凶"和"飞鸟遗之音"之类的说法。也就是说，周昌已经注意到飞鸟会给敌人传递信息，他应该是认为，倘若燕子发现自己的秘密，就会报告给商纣王。而燕子喜欢在屋檐下或屋梁上做巢。所以，为了躲开这些随时飞来的耳目，周昌只能躲进地窖，盖严木板，点起油灯。

文王微雕卜辞的记录

周昌礼贤下士的故事背后，其实是他在努力刺探商朝的信息，而商王家的占卜技术是他关注的重点。传世文献虽不会描写这些内容，但考古可以给我们提供另一种完全不同的认知。

周昌需要完成向商朝缴纳人牲的工作，所以他很关心如何捕猎俘虏。西厢房地窖的甲骨刻辞中，有一条（H31:3）是占卜到哪里能俘获人的。这条的释文是"八月辛卯卜曰：其梦启；往西，亡咎，获其五十人？"[10]大意是，八月辛卯日占卜，做梦得到启示，往西方没有灾祸，能捕获五十个人吗？[11]

五十人是殷墟甲骨中常用的献祭人数。武丁王和武乙王亲征的时代已经成为过去，对如今的商朝而言，人牲主要靠周这种附庸小邦来提供。为此，周昌应该很紧张：为完成商王下达的任务，他必须想尽一切办法寻找预测手段，就连做梦的启示和甲骨占卜都用上了。

有些甲骨卜辞就更是奇怪，内容竟是祭祀商朝先王，特别是最晚近的文丁和帝乙，也即纣王的祖父和父亲。祭祀的形式也完全是商式的，不仅使用牛、羊、猪，还使用人牲。

甲骨 H11:1 记载，癸巳日占卜如何祭祀"文武帝乙宗"（纣王父亲帝乙的宗庙），同时占卜是否适合一起祭祀成唐（成汤，商朝开国之王，生日也是乙日），方式则是"报"祭（可能是在大鼎里煮熟）两名女子，还有猪和羊各三头，用血献祭。

甲骨 H11:112 记载，准备第二天（乙酉日）彝祭"文武丁"（纣王祖父文丁），因为刻字磨损，用的祭品不详，方式是"裂"（肢解）；还有"卯"（对半剖开）。

那么，周文王为何要祭祀商王的先祖？这是个很难回答的问题。

其一，按照当时人的观念，神灵有选择祭品的能力，商王的先祖肯定不会享用周这种蛮夷小邦奉献的祭品。而且，周人也不可能公然给商王的先祖建立神庙，在当时，这属于悖谬和僭越之举，消息一旦传到商朝，会给周人招来杀身之祸。

其二，无论史书还是考古，都没有发现周人有人祭的记录。文王大宅内外从未发现有人奠基和人祭现象，垃圾坑里也没有抛散的人骨，整个周原都是如此。

其三，文王大宅地窖里的卜辞用的都是非常细微的刻痕，和殷墟甲骨很不同，所以这两片甲骨也不会是从殷都（商人）那里带来的。

也许，这是文王有机会去殷都时，偷偷地观察和学习了商人占卜和祭祀的全过程，回到周原后模仿商人的做法刻写的卜辞。

倘若真是如此，那他为何要这样做？今人已经无法找到标准答案，因为占卜预测和祭祀本身就是非理性的产物。而且，周昌对此还有一种异乎寻常的兴趣和探索精神，他不仅学习商人的甲骨占卜，还改造了易卦预测技术，创作了《易经》文本。

有些学者认为，文王大宅地窖里的甲骨含有更晚的内容，如周武王时期以及西周初期的成王和康王的卜辞。但这些卜辞数量很少，更缺乏直接证据：对周朝来说，灭商是最为重大的历史事件，不仅没有内容相关的卜辞，也没有后世子孙祭祀周文王的卜辞。

要知道，周昌在去世前才把都城搬到了丰京（今西安市西郊）；之后不久，武王就开始建设镐京，灭亡了商朝。也就是说，到这时，周原的文王大宅才变成王室家庙和周文王的纪念馆。结果，到西周末年，整座建筑毁于一场大火（坍塌的土墙和屋顶残块呈现火烧后的砖红色），甲骨因保存在地窖里，才侥幸躲过火焚。

保留在文王大宅甲骨上的文字，总量并不太多，且过于零星，但周文王另有一部传世著作《易经》，其包含的周人早期历史更多，只不过，需要新的解读方式，方能还原部分真相。

注释

1　《史记·殷本纪》。另《史记正义》引《括地志》说，"古莘国在汴州陈留县东五里，故莘城是也"。其地在今河南省中部，接近商文化核心区，离夏都二里头也不太远，所以这个说法比陕西合阳说更可取。

2　古史中关于周昌父子年龄的记载多不可靠，比如说周昌活了九十多岁、他十五岁开始生子，等等。这种说法可能来自对《尚书·无逸》的误读，因周公说"文王受命惟中身，厥享国五十年"，后人便错误地理解为文王"受命"担任商族族长后又活了五十年。其实"受命"是指文王决心反商和称王，而"享国"是指他担任周族族长。"受命"发生在周昌从殷都获释之后，之后数年他就去世了。

3　《史记·燕召公世家》没有记载召公奭的世系，只说他"与周同姓，姓姬氏"。皇甫谧《帝王世纪》说召公是"文王庶子"，即大姒之外的妾所生，但此说不确，因为召公家族又被称为召伯，周人的"伯"必须是嫡长子。

4　陈梦家：《殷虚卜辞综述》，科学出版社，1956年，第287页。

5　西周初有"匽侯旨鼎"，铭文有"匽侯旨初见事于宗周，王赏旨贝廿朋，用作姒尊彝"。这位匽侯旨是召公奭的儿子或孙子，被册封为燕（匽）侯，在获得周王的赏赐之后，为祭祀母亲或祖母"姒"铸造了铜鼎——这位"姒"很可能是和大姒一起嫁到周族的姐妹。召公家族其他铜器还提到有一位"父辛"，虽不能确认是谁，但由此可见，召公家族一定程度上已经商化。参见曹斌等《匽侯铜器与燕国早期世系》，《江汉考古》2016年第5期。

6　史书和甲骨卜辞中都没有商王在位的具体年数，这是"夏商周断代工程"构拟的时间。参见胡厚宣、胡振宇《殷商史》，第630页。

7　陕西周原考古队：《陕西岐山凤雏村西周建筑基址发掘简报》，《文物》1979年第10期。以下凡该基址的基本信息、数据及图片，未注明出处的，皆出自该书，不再详注。

8　平面图改绘自陈全方《周原与周文化》，上海人民出版社，1988年。原图绘制较早，当时还没有发现西厢房内的H31窖穴。复原图摘自杨鸿勋《宫殿考古通论》，紫禁城出版社，2009年。

9　李学勤：《西周甲骨的几点研究》，《文物》1981年第9期。

10　陈全方：《周原与周文化》，第110页，图版第64页；徐锡台：《周原甲骨文综述》，三秦出版社，1987年，第114页。

11　"西"字，陈全方释为"兹"，徐锡台释为"是"，都是指示代词。"获"字，徐锡台认为该字左边是"舟"部，释为"般"；但摹本显示是鸟形的"隹"，应从陈全方释为"获"。

第十八章 《易经》里的猎俘与献俘

自迁居周原，周族始为商朝的附庸族邦，代价则是捕猎周边山地的羌人献给商朝充当人牲。

商与周的这种关系，从古公亶父晚年开始，历经季历和周昌两代人，甚至可能持续到灭商之前的周武王初年。同期的商朝，则经历武乙、文丁、帝乙（小乙）和帝辛（商纣）四代商王，跨度超过五十年。

在史书和文献里，周人的这段历史被抹去了，几乎没有留下任何痕迹。和这段历史一起被遗忘的，是商朝的鬼神血祭文化。自周朝建立，人们的记忆里便再也没有了那个血腥、恐怖而漫长的年代，"历史"成为一连串古代圣王哺育和教化群氓的温情往事。

但即便如此，仍有些蛛丝马迹被保留了下来，这便是文王周昌创作的《易经》。周昌一直生活在暗黑的商代，没能等到商朝灭亡便已死去，但他在《易经》里给后人留下了很多珍贵的记录，其中就包括商人的血祭仪式和周族充当人牲捕猎者的经验。

周朝建立后，商朝的甲骨档案库被彻底毁灭，但没人敢销毁文王留下的《易经》，只是，其所记录的残酷事实变成了庸常的内容。这确实奏效，一晃就是三千年。

只有当殷都遗址被考古发掘，出土甲骨文献被释读，真实的商朝往事才渐渐得以复原，《易经》里那些被误读了三千年的词句才能得到重新的诠释，从而，周文王和商纣王的时代开始复活。

作为俘虏的"孚"

文王周昌所作的《易经》，大量地出现"孚"字。它的含义颇为诡异，战国以来，经学家多把它解释成信用的"信"，结果造成大量语句难以解释。[1] 其实，据研究《易经》的高亨先生，这个"孚"乃是俘虏的"俘"之本字。

> 《说文》："俘，军所获也。"军队虏获敌方之人员财物谓之孚……古人认为此乃光荣之事，故曰"有孚光"，未济六五云："君子之光有孚。"句意同此。[2]

只不过，高亨撰写研究《易经》的相关著作时，商朝杀人献祭的考古成果尚未引起足够的注意，周人曾长期替商朝捕俘的历史也尚未被揭露，所以学界对《易经》中的"孚"还不够重视。

《易经》是商朝末年的产物，释读其中的文字，需要参照商人的甲骨文。甲骨文的"孚"，写作 ，字形是一只手抓住一个儿童，乃俘获之意，且特指捉来献祭的人牲。

如殷墟甲骨占卜辞："贞：我用罔孚？"（《合集》903正）翻译为白话是，"占卜：我要不要用猎网捕获俘虏（并献祭）？"这个"罔"是象形字，字形为一人双手举网。这说明商人捕俘用的网具，造型是

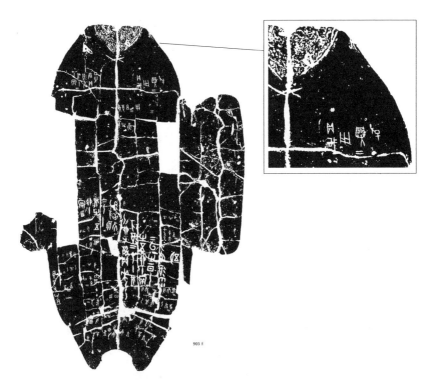

《合集》903 正："贞：我用罔孚。"

一张网系在两根长木柄上。此外，甲骨卜辞里还有"用孚"，即杀俘
虏献祭。

　　用猎网（罔）捕获俘虏之事，在《易经》中也有记载，如晋卦初
六爻为："罔孚，裕，无咎。"意为，用网捕猎俘虏，有大收获，没有
灾祸。此卦名"晋"，本意是进攻，甲骨文写作 𝕞，字形是两支箭射
中同一个靶子。

　　此外，在《易经》多个卦，如大壮、解、损、益、井、革、丰、
未济等的爻辞中，都有"有孚"，即占卜显示会有所俘获。自亶父迁
居周原，周人一直为商朝捕猎羌人，所以周昌在研究《易经》占算方
法时，很关注预测捕俘的结果。

全是捕俘技术的，是需卦。周人捕猎俘虏的经验，在需卦中有很多记载。"需"通"须"，字意是等待。这个卦主要是有关设伏和诱敌的技巧的。

> 有孚。光亨，贞吉。利涉大川。
> 初九：需于郊，利用恒。无咎。
> 九二：需于沙，小有言，终吉。
> 九三：需于泥，致寇至。
> 六四：需于血，出自穴。
> 九五：需于酒食，贞吉。
> 上六：入于穴，有不速之客三人来，敬之，终吉。

先看卦辞："有孚。光亨，贞吉。利涉大川。"意为，会有所俘获，很荣耀，举行祭祀，占算的结果吉利；有利于渡过大河。

前面三条爻辞有"需于郊""需于沙"和"需于泥"，分别是讲在郊野、沙地和泥泞中设伏。

初九爻曰："需于郊，利用恒。无咎。"大意是，在郊野设伏，必须有耐心，结果没有灾祸。

九二爻曰："需于沙，小有言，终吉。"大意是，在沙地设伏，但周人为此发生了小的争论（可能是对设伏地点有不同意见），最终的结果吉利，有俘获。

九三爻曰："需于泥，致寇至。"大意是，在泥泞中设伏，终于等到敌寇进入伏击圈。

六四爻曰："需于血，出自穴。"可能是说，在袭击敌村落的战斗结束后，地上还有流血的伏尸，但有些周军不急于撤走，并在村内再次设伏，等藏匿者（逃入地窖中）出现时将其捉获。

九五爻曰："需于酒食，贞吉。"可能是说，假意举行招待宴会以诱俘对方，占卜的结果吉利。

显然，上述这些战术来自很多成功的战例，应是自亶父以来周人积累的捕俘经验。

最后一条上六爻曰："入于穴，有不速之客三人来，敬之，终吉。"如前文所述，这句爻辞的意思大致是说，周人的捕俘生涯始于三位不速之客到豳地窑洞里拜访亶父，邀请周族定居周原。

《易经》里为何会有这么多周人生活的真实记录？这便涉及周昌创作《易经》的目的：研究各种事物背后的因果联系，最终建立一套翦商的理论和操作方法。对此，我们后面会专门介绍。

《易经》从未记载过周人捕俘的数量，但前述文王大宅地窖的一片甲骨（H31∶3）给我们提供了难得的信息："八月辛卯卜曰：其梦启；往西，亡咎，获其五十人？"显然，这是文王为捕捉五十人而占卜。看来，周人每次捕俘的数量在数十人范围，不算太大。

逃脱的公羊，顽抗的羌酋

《易经》的大壮卦也是关于捕猎俘虏的，而且爻辞中多次出现了公羊（羝）被捕获和逃脱的场景。

> 大壮：利贞。
>
> 初九：壮于趾。征，凶。有孚。
>
> 九二：贞吉。
>
> 九三：小人用壮，君子用罔。贞厉。羝羊触藩，羸其角。
>
> 九四：贞吉，悔亡。藩决不羸，壮于大舆之輹。
>
> 六五：丧羊于易。无悔。
>
> 上六：羝羊触藩，不能退，不能遂。无攸利，艰则吉。

周人捕俘的对象是羌人。甲骨文"羌"的字形，羊头，男人身，所以大壮卦里的公羊应是羌人的代称。爻辞中频繁出现的"壮"字，高亨解释为"戕"，也就是伤。[3]

初九爻曰："壮于趾，征，凶，有孚。"意思是，脚会受伤，出征的结果凶险，但有所俘获。

九三爻曰："小人用壮，君子用罔。"意思是，对地位低的羌人（小人），可以打伤以后俘获（用壮），但对于部族的酋长（君子），最好用猎网捕获，以避免其受伤。这自然是因为，在商人那里，人牲的地位越高越珍贵，最好保证其无伤损。殷墟甲骨显示，商王会用"羌方伯"献祭，这种羌人首领也最受商王列祖列宗的喜爱。

此外，有些还有利用价值的俘虏，可能会被周昌释放，委以某些职务。《墨子·尚贤上》有一处记载说："文王举闳夭、泰颠于罝罔之中，授之政，西土服。"意思是说，闳夭和泰颠都是文王在猎网中发现的人才；文王让他们管理政事，于是西土部落皆归附周邦。

这可能是周昌为争取某些特定部落的归附，对俘获的上层人物的一种利用。但有这种好运的俘虏肯定是极少数。此外，《墨子》的这处记载也颇为诡异，不知它是如何获取蛮荒时代的周族信息的，所以它的本意也可能是说，闳夭和泰颠原本就是用网捕猎的猎人，后来得到了周昌的重用。

回到大壮卦的九三爻，爻辞继续说，"贞厉"，即占卜的结果不太顺利；然后，"羝羊触藩，羸其角"，即公羊冲撞到篱笆上，羊角被篱笆绊住。这似乎是比喻羌人首领被猎网捕获。

九四爻曰："贞吉，悔亡。藩决不羸，壮于大舆之輹。"意思是，占卜结果吉利，没什么后悔的；公羊又撞破了篱笆逃走，还破坏了大车的辐条。这可能是隐喻被网住的羌人首领又逃走了，还在抵抗乘车追逐的周军时打坏了车辆。可见，周人是驾着马车捕俘的，而且捕捉完整且没受伤的首领的难度要大得多。

六五爻曰："丧羊于易。无悔。"显然,这里用的是商朝先祖王亥"丧牛于易"的典故,但用代表羌人的羊替换了牛,应当是隐喻某些差点被捕获的羊(羌人)逃脱了。占卜的结果是不需要后悔。可见,周昌在使用商人先祖的掌故时,未必忠实于原意,或者说,他更重视古为今用。

上六爻曰:"羝羊触藩,不能退,不能遂。无攸利,艰则吉。"意思是,没能逃脱猎网的羌人首领,就像羊角被缠住的公羊一样无法进退。占卜的结果是没什么收获,经历一番艰险,反倒有吉利的结局。

那么,大壮卦为何要用公羊代表羌人,还写得这么隐晦?本书认为,这可能是因为周人和羌人有古老的同宗亲缘,对周族来说,替商朝捕猎羌人在道义上是一种耻辱。所以,即便创作《易经》时,周昌已经比较商化,使用的也是商人的语言和思维,但他还是表达得非常隐晦,甚至不愿写出"羌"字。而且,在《易经》中,周昌记录捕羌用的都是"孚"字——这个字不带族群含义,应该也有不触及周人隐痛之意。

押解俘虏的经验

除了捕俘经验,《易经》的内容更多是有关如何捆绑和养活羌俘的,既要保证他们不能逃跑,也要让他们不至于因为伤痛和饥饿而死。

暌卦九四爻中有"交孚"二字。甲骨文的"交"字,写作 ⚛,像人的双腿呈交叉之形,所以"交孚"可能是指在押送途中宿营时,要把俘虏的双腿捆绑起来以防止其逃走。从龙山时代到殷墟的各种人祭坑,常见有绑起双腿活埋的尸骨,可能也属于"交"。

小畜卦六四爻曰:"有孚,血去惕出,无咎。"[4]意思是,有俘虏,为他们止血,消除他们的恐惧,就不会有麻烦。

大有卦六五爻曰:"厥孚交如,威如。吉。"意思是,有俘虏被绑了起来，但还是气势汹汹。这是吉利的卦象。另，家人卦的上九爻"有孚威如，终吉"描绘的也是类似场景。

"吉"和"终吉"显然不是说俘虏的命运，而是说占算者周昌：商朝喜欢接收精壮的人牲，倘若捉到的俘虏英武健壮，就更容易押解到殷都而不至于死在路上，周人自然能得到更多嘉奖。

姤卦初六爻有"孚蹢躅"，说的是俘虏走路蹒跚瘸腿。这可能是在被抓捕中受的伤，也可能是不听命令被殴打所致。该卦九三爻为"臀无肤，其行次且。厉，无大咎"，意思是，（俘虏）臀部被打得溃烂，致使走路困难；占算的结果是有磨难，但没有大的灾害。另，夬卦九四爻也有"臀无肤，其行次且"，看来这种情况很常见。

前述需卦的内容是关于设伏和偷袭，但周人也有和敌人正面交锋的时候。中孚卦六三爻曰："得敌，或鼓或罢，或泣或歌。"这应该是指双方有准备的会战，会敲鼓以助军威。"或"表示两种选择，或者击鼓进军，或者仓皇撤退（罢）；结果也有两种，或是战败，幸存者哭泣，或是胜利，战胜者高唱凯歌。

中孚卦九五爻说的就是战胜的场景："有孚挛如。无咎。""挛如"是俘虏捆成串的样子。甲骨文的"挛"字，写作 𦆜 ，像一手提两串或三串丝绳之形，可引申为牵着成串的俘虏。小畜卦九五爻也曰："有孚挛如，富以其邻。"这个"富以其邻"可能指捕获了大量俘虏，自己和邻居们都会富裕起来。看来，周人是部落武装出征，捕俘、进贡之后获得的赏赐，全族人都能分享。

比卦初六爻曰："有孚，比之，无咎。"意思是，有俘虏之后，把他们排队（绑起来）就不会有麻烦。而且，"有孚，盈缶。终来有它，吉"，是说还要用陶盆盛满饭给他们吃，即使发生什么变故，最终也会吉利。

泰卦则记载了另一种情况。九三爻曰："勿恤其孚，于食有福。"似乎是说过于吝惜食物，不肯给俘虏吃。接着，六四爻则曰："翩翩，不富以其邻，不戒以孚。"意思是说，倘若因没有看管好俘虏致其伺机逃跑，那大家就都没有了发财的机会。

随卦的内容更复杂，主要是讲追捕逃跑的俘虏。

随：元亨，利贞，无咎。

初九：官有渝，贞吉。出门交有功。

六二：系小子，失丈夫。

六三：系丈夫，失小子。随，有求，得利。居贞。

九四：随有获，贞凶。有孚在道，以明，何咎。

九五：孚于嘉，吉。

上六：拘系之，乃从维之。王用亨于西山。

六二爻为"系小子，失丈夫"，即捕获并捆绑了男童，但成年男人逃跑了。六三爻则相反，"系丈夫，失小子"。周人捕俘经常是偷袭羌人的部落和家宅，所以捕猎对象会有成年男女和老弱妇孺各种人。

甲骨文的"系"字，写作 𠂤，像一个人被绑住脖子，或者双手和脖子绑在一起。武丁的甲骨卜辞中，有"羌系""十羌系"（《合集》1097）的记载，指的是商王捕获并捆绑羌俘。到商代晚期已很少见商王亲自捕俘的卜辞了，因为此时捕俘的工作主要是由周人这种附庸部族来完成的，已不需要商朝亲自动手。

《合集》1097：……羌。王占〔曰〕……屮（又）
二日癸酉……十羌系……十丙屮（又）……

　　九四爻和九五爻的"有孚在道，以明""孚于嘉"，像是在推算俘虏逃跑的去向，然后加以追捕。本卦名"随"，本身就是追捕之意。

　　上六爻说的则是捉住了逃俘，更结实地捆绑起来（从维之），并押到殷都："王用亨于西山。"按高亨的解释，"亨"通"享"，即向神灵献祭，贡献饮食。殷都西边紧邻太行山脉，可能商王会定期进山祭祀，而周昌这次押送来的俘虏正好用上了。[5]

　　关于周昌如何获得去往殷都的机会，以及到殷都后的遭遇，《易经》里还有一些记载，我们后面会详细介绍。

　　当然，频频外出捕猎俘虏，并不意味着周人已经是西土最强大的部族，可以高枕无忧了。因为结怨太多，周族人也会遭到其他部落的报复，导致他们时刻生活在惊惧的警戒之中。这在《易经》中也有反映。

　　比如，蒙卦上九爻曰："不利为寇，利御寇。"意思是说，不利于入侵别人，但有利于防御别人的入侵。再如，鼎卦九二爻曰："我仇有疾，不我能即，吉。"意思是说，我的仇人生病了，无法来攻击我，占算的结果吉利。这都是周昌在测算周族会不会遭到敌对部族的进攻。

　　此外，《易经》中有三个卦都包含"匪寇，婚媾"，意为不是入侵者，而是来寻求缔结婚姻的（外族）人。贲卦六四爻和屯卦六二爻的场景都是聚落外出现了陌生的人群，还有人赶着马车，被怀疑是入侵者到来。

> 贲如、皤如，白马翰如，匪寇，婚媾。（贲卦六四爻）
>
> 先张之弧，后说之弧。匪寇，婚媾。（睽卦上九爻）
>
> 屯如、邅如，乘马班如，匪寇，婚媾。（屯卦六二爻）

可见，周族人生活得相当警觉。

　　当时，西土还没进入国家时代，部族间的劫掠战争频频发生。另外，这也说明，周人及邻近各族都奉行族外婚制，但即便是部落间的通婚也难以避免战争发生。

面见纣王的机会

在文王生命的前五十年里，日子一直过得还算正常。那时，他是一位臣服于商朝的部族长老，除了时而沉迷于隐秘的占卜实验，这样的生活还看不到有什么突变的可能。

本来，自季历死后，周族首领就再没有去殷都的记录，这一时期的商王卜辞里也从未出现过周族。然而，某些巧合还是让周昌有了见商王的机会。史书里没有记载此事，但出土的甲骨文提供了线索。

在文王大宅窖穴里挖出的甲骨（H11:3）上，刻写着三行细如蚊足的微雕小字，从左到右依次是："衣王田；至于帛；王获田？"和在殷墟发现的甲骨一样，"衣"通"殷"，"田"是田猎、狩猎。卜辞解释为："殷（商）王来打猎了；到了帛地；王打猎会顺利吗？"

周原甲骨 H11:3 放大后的照片

殷王就是商纣王。至于帛是何地，有研究者认为在今陕西省大荔县羌白镇，[6] 也就是渭河与黄河的交汇处稍北。这是当初武乙王（纣王曾祖父）"猎于河渭"、被雷击而死之处。纣王这次西巡可能是要祭祀武乙王。

此次关中之行，在殷墟出土的甲骨卜辞里没有记载，但

周原甲骨 H31:2 摹写本：唯衣鸡子来降，其执？暨厥史（事）？
在斿尔卜曰：南宫邰其作？

大概是纣王在位第十几年的事情。看来，周昌极度关注纣王的驾临，
不然不会偷偷占卜。毕竟，商王已经有两代人、几十年没来过西土了，
而这可能会给周族带来灾祸，或者机会。

　　文王大宅的另一片微雕甲骨（H31:2）卜辞，则涉及另一位商朝
重要人物"衣鸡子"，也就是殷箕子。

　　周昌先占卜："殷商的箕子要驾临（周原），会被他逮捕吗？还是
可以侍奉他？"接着，周昌又在名"斿尔"的地方占卜："让南宫邰
负责吧？"

　　这条关于箕子的卜辞，学者一般解释为：周武王灭商后，箕子来
到关中投降周朝时，周武王占卜应如何接待。但这种解释未必成立。

　　据《史记》，箕子是商纣王的近亲（后世注家说是庶兄或者叔父）。
在周武王伐商之前，箕子曾经触怒纣王，被关进了监狱，靠装疯才活
下来（"乃被发佯狂而为奴"）。[7]而据《尚书·洪范》，周武王灭商、
进占殷都之后，"命召公释箕子之囚"，还当面向箕子请教治国之道。
从《史记》和《尚书》的这些内容来看，刚占领殷都时，武王和箕子

已经有交往，按理说不需要箕子舍近求远，再到关中投降一次。

所以，H31:2 的"鸡子来"卜辞应当是周昌时期的，和纣王到帛地行猎是同一事件：纣王驻跸在关中东部，派箕子再向西视察周族等关中番邦。在殷墟卜辞中，"降"一般指神灵降福或亲自降临人间。而箕子是商朝重臣，对周邦来说自然非常尊贵，所以"来降"并非来投降，而是驾临之意。同时周昌也非常紧张，担心箕子此行会逮捕自己（其执？）——他可能是联想到了父亲季历在殷都的下场。

至于南宫郘，史书中查无此人，但武王灭商时，有位将领叫南宫括："命南宫括散鹿台之财，发巨桥之粟。"（《史记·周本纪》）所以，"郘"和"括"也许是同一字的不同写法，也许两人是同一家族之人。

从这些零散的信息推测，周昌应该是在接待箕子时赢得了这位商朝重臣的好感，这才获准到帛地拜见纣王。对周昌来说，这是个求之不得的机会：往常，他能见到的最高级别的商人是老牛坡的崇侯，现在则先是接待商朝大臣，接着还要去朝拜商王，自然有受提拔的机会。

目前尚未发现关于周昌首次朝见纣王的记载，但肯定比较顺利，因为周昌又获得了去殷都的机会。这次他可能还押送着一批羌人俘虏。对此，《易经》里有多处记载。

关于周昌去殷都献俘途中的经历，前面已做了介绍。这里再补充一点关于箕子的分析。在《史记》等文献里，箕子是商朝忠臣，因忠言逆耳而招来纣王的震怒和牢狱之灾。但实际情况可能要复杂得多。作为王室宗亲，箕子地位极高，倘若王朝形势有变，他是离王位很近的人——商朝一直有王位兄弟相传的做法（虽然最近几代都是父子相传，但传统并非没有再现的可能），所以他和纣王的关系比较微妙。考虑到纣王在统治后期经常压制王室近亲，并因此招致越来越多的反对，不排除箕子巡视关中，对周族等番邦潜在的军事实力有了一些了解后，暗中萌生拉拢番邦想法的可能，以备万一王朝有变时，可以纠集起忠于自己的武装。

但箕子和周昌应该都不会想到，他们的这次偶然相识会带来什么样的后果。

目睹殷都献祭仪式

周昌押送俘虏到殷都后，自然会目睹商人的各种杀俘献祭仪式。

先是在商王宫廷中举行献俘仪式。夬卦曰："扬于王庭，孚号有厉。""扬"，是臣民颂扬王的伟大，"扬于王庭"是商周时臣下参见王的习语。"孚号有厉"意思是，有俘虏大声惨叫，说明可能同时有杀祭举行。

《礼记·郊特性》记载："殷人尚声，臭味未成，涤荡其声。乐三阕，然后出迎牲，声音之号，所以诏告于天地之间也。"商人祭祀最重视声音，所谓"殷人尚声"。献祭的动物大声地嚎叫，是在向天界神祇报告祭品强壮、合格，所谓"声音之号，所以诏告于天地之间也"。《礼记》是东周时人编写的，当时的人已经不太知道商人的人祭行为，所以才会以为商人和周人一样都只用家畜献祭。还原到商代的真实场景，这显然包含人牲的叫喊。

观卦曰："盥而不荐，有孚颙若。""盥"，本意是礼仪性地倒水洗手，也指用酒洒地、告慰地神之礼。但不管是洗手还是倒酒，都是献祭仪式开始阶段的程序。

"荐"是指杀人献祭，后世"荐俘"一词即从此来，如《逸周书·世俘》有"荐俘殷王鼎"。但观卦的内容有点奇特：这次不知何故，在"盥"的程序后，却迟迟没有开始杀俘，所谓"盥而不荐"。这应该是周昌初次参加殷都的献祭仪式，虽不懂其中的操作原理，但却在紧张等待中牢牢地记下了自己的见闻。[8]

"颙"，本意是头大的样子，但不知为何，给《易经》做注解的唐代孔颖达将其解释为"严正之貌"。其实,它在这里是翘首观望的样子:仪式开始后,有些俘虏在紧张地顾盼。

萃卦也是周昌到达殷都后的见闻,卦辞中有商王杀牛祭祀(用大牲)的内容:"亨,利贞,用大牲吉。"

其中,初六爻曰:"有孚不终,乃乱乃萃,若号,一握为笑。勿恤。往,无咎。"意思是说,有些俘虏精神崩溃,试图逃走,或者扎堆在一起,大声嚎叫,还有人因精神失常而狂笑。但结论是,不用担心,应当继续进行下去。

六二爻曰:"孚,乃利用禴。"意思是说,俘虏正好用于禴祭。在商代,禴是一种在春天举行的祭祀仪式。此外,升卦九二爻曰:"孚乃利用禴,无咎",也是同样内容。

兑卦九二爻曰:"孚兑,吉,悔亡。""兑",即"悦",开心。这是说,在殷都的日子里,有些俘虏似乎看到某些生机,变得乐观了起来。但到九五爻,就是"孚于剥,有厉",被剥皮,惨叫。

坎卦曰:"有孚,维心,亨。"意思是说,掏出俘虏的心脏,烧熟后献祭。心脏是人体供血中枢,古人对其非常重视,认为是人的心智和魂魄集中之地,最适合敬献神灵。比如,玛雅文明和阿兹特克文明的人祭仪式就最为重视剖心献祭。除了坎卦,《易经》其他卦也有用人心献祭的记载。《史记》亦记载,商纣王"剖比干,观其心"。看来,这种行为在商人献祭中比较常见。

除了捕俘和献祭,《易经》里还有周昌初到殷都的诸多观感和经历,特别是他被纣王囚禁之后的生活。

注释

1　《易传·杂卦》："《中孚》，信也。"《杂卦》可能是孔子门徒的作品，属于
　　战国前期。

2　高亨：《周易古经今注》，第 176 页。高亨将《易经》约三分之一的孚字解
　　释成"俘"，其余的或解释成"罚"，或按传统解释成"信"。本书认为，《易
　　经》中几乎所有的孚字都可释读为俘。在春秋时期创作的《诗经》中，"孚"
　　字确实有信用之意，但《易经》卦、爻辞产生的时间更早，属于商代末期，
　　需要用甲骨文和商代考古成果来解释。

3　高亨：《周易古经今注》，第 256 页。

4　小畜卦六四爻辞，孔颖达正义："信能血去、惧除，乃得无咎。"

5　高亨认为，随卦上六说的是文王周昌被释放回周原后祭祀西山。参见高亨《周
　　易古经今注》，第 176、213 页。这可能是因为高亨先生没有注意到随卦全是
　　关于捕俘和献俘的内容。

6　陈全方：《周原与周文化》，第 137 页。

7　《史记·宋微子世家》："纣为淫泆，箕子谏，不听。人或曰：'可以去矣。'
　　箕子曰：'为人臣谏不听而去，是彰君之恶而自说於民，吾不忍为也。'乃
　　被髪佯狂而为奴。"

8　高亨认为，观卦卦辞说的是祭祀用人牲。他的解释是，盥的程序后，迟迟未"荐"
　　牛牲，是因为准备使用大个头的人牲："祭不荐牲，乃因有俘，可杀之以当
　　牲也。故曰盥而不荐，有孚颙若。"这种解释的预设前提是，荐牛牲是正常
　　的，荐人牲不正常，但在商代，"荐"人牲是很常见的行为，不构成转折关系。
　　参见高亨《周易古经今注》，第 219 页。

第十九章　羑里牢狱记忆

周昌这次到殷都后，作为来自西土的小番邦头领，自然要参加商朝的一些典礼。他见识了洹河弯内的商王宫殿区，自然也见识了洹河北岸经常举行大祭祀的王陵区。此外，他应当还见到了帝辛—纣王正在营建的沙丘宫等离宫苑囿。

自武丁王以来，殷都的宫殿区一直少有扩建，但到纣王时，已过去近两百年，此时，殷商国力（及人口）膨胀了数倍，对于自视甚高、精力过剩的纣王来说，建造新宫殿是他为数不多的挥霍方式之一。

根据《竹书纪年》和《史记》等后世史书的记载，纣王很热衷营建事业，建造的新王宫苑囿，北到今河北邢台市的巨鹿沙丘宫（殷都东北150公里），南到今河南鹤壁市的朝歌（殷都南50公里）：

> 纣时稍大其邑（殷都），南距朝歌，北据邯郸及沙丘，皆为离宫别馆。（《竹书纪年》）
>
> 以酒为池，悬肉为林，使男女裸相逐其间，为长夜之饮。（《史记·殷本纪》）

从考古可知，商人酗酒的风气很盛，献祭的牲畜和人的肢体很可能会悬挂展示，这或许就是后世"酒池肉林"传说的来源。当然，这未必是纣王首创，但只有纣王时期才让周人有机会见识并记录下来。

纣王没有计划新建一座都城，他的新宫室散布在太行山东麓约200 公里长的狭长地带，这可能是商王私家采邑和猎场最集中的范围。不过，使用时间越短的遗址留下的痕迹越少，在殷墟范围之外，现代考古尚未发现纣王的新宫殿。

到殷都后，周昌接触到了商人的另一种预测技术，这就是六十四卦占算，所谓的"易卦"。和传统的甲骨占卜相比，易卦占算只使用草棍进行数字推演，不需要龟甲或牛骨等耗材。

在殷都，铸铜业人群常用易卦占算。在宫殿区以南 1 公里的苗圃北地铸铜作坊区，M80 墓穴随葬有一块磨石，上面刻写着多组数字，每组都是六个，发掘者认为，数字的奇偶代表阴阳，每一组数字是"易卦"的一个卦象。[1] 这座墓属于殷商中叶（二三期之交），比周昌要早近一百年。

M80 磨石上的几组卦象，只有数字，还没有后世《易经》的卦名和阴阳卦象。学者尝试做出的解读[2] 是：

1."六六七六六八"，为豫卦，卦象为：䷏。

2."七六七七六七"，为颐卦，卦象为：䷚。发掘简报第三个数字似乎有笔误，应为"七六六六六七"。

3."七六八七六七"，为贲卦，卦象为：䷕。

4."六六五七六八"，为小过卦，卦象为：䷽。[3]

5."八一一一六六"，为咸卦，卦象为：䷞。

6."八一一一一六"，为大过卦，卦象为：䷛。

商朝王室的占卜师也会使用易卦占卜，并按传统把结果刻写到龟甲上。宫殿区南侧的小屯村是占卜师的集中居住区，这里发现过一整片龟甲，上面刻着几组易卦数字，并刻有占算结果："贞吉"。第1组、第2组和第4组数字分别被释读为后来的"渐卦""蹇卦"和"兑卦"。[4]

小屯南地出土"易卦"卜甲

1. 腹甲左上与左甲桥相连处　2. 腹甲右上与右甲
桥相连处　3. 左甲桥下端　4. 腹甲右下与右甲桥
相连处

"易卦"卜甲上的文字与符号（放大）

　　周昌一直热衷研究预测未来的巫术，这次来到殷都给他提供了一次很好的学习机会。他迅速掌握了用草棍运算的"易卦"原理，并试图发展出一套更完善的预测体系。但不久之后，他就被投入羑里监狱，差点成为被献祭的人牲。

从方伯到囚徒

　　《史记》对此事的记载有些参差。《殷本纪》载，九侯和鄂侯触怒了纣王，被制成肉酱（醢）和肉干（脯），周昌闻讯后"窃叹"（私下叹气），结果被崇侯虎告发而进了羑里监狱。

> 以西伯昌、九侯、鄂侯为三公。……西伯昌闻之，窃叹。崇侯虎知之，以告纣，纣囚西伯羑里。

这是典型的传统叙事版本，在其中，文王是商朝的忠臣。而《周本纪》则完全没有周昌担任商朝三公的记载，其所以被囚禁，是因为崇侯虎向纣王报告周昌在收买人心，各地诸侯都向往他，是王朝的重大威胁。

> 西伯……礼下贤者，日中不暇食以待士，士以此多归之。……崇侯虎谮西伯于殷曰："西伯积善累德，诸侯皆向之，将不利于帝。"帝纣乃囚西伯羑里。

可能司马迁采用了不同版本的传说，因而形成了不同的记录。至于用大臣制作肉食，则应该是后世对商代人祭宗教的一点残留记忆和改编。

从时代背景看，周昌不可能有在商朝担任"三公"的经历，况且商朝也没有这种官职，甲骨文里更没有这个词。"公"是周族人发明的词，指族长或头领，如公刘和古公亶父；用于非族长的，则有召公和毕公。虽然周朝建立后确实有"三公"之官职，是王朝最高级的大臣，但这是和商朝很不一样的制度，来自不同的语言传统。再者，作为番邦首领，周昌也不可能在商朝担任高级官职。商朝有自己的王族后裔"多子族"，任何一位族长都比周昌地位高，他没有可能进入商朝的正式权力核心。

现代史家一般不采用《殷本纪》的说法，认为是周族的强大引起了纣王的警觉。这种解释离现代常识更近一些。不过，周昌被捕时，周族还没开始大肆扩张，商人在老牛坡的崇国完全有实力管控或消灭它。

虽然商王的很多行为未必有理性的原因，但我们只能在常识层面

重建历史。本书的一个推测是，作为番邦酋长，周昌此次殷都之行自
然会结识一些王朝上层人物，无论主动还是被动，都很难独善其身，
难免被牵扯进派系斗争。此外，从周原到殷都，本身就已经超出崇侯
虎的传统管辖范围，可能会引发他的不满进而找机会向纣王进谗言。

　　纣王应该是对周昌产生了怀疑，故而这个老酋长需要证明自己没
有二心，不然，周昌的下场很可能和献祭的人牲一样。比如，《易经》
中讼卦的内容，就全都是关于周昌遭遇的一场官司的。"讼"，即官司、
狱讼之意。此卦很可能是周昌对羑里囚禁过程的回顾，但内容多隐晦，
遭遇诉讼的原因更不清楚。

　　该卦的卦辞是："有孚，窒惕，中吉，终凶。利见大人，不利涉
大川。""有孚"是《易经》中常见的内容，意为有所俘获。"窒惕"，
意为因闭塞而产生恐惧。[5]"中吉"和"终凶"，应该是说中间阶段有
些吉利，但最终的结果凶险。"利见大人"，可能是指周昌在关中参见
箕子和纣王，但"不利涉大川"，也即渡过大河（黄河）是不吉利的，
这可能是指后悔来殷都。

　　《史记》记载，周昌被囚禁的地方是羑里，但没介绍具体方位。
更晚的史书说，羑里在殷都以南上百里的今河南省汤阴县，[6]但并没
有其他文献旁证，也没有在汤阴发现商代的典型遗址。

　　从《易经》的文本看，周昌被囚禁之地应该距离人祭场很近。商
代的大规模人祭场在殷都王陵祭祀区，位于洹河北岸，和南岸宫殿区
遥遥相望，所以，这是羑里所在方位的一种可能。另一种可能是，纣
王还在殷都周边修建了许多离宫别馆，不排除其中有新的祭祀场和关
押人牲的监区，只不过尚未被考古发现。

　　《易经》的很多内容都和周昌的囚禁生活有关。对他来说，这是
最为惶惧的一段日子，而监禁中的闲暇，则促其潜心研究六十四卦占
算之术。六十四卦只是数字运算，用草棍和土块等最简单的计数工具
就可以进行。周昌密切地关注牢狱生活中的各种事件，不仅试图占算

其吉凶含义，还要验证六十四卦占算体系是否灵验，并对其规则进行完善。因此，这段生活被周昌比较详细地记载了下来。

地牢中的人肉餐

《易经》的坎卦是关于牢狱生活的。坎，古人注解为"坎陷"，即挖掘的壕沟或地洞。六十四卦中的坎，是两个八卦的坎卦☵相重叠，所以卦名叫"习坎"。习是两重之意，《象辞传》解释为"重险"，即两重险阻，[7]可能是指监狱外还有两道壕沟起隔离作用。

> 习坎：有孚，维心，亨。行有尚。
>
> 初六：习坎，入于坎窞。凶。
>
> 九二：坎有险，求小得。
>
> 六三：来之坎，坎险且枕。入于坎窞，勿用。
>
> 六四：樽酒簋贰，用缶。纳约自牖。终无咎。
>
> 九五：坎不盈，祗既平。无咎。
>
> 上六：系用徽纆，置于丛棘，三岁不得。凶。

上六爻曰："系用徽纆，置于丛棘，三岁不得。凶。"这是说被人用绳索捆绑起来，关进荆棘丛环绕的监狱，三年无法脱身，结局凶险。看来包围着监区的不仅有壕沟，还有荆棘丛。

初六爻曰："习坎，入于坎窞。凶。""坎窞"，说明牢房是很深的地穴。殷墟考古发现过很多较深的储藏窖穴，往往宽一米多，深五六米，而关押犯人的可能会更宽大一些，并在地面加盖屋顶，有窗户给窖穴内的犯人投放食物。

虽然牢房和监区防卫森严，但周昌可能通过某种方式贿赂了看守，能满足一些小需求，所以九二爻曰："坎有险，求小得。"险，可能是地牢陡直，难以攀爬。六三爻也是类似内容："来之坎坎，险且枕。入于坎窞，勿用。"[8] 意为被投入陡而深的地牢之中，心中惊惶不安，看不到获释的希望。

六四爻曰："樽酒簋贰，用缶，纳约自牖。终无咎。"这应该是说曾有人来探望周昌，还送来了一罐酒（樽酒）和两陶盆食物（簋贰）。这些酒食被装在一个大陶罐（缶）中，从窗户放进地牢，可能是用绳子系着放下去的，但没有记载送餐人的信息。

九五爻有"坎不盈"，可能是说没有逃走的机会；但如果想好应对的口供，也能平安，所以"祗既平。无咎"。[9]

以上是坎卦各爻辞，但卦辞却反映了有俘虏被挖心献祭："习坎：有孚，维心，亨。"这名俘虏应该就是被关押的囚徒，或者说，关押周昌的这座羑里监牢本就是囚禁备用人牲的场所。目睹这些惨剧时，周昌认为应当注意自己的言行举止，以免招来灾难，所以"行有尚"。[10]

和坎卦类似，噬嗑卦也是关于牢狱生活的记录。噬嗑，意思是吃东西，但含在嘴里尚未下咽，或者难以下咽。该卦的内容都是关于在狱中吃饭的。

噬嗑：亨。利用狱。

初九：屦校，灭趾，无咎。

六二：噬肤，灭鼻，无咎。

六三：噬腊肉，遇毒。小吝，无咎。

九四：噬干胏，得金矢。利艰，贞吉。

六五：噬干肉，得黄金。贞厉，无咎。

上九：何校，灭耳，凶。

卦辞曰："亨。利用狱。"是说占算入狱的前途，结果顺利。该卦的六爻中，有三个爻有佩戴刑具和受刑的内容。

初九爻有"屦校，灭趾"，是说有人脚上戴着刑具，然后被砍掉了脚。"校"是木头刑具，"屦"是穿在脚上，说明是木脚镣。此爻的结局是"无咎"，没有灾难。这应当不是指被砍脚的人，而是目睹并占算此事的周昌本人。

上九爻曰："何校，灭耳，凶。"是说有人脖子上戴着刑具，然后被割掉了耳朵，凶。"何校"，意为把木头做的枷扛在肩上。

六二爻的"灭鼻"，是指有人被割掉了鼻子；而且，此爻中还出现了"噬肤"，指吃肉皮。

六三爻曰："噬腊肉，遇毒。小吝，无咎。"是说吃腊肉而发生食物中毒，有些小麻烦，但没大灾难。看来，吃东西的是周昌本人。

在牢狱中能吃到肉，似乎颇为奢侈。但九四爻则开始透露吃的是什么肉：

噬干胏，得金矢。利艰贞，吉。

"胏"是骨头上的干肉；"得金矢"，是说居然吃出了铜箭头。这很可能说的是被射死的人牲的主要部位被烹饪献祭，下脚料（肉皮和筋骨等）则被送到监所充作犯人的食物，而且给犯人（候补人牲）吃的都是干肉，没有经过烹饪。"利艰贞，吉"则是说这一爻适合用来占算艰辛的生活，结果是吉利。

到六五爻，内容还是吃干肉："噬干肉，得黄金。"黄金指黄色的铜，应是被杀者身上佩戴的某种小铜饰。

刑罚与杀祭

《易经》的困卦也是关于牢狱生活的。

> 困：亨。贞大人吉，无咎。有言不信。
>
> 初六：臀困于株木，入于幽谷，三岁不觌。
>
> 九二：困于酒食，朱绂方来，利用享祀。征，凶。无咎。
>
> 六三：困于石，据于蒺藜，入于其宫，不见其妻，凶。
>
> 九四：来徐徐，困于金车。吝，有终。
>
> 九五：劓刖，困于赤绂，乃徐有说，利用祭祀。
>
> 上六：困于葛藟，于臲卼。曰动悔，有悔。征吉。

初六爻曰："臀困于株木，入于幽谷，三岁不觌。"株木，可能是指用来打人的木棍，"臀困于株木"，则是说臀部被打得很惨。前述姤、共两卦有"臀无肤，其行次且"（臀部被打得皮开肉绽，走路困难），和此爻内容接近。"入于幽谷，三岁不觌"，是说被关押在地牢中三年见不到想见的人。从这句再联系坎卦的"系用徽纆，置于丛棘，三岁不得"，说明周昌可能被关押了三年之久。

《左传》曾有一处说："纣囚文王七年。"[11]这属于春秋晚期的传说版本，和三年相差很多。考虑到周昌被囚前后都生活在殷都，这里也可能是说周昌总共在殷都待了七年，其中包括三年的牢狱时光。

六三爻曰："困于石，据于蒺藜。入于其宫，不见其妻。凶。"石头和蒺藜应当是监所的隔离设施，但"入于其宫，不见其妻"不知何意，因为周昌获释回到周原后，其妻子大姒仍在世。也许这里是说他刚回到周原时，家中曾发生某些变故，家人不得不避祸在外。

还可以对照讼卦的九二爻："不克讼，归而逋其邑人三百户。无眚。""不克讼"，是说审讯中辩护不成功，被监禁；"归而逋其邑人三百户"，则是说释放后回家，发现自己统治的民众有三百户逃亡。可能讼卦九二爻和困卦六三爻说的是同一件事。

上六爻的第一句是："困于葛藟，于臲卼。"葛藟和前面出现过的蒺藜、丛棘类似，都是起隔绝作用的荆棘；臲卼，指的是惊惶不安的样子，和前面的坎卦意思相同。第二句是："曰动悔，有悔。征吉。"根据孔颖达的解释，这是有人劝告周昌：应当悔罪，认错；最后的结果是吉利的。从常识判断，周昌肯定不会承认自己有谋逆的想法，但他可能需要承认一点轻微小罪来换取开恩释放。

除了在地牢内的生活，《易经》里还有囚犯被押送到监所的记载。困卦九四爻曰："来徐徐，困于金车。吝，有终。"这是说被装在车上的铜囚笼里。"徐徐"，是车行驶得很慢；"吝"，孔颖达解释为"可耻可恨"；不过最后的结局是"有终"，坏运气总有过去的时候。这里可以对照大有卦的九二爻："大车以载。有攸往，无咎。"大车是牛拉的货车，而非马拉的快速轻车，可能装了铜囚笼而成为"金车"，然后"有攸往，无咎"，意思是，此行没有大灾难。

九二爻的内容更复杂。第一句是："困于酒食，朱绂方来，利用享祀。"据孔颖达注解，"绂"是祭祀时穿的衣服，朱绂就是穿红色祭服的祭司。[12] 但"困于酒食"有点不好解释，因为其他的"困于"都是和监禁、刑罚有关的设施。这里说的有可能是给人牲的最后一餐，因其要成为诸神的祭品，应当吃点好的，但人牲不怎么会有心情吃，所以也是"困"。然后，"利用享祀"，也就是适合献祭的时间要到了。

九五爻的内容与之类似："劓刖，困于赤绂，乃徐有说，利用祭祀。"劓刖，是指被割掉鼻子和砍掉脚的人，故而这句是说噬嗑卦中被"灭趾""灭耳"的人将被杀死献祭。"赤绂"和上述朱绂一样，都是穿红衣的祭司。"乃徐有说"，就是慢慢变得开心。[13] 也许，这是描述有些人牲在喝醉之后的解脱状态，而这种比较开心的人牲肯定更适合用来献祭，所以叫"利用祭祀"。

商人的祭祀坑中经常有被砍掉小腿的人牲尸骨，所谓"刖"；至于割掉鼻子的"劓"，则不见痕迹。不过，考古发掘出的人牲往往经过肢解、剁去手指和脚趾等折磨，正和此条爻辞呼应。

困卦的卦辞是："亨，贞大人，吉，无咎。有言不信。"意为，举行祭祀，如果是占算和大人物有关的事，结果吉利，没有灾祸，有些话没有被相信。至于这些没被相信的话是周昌自己的辩护词，还是告发者一方的言辞，就不太好判断了。[14]

在殷都期间，周昌也能观摩一些商人杀俘献祭的仪式，而当他作为一名候选人牲被囚禁在羑里，见到的自然更多。这些恐怖的经历也被他隐晦地写入了《易经》之中。

比如剥卦。剥的意思是剥皮，它的甲骨文字形是一只悬挂起来的兽，一把刀正在剥它的皮。该卦的卦辞是"不利有攸往"，即此行不吉利。

剥：不利有攸往。

初六：剥床以足，蔑，贞凶。

六二：剥床以辨，蔑，贞凶。

六三：剥之，无咎。

六四：剥床以肤，凶。

六五：贯鱼以宫人宠，无不利。

上九：硕果不食，君子得舆，小人剥庐。

"剥床以足，蔑"，是说在案板上割下了人牲的脚。床的本意是睡觉的床榻，这里是屠剥人牲的案板；"蔑"，孔颖达注为"削也"，甲骨文的字形是用戈砍人的两脚，被砍的人瞪大眼睛张望。这是一种先把脚砍下的杀人祭祀方式。一块牛肋骨的中段卜辞为："戉有蔑羌。"（《合集》6610）戉是钺的本字，这里可能是指执行蔑祭的人。

《合集》6610

　　剥卦中这些可怕的内容应该跟此卦的卦形有关，▤正是架起来的案板形状。

　　六二爻"剥床以辨"中的"辨"，王弼的注解是"足之上也"，即小腿部分被割开；六三爻的"剥之"，应当是说切下脚和小腿之后，开始剥躯干的皮；六四爻的"剥床以肤"，是说在案板上剥下了人皮。

　　六五爻"贯鱼以宫人宠"中的"贯鱼"，字意是用鱼叉捕鱼，这里是人名，全句的意思是说，贯鱼是宫人（宦官），受到王的宠爱。这可能是周昌结识的商王宫廷内侍，借助他也许有脱离牢狱的机会。

　　上九爻的"硕果不食"，是说树上的果子长大了还没有被吃掉。这应该是指周昌庆幸自己没有遭到前述人牲的命运。[15] "君子得舆，小人剥庐"，则意为君子得到马车，小人在草棚下被剥剔骨肉。这似乎是说身份地位的差别导致命运不同。

苏妲己的另一面

在周昌被囚的过程中，他的儿子们可能也找到了探视的机会。

损卦的卦辞曰："利有攸往，曷之，用二簋，可用享。"即出行有利，去探访的话，用两个簋的食物是可以的。联系前述关于牢狱生活的坎卦中说到有人探访周昌并带来了"樽酒、簋贰"，似乎说的是同一件事。

羑里囚禁中的周昌虽沉迷于《易经》推演，但其中并没有让他获释的秘诀，最终还是要靠他的臣僚和家人的努力。《史记·殷本纪》载，周昌手下的闳夭等人收集了各种宝物和美女进贡给商王，如"有莘氏美女，骊戎之文马，有熊九驷"等，以及散宜生物色的"黑豹"，并说纣王收到后很开心，立即下令释放了周昌："此一物足以释西伯，况其多乎！"（《太平御览》卷八九二引皇甫谧《帝王世纪》）

对此，春秋时的人还有一种更戏剧性的说法："纣囚文王七年，诸侯皆从之囚，纣于是乎惧而归之。"说周昌被纣王囚禁七年，各地诸侯皆同情他，纷纷赶来要求一起接受囚禁，结果纣王压力很大，只好释放周昌，让他回了周邦。（《左传·襄公三十一年》）

以上这两种叙事，因果关系都很简单，而且有后世加工的成分。从当时的现实情况看，纣王对西土没有太大兴趣，所以只要那里不发生叛乱，能定期送人牲到殷都，维持现状是比较好的方案。后世史书虽把纣王描绘成一个荒唐彻底、残暴无比的末代之君，但也强调了他的过人之处。《史记·殷本纪》有载："帝纣资辨捷疾，闻见甚敏，材力过人，手格猛兽。"然而，他的缺点可能也正在于此：过于自信，认为世人能力皆不如己，从不听取别人的意见，哪怕做错的事情，他也有给自己辩解的才能，正所谓："知（智）足以距（拒）谏，言足以饰非；矜人臣以能，高天下以声，以为皆出己之下。"

对周族来说，纣王的狂妄也有好处，这便是只要不引起他的警觉，就还有希望。而且，周昌当时已年过半百，按古人的标准已算高寿，因此，周族的未来主要还得看周昌已经成年的儿子们，特别是他的继承人伯邑考是否可以让纣王安心。

此时的周族，有周昌的夫人大姒，两位弟弟虢仲和虢叔，以及长期为周族担任管家的"太保"召公奭家族，他们足以保持周邦稳定。散宜生等外来臣僚的作用，则主要是打探商朝以及东方列国的信息，为营救周昌提出建议。只进贡礼物显然不够，文王的儿子们还需要找机会去殷都当面向纣王求情。

关于周昌在殷都的遭遇，古书记载较多，但从未提及他的儿子们。文王最年长的四个儿子分别是长子伯邑考、武王周发、周公旦、管叔周鲜。从常识推测，当周昌获准前往殷都时，因长子伯邑考要代理周族事务，周昌或许带上了另一个儿子出行；而当他被捕的消息传回周原，伯邑考和两个弟弟应该也会带着行贿的礼物赶往殷都。

只是这段经历过于惨痛，后世周人讳莫如深，故缺乏记载。不过，商朝终结之后的一些事情，暗示了周昌诸子是如何找到门路求见纣王的。当时，商朝的附庸小邦中有个苏国，可能在黄河北岸，今河南省焦作市一带，国君名叫苏忿生。周灭商之后，武王任命苏忿生担任周朝的司寇，主管王朝刑法："昔周克商，使诸侯抚封，苏忿生以温为司寇。"[16] 史家以往很少注意这个任命。当然，它也很难解释，因为苏国和周邦本没有任何瓜葛。

进一步的信息是，著名的纣王宠妃苏妲己就来自苏国。《史记》说，纣王曾讨伐苏国，苏国国君被迫将公主妲己进献商纣，结果妲己成了纣王宠妃。这个被迫贡女的说法，可能只是为了突出商纣好战且好色的独夫形象，未必可靠，但妲己确实来自苏国。这个家族，己姓，苏氏，苏忿生可能是妲己的兄弟。

看来，有一种可能是，伯邑考到达殷都后，先是和苏忿生家族建立了联系，并通过苏妲己见到了纣王，最终使父亲获释。

如前文所述，剥卦六五爻曾说："贯鱼以宫人宠，无不利。"这里说的宫内宦官贯鱼到牢狱探访文王可能就是苏妲己授意的。在后世的演义文学中，苏妲己是可怕的狐狸精，一心谋害周昌，而真实的历史很可能是，苏妲己才是让周昌获释出狱的关键因素。

这段恩情对于周族非常重要，妲己虽背负诸多恶名而死，但周人夺取天下之后，武王还是重用了她的家人。纣王自杀后，商朝并未完全灭亡，周武王指定了纣王的儿子武庚（禄父）继续在殷都担任商王。这个武庚很可能就是苏妲己生的。周人对苏氏家族的倚重，和后世的演义文学可谓大相径庭。

接下来，我们再看《易经》中的观卦，记录的可能就是周昌诸子初到殷都时四处打探门路的情景。

"观"本身就是探查和审视之意。虽然卦辞"盥而不荐，有孚颙若"说的是周昌对献祭仪式的回忆，但之后的六条爻辞却都是和他的官司有关的。

初六爻曰："童观，小人无咎，君子吝。"说的是据童子（周昌的儿子）观察，小人没有麻烦，但君子受委屈。

六二爻曰："阚观，利女贞。"说的是从门缝偷偷地观察，如果占算女子之事，顺利。

六三爻曰："观我生，进退。"说的是观察我的生命前途是进还是退。

六四爻曰："观国之光，利用宾于王。"说的是观察（商朝）国都的荣耀，去拜见王是有利的。

九五爻曰："观我生，君子无咎。"说的是观察我的生命，君子（我本人）没什么罪过。

上九爻曰："观其生，君子无咎。"说的是观察对方（也许是纣王）的生命，君子（我本人）没什么罪过。

周昌这次似乎因祸得福，伯邑考受到了纣王青睐，在殷都宫廷里担任质子，并给纣王驾驶马车："质于殷，为纣御。"（《太平御览》卷八四引《帝王世纪》）要知道在商周时期，凡为王驾车的人，地位都很高。作战之前，统帅经常占卜选择御者，因为这个职务能决定王的安危生死。周人在豳地－碾子坡时期就熟悉养马，迁居周原后又从商朝引进了马车，所以伯邑考擅长驾驭马车是很自然的。

至于周昌，他在狱中修炼的易卦占算能力，此时则在商人上层引起关注，经常有显贵请他算命。《易经》的六十四卦体系不涉及沟通鬼神和先王之类，不仅避免了僭越之嫌，而且解释空间也大。周昌又是来自西土的异族酋长，这种陌生的身份也可能会使商人对其颇有新鲜感。

比如蒙卦的卦辞曰："匪我求童蒙，童蒙求我。初筮告，再三渎，渎则不告。"是说不是我去求这个傻孩子（童蒙），是这个傻孩子来求我；第一次，我会给他占筮，告诉他结果；如果他不满意，还第二次、第三次找我，这就是不尊重我的职业，我不会再替他算。

这位请周昌算卦的孩子肯定不是周族人，他们没人敢如此烦劳老族长，所以只能是殷都王族中人。而灭商后，武王任命纣王的儿子武庚继续担任商王，可能也与在殷都期间少年武庚已经和周昌父子有频繁交往并结下私人交情有关。

《易经》中，周昌曾多次记载自己受纣王赏赐。在当时，纣王是天下共主，唯一的王者，《易经》中的"王"和"大人"以及"大君"，应该主要指纣王，而非作者周昌。比如，"王假有家"[17]"王假有庙"[18]，以及"受兹介福，于其王母"，[19] 这句应该是说从王的先母那里获得大福佑，看来周昌曾随商王祭祀某些先妣。

此外，周昌父子可能在殷都还有过婚事，只是限于商人的习惯法，他们不大可能和商族通婚，却可以和挚国、莘国以及苏国这类非商王血统的藩属之国联姻，而且生活在殷都的异邦君长和显贵很多，亲事谈起来也比较方便。当然，妻和妾的地位差异很大，正夫人要门当户对，妾则要找地位低的。比如，大过卦九二爻曰："枯杨生稊，老夫得其女妻。"这可能说的就是周昌纳妾（老夫娶少女）。九五爻则相反，是少男被老妇所娶，应是上门女婿："枯杨生华，老妇得其士夫。"这可能说的是周昌某个儿子的婚事，女方虽老，但身份颇高，为了扩大同盟，只能攀附这门亲事。

更重要的是，被囚羑里期间，周昌还从易卦占算体系中获得了神启：商朝的统治不会永远延续下去，周族很有可能会取代它。这是《易经》创作的起点，林林总总的细微事件背后，隐藏着周昌一心要寻找的翦商之道。

注释

1　中国社科院考古所安阳工作队：《1980—1982 年安阳苗圃北地遗址发掘简报》，《考古》1986 年第 2 期。以下凡该遗址考古的基本信息、数据及图片，未注明出处的，皆出自该文，不再详注。

2　张亚初：《从商周八卦数字符号谈筮法的几个问题》，《考古》1981 年第 2 期。

3　晁福林在《商代易卦筮法初探》中解为丰卦，不知是否笔误，《考古与文物》1997 年第 5 期。

4　肖楠：《安阳殷墟发现"易卦"卜甲》，《考古》1989 年第 1 期。

5　孔颖达解释为："窒，塞也。惕，惧也。"

6　《汉书·地理志》说，荡阴县"有羑里城，西伯所拘也"，汉代荡阴就是后世的汤阴。

7　王弼对"习"的解释是"谓便习之"，意为熟能生巧。孔颖达正义借鉴了《象辞传》，认为是重叠的险阻："谓上下俱坎，是重叠有险，险之重叠，乃成险之用也。"这种解释比王弼的更合理。

8　王弼对"枕"字的注是"枝而不安之谓也"，即紧张得手足无措之状。

9　王弼注"坎不盈"意为"险不尽矣"；"祗"意为"辞也"。

10　孔颖达正义对"行有尚"的解释是"以此行险，事可尊尚，故云'行有尚'也"。高亨认为，"维心"当作"维之"，意思是"捉得敌方俘虏，用绳缚之，杀之以享祀鬼神，故曰有孚维之享"。但商人用俘心献祭很常见，在艮卦九三爻中有更详细的记录。参见高亨《周易古经今注》，第 242 页。

11　《左传·襄公三十一年》："纣囚文王七年，诸侯皆从之囚，纣于是乎惧而归之。"

12　"绂"，孔颖达的解释是"祭服也"，即祭祀时专用的服装。

13　"说"，孔颖达解释为"喜说"，就是喜悦。

14　孔颖达对"有言不信"的解释是"若巧言能辞，人所不信"，这是把"言"理解成花言巧语，难以取得别人信任。此说可备参考。

15　王弼对"硕果不食"的注："处卦之终，独全不落，故果至于硕而不见食也。"

16　《左传·成公十一年》。苏国在温地，是现在的河南焦作一带，这里接近殷商腹地，苏国可能在纣王时期比较受重视。

17　《易经·家人》。意为"王让周昌在殷都安置了家宅"。

18　《易经·萃》及《易经·涣》。意为"王让周昌在殷都安置了祖庙"。

19　《易经·晋》。孔颖达正义："介者，大也。"

第二十章　翦商与《易经》的世界观

　　《易经》记载的猎俘和人祭完全超出了后人的想象，那么，周昌为什么记录这些？难道他就是想要写一本日记或者回忆录？

　　卦爻辞纷繁杂乱的现象背后，其实是周昌对世界运行规律的探索，通过卦象排列组合的变化，他发现，现有的世界秩序不是永恒的，而是可以改变的。尤为重要的是，商朝的统治也是如此。

　　在讲述这些之前，我们先要讲一讲《易经》最基本的原理：阴阳、卦象、卦辞和爻辞。

易卦占算传承自商人

　　上古时代，人们曾发明一种用草或竹子的小棍来算数的方法：把它们在地上摆放成不同的形状，用以代表不同的数字，然后进行计算，有点类似后世的算盘。用来计数的竹棍，叫"策"或"筹"，比如，流传下来的古语中就有"运筹"和"策划"等。

当积累了一定的算数知识，古人发现，数字虽然有很多，但都可以被分为奇数和偶数两大类。这恰好和日常生活里的"阴""阳"观念搭配：太阳晒到的地方是阳，晒不到的就是阴；奇数是阳，偶数是阴。然后，有天地、山水、男女、雌雄、上下……几乎所有的事物，都可以分为阴性和阳性。

这是早期人类发展出的一种简单归纳思维，甚至直到现代，有些语言的名词还会分成阴阳两性，比如法语和俄语。而初步的算命理论就是将用草棍运算出的数字归纳成阴或者阳，以代表世间不同的事物，乃至命运的吉凶。

用甲骨预测，称为"卜"；用草棍预测，则称为"筮"。"筮"，上面的"竹"字头代表占算用的草（竹）棍，下面的"巫"字表示只有沟通鬼神的巫师才有占算能力。[1]

据说，半人半神的伏羲最先画出"八卦"，然后，由周昌在被商纣囚禁羑里期间把八卦推演成了六十四卦。所谓："其囚羑里，盖益《易》之八卦为六十四卦。"但司马迁这里用的是"盖"字，表示不太确定。

先说最古老的所谓伏羲"八卦"。有四对卦，分别是乾和坤，坎和离，震和艮，巽和兑；各有代表图案，被称为"卦象"，由三根表示阴阳的"爻"组成，一根直线代表阳爻，两段半截的线代表阴爻。

乾 ☰ 坤 ☷

坎 ☵ 离 ☲

震 ☳ 艮 ☶

巽 ☴ 兑 ☱

东周时的学者说，这是宇宙间的八大元素：乾代表天，坤代表地；坎代表水，离代表火；震代表雷，艮代表山；巽代表风，兑代表泽（沼泽）。（《周易正义·说卦卷九》）至于伏羲或者周昌时代的人是不是这么理解的，就不好说了。

再来说六十四卦。卦象由两个八卦上下重叠组成，一共有六十四种，都有六个爻。假如是两个八卦的乾叠加，就仍叫乾卦，以此类推。但不一样的八卦互相叠加，就需要起新的卦名了，比如，震下坎上，叫屯卦，卦象是䷂；坎下艮上，叫蒙卦，卦象是䷃。

用草棍占算的阴阳八卦体系，和华北地区自龙山时代以来的甲骨占卜体系，是分庭抗礼的关系，很难说哪一种出现得更早，因为甲骨容易保存下来，但草棍占算不容易留下遗物。

到了商朝的殷都时期，有些占卜师已经习惯了在甲骨上刻字，所以他们也会把用草棍占算出来的数字刻到甲骨上。而三个数字组成的刻辞在殷墟前期武丁王的时代就有了，比周昌要早二百年。它是三个数字重叠，比如"六六六"，这三个偶数代表三个阴爻，便是八卦中的坤卦。

到殷商中后期，出现了六个数字的甲骨刻辞，时代也比周昌早一些。比如，"六七八九六八"，对应"阴阳阴阳阴阴"，这便是《易经》中的蹇卦。从这可见，六十四卦的基本原理并不是文王发明的。

关于竹草棍如何被用于六十四卦算命，最早的记载来自春秋战国之交的《易传·系辞》：按照特定的流程，将五十根草棍用两只手拆分若干次，最后剩在手里的数量就是得到的数字，它的奇、偶就是阴、阳，这算第一个爻；如此反复演算六次，就得到六个爻，也就是一个完整的卦。这种摆列阴阳爻的顺序，必须从下往上，不能颠倒。

当然，《易传·系辞》这个记载已经比周昌的时代晚了五百多年，至于周昌到底是不是这么占算的，也无法确定。

上面所述便是六十四卦卦象的来历，那么，六十四卦的卦名，诸如乾、坤、屯、蒙等，又是什么时候产生的呢？商代的甲骨文里没有发现卦名，它们首次出现是在《易经》里。所以，也许的确是周文王命名的，至少目前还没有反面的证据。

　　比起古老的甲骨占卜，用草棍推演更容易，所以文王被囚禁在羑里监狱的时候，可以因陋就简进行六十四卦占算。而为了让这套占算体系更适合自己的需要，他又总结和编写了卦辞和爻辞，由此形成了《易经》的基本内容。

　　但这还不是文王周昌青睐六十四卦体系的根本原因。

文王写作卦辞和爻辞

　　六十四卦的每个卦都有一条简短的解说词，这被称为"卦辞"；相对的，卦里的每个爻也都有一条"爻辞"。概而言之，《易经》是由六十四卦的卦名、卦象、卦辞和爻辞组成的。

　　唐代给《周易》做注的孔颖达说，最早是伏羲画出了八卦，后来有人（不知道是谁）把八卦重叠成六十四卦，可以涵盖各种"天地变化，人事吉凶"；再后来，周文王写了卦辞和爻辞，来解释每个爻和卦的吉凶含义：

> 　　盖伏牺（羲）之初，直仰观俯察，用阴阳两爻而画八卦，后因而重之为六十四卦，然后天地变化，人事吉凶，莫不周备，缊在爻卦之中矣。文王又于爻卦之下，系之以辞，明其爻卦之中吉凶之义。（《周易正义·说卦卷九》）

看来，孔颖达不同意《史记》说的"其囚羑里，盖益《易》之八卦为六十四卦"。而现代的考古发现也证明，孔颖达的确是对的。

　　孔颖达还说，卦辞和爻辞是周文王写的。在古代，这个说法也缺乏直接证据，一直有学者质疑。而结合甲骨文等殷商考古成果，我们会发现，孔颖达这么说的证据是比较充分的，因为卦爻辞只会是在商朝的环境中产生，不可能更晚。

最早从《易经》的卦爻辞中探寻历史的学者，是顾颉刚。1929 年，他考证了几条卦爻辞中蕴藏的商周时期的历史事件，并撰成《周易卦爻辞中的故事》一文发表。[2] 比如，据顾颉刚推测，归妹卦和泰卦爻辞的"帝乙归妹"，其中隐含的历史是：帝乙把自己的一个女儿嫁给了周文王，但这位王室公主没能生育，最后，或是早逝，或是离婚回了娘家，文王又续娶大姒。

就这样，顾颉刚开启了从《易经》探寻晚商历史的先河。当然，他对"帝乙归妹"的解释未必正确，毕竟当时商周力量对比悬殊，商王不大可能把妹妹嫁给周族，所以这很可能是周人为夸耀自己而做的吹嘘。但它的真实背景仍是晚商时代的商周关系。

六十四卦的卦爻辞里含有很多商代特有的事件，比如，捕捉俘虏献祭；而从周朝建立开始，这些做法就消失了，后代的古人也就不再记得这些事。

这里再举个例子。《易经》的卦爻辞里经常出现"贞"字，比如坤卦的卦辞"利牝马之贞"，后世学者都不知道这个字什么意思，包括孔颖达，也只能猜测它和"坚贞"有关，解释成："贞，正也。"其实，商代甲骨卜辞里就频繁地出现这个"贞"字，现代学者也早已确定，它就是占卜的"占"，故而甲骨占卜师也被称为"贞人"。由此，《易经》中的"贞"也就好解释了。比如，坤卦的"利牝马之贞"的意思是说，占算结果对母马有利；相对的，否卦的"不利君子贞"的意思则是说，占算结果对君子不利。看来，倘若没有发现甲骨文，我们对《易经》中"贞"字的理解很可能还会一直错下去。

《易经》的卦爻辞所记载的事件，有些肯定是只有周文王才经历过的，所以，它们的价值非常独特。[3] 从孔子时代以来，解读《易经》的著作很多，但因为没有甲骨文知识的基础，所以搞错了很多基本概念，这些"算命技术"自然也就成了无根之木。而用甲骨文和商代考古知识研究《易经》的，高亨先生可谓开先河者，他的著作《周易古经今注》就是只讨论文王的《易经》，而不涉及东周时人写的《易传》，以避免让后世的误解逆行侵入商代历史。在这个意义上，本书算是在高亨先生开创的方法基础上的一种继续。[4]

卦爻辞里有什么

《易经》卦爻辞中，除了和商代的捕俘及人祭有关的内容，还包含很多周族人的活动。这应该也是周文王比较关注的内容，否则他不会一一记载下来。

先来看第十三个卦，同人卦：

> 同人于野，亨。利涉大川。利君子贞。
> 初九：同人于门，无咎。
> 六二：同人于宗，吝。
> 九三：伏戎于莽，升其高陵，三岁不兴。
> 九四：乘其墉，弗克攻。吉。
> 九五：同人先号咷而后笑，大师克相遇。
> 同人于郊，无悔。

"离下乾上"，这是解释同人卦的卦象图案——䷌。它有六个爻，下边三条是八卦的离（☲），上边三条是八卦的乾（☰）。

按八卦的释义，离是火，乾是天，火在天的下面燃烧，就是《同人》。但《同人》与天和火有什么必然联系吗？从卦爻辞里看不出来，这里也就不再妄加揣测。

"同人"的意思大概是集结（同）盟军（人）。它的卦辞是："同人于野，亨。利涉大川。利君子贞。"意为，在原野集结起我方的盟军，举行祭祀；利于渡过大河；结果对君子有利。

从卦辞看，这很像是周文王晚年在准备灭商的工作：要集结起各部族的盟军，用祭祀取得诸神的支持，团结盟军，顺利渡过黄河（这样才能打到商朝腹地）；这个卦象对"君子"有利，前景比较好。

再来看六个爻的爻辞。

每个爻辞前面有两个字的序号，其中的"九"代表奇数、阳爻；"六"代表偶数、阴爻。

按照从下往上的顺序，最下面的第一个爻叫"初"，按阴阳，只能有"初六"或"初九"两种；最后一个爻在最上面，叫"上"，分为"上六"或"上九"。

中间二、三、四、五爻的名称，则是表示阴阳的六或九放在前面，序号放在后面，所以同人卦中间的四个爻依次是六二、九三、九四、九五，顺序仍是从下往上。

第一个爻（初九）的爻辞："同人于门，无咎。"意思是，在大门口集结盟军，没有灾祸。

第二个爻（六二）："同人于宗，吝。"意思是，在宗庙集结盟军，前途不太光明。

第三个爻（九三）："伏戎于莽，升其高陵，三岁不兴。"意思是，在丛林里埋伏军队，登上高高的山顶眺望敌人，三年内无法战胜敌军。[5]

第四个爻（九四）："乘其墉，弗克攻。吉。"意思是，登上了敌人的城墙，没能攻打下来，但结果吉利。

第五个爻（九五）："同人先号咷而后笑，大师克相遇。"意思是，盟军先是号啕大哭，又变成大笑，会遭遇敌人的大部队。

第六个爻（上九）："同人于郊，无悔。"意思是，在郊野里集结盟军，没有什么后悔的。

看来，同人卦皆与战争有关，但各爻的结果不太一样，有很顺利的，也有很艰难和危险的。

不过，《易经》的卦并非都是军国大事，有些卦看上去只是些偶然的、彼此无关的日常小事，各爻之间也看不出，至少我们看不出有什么明显的关联。这又是为什么？探寻这背后的原因，要从文王研究"易"的目的开始。

六十四卦为何成对？

商王进行甲骨占卜时，会把需要预测的问题刻在甲骨上。这里，我们用前述武丁关于妇好生育的一次占卜为例说明：一，武丁先刻下了"妇好这次生育是否顺利"的问题，这是"命辞"。二，然后，从甲骨裂纹走向判断结果，这是"占辞"："丁日或庚日生育的话会吉利"。三，最后的结果也可能会补刻到甲骨上，这是"验辞"。比如，武丁这次占卜的三十一天后，妇好生育了一个女儿，"验辞"便是："甲寅娩，不嘉。惟女。"

甲骨文的这些刻辞不太复杂，背后的原理也很简单，基本不涉及事物的因果关系：先是给诸神献祭并询问问题；然后，诸神的回答就会传递到甲骨的烫纹上；最后，占卜者将其解读出来。也就是说，这是一种单一的因果叙事：诸神的决定是因，表现到人间就是果，甲骨占卜是读取这种因果关系的工具。至于人类有时候占卜错了，那也是误读了神的旨意，错在人而不在神。

但六十四卦则与此不同，它的原理更复杂。它认为，世间的一切并不都是由神直接决定的，而是各种事物会发生互相影响并形成一种因果发展的链条，其对应的就是卦里六个爻的阴阳顺序。换句话说，对于每一个主题的卦，周文王都需要找出与之相关的六个事件或现象作为六条爻辞，从而构成一个完整的因果发展链。而且，事物的因果关系不会只有一种模式。在某种环境下，甲是乙的原因，而在另一种环境下，则可能变成乙是甲的原因，甚至原本没有因果关系的两个孤立事件，在另一种时空环境下也可能会发生联系。

所以，文王在《易经》中梳理了他亲历和认知的各种事件，并试图用不同的因果发展链来串联和解释它们。比如，有些相同的爻辞（事件），比如"帝乙归妹"，就出现在了不同卦的不同爻位，这其实是文王在设定不同的占算情境。因此，同一事件会具有不同的前因后果，以及不同的含义和指向性。

换言之，文王的爻辞虽都是发生过的或者预测要发生的具体事件，但在他看来，这些事件未必是单线性的，它们完全可能按照不同的时间顺序再次发生，从而使因果关系发生颠倒。

一切事物都是无常和可变的，六爻的不同组合对应着不同的卦象，哪怕只变换一个爻，也会变成另一种卦象，这就是"易"，变易无常。由此，六十四卦就是文王对可能性做出的六十四种探索和六十四个模型。或者说，文王是在用各种无常的可能性重新组织世界，重组头脑中的各种认知。

这样一种思路，可以从六十四卦的"组对"规律中发现一些痕迹。六十四卦皆有卦名，且是成对组合，比如，"乾"和"坤"，"震"和"艮"，"同人"和"大有"，"噬嗑"和"贲"……是谁给这些卦起的名字并编组成对，史书中没有记载，但文王的可能性很大——考古发现的更早的数字卦象并没有附带卦名，更没有成对出现的记载。

其中，有些成对的卦名比较好懂，比如，"乾"和"坤"，"否"和"泰"，"损"和"益"，"即济"（已经渡河）和"未济"（尚未渡河），都是反义词；有些却未必是反义词，比如，"井"和"困"，"小畜"和"履"，看不出彼此之间有什么对立关系；还有一些则更模糊，比如，"噬嗑"和"贲"，更难判断它们之间的关系。

我们先搁置对卦名的解释，来看卦象，看看它们的组对规律是什么，以及是否一定会具有相反的关系。

有人说，乾卦和坤卦最是简单明白，乾卦都是阳爻，坤卦都是阴爻，看来，卦象组对的规律是每个位置的爻都阴阳相反，乾的第一个爻是阳，所以坤的第一个爻是阴，以此类推……

乾　　坤

其实不然。乾和坤这一对卦的卦象比较特殊，不代表普遍规律。六十四卦分为三十二对，其中只有四对是这种情况：同位之爻，阴阳相反。

还有一种可能性。六十四卦的卦象是两个八卦上下重叠而成，那是不是这两个八卦互换位置就构成一对相反的卦呢？

也不是。比如，屯卦䷂，卦象是震☳在下，坎☵在上；和它成对的是蒙卦䷃，但卦象并非坎☵在下，震☳在上，而是坎☵在下，艮☶在上。

从这也可见，六十四卦的意义未必跟组成它的两个八卦有关系。

至于六十四卦的成对原则到底是什么，我们这里随便选个例子。比如，无妄和大畜这一对卦：

无妄　　大畜

可以看到，这两个卦象，并不是同一个位置的爻必须阴阳相反，也不是上下两个八卦位置互换，而是六个爻呈现"颠倒"关系：无妄卦的第一个爻（最下面的），和大畜卦的最后一个爻（最上面的）相同；无妄卦的第二个爻，和大畜卦的倒数第二个爻相同……

六十四卦里面，有二十八对都是这种"颠倒成对"原则。但也有极少数例外。就像上面说过的乾卦，它的六个阳爻形成上下对称，如果把它们上下颠倒一遍，还是完全同样的卦象。这就没办法了，只好让它和六个阴爻的坤卦结成一对，不然，六个阴爻的坤卦，上下颠倒之后也还是自己，所以它俩正好结对。

这种因为自身对称而只能"相反成对"的卦，除了乾和坤，还有三对：

坎　　　离　　　颐　　　大过　　中孚　　小过

总结一下，在《易经》中，每卦六个爻都是自下而上的顺序，而六十四卦组对的原则总体上是六爻"颠倒成对"；只有八个上下对称和无法颠倒的卦，才按"相反成对"的原则组成四对。

研究《易经》的美国学者夏含夷（Edward Shaughnessy）很重视"颠倒成对"原则。他推测说，《易经》中每一对卦的内容都基本相似，比如，对于泰卦中的"帝乙归妹"，夏含夷认为，泰卦以及与泰卦成对的否卦，都和这桩婚姻有关。但这种推论还缺少证据，至于每一对卦探讨的内容都是什么，多数还难以解释。[6]

其实，不必急于追索每一卦的具体含义，而是应当先明白卦象"颠倒成对"原则的本质是什么。综合前述，本书认为，它是文王发现的世间规律，或者说，一种被称为"易"的思维方式：世间的一切都不是永恒和持续不变的，它们都可以有另一种相反的存在形式，一切也都可以颠倒重来一遍。

否，颠倒重来就是泰；损，颠倒重来就是益……一切事件的发展过程，都可以"倒放"一遍，从终点回到起点。这意味着，一切皆有可能。

剪商，可占

按文王《易经》的"颠倒成对"原则，世间一切既有的事实都能用相反的方式再现一遍。商族曾经很弱小，就像爻辞里的"丧牛于易"，但他们后来却建立了强大的商朝；然而，这个过程同样是可逆的，目前强大的商朝也终将灭亡。

这种思维方式可谓石破天惊。当时的人还没有走出神权时代，普遍认为世间一切都被天界的鬼神主宰：商王家族世代向上帝和诸神献祭，从而得到天界的福佑，因此和商朝作对，就意味着违反鬼神世界的意志，不可能成功。

然而在羑里的地牢里，周昌的身体虽无法逃离，但他推演的六十四卦组对原则却自行打开了一扇通往新世界的大门，这便是："剪商"是有可能的。

虽然当初，是上帝指示和支持商人灭夏建商的，但上帝的心意也是可以更改的，它不可能永远充当商人的守护神，周族也可以获得上帝的垂青，并在它的保佑之下灭掉商朝，取而代之。

在当时，这个想法实在是大逆不道，文王更不敢明白地将其写出来，哪怕当他获释回到周邦之后，也要秘而不宣，故而《易经》中的多数内容只能用含糊其辞的隐语来表达。

来看坤卦六三爻：

> 含章可贞。或从王事，无成，有终。

六三爻的第一句是"含章可贞"，这"含章"二字，历来没有合理的解释。高亨认为，"含"为"戡"之借字，"章"为"商"之借字，"含章"就是"戡商"，也就是"剪商"。[7]所以坤卦六三爻的意思是，剪商之事是可以占算的；如果继续忠于商王，不会有成果，会有终结。

这个推测颇为合理。而且，用"含章"表示"翦商"，未必全是古文字的通假借用，可能也是为了保密。

有类似含义的，是讼卦的六三爻：

食旧德，贞厉，终吉。或从王事，无成。

高亨认为，"食旧德"就是背叛商王昔日的恩德，[8]也就是开启翦商之谋。占卜的结果是有灾害（"贞厉"），但最终会吉利（"终吉"）；反之，也就是如果继续忠于商王（"或从王事"），则不会有成果（"无成"）。这和坤卦六三爻相同。

《易经》中还有一处"含章"，出自姤卦九五爻：

以杞包瓜，含章，有陨自天。

"以杞包瓜"的意义难解，但其重点是"瓜"；"含章"，传统解释是瓜上有花纹；"有陨自天"，是说这只瓜从天上落下来摔碎了。按照高亨的解释，姤卦九五爻是个隐喻，意思是说商朝就像是一只有花纹的瓜，不堪一击，落地即碎。[9]

在六十四卦中，肯定有某个卦象代表的是商朝的崛起；而与它对立的卦，则代表了商朝的灭亡。因此，只要把这些卦找出来，研究各爻的原理，也即每个爻可能代表什么具体事件或条件（文王会因此代入不同的事物进行推演），就有可能找到灭亡商朝的密码。

到这里，我们就可以初步理解为什么说《易经》的卦爻辞内含各种各样的事件，甚至难以理解的只言片语了：这是文王在对自己认知的各种事件进行排列和重组，用不同的卦象（阴阳爻组合）来检验它们的吉凶，以便总结出这个世界更深层的运行规律。而限于当时的环境，他必须刻意地使与翦商有关的各种信息变得很隐晦，外人会很难理解，所以我们也就不用对所有卦爻辞都强求解释了。

《易经》并非文王专门编写的算命教材，而更像是他自己的练习簿，所以内容驳杂，有大量的私人琐事。从萌生翦商之念始，文王就反复将其代入和推算，并随时验证、修订和增补，希望总结出一套最精确的占算方法，而最终目的，当然就是在消灭商朝的战争里运用这套预测技术。

有了对《易经》的上述理解，我们接着来看最前面的乾、坤两卦。

古人对乾与坤是这么解释的：乾为天，阳之代表；坤为地，阴之代表。其实，这一对卦可能还代表了文王最关心的两个事物：商和周。商是强大的主宰，周是弱小的藩属，但在各自的生命历程中，它们会各自走向自己的反面。

元亨，利贞。

初九：潜龙，勿用。

九二：见龙在田，利见大人。

九三：君子终日乾乾，夕惕若厉，无咎。

九四：或跃在渊，无咎。

九五：飞龙在天，利见大人。

上九：亢龙有悔。

用九：见群龙无首，吉。

乾卦里集中出现的意象是龙。从夏朝-二里头文化以来，龙都是王者的象征。初九爻的"潜龙勿用"是说，龙弱小，潜伏于水下，无所作为。这说的是商族崛起之前的状态，后面的龙则已经活跃在天地之间："见龙在田""飞龙在天"。九二爻和九五爻都有"利见大人"，可能是隐喻周昌或者周族两次见到商王并受到重视。九三爻曰："君子终日乾乾，夕惕若厉，无咎。"这可能说的是周族人兢兢业业地侍奉商朝的状态，也可能是说商朝先王奋发有为时的状态。到上九爻的"亢龙有悔"，则已经可能是在说商朝虽已强大到极致，但其根基不稳固，埋藏着衰亡的隐患。

和《易经》的其他卦不同，乾、坤两卦在六条爻辞后，还分别有一条"用九"和"用六"，这可能是因为文王对这两卦格外重视，所以各增加了一句总结。《乾》卦的"用九"是"见群龙无首，吉"，这可能是说文王在殷都生活期间结识各种商朝上层人物，发现他们之间矛盾很深，周族可以找到内应，最终倾覆商朝。在这里，"吉"当是文王对翦商事业的判断，而非商朝的国运。

再来看坤卦：

> 元亨。利牝马之贞。君子有攸往，先迷，后得主，利。西南得朋，东北丧朋。安，贞吉。
>
> 初六：履霜，坚冰至。
>
> 六二：直，方，大；不习，无不利。
>
> 六三：含章，可贞。或从王事，无成有终。
>
> 六四：括囊，无咎无誉。
>
> 六五：黄裳，元吉。
>
> 上六：龙战于野，其血玄黄。
>
> 用六：利永贞。

坤卦的卦辞中出现了"牝马"（母马），但不知其具体代表何事；"君子有攸往，先迷，后得主，利"，应该是说君子（周昌）去往殷都，开始时遭遇各种不幸，但也结识了可以利用之人；而"西南得朋，东北丧朋"，则是说在西南方得到盟友，东北方则丧失盟友。殷都在周原的东北方，这可能是预示商周之间终将反目。卦辞的最终判断是"安，贞吉"。

　　六三爻的"含章"（翦商），前文已述，这里不再赘述；六四爻的"括囊"，字面意思是把口袋（囊）扎起来，这可能是比喻翦商之谋需要严格保密；上六爻的"龙战于野，其血玄黄"则可能是预言周与商最后的决战，隐喻商朝（龙）将喋血原野；最后的用六爻"利永贞"是结论，说明翦商事业大有前途。

　　当然，乾、坤两卦的卦爻辞中也有很多难以解释之处。比如，"或跃在渊"与"黄裳，元吉"，很可能是文王有意为之的隐语。类似现象在《易经》里有很多，已经无法亦不必强行求解。

　　不过，文王并没有活到商朝灭亡，所以他的推算和验证持续到了临死之前。至于文王是先萌生翦商冲动，再从易卦体系寻求支持，还是在研究易卦组对原则时受到启发而产生的翦商之念，这已经很难判断。但至少有一点是肯定的：羑里的牢狱生活已经让文王深切地体会到当一名人牲（孚）的滋味；而在以往，当被要求带领族人捕猎羌人缴纳给崇侯时，他不太可能有如此深刻的切肤之痛。

　　从猎俘者变成俘，本身就是"易"，而变易的旅程一旦开启，就会产生难以预测的后果。年过半百的文王深谙世界的不确定性，把人生剩余的时光大都投入了对《易经》的推算，但同时，他也没有忽视商人最正统的甲骨占卜技术。这两套体系和世界观，文王都不敢偏废。

注释

1　参见宋镇豪《夏商社会生活史》，中国社会科学出版社，2005年，第530页。

2　顾颉刚：《周易卦爻辞中的故事》，《燕京学报》1929年第6期。收入《顾颉刚古史论文集》卷11，中华书局，2010年。

3　有学者认为个别的卦辞出现更晚，属于周公时代产物，如晋卦辞："康侯用
　　锡马蕃庶，昼日三接。"意思是说，康侯（周公的弟弟卫康叔周封）被天子
　　赐予了很多马匹，一天之内得到三次接见。但不能排除文王时期有名为"康侯"
　　的殷商贵族。再如爻辞中曾出现"箕子"，有学者认为是周灭商之后的记录，
　　其实文王已经有可能和箕子打过交道并记录下来。

4　"周易"这个词的含义发生过扩大。春秋时期的史书，如《左传》，说的"周易"
　　只是文王卦爻辞。孔子弟子编辑《周易》时，把他们对卦爻辞体系的很多
　　解释也汇编了进去，比如《系辞》《文言》等。这些解释被称为《易传》或
　　《十翼》（十种对卦爻辞的解释），导致《周易》的内容扩大。为了特指文王
　　卦爻辞，现代学者称其为《易经》，以表示和《易传》的区别。本书也用《易
　　经》代表文王卦爻辞体系，不涉及后来的《易传》。

5　孔颖达《正义》："唯升高陵以望前敌，量斯势也，纵令更经三岁，亦不能
　　兴起也。"

6　［美］夏含夷：《结婚、离婚与革命——〈周易〉的言外之意》，李衡眉、郭
　　明勤译，《周易研究》1994 年第 2 期。

7　高亨释为："乃武王克商之兆，所占之事，自为可行，故曰含章可贞。"参见
　　高亨《周易古经今注》，第 167 页。高亨认为这是周武王灭商时的占卜辞，
　　其实它很可能是在周文王时期就已经有了，是对未来之事的占算。

8　高亨认为，食为蚀之借字："食旧德，谓亏损其旧日之德行也。"参见高亨《周
　　易古经今注》，第 178 页。

9　高亨释为："戕商有陨自天，言武王之克商，乃是天陨灭商祚也。"参见高亨《周
　　易古经今注》，第 287 页。

第二十一章　殷都民间的人祭

　　周昌和他的儿子踏入的这座殷都，曾带给他们无比的震撼。但在西周建立后，周公旦却将其彻底毁灭，同时也把父兄的记忆永远地埋葬在了黄土之下。

　　此后的三千年里，史家有关殷都的记载，大都只是些不准确的只言片语。而《封神榜》一类的小说，则试图用想象力描绘晚商那座伟大的城，甚至还经常把殷都和朝歌混为一谈。

　　直到 20 世纪初，盗墓者和考古学者才有机会重新触摸到殷都。湮没已久的古城仅是揭开小小的一角，就已经彻底颠覆了三千年以来有关殷都的叙事。的确，仅靠想象力，人类是无法再现殷都曾经的辉煌与残忍的。但那一切，周昌父子都曾目睹和亲历。

　　与后世的想象不同，殷都并非那种有城墙保卫、方方正正的城池。在不大的宫殿区外，众多商人族邑如卫星城般错落分布。这些族邑有自己的产业和墓地，也都有自己的祭祀传统和人祭场。

　　在殷都存世的二百多年间，商人族邑的人祭、人奠基和人殉坑越来越多。对商人来说，在聚会典礼上杀戮异族，不仅仅是给诸神奉献

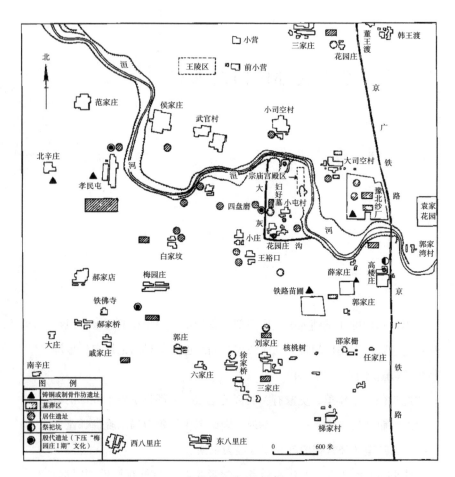

殷墟遗址群分布图 [1]

祭礼，也是让围观者获得精神刺激和满足的"盛宴"。比如，多处人祭坑留有蓄意虐杀的迹象，尤其当人牲数量不足，献祭者还会尽量延缓人牲的死亡，任凭被剁去肢体的人牲尽量地挣扎、哀嚎或咒骂。这种心态，跟观看古罗马的角斗士表演有相似之处。

国都大道边的杀祭场

当周昌父子渡过黄河、北上进入殷都范围时，他们先要经过一片制陶工业区，透过陶窑冒出的滚滚烟尘，商王华丽的宫殿区已遥遥在望。这座制陶聚落是刘家庄北地，在殷都王宫区以南 1 公里处的通向王宫的大道边。

刘家庄北地已经发掘殷商墓葬上千座，绝大多数是没有青铜随葬品的贫寒小墓，有青铜礼器和殉人的只有 20 多座（盗墓者破坏了一些墓葬，劫余的数字并不完整）。可见，这个族邑的贫富差距巨大，赤贫者构成庞大的金字塔底端。

这片制陶区南北 300 米，东西 200 米，约六万平方米，规模很大，平民和贵族的家宅及墓葬散布周边，[2] 此外，还有大量陶窑以及多座丢弃残次品陶器的大坑。

作为聚落，在殷墟一期，刘家庄北地的居民还很少，但到二期，出现了众多房屋和墓葬，这应当有武丁王搬迁王宫的影响。此后，从二期到三期，从三期到四期，墓葬数量均成倍增加，可见殷都的持续繁荣和发展。

这里还发现了两条南北走向的大路，向北一直通往商王宫殿区。西侧的大路，规模较大，路面上有多条车辙，多数是轮距 1.4 米左右的货车的，可能是牛或人拉的载重车辆，只有少数是轮距更宽的马车辙。大路经过沟渠时，有座方木架设的木桥，显然，它是王宫通往南方的交通主干道。

在制陶区，有多处较大的长条形建筑基址，发掘者推测，这可能是制作陶器的工坊。

此外，还有一座面积较大、工艺考究的住宅 F79，殷墟四期建造，应当属于身份较高的贵族：

一，柱础石排列规则，勾勒出房屋的基本结构，呈四面围拢的"回"

刘家庄北遗址西大路上的车辙 [3]

字形；

　　二，边长 20 多米，总面积约 450 平方米，中央庭院（天井）约 10 米见方；

　　三，一条南北走向的过廊把庭院分成东西两部分，西小院有一座椭圆形大坑 H2479，底部有一具人骨，可能是建筑落成后杀祭的人牲，头部放着一块刷红漆的石头，脚部放一件陶罐；

　　四，庭院内还有由两座蓄水坑和一处陶水管构成的排水系统。[4]

　　这座房屋位于制陶工业区东南侧，看来它的主人要管理的本部族事务也包括制陶工场。平时，他要参与商王朝廷的议事和典礼；战争时，则受命带着自己的部族武装出征。

　　刘家庄北地发现多处祭祀遗址，大多数分布在制陶工业区内，从中可见殷都普通商人族邑的宗教生活。

　　H77 是一座制陶取土形成的大型浅坑，主体部分已被后期破坏：

一，残留六具人骨，底层是两名男性，中层四人，大体摆放成半圆形，其中可辨认的有一男一女，多数人体残缺不全；二，出土了较多硬陶和原始瓷残片，属于较高端的陶器产业；三，发现两件残破的鸮身人面陶塑，以及一枚青铜印章，印章图案为两个𠘤形族徽和一条蟠龙。

除 H77，还有四座用人和牛混合献祭的坑。其中，H1050 比较完整，呈椭圆形，有两枚人头骨和一段没有头与四肢的人躯干骨，牛骨架完整，牛头被折弯，应该是塞入坑内时所致。[5]

H77 和 H1050 这两座祭祀坑属于殷墟二期，此时，陶器生产区刚建立不久。

在制陶工业区以西约 100 米，刘家庄北还有一片密集的祭祀坑区，一条东西向道路（L10）连接着两条通往王宫的主干道，祭祀区就在这条道路的南北两侧。目前只发掘了路北很小一部分，发现祭祀坑 18 处，包含大量被肢解的人和动物的骨骼，其中人牲多数为青壮年，也有少数儿童，牲畜则是马最多，还有猪狗牛羊等。

发掘简报只介绍了其中的一座（H524），且只发掘了表面两层，第一层中有三名女牲和两匹雄马的骨架，第二层有三具人骨、14 具马骨、九具黄牛骨和五具猪骨。人骨都残缺不全，有的缺半条腿，有的只有头骨，其他牲畜骨骼也多不完整，发掘简报认为，它们大都是被肢解后埋入的，骨头上的砍割痕迹非常明显。[6]

根据坑中陶片判断，从殷墟二期到四期的近两百年里，L10 道路北侧的这片祭祀区一直在被使用。目前发掘和报道的只是很小的一部分。

在刘家庄北各祭祀区，用人和牲畜混合且肢解献祭的特色很明显。在王陵祭祀区，人牲尸骨大都单独掩埋，和牲畜在一起的很少，而且肢解的只占总量的较小部分。即便在殷都内外的其他商人族邑，刘家庄北这种祭祀风格的也不太多。

在殷商之前的早商和中商（郑州商城、偃师商城和小双桥）遗址，极少发现马骨和用马献祭，到殷商，马还是比较珍贵，王陵区之外较少发现有用马献祭的。这说明：一，刘家庄北聚落应该很富裕，否则难以承担如此大量的用以杀祭的马匹；二，不同的商人族邑也有着不同的献祭风俗。

此外，L10 路边这处献祭场的位置也有些奇怪，它不仅在 L10 路边，还紧邻通向王宫区、布满车辙的西大路。刘家庄北的制陶工场并不在这里，人们为何要把主祭祀区设在这里？

有学者认为，这可能是"路祭"，向道路之神献祭。这种说法有一定道理。杀祭仪式具有很强的表演性，西大路上满是往返于王宫区的车队和人流，在这里公然杀祭、屠剥人牲和牲畜，有助于路人更深地领略殷商王朝都城的气象。对于初入殷都的外来者，刘家庄北祭祀场的一幕会相当难忘。

初入殷都的周昌父子，可能也见识到了刘家庄北的这种祭祀，虽然之后他们还会见识更宏大的王室献祭典礼，但给他们留下最深刻印

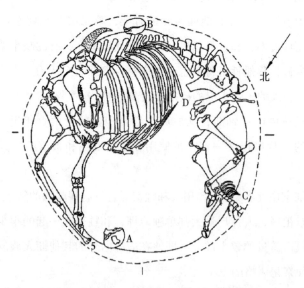

H1050 人牛混祭坑平面图：A、B 是人头骨，C 是人躯干骨，D 是牛骨

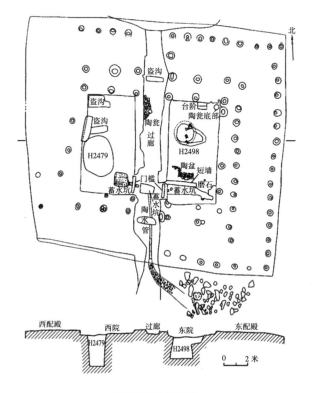

西配殿　西院　过廊　东院　东配殿

H2479　　H2498

0　　2 米

F79 平面及剖面图

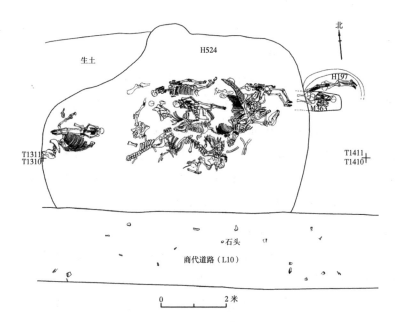

H524 平面图 [7]

象的应该还是刘家庄北。灭商后，这个族邑遭到了周人的暴力毁灭，这种惩戒在其他商人族邑很少见到。

大司空聚落的残忍

殷都王宫区向东数百米的洹河对岸，是大司空村。1958 年，村南要兴建一座大型棉纺厂，先期进行考古勘察时发现了一座规格较高的殷商聚落，尤其是还发掘出了一片武丁王时期的卜骨，上面刻着"辛贞在衣"四个字。"衣"，就是殷，甲骨卜辞中出现殷都地名的并不多，这是很难得的一片。[8]

这短短的四个字刻在牛肩胛骨的顶端（骨臼处），是这片卜骨的简介，或者叫总目，没有太多信息量，肩胛骨扇状的主体部分才是占卜具体事件的，但已经断裂丢失。

殷墟晚期，大司空村已扩张到方圆约 1 公里，内部很可能被分为若干族邑的居民点。2004 年，考古队发掘了 354 座中小型墓：

一，均分布在各自族邑附近，墓主多数是普通商人，少数是中小贵族。多数规格稍高的墓都已经被盗空，剩余有殉人的墓四座。

二，共发现 93 件随葬的主战兵器：铜戈 57 件，铜戣（三角形戈）1 件，铜矛 30 件，铜钺 1 件，铜镞 87 枚，铅戈 3 件，铅矛 1 件。铅制的戈和矛不能用于实战，属于专门随葬的明器，可能墓主家经济拮据，舍不得用实用兵器随葬。各种随葬品中，戈的地位最重要，一般放在棺内主人右手边，呈随时备战状态。

三，从时代特征看，在殷墟一期，大司空聚落有随葬品的墓不多，且一般只随葬一件戈。然后，随葬品就逐渐多了起来，有些墓随葬有两三件戈或矛，且始终有一件戈在棺内主人右手边。从比例看，大约七分之一的墓随葬有兵器，考虑到部分墓葬被盗，比例应该还

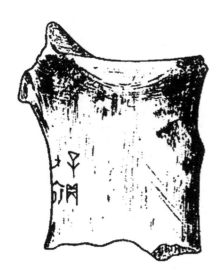

"辛贞在衣"卜辞

会高一些。

四，发现四座车马坑，各有两座相距较近，每座坑中都葬有一辆车、两匹马和一名驭手，马和车身有青铜和螺钿装饰。

五，发现一座未被盗的中型墓 M303，属于殷墟晚期，大约是纣王的父亲帝乙时期下葬的。墓中有四只殉狗和四名殉人；有大量陶器、铜器及小件玉器,铜礼器上大多铸有"马危"的族徽铭文；有铜戈 30 件、铜矛 38 件和铜镞 97 枚，看来，墓主至少能为 70 名下属提供武装，加上自备武装的部族成员，大约会有 300 人的规模，属于比较有实力的军事贵族。[9]

推算一下，倘若大司空村有五个"马危"这种规模的族邑，就可以组成一支有 1500 人左右的军队，战车可能在 10—50 辆之间；倘若殷墟遗址群范围内有十几个大司空村这样规模的聚落，将会有十余万人口，可以调集两万人左右的军队。考虑王陵区商王墓中随葬的主战兵器规模一般在数百件，是大司空村 M303 这类墓葬的十倍，由此判断，商王自己的亲随武装规模可能达千余人，战车的比例也会比较高，到殷商晚期可能有百辆左右。

在整个商朝控制区内，殷都是最大的聚落群，各地分散的商人聚落—侯国的总人口及能提供的兵力可能在殷都的 10—20 倍之间，但很多侯国分布在异族地区，需要镇抚当地土著，不可能为"勤王"派出全部兵力。这样估算，在殷商晚期，商王能够在整个王朝范围内调集的兵力大约有十余万。

大司空 M231 车马坑侧后视照片

考古队还在大司空村棉纺厂范围内发现多个抛弃废骨料的坑穴，推测这里可能是一座规模较大的骨器作坊：有锯制骨料的小铜锯，只有十几厘米长；钻孔用的铜钻和石钻；打磨用的磨石；一个半地穴式的狭小工棚。

骨器原料来自牛、羊、猪、鹿等动物的骨头和角，没有发现使用人骨。从各种半成品骨料看，这里主要生产骨笄：先打磨出圆润细长的骨杆，再把小块骨头加工成蘑菇头状的"帽"，有些会做成各种鸟等艺术造型，然后固定在笄杆顶端。

大司空村制骨作坊区大约有 1300 多平方米，相当于三个标准篮球场的大小，完全不能和数万平方米的刘家庄北制陶作坊区相比，毕竟骨器在生活中的需求量远不如陶器大，而且殷都范围内不止有这一座制骨作坊。

1958 年，大司空村的考古还只是发掘了很有限的范围便匆匆让路给了棉纺厂的建设。由于被厂区叠压，此后的发掘工作非常零碎。2004 年，在此地发掘出一片殷墟晚期的住宅遗址（C 发掘区），面积

2600 平方米，有一组多院落的四合院，周边密集分布着成排的房屋，有些单排房屋长度超过 40 米，如 F23。显然，它们是高级贵族的家宅和祠堂。

为保存建筑基址，考古发掘并没有挖开全部夯土，仅是开挖了几条解剖沟，便发掘出多处儿童骨骼，说明这些房屋普遍使用幼儿奠基：体型较小的装在陶罐里，稍大的直接放在坑中，身上覆盖陶片，然后在上面构筑夯土地基。

如 F34 地基，有八具童牲；F24，三具；F23，十具；F21，三具；F35，两具；F36，两具。目前考古队在 C 发掘区共发现 14 座建筑和 86 具童牲，而这还仅仅是解剖沟的一小部分。

装童牲陶罐四只

古代婴儿死亡率高，人们有时会把夭折的幼儿装在陶罐里，埋在房屋周边，新石器时代已经有很多这种遗迹，这不足为奇；但大司空村的不同之处是，婴儿大都被埋在夯土地基下或者夯筑在地基中，说明是在房屋建造前和建筑过程中埋下的。显然，这是人为的、有宗教意义的奠基。

至于这些婴儿的来源，有学者曾猜测可能是房屋主人夭折的子女，但问题是：一，在新居建筑前，不可能有这么多儿童同时病亡；二，也不可能是把之前的儿童尸体集中起来再利用，因为有些童尸不是装在陶罐里，而是用陶片覆盖的，从骨架的完整性看，并没有捡骨迁葬的痕迹。

所以，剩下的可能性就是，这些建筑的主人拥有较多奴隶，在建筑房屋时会使用一些奴隶的幼儿作为童牲。但即使一次搜罗十名婴幼儿也需要比较大的奴隶人口基数，考虑到 C 区几乎每座房子下面都有多名童牲，可见大司空村的贵族们保有的奴隶数量相当可观。

和刘家庄北聚落类似，大司空村也有人畜混合祭祀坑与马祭坑，但数量少得多。大司空村单独的人祭坑较多，而且殷商各时期的都有，较早的，如祭祀坑 H407，属于殷墟一期，时间上限是盘庚王在洹河北岸建都，最晚可能到武丁王在洹河南岸营建新王宫，坑内埋有四名成人和一名儿童的尸骨，能鉴定出两名男性和一名女性，其中，男性 B 的头和右臂被砍掉，儿童 E 的右腿被砍掉，不明性别的成人 D 的骨骼残缺更多。发掘者推测，这些被献祭者可能属于一个或两个家庭。

同属殷墟一期的，还有尸骨灰坑 H431，坑底有一具八岁左右儿童的尸骨，两条大腿被砍去，此外，坑内还埋有成年人的零碎肋骨以及各种生活垃圾残留。这些迹象表明，该坑并非严肃的祭祀坑，只是抛尸被虐杀者的垃圾坑。零碎的肋骨显示，附近居民可能有食人的习惯。

不知为什么，大司空村被献祭的人牲和被虐杀者大多都被砍掉了腿，而且这种行为一直延续了二百多年。很可能，这是大司空部族杀祭的一个特征。

祭祀坑 H310（殷墟三期）则保留着更恐怖的一幕。这座坑的坑壁陡直规整，里面埋有一具被砍掉两条小腿的尸骨，趴在坑壁上——很可能他被扔到坑内的时候还没有死，甚至试图爬出去，直到以这种姿势被活埋。

H278（殷墟四期）是一座规范的祭祀坑，也保留着虐杀的现场。

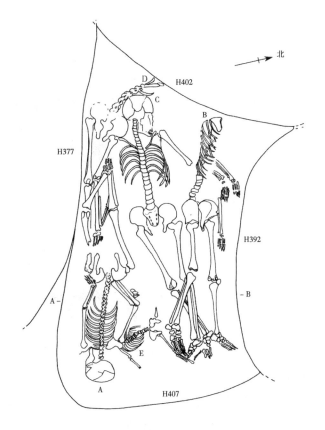

大司空 H407 祭祀坑

坑中埋有一具成年男性尸骨，怀中紧抱一具幼儿尸骨。成年男性被从腰部砍断，下半身和上半身并排放置，大腿和小腿被紧密折叠在一起，脚跟紧贴骨盆；上半身只剩头部和残缺的两臂，颈椎、肋骨和一只手被砍掉，[10] 但他仍用残余的胳膊紧抱幼儿。幼儿的小腿和小臂也都被砍掉。显然，在面临杀戮时，这名男子不愿交出幼儿，杀祭者也不愿立刻杀死他们，而是逐次砍掉他们的腿脚，更对这名成年男性实施了剔剥肢解。

　　殷商有一种斩杀人牲或牛羊的献祭方式，名"卯"，最早见于甲骨文。有文字学者认为，这是指把人或牲畜对半剖开悬挂。甲骨卜辞中，商王"卯"羌和牛羊的记载很多，但王宫区和王陵区的祭祀坑遗址较少发现这种迹象。

祭祀坑 H310

不过，大司空村可能存在"卯"祭的遗存。殷墟四期的H250，是一座非常规范的直筒型祭祀坑，坑底有一具人骨，剁去了小臂和小腿，背部被剁开，砍下了脊椎和腰椎，只埋入剩余的躯干和头部。由于没有脊柱连接，两扇肋骨呈自由张开状。残骨只能保留很有限的信息，但可以合理推测，这个人的胸腔和腹腔中的内脏肯定也经过了专门的摘除和处理。

此外，祭祀坑 H305 中有两具人骨的肋排也被从脊柱处切开：1号只有头骨、部分脊骨和上臂骨，两扇肋骨被卸走，不见下半身；2号则被剁成头部、上身和下身三段，髋骨和脊椎骨被砍掉。这可能也是"卯"祭的一种方式。

在甲骨卜辞中，"卯"祭出现很多，但考古迹象少。这有其自身原因，因为商王执行"卯"祭多在殷墟王陵区，那里有众多祭祀坑，部分坑中有大量被肢解过的人体部位，尸骨过多且凌乱，发掘报告不可能提供详细的文字描写和绘图，自然很难从发掘报告中找出"卯"祭迹象。相对而言，大司空村祭祀坑的尸骨较少，故而比较容易辨别砍杀的过程。

看起来，大司空村的人祭现象似乎格外触目惊心。其实，与其他商人聚落相比，这里的人祭和杀戮数量并不算出众。这主要还是发

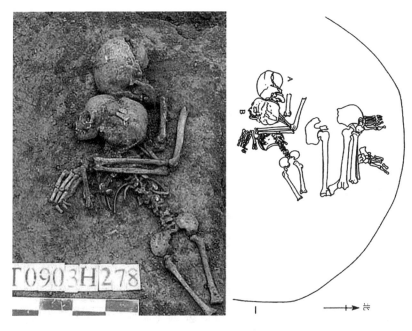

祭祀坑 H278 平面图与局部照片

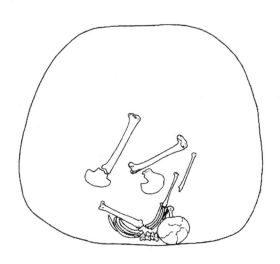

大司空 H250 单人祭祀坑

掘报告提供的信息量不同而造成的：大司空村的考古发掘较晚（2004
年发掘，2014 年出版报告），之前的各种殷商遗址则发掘较早，报告
的篇幅，尤其对人祭坑和尸骨的描写相对比较简略，读者自然难以复
原献祭时的场景。

　　大司空村的发掘报告给我们展示的，不只是商代人祭的血腥，屠
剥人牲固然是献祭者给诸神和自己加工食物的过程，但献祭者似乎也
喜欢观赏人牲被剁去肢体后的挣扎、绝望和抗争。献祭是一种公共的
仪式和典礼，从这种血腥展示中获得满足感的，应该不只是使用刀斧
的操作者，更还有大司空村从贵族到平民的广大看客。

　　其实，在大司空村更早的发掘中，考古工作者曾发现过更为惨烈
的祭祀现场，但因为发掘报告提供的信息量较少，所以人们对它们的
印象并不太深。比如，1971 年发掘的一座祭祀坑，里面埋着身首分离、
层层叠叠的尸骨：头骨 31 颗，躯体 26 具（有些不完整）；经过对 5
颗较完整的头骨进行鉴定，有 3 颗是 3 名三十岁左右的青壮年男性的，
另外 2 颗则分别是 1 名四五岁和 1 名六七岁的儿童的。

　　这座坑呈近圆形（直径在 2.8—3.4 米之间，深 0.6 米），应是特
意为祭祀挖的。坑内没有随葬品。从埋葬形式看，这些人是三五个一
组被拉到坑的西南边缘砍头，每组的人头都相对集中在一起。尸体在
被剁截或剔剥之后扔进坑内，相对集中在西南侧。

　　其中有一人的头颅和身躯相连，发掘者推测，应该是砍头时没能
完全砍断的结果。还有一些零碎的儿童肢骨堆在一起，显然经历过肢
解，但因为原报告过于简略，无法获知详情。

　　从填土内的残陶片判断，这次祭祀发生在殷商晚期。不久，商朝
就结束了，这里再没有居民，直到战国才重新有人来定居，所以压在
坑口上面的是战国文化层。[11]

大围沟内的抛尸

殷墟宫殿区外没有发现城墙，但在最初规划王宫时，武丁王曾计划在它的西南两面挖掘一条 L 形大壕沟，与流经王宫北面和东面的洹河相连，从而构成闭合的防御环壕。殷墟的宫殿宗庙区、小屯村占卜师聚居区以及王宫外围的一些附属聚落，包括妇好家族的聚落和墓地，都在它的保护范围内。

走出殷墟宫殿宗庙区的南大门，右手边是著名的殷墟小屯村，沿

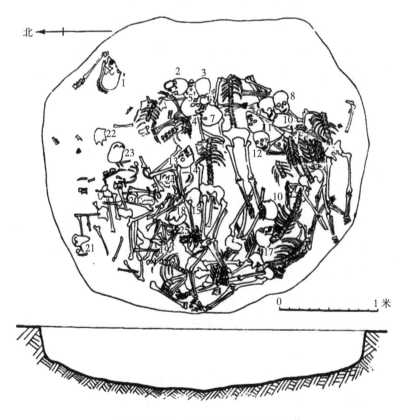

1971 年发掘的一座祭祀坑平面及剖面图 [12]

着村边的道路向西走数百米，路北有一座大院，是中国社科院考古所安阳工作站。1958年，在兴建工作站之前，考古队先对这里做了探查和发掘，发现了这条环绕宫殿区的大沟。

从后续钻探的数据看，这条大沟西段长1000余米，南段长约600米，但南面并没有完全贯通，可能武丁认为没有外来威胁，挖了一大半后放弃了，到武乙王前后（殷墟三期），大沟逐渐被泥沙淤积和居民抛撒的垃圾填平。所以，它最初被考古学者称为"大灰沟"（垃圾沟），后来又有人称它为"大围沟"。

目前，对这条大沟的发掘还很少，主要是用洛阳铲钻孔，以判断其范围。最主要的发掘是在1958年进行的，但也只是试探性地发掘了工作站附近长20米、宽15米的一小块区域。在这300平方米范围内，共发掘出24具尸骨，发掘报告列举的，有无头尸骨一具，无双脚的两具，无左腿的一具，双腿全无的一具，凌乱骨骼一处（可能是个被肢解的人），幼儿尸骨两具。

所有尸骨都没有随葬品和棺木葬具，只有一具骨架上粘附着粗糙纺织物的痕迹，应是装在麻袋里扔进沟的。发掘报告推测："他们大概都是惨遭奴隶主刑戮和被迫害致死的奴隶，然后被随意挪入沟内的。"[13] 但因为发掘报告中没有这些尸骨的分布图、照片和线描图，所以我们难以判断他们的分布范围和具体死因。这些尸骨被埋在距离地表1—4.5米之间，呈杂乱分布状态，可能是在多年内多次扔下的。

这块发掘区域只占这条大沟总面积的不到百分之一，难以想象，整条大沟内到底遗弃了多少死者的尸骨。

那么，向大沟里抛掷尸体的是什么人呢？

这条大沟在宫殿区西南三四百米远，王宫内死的人应该不会扔这么远。发掘区在大沟外（西）侧，所以抛尸人肯定也住在沟外，大约是今考古工作站大院一带。而工作站临街的南围墙正好压在一座商代建筑基址上面，从中有发掘出作为柱子基础的石块。发掘报告

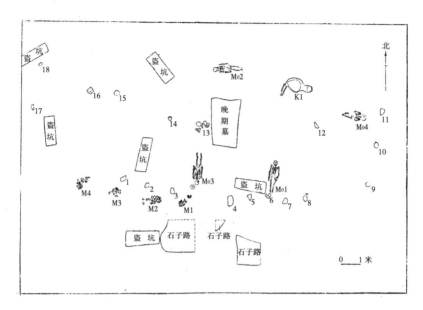

考古所安阳工作站南墙建筑基址平面图

推测，这座商代建筑东西长近 20 米，南北进深约 6 米，从规模看，应该是家境比较殷实的贵族的家宅，或者是某部族的公共建筑，比如祠庙。

这座建筑共用了八人奠基：南墙下面埋的是四只各装一名幼儿尸骨的陶罐（M1、M2、M3 和 M4），呈直线排列，彼此相距约 2 米；建筑基址里夯筑进四具成年人尸骨（M01、M02、M03 和 M04），散布在房子的南北两端，头分别朝向东南西北四个方向，身体延长线呈"井"字造型。屋内有一座灶坑（K1），和其中三具尸骨正构成一个长方形，且分列四角。

头朝北的 M01，头骨有裂痕，可能是被击打头部致死；头朝南的 M03，两腿间有一枚骨镞，可能曾被当作射箭靶。这些骨架和作为柱础的石块在同一层，应该是建筑奠基时埋下的。

这座房屋建成于殷墟三期，武乙王（纣王曾祖父）在位前后，此时，大沟即将被填平，殷都人口正处于持续增长中，这块曾经荒芜的土地开始有了聚落。但房屋范围内出土的物品却和房屋的规格不太匹配：各种陶制的簋、鬲、盆、罐碎片，石镰三件，蚌镰一件，收割用石刀一件，骨镞两枚。看来，主人的生活还是以农业为主。[14] 这也说明，虽然武乙王时期商人还在使用如此"不先进"的石器时代农业生产工具，但已有充足的人牲，且成本低廉。而这正是古公亶父带领周族人迁居周原的前后。

这一地区的所有建筑，随后都毁于大火，留下大量红烧土堆积。但根据考古发掘，这些建筑彼此间并不相连，不大可能因为一场火灾就全部焚毁，很可能有人为因素，也就是灭商后周人对殷都的系统性毁灭。

逐一列举殷都各族邑的人祭和杀戮现象会令人过于压抑，这里只强调一点：以上讲述的人殉、人祭和人奠基现象，在各商人族邑中都"大同"，只是个别会因产业或传统习俗而有些"小异"。

比如，王宫南侧的苗圃北地聚落，是铸铜业集中区，所以人牲多是在铸铜地点被献祭，有些可能被泼洒过铜熔液，故而有青绿色铜锈，此外，还有用婴儿头骨献祭铸铜设备的，这和老牛坡铸铜遗址的发现类似。[15]

在不远处的新安庄西地聚落，大型取土坑 2007AXAH221 "有很多人骨、牛骨、马骨、狗骨、猪骨等，人骨和其他动物骨骼杂乱分布在一起，几乎无完整个体"，根本无法统计人牲的数量。这种把人和家畜一起杀戮的献祭方式，和刘家庄北地大路边的祭祀场很相似。[16]

总之，这些商人聚落的总体规律是，伴随着聚落规模的扩大，人祭和随意杀戮现象同步增长，并在殷墟末期达到顶峰。[17]

拒绝人祭的商聚落

在人命如草芥的殷都，也有与众不同的特例。

制陶聚落刘家庄北以西的戚家庄东，是另一处殷商族墓地。这里发掘出近 200 座商墓，但不论等级高低，都没有发现殉葬人。

比如 M269，随葬青铜器有礼器 20 件，包括鼎四件，甗、罍、簋和斝各一件，尊二件，方彝一件，卣一件，瓿三件，爵二件，觯一件，斗一件，器盖一件；兵器 30 件，包括戈 13 件，矛 12 件，钺二件，刀二件，弓形器一件。显然，墓主属于高级贵族，多数青铜器上刻有族徽"爰"字，但没有殉葬人，只用了两只狗。

这处墓地殷墟二期时已经存在，但大多数是殷墟四期的帝乙和帝辛两朝埋下的，随葬铜器上的族徽主要是"箙"和"爰"。目前，这片族邑聚落的生活区只发掘了一小部分，但没有发现人奠基和人祭的遗存，算是商文化里特立独行的异类。在殷墟遗址群中，目前只发现这一处。[18]

此外，经梳理与统计，戚家庄东墓葬用玉比例之高超乎寻常，且无玉质重器，均为小件器物，器形小而杂，不少为边角余料制作，存在半成品和纹饰未完工者，有研究者由此推测，生活在戚家庄东聚落的是一个以制作玉器为主业的部族。[19]也就是说，最初他们很可能不属于商族，只是因为有技术特长而迁徙到了殷都，但始终未能接受商人的人祭和人殉文化。

所以，当谈论商文化的血腥和残暴时，我们应当知道，那时也有过戚家庄东的"箙"氏和"爰"氏这样的聚落与部族。

注释

1　中国社科院考古所：《安阳殷墟小屯建筑遗存》，文物出版社，2010 年。

2　中国社科院考古所安阳工作队：《河南安阳市殷墟刘家庄北地制陶作坊遗址
　　的发掘》，《考古》2012 年第 12 期。

3　中国社科院考古所安阳工作队：《河南安阳市殷墟刘家庄北地 2008 年发掘简
　　报》，《考古》2009 年第 7 期。照片中的方形柱是发掘时隔梁的残留，古代并
　　不存在。

4　中国社科院考古所安阳工作队：《河南安阳市殷墟刘家庄北地 2010—2011 年
　　发掘简报》。

5　同上。

6　中国社科院考古所安阳工作队：《河南安阳市殷墟刘家庄北地 2008 年发掘简
　　报》。

7　同上。

8　中国社科院考古所：《殷墟发掘报告（1958—1961）》，第 200 页。

9　中国社科院考古所：《安阳大司空：2004 年发掘报告》，文物出版社，2014 年。
　　以下有关该遗址的基本信息、数据及图片，未注明出处的，皆出自该书，不
　　再详注。

10　发掘报告记载两只手都被砍去，但从照片来看，应为一只手的手骨。

11　安阳市博物馆：《安阳大司空村殷代杀祭坑》，《考古》1978 年第 1 期。

12　同上。

13　中国社科院考古所：《殷墟发掘报告（1958—1961）》，第 94 页。

14　同上，第 98—99 页。

15　同上，第 55 页。

16　中国社科院考古所安阳工作队：《河南安阳市殷墟新安庄西地 2007 年商代遗
　　存发掘简报》，《考古》2016 年第 2 期。

17　如想了解殷都各族邑人祭的基本情况，可参阅陈志达《殷墟》，文物出版社，
　　2007 年；以及杨谦《仪式与晚商社会》，山东大学博士论文，2016 年。

18　安阳市文物工作队：《殷墟戚家庄东 269 号墓》，《考古学报》1991 年第 3 期；
　　中国社科院考古所：《殷墟的发现与研究》，科学出版社，1994 年，第 138 页。

19　参见曹芳芳《殷墟戚家庄东墓地墓主身份辨识》，《考古》2014 年第 4 期。

第二十二章　纣王的东南战争

1999 年，在殷都通往南方的大路边的刘家庄北聚落，发掘出一座贵族墓葬，编号为刘家庄北 M1046。

墓主是一名商朝高级武官，统治着一个叫"臤"的部族，随葬有各种铜礼器 33 件，铜戈和铜矛 50 多件，此外，还有大量玉器和陶器。这座墓很幸运，从没有被盗掘过，所有物品和殉人都处在入葬时的位置。

该墓使用了六人殉葬。棺木右侧的 A 是一名少女，头被砍下，人头位置放了一件青铜甗，里面盛着她的头颅。随葬的还有被切成大块的猪肉、牛肉和羊肉，以及一只煮在铜鼎里的鸡。[1]

为何要把人头放在蒸锅里，难道是蒸熟的吗？通常，殷墟出土的其他人头大都是光润的棕黄色，头骨断茬呈锯齿状，但刘家庄北 M1046 铜甗里的这颗却颜色灰暗，断茬整齐，说明人头已经被蒸熟。

在这之前，考古队曾在王陵区 M259 贵族墓发现随葬铜甗中装着人头，但当时没有在意，认为它可能是偶然掉落进去的。而刘家庄北的 M1046 再次出现这种现象，说明殷都确实有蒸食人头的做法。

王陵区 M259 属于殷墟二
期，刘家庄北 M1046 属于四期，
看来这种食人方式一直存续到
商朝的终结。[2]

经鉴定，刘家庄北 M1046
铜甗里的这颗人头是一位
十四五岁的少女的，这里我们
姑且叫她"甗女 A"。而对甗女
A 牙齿的同位素鉴定发现，她
生长的主要地区并不是安阳殷
都，而是在更东南方，可能是
淮河流域；她的牙齿也没有龋
齿现象，说明在生前，食物主
要是蛋白质而非淀粉，地位应
该较高。[3]

盛人头青铜甗

那么，淮河流域部落的上层女子，为何会成为殷都的殉葬人，而
且是作为食物而被殉葬？原因可能在于商朝对东南地区的征伐。

周文王占算的南征

东方和南方的土著，商人称之为"夷"。《左传·昭公二十一年》
载："纣克东夷而陨其身。"这是商王朝终结之前的一场宏大的征服运
动，留下众多甲骨卜辞和铜器铭文。《易经》中也多次提及周昌为纣
王占算作战的吉凶，很可能他也参加了纣王时期某些征伐夷人的战争。

比如，离卦上九爻曰："王用出征，有嘉折首，获匪其丑。无咎。"
意为王得到这个占算结果就出征，有大喜庆之事，斩首很多敌人，还

会有些意想不到的收获，没有灾祸。明夷卦九三曰："明夷于南狩，得其大首。不可疾贞。"卦名"明夷"比较难解释，但"南狩，得其大首"的意思较明显，是说王亲征南方，得到了重要人物的首级。商朝俘获夷方酋长后，一般会保存头骨，在上面刻字记功，"大首"可能指的就是这种酋长的头颅。

师卦比较特殊，它的卦爻辞都是关于出征作战的：

贞丈人，吉，无咎。

初六：师出以律，否臧，凶。

九二：在师中，吉，无咎。王三锡命。

六三：师或舆尸，凶。

六四：师左次，无咎。

六五：田有禽，利执言，无咎。长子帅师，弟子舆尸，贞凶。

上六：大君有命，开国承家，小人勿用。

如九二爻"在师中，吉，无咎。王三锡命"，意思是说，在军队中，吉利，没有灾祸，王还多次发布赏赐之命令。看来，周昌的占算曾多次得到纣王奖励。其他各爻，则都是占算作战结果的。如六三爻"师或舆尸"，是说军队可能要用车辆拉尸体，这是战败之兆；六四爻"师左次"，是说军队应当向左方运动；六五爻"长子帅师，弟子舆尸"，则可能是说长子指挥军队，弟子（侄子）用车拉尸体。这里的长子和弟子所指不详，有可能是周昌自己的子弟：长子有可能是指伯邑考，此时负责为纣王赶车，可能有机会指挥非商人的仆从部落武装参战；至于侄子，周昌有两个弟弟虢仲和虢叔，可能他们的儿子也有追随周昌到殷都的，并且参加了纣王的南征，但"贞凶"，可能是说战死了。这一卦的卦辞"贞丈人，吉，无咎"，大意是说，占算老年人（可能是周昌自己）的命运，结果吉利，没有灾祸。

商族起源于东南方的夷人，甲骨文里，"夷"字写作"人"，这可能是商族还在夷人中混沌未分时的产物，但到他们建立王朝后，"夷"已经是一种很低下的族群称谓。

在发现的甲骨卜辞中，纣王曾不止一次南征夷人，信息比较多的一次发生在纣王在位第十年，按照帝乙改革过的"周祭"纪年方式，称为"帝辛十祀"。攸侯"喜"，一个淮河边的小侯国（名"攸"）的国君，向商王报告说，淮南"夷（人）方"的某个首领（人方伯）叫𩂥的部落，最近颇不恭顺，屡次侵犯攸国，于是，纣王在龟甲占卜后，策划了这次对夷方的远征。[4]

1970 年代，上海博物馆曾从民间征集了一批文物，其中有一块未经著录的殷商末期的牛胛骨残片，文物学家沈之瑜将其释读为："……人方伯𩂥率……多侯𡧛伐人方伯……"[5] 这块甲骨虽然上下都有缺文，但似乎亦可作为纣王伐𩂥的一个印证。

甲骨文中出现的地名，绝大多数难以确定具体在何地，但帝辛十祀的这次远征有点例外，地名中出现了"淮"字（《英藏》2563、《合集》36968），而它只能是代表淮河。有了这个基准点，加上部分卜辞中的年月或者干支记录，我们可以大致复原此次南征的日程和行军路线。

卜辞显示，这次南征，纣王集中了多个侯国的兵力，然后从今郑州一带渡过黄河。郑州是商朝前期的都邑，自盘庚王迁都后，黄河以南已人烟稀少，昔日商城也已变成丛林。或许多少有一些不景气的商人族邑，但原野里的农舍住的却多是从东南方搬来的夷人，虽然语言和商人可能有些差别，但比起西土羌人，还是更容易听懂些。

远征军先是抵达商地和亳地（今河南商丘市一带），然后到达淮河沿岸的攸国。借助商朝首创的文书传送体系，几个东南侯国的君长之前应该已经接到指令，带着兵力集结到了这里，并提前对夷人领地进行过侦察——有个商朝小臣为此制作了纪念战功的青铜卣，铭文云"……才（在）十月……隹子曰令望人方𩂥"（《集成》5417），记述的就

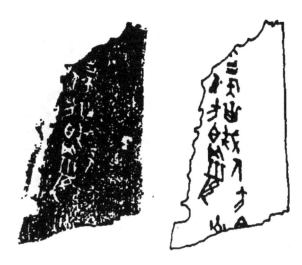

"……人方伯瞏率……多侯甾伐人方伯……"甲骨拓片及摹本[6]

《集成》5417 拓文

是对夷人𡦃部族的侦察。

没有发现有关具体战况的甲骨卜辞，结果应当是大捷，否则事后不会出现记功的铜器。屈原的楚辞《天问》曰："梅伯受醢，箕子详狂。"这位"梅伯"很可能就是夷方伯𡦃，"受醢"则是说他被纣王剁成了肉酱（醢）。𡦃部族生活在淮南，东周时，这里是楚国的疆域，很

《合集》38758："人方伯……祖乙伐。"

可能当地人的传说里还保留了一些历史记忆，后被屈原记录了下来。

此外，殷墟还发现过一片人头骨（《合集》38758），上面有刻辞："人方伯……祖乙伐。"就是说，这位夷方伯的头骨是在祭祀祖乙（可能是武乙王）时砍下来的。[7]但因这片头骨已被打碎，骨片残缺，难以确定头骨的主人就是𡦃。也有学者推测，把刻字的头骨打碎可能也是祭祀仪式的一部分。

这次南征，跨越上千里，历时近一年。路上，经常见到野生水牛（兕），纣王一路都在捕猎。卜辞记载，最多的一次猎获了二十多头。

> 乙巳卜，在□，[贞]王田□，亡灾。[获]兕廿又□，来征人方。（《合集》36501）

这次南征俘获的大量土著，自然会被带回殷都充当人牲。此时，商人内部的各族邑也都已经发展壮大，其所捕猎的战俘也会留部分给自己支配。就像刘家庄北 M1046 墓中的甗女 A，应当就是墓主带领宗族武装参加南征的战果，甗女 A 被带到殷都后，可能先是给主人当了一段贴身奴婢，但主人很快病死了，她的生命也就随之结束，被作

"小臣艅犀尊"铭文拓片,《集成》5990　　　"作册般甗"铭文拓片,《集成》944

为人牲埋进了椁内。

　　有很多夷人部落分布在从今山东半岛到江苏、豫南、皖北的大片地区,只灭掉一个霉部族显然还不够。卜辞显示,纣王可能还发动过一次南征,但这次保留下来的甲骨很少,远征的目的地不详。流散海外的晚商青铜器"小臣艅犀尊"的铭文(《集成》5990),也记载了这次南征:"王赐小臣艅夔贝,唯王来征人方。唯王十祀又五,肜日。"文王随行南征的,很可能就是这一次。

　　有些贵族记功的铜器为我们提供了更多信息。"作册般甗"铭文曰:"王宜人方无斁,咸。王赏作册般贝,用作父己尊。来册。"意思是说,一位叫"无斁"的夷人首领成了商朝俘虏,被纣王"宜"和"咸"。"宜",甲骨文字形像案板上放着切碎的肉,即剁成肉酱;[8]"咸",甲骨文字形像钺和一张嘴,表示剁肉吃。看来,这位"无斁"和"梅伯"的下场一样,被剁成肉酱吃掉了。

开拓东南的史族

纣王发动对东南地区的战争，可能也受气候变迁的影响。

自盘庚迁殷以来，殷都已先后经历九位商王，二百余年，一直处在繁荣中，面积也在不停地膨胀。殷墟被考古学者分为四期，每一期的商人墓葬数量都会比之前一期增加一倍左右，这意味着相比盘庚-武丁时期，纣王时期的殷都人口已增长八倍。

但这二百余年间，气候变冷的趋势却越来越明显。商族人传统的家畜是水牛[9]，偏爱豢养的野兽是大象，且殷都气候本来就很适合这两种动物。甲骨卜辞有载，武丁王经常在殷都郊外捕猎野象。不过到殷墟晚期，卜辞中有关兕（野生水牛）和大象的记载就很少了，亚热带野生动物正逐渐向黄河以南迁徙，家养的水牛也越来越难以存活。故而，纣王向东南方开疆拓土可能也有把王朝统治重心向南迁移的考虑。

纣王十年和十五年的南征虽然比较成功，但并未立即迁都。可能是黄河以南的欠开发程度让他有所顾虑。倘若迁都，商人需要在草野茂林中重新开辟田园，工作量远远超出当年的盘庚王；而且，现在的殷都居民要比盘庚王时期多很多倍，也比那时更安于舒适的生活。

虽然近期内无法迁都，纣王仍有必要加强对夷人地区的控制，办法仍是派出商人部族建立新的据点和侯国。在这一轮"征服东南"的运动中，殷都东南 300 多公里外建立了一个商人新据点——滕州前掌大。

前掌大遗址出土的很多铜礼器，上面都刻有"史"字族徽。在甲骨文中，"史"是一个非常尊贵的字，写作 ，造型是手拿着一支笔，上面是一张嘴，象征用笔把口头指令记录下来。"史"最初应该是商王的贴身书记官，负责笔录王的命令并下发，后来，当边地发生战

事而商王又不能亲自前去指挥时，通常会指派一
名大贵族到前线，拥有王的授权，可以用书面命
令调集各部族武装，这叫"立史"，即为紧急军
务而设立前线指挥部。在甲骨卜辞中，就有"立
史于南"和"立史于北"的记载。（《合集》5504、
5505）

　　这次纣王派往前掌大的是一个实力雄厚、战
斗力很强的商人部族，他们的族长有"史"的职权，可以统筹东南夷
人地区，也就是整个鲁南、苏北和皖北地区的各商人城邑。他们在前
掌大定居下来后，就把"史"作为了自己的族徽。

　　史氏前掌大遗址，属于淮河流域，位于今山东省南部的滕州市。
该遗址目前发现的建筑遗存很少，主要是一百多座墓葬：

　　一，有两座中字形双墓道大墓和一座单墓道甲字形墓，可称得上
方国之君的级别，甚至关中老牛坡的崇国都没有这种排场。

　　二，殉人并不算多，上述三座大墓分别殉六人、五人和三人，此
外，殉二人的有两座，殉一人的有四座。和崇国相比，这里的人殉可
谓比较克制。

　　三，规模较大的墓葬大都已被盗，且破坏严重。有些中小型墓则
保存较好，不仅棺椁设施齐备，而且有很多带族徽的青铜礼器。这说
明他们有自己的铸造工场，技术高超，铜料来源丰富。

　　四，有五座车马坑以及四座单独的殉马坑。

　　五，马坑旁边有十座小墓，发掘报告推测，这些小墓有"殉人的
性质"，但没有详细介绍。[10] 其中四座随葬45件青铜头盔（胄），保
存很好，做工精良，一般在额头部位铸出牛头或虎头等兽面造型，有
的还留有皮质的护腮痕迹。随葬最主要的兵器是铜戈、铜矛和铜镞，
其中，戈71件，矛25件。

　　六，和很多商族墓地一样，前掌大的墓主中也有相当比例的女性，

且随葬有兵器和酒器，说明她们经常喝酒，也参与战斗：M17的墓主是一名三十岁左右的女性，随葬有铜爵和铜觚，以及铜戈二件；M49的墓主是一名年龄在二十五岁到三十岁间的女性，随葬有铜觚、铜斝和铜爵，以及铜戈二件和玉戈一件，其中一件铜戈长达33厘米多，是这片墓地发现的铜戈中最大的；M108的墓主是一名年龄在三十岁到三十五岁间的女性，随葬有铜爵和铜觚，以及铜戈二件，还有多件较小的作为饰物的玉兵器。

七，M18比较特殊，规模不大，也没有殉人，但除了整套的铜礼器和兵器（包括戈六件）外，还随葬了一辆完整的战车（没有马）。此外，一件铜盉上还刻有铭文："枼擒人方薛伯顽首戈，用作父乙尊彝，史。"这说明墓主名枼，史氏，平生最大的战果是用戈砍下了夷方薛部族首领"顽"（"人方薛伯顽"）的首级，并制作了这件铜盉以祭祀父亲乙。[11]

拓本 0 ┣━━━┫ 3cm

铜盉上的铭文 [12]

M18 属于史族人的第一批墓地，从这条铭文看，该地之前是夷方薛族的领地（至今前掌大遗址旁边的河流仍叫薛河）。史族占领这里并在此定居后，他们建立的方国仍然叫"薛"，族长则称"薛侯"。

史族在这里立国不久，也许只有十几年的时间，商朝就被周朝灭亡了。但史族人的生活当时并没发生太大变化，又持续了两三代人，然后突然彻底消失，就像他们的到来一样。

徐州北郊的人狗混合祭

对商人来说，淮河流域并不算陌生，这里一直有商文化的零星小聚落。在前掌大遗址南方 50 公里处，便是江苏铜山丘湾古遗址。[13]

丘湾聚落分布在向阳的缓坡地带，面积很小，没有高等级墓葬，只有生活垃圾形成的地层堆积。遗址地面上有很多柱洞，直径只有 10 厘米左右，说明当时丘湾人住的是小型窝棚。目前只发现了一小块地面建筑遗存，夯土地基厚 1.2 米，面积仅 15 平方米，可能是某种公共建筑。丘湾人的主要农具和工具都是石制或骨制的，没有发现青铜礼器和铸铜遗迹，只有一些小刀、凿、镞、鱼钩等小件器物。没有迹象显示这里分化出了显贵和统治者。

仅凭这些，丘湾遗址很难给人留下什么印象，但村落中心偏南的的小广场却发掘出一处残忍的祭祀场：广场的中央位置立着四块狭长的石头，最中间一块长约 1 米，下部呈楔形插入土中。石头可能代表接受祭祀的神灵，因为在它周围十余米范围内，分布着密集的人和狗的尸骨。

商代后期，这里举行过两次祭祀：第一次，殉了三人和十只狗，尸体被 1 米厚的土掩埋了起来；第二次，殉了 17 人和两只狗，显然，献祭者还记得第一次殉人和殉狗的位置，尽量准确地叠压在了上面。

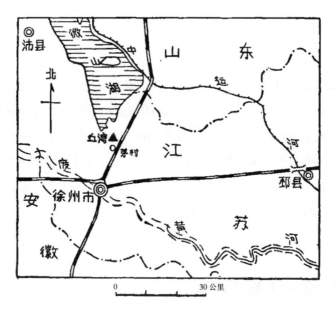

丘湾遗址位置示意图

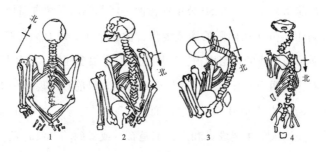

部分殉人和狗线图

祭祀场中间立石（较低处是第一次献祭，高处是第二次献祭）

所有尸骨呈俯身跪地姿势，双手大多被反绑在背后，也有个别是双臂摊开、垂下，可能是被处死后绳索断了所致。尸体旁边大都有一小块石头，他们可能是被石块击打头部而死，很多头骨有裂痕和破损。

死者有男有女，有青年，也有壮年。尸骨多数分布在祭台石块的东北方，其次是西南方。献祭者没有挖墓坑，应该是处死人牲后直接堆土掩埋的。在距离石块稍远处，还发现了一具整头牛的骨架，应该也是用来献祭的。

考古学家俞伟超认为，丘湾人祭祀的对象是中央的石块，也就是土地之神，所谓社稷的"社"。这也是商人的传统。甲骨文的"土"字，写作 Ω ，是一块竖立在土地中的石头，象征栖居在石块上的土地之神；有时，上面还会加上代表血液的小点，写作 $\dot{\Omega}$ ，意为用血祭祀土地之神。[14]

丘湾人的祭祀方式有更早的渊源。早商时代的郑州商城便有用大量人和狗向"神石"献祭的祭祀场，但在殷都尚未发现这种祭祀方式。看来，丘湾人是早商时代从郑州商城分化出来的一支，有可能是九世之乱时期从郑州迁徙到丘湾地区的。

丘湾遗址的陶器形制和安阳殷墟非常接近，基本涵盖从殷墟早期到晚期的二百多年，可见，丘湾人虽然不富庶，但不算闭塞，即便在盘庚迁都黄河北之后，也还一直和殷都保持着联系。

商人跟西土的羌及周族群泾渭分明，但和东夷族群的关系，以及殷都对东夷地区的控制情况，依然还有很多未知的领域。从甲骨卜辞可见，纣王很关注东夷地区，也投入了很多资源，可能是试图在商族孕育之地实现王朝的再度更新；但与此同时，颠覆商朝的创意也正在殷商内部萌生。

注释

1　中国社科院考古所安阳工作队：《安阳殷墟刘家庄北1046号墓》，《考古学集刊》第15辑。

2　殷墟发掘的铜甗蒸人头不只这两处，有些因为没有发表报告而不为外界所知："在青铜甗中发现人头骨的现象，目前可能发现了三到四例。"参见何毓灵《殷墟：揭开商代贵族墓的秘密》，《新京报·书评周刊》2021年12月31日。

3　考古学者唐际根"一席"专栏演讲：《洛阳铲下的商王朝》。

4　《合集》36482；罗琨：《商代战争与军制》，中国社会科学出版社，2010年，第310—327页。

5　沈之瑜：《介绍一片伐人方的卜辞》，《考古》1974年第4期。

6　同上。

7　胡厚宣：《中国奴隶社会的人殉和人祭》（下篇），《文物》1974年第8期。

8　刘桓：《无殳鼎、殷甗与晚殷征人方之役》，《甲骨集史》，中华书局，2008年，第95页。

9　1948年，学者曾对当时安阳殷墟出土的动物骨骼进行鉴定，其中水牛骨数量极多，在千头以上。参见杨钟健、刘东生《安阳殷墟之哺乳动物群补遗》，《中国考古学报》第4册，1949年。

10　中国社科院考古所：《滕州前掌大墓地》，文物出版社，2005年。有关该遗址的基本信息及图片，未注明出处的，皆出自该书，不再详注。

11　这里的"薛伯"，学界一般释读成"滩伯"。但本书认为，根据拓本字形，应是水字旁加"薛"字。关于此铭文已有的释读成果，参见冯时《前掌大墓地出土铜器铭文汇释》，载《滕州前掌大墓地》（上册）。

12　中国社科院考古所：《滕州前掌大墓地》，图218。

13　南京博物院：《江苏铜山丘湾古遗址的发掘》，《考古》1973年第2期。有关该遗址的基本信息及图片，未注明出处的，皆出自该文，不再详注。

14　俞伟超：《铜山丘湾商代社祀遗迹的推定》，《考古》1973年第5期。

第二十三章　姜太公与周方伯

羑里囚禁结束之后，文王周昌一度靠易卦预测技能受到纣王的赏识，他在殷都的儿子们应该也颇为显赫。甚至，他可能就是在这里结识他的事业合伙人吕尚，也就是后世所谓的"姜太公"的。

但是，随后发生的伯邑考被杀祭事件，成为商周关系的重要转折点。从此，周族不可逆转地走上了灭商之路。

"姜太公"为何有很多名称

"姜太公"是商周之际的历史名人，辅佐文王和武王灭商，开创齐国，声名赫赫。但在史书的记载中，他的身份却很混乱，称呼也有很多，如吕尚和太公望，等等。这可能和当时的称谓习俗以及他本身过于复杂的经历都有关系。

先说知名度最高的"姜太公"，也就是姜尚。这是战国以后的人给他的称呼。姜是族姓，代表广义的族群，说明他是羌人。不过，按当时西土的习惯，族姓只能用于称呼女子，不能用于男子，所以"六经"里不会有姜尚、姬昌、姬发和姬旦等称呼。但在战国后，这些礼俗就被忘掉了。

姜尚，又叫吕尚，属于羌人中的一个吕氏部族。同一个族姓之内，会有许多个氏（氏族、部族），氏才是称呼男人用的，比如周文王家族，周就是他们的氏。

《史记·齐太公世家》说："太公望吕尚者，东海上人。""东海上人"和西土方向正相反。这很可能是因为西周建立之后，为了镇抚东部地区，吕尚被封到了山东地区的齐国，从而让司马迁产生了误解，以为吕尚的故乡在东方。

但另一方面，吕尚确实没有一直生活在西部，他的人生满是漂泊，这也让司马迁难以辨别真伪，于是记录下了好几种说法。

一说吕尚曾为商纣王服务，但看到纣王的种种不良行径后，很是失望，转而去西土。有一天，他在渭水之滨垂钓，因遇到周文王而受重用。文王说，"我家先君太公（文王祖父亶父）在世的时候，一直盼望可以有你这样的人振兴周邦"，所以，称吕尚为"太公望"，所谓"吾太公望子久矣"。这里的"太公"并非指吕尚，而是文王的祖父，只是后世将错就错，衍生出"姜太公"以及知名度较低的"吕望"这样的称呼。又据说，文王和武王都尊吕尚为师，所以他又被称为"师尚父"。在没有户籍制度的时代，经历复杂且身份切换多的人，通常名字也多，吕尚就是如此。

还有一种说法：吕尚本来在东海之滨隐居，文王周昌被纣王囚禁羑里之后，散宜生和闳夭久闻吕尚之名而召请其加盟周邦，一起营救周昌。吕尚曰："吾闻西伯贤，又善养老，盍往焉。"

但上述内容都属于战国说客故事的翻版，和商周之际的真实历史完全不同。在身份世袭的商周时代，不会有民间隐士而一举成为帝王师的，至少也要出自小酋长家族方有外出活动的资本。

但作为西部羌人，吕尚的身上却又有明显的商朝烙印。他的好几代子孙（齐国国君）采用的都是商人的命名方式——"日名"，也就是以生日的天干命名："盖太公之卒百有馀年，子丁公吕伋立。丁公卒，子乙公得立。乙公卒，子癸公慈母立。"（《史记·齐太公世家》）近年出土的一件春秋时期的"丰启作乓祖甲齐公尊彝"，乃齐侯"丰"纪念先祖"祖甲齐公"的青铜器。"祖甲齐公"就是吕尚，看来他自己的日名是甲，祖甲则是后人对他的尊称。

为周邦效力之后，吕尚提供了很多军事谋略，所谓："太公佐周，实秉阴谋。"他显然是个"知商派"，不是西土部落环境能培养出来的人物。

从战国到秦汉，有不止一种文献提及，吕尚曾经在殷都当屠夫，有人说是屠牛，也有人说他只是"屠佐"，也就是屠夫的助手，地位更低。[1]不过，秦汉时人已不知殷都在何处，结果就写成了"朝歌"："太公望年七十，屠牛朝歌，卖食盟津。"[2]

吕尚和文王周昌的初次见面，似乎发生在殷都的屠宰场。战国诗人屈原罗列各种古史传说，写成长诗《天问》，其中有一句是这样质问："师望在肆，（周）昌何识？鼓刀扬声，后何喜？"翻译成白话是，吕尚在屠肆里挥刀宰杀，周昌是怎么认识他的？听到他的声音又为何欢喜？[3]

在人类的早期文明中，屠夫职业往往和贱民身份相联系。结合吕尚的羌人出身，他可能本是羌人吕氏部落的首领之子，年轻时被俘获而作为人牲献给商朝（或许是青年周昌的战果）。但被送到殷都后，又由于某些偶然原因，吕尚侥幸逃脱了被献祭的命运，并被某个从事屠宰业的贱民族群接纳，然后娶妻生子。这也可以解释为什么他的后人的名字有明显的商人特征。

在《天问》里，吕尚是在一家个体经营的肉铺（肆）工作，但这是屈原根据战国社会情境的想象，商代殷都的屠宰场还不是这样。

殷都屠宰场的贱民

1986 年，考古队在殷墟花园庄南地发掘出一个巨大的废弃骨料坑（H27），由此可一窥殷都屠夫们的生活。[4] H27 在宫殿区西南方500 米处，椭圆形，长约 40 米，最深处 4 米，由于部分被现代民房压住，故而无法发掘，估计总面积为 550 平方米。

坑内堆积的骨头约有 30 万块，绝大多数是牛骨，其余是猪骨、狗骨、鹿骨及人骨。骨头都是零碎的，没有利用价值的头骨、脊椎骨和盆骨较多，适合加工成骨器的肢骨和肋骨很少。

骨坑很大，表层有十几条车辙印，宽度在 10—15 厘米之间，有一对平行的双轮车辙，轮距 1.5 米，可能是一辆双辕牛车留下的，其余车辙都不平行，说明是独轮车。看来，当时的人应该是用手推车和畜力车倾倒废骨的。

发掘者推测，大骨坑附近应当有一座屠宰场，剔出的骨头被分拣后，有用的送到骨器作坊，没用的则填埋到大坑里。

从坑内的陶片形制推断，倾倒骨头的时间跨殷墟三期和四期，大约从武乙到文丁、帝乙（纣王的父亲）的数十年时间。当然，这不代表到纣王时屠宰场就停工了，而只是说这座骨坑已被填满。但因骨坑紧挨着今花园庄村，目前还无法继续探测屠宰场的位置。

在殷墟曾发掘多座骨器作坊遗址和废骨坑，但花园庄南的 H27是规模最大的，而且，它距离商王宫殿区很近，很可能是商代后期祭祀牛牲的屠宰地点。

在甲骨卜辞的记载中，用于献祭的牛和人的数量级大体相当，此外，还有猪、狗和羊。商王陵墓区东侧发掘出两千多座密密麻麻的祭祀坑，埋葬人牲超过万人，但埋葬整牛或其他家畜的坑却远没有这么多，这和甲骨卜辞完全对不上。

那么，这些被献祭的牲畜都去了哪里？

一种可能是，祭祀仪式后，多数献祭用的牛、羊和猪等家畜会被参加者吃掉，而用于献祭的人牲则多数不会被吃掉，所以会形成王陵区的大量人祭坑。

另一种可能是，献祭人牲和家畜的场所不一样。人牲会被押送到王陵区祭祀场处死、填埋，而多数以牛为代表的家畜则是在王宫区附近杀死献祭，然后是盛大的宴会。

当然，这不代表没有人牲被吃掉，比如，不仅王陵区祭祀坑中有少数被肢解的人骨，H27 废骨坑中也有些零星散碎的人骨，但总体而言，其数量还是要远远低于牛碎骨。

祭品是献给鬼神的食品，活人也可以参与分享，这是自新石器时代以来的习惯，直到周代依旧通行。《仪礼》记载了周代的几种祭礼程序，都是先用食物祭祖（供奉给扮演祖先的人），然后由仪式参与者分食。也就是说，分享祭肉是当时公认的礼仪。春秋中后期，孔子担任鲁国大司寇时，就曾因"（季）桓子卒受齐女乐，三日不听政"且"郊，又不致膰俎（祭肉）于大夫"愤而辞职。

这样，我们也就能理解商王为何要频繁地举行杀牲祭祀了，这不仅是向诸神和列祖列宗贡献餐食，也是满足王族成员酒肉之欲的盛大宴会。从武丁朝的甲骨卜辞可见，商王动辄举行数十甚至上百头牛的大祭祀。而《史记》记载的商纣王的荒淫无度和酒池肉林（"以酒为池，悬肉为林"），其实正是典型的商王祭祀场面，并不专属于纣王。

花园庄的这个王室大屠宰场周边，应该生活着一个贱民村落，村民可能世代要为屠场提供劳役。一方面，大骨坑中有丢弃的生活垃圾，如石斧、收割用石刀、打鱼的陶网坠和纺线的陶纺轮等，说明他们还有农业和渔业劳作。另一方面，坑里出土的农具数量不多，可能居民的部分食物来自屠宰场的下脚料，或用粗加工的骨头与外面交换。

大骨坑旁边有十余座墓葬，都是小型墓，随葬品较少，五座有腰坑殉狗。其中，M5 是一名男子的墓，随葬一件铜戈和八枚海贝。他可能是这个贱民小族群的首领。

M3 是一座祭祀坑，紧挨 M5 的头端，里面埋了两具被砍掉了手脚的儿童尸骨，头朝向主人（西），可见，这个贱民小族群也有自己微弱的武装，还尽量用人牲祭祀自己的头领。此外，还有两座墓随葬了海贝，作为都城，这里的"商品经济"应该比其他地区略为发达一些。

至于文王父子在殷都遇到贱民屠夫吕尚的具体情节，现在已经无法考证。虽然都是西土之人，但他们应该没有太多共同语言：周人和羌人已经连续三代为敌，现在周昌父子已属商朝上层圈子，吕尚却是殷都的底层贱民，更何况他们可能还有私仇。

但有一点很清楚，那便是，武王周发后来娶了吕尚的女儿，这位周朝开国王后被称为"邑姜"："邑姜，武王后，齐太公女也。"（《左传·昭公元年》服虔注）这个"邑"字颇不寻常，它并非吕尚家族的天干日名，却和文王长子周邑（伯邑考）同名。

这应该不是巧合，邑姜的名字很可能就来自周邑。也就是说，周邑才是邑姜的第一任丈夫。周邑不幸早逝后，邑姜这才改嫁其二弟武王周发，但保留了首任丈夫的名字以作为纪念。这也许不符合后世周人的礼法，不过，在文王和武王一代还并没有后世的礼法。周朝开国后尊周邑为"考"（父），应该也与此有关。

周文王和吕尚的关系，很可能就是从伯邑考和邑姜的相识开始的。伯邑考是纣王的御者，平时住在王宫内，而往西南方散步，穿过占卜师居住区（现代的小屯村）就是屠宰场，很可能某一女子正在捡拾骨头，偶然遇见了这个看上去有点像西土来客的年轻贵人（和她父亲的身世类似），然后开始了一段不寻常的故事。

在一开始，对于周邑和邑姜的恋情，双方的父亲应该都不会赞成。在吕尚眼里，周族是商朝的无耻帮凶和吕氏部族的仇家；而周昌则指望周邑联姻一家显赫的邦国，至少是苏妲己的母国苏国的级别，倘若下一任族长夫人出身殷都贱民，且她的父亲还是个老羌人，周族在商朝的形象会大打折扣。

　　但看来周昌不是一个固执的人，对《易经》的钻研也让他明白，世界有多种可能性，不如先看看这女子家族的情况，也许会有意想不到的转机。

　　在《易经》中，家人卦的主要内容是家庭生活的烦琐和温情；而和它成对的，则是睽卦，字义是乖离。睽卦的内容非常诡异，讲的是周昌的一次看上去让人莫名其妙的行程，像是去到了都市中的贫民窟（屠宰场），充斥着肮脏和混乱，而且无知的贱民也对这外来者充满着敌意。

　　初九爻曰："悔亡，丧马，勿逐，自复。见恶人，无咎。"是说后悔丢失东西。马丢了，不用追，自己会回来。遇见恶人，没有灾祸。

　　九二爻曰："遇主于巷，无咎。"是说（马）又在巷子里遇到主人，没有灾祸。

　　六三爻曰："见舆曳，其牛掣，其人天且劓。无初有终。"是说见到一辆车困在路上，牛拉不动了。赶车的人额头刺字，鼻子被割掉了。没有开端，但有结果。

　　九四爻曰："睽孤，遇元夫[5]，交孚。厉，无咎。"是说一个人离开，遇到一个高个子，正在把俘虏绑起来。不顺利，也没有灾祸。

　　六五爻曰："悔亡。厥宗噬肤。往，何咎？"是说后悔丢失东西。那家人在吃肉皮。去吧，有什么灾祸？

　　上九爻曰："睽孤，见豕负涂，载鬼一车。先张之弧，后说之弧。匪寇，婚媾。往，遇雨则吉。"是说意见不合，看见猪在泥坑里，有人拉着一车鬼。有人先张开了弓，又放下了弓。不是劫匪，是要成婚。去吧，遇到下雨会吉利。

　　根据睽卦的卦爻辞，周昌应当是驾车去的屠宰场，还把马车放在了巷子外，结果马丢了（"丧马"，也许是被偷走了），后又在巷子里找到了（"遇主于巷"）。他看见，有额头刺字、鼻子被割掉的贱民（"其人天且劓"）正赶着牛车运送骨头，而且很可能是人骨，因为有一个高个子正在捆绑俘虏（"遇元夫，交孚"）。在笃信算命通神的周昌看来，这简直是一车鬼魂（"载鬼一车"）。他还看见那家人更不体面，在啃吃肉皮（"厥宗噬肤"，应该是来自屠宰场的下脚料，在羑里地牢里，周昌也经常吃）。但最后的上九爻，居然以婚事结尾（"婚媾"）。

也就是说，这次到访屠村，周昌应当是和吕尚达成了共识：此时，周昌已经在密谋"翦商"大业，吕尚表示支持。这标志着周族要回归羌人的亲友阵营，一起对付强大而残暴的商朝。

周邑和邑姜应该不会在殷都正式办婚事，否则这太有损周族在商朝的名声。一切都可以留待以后。

商王册封"周方伯"

《史记》记载，在周昌的臣僚向纣王进贡大量礼物后，纣王开恩赦免了周昌，为表忠心，周昌又向纣王贡献了一块"洛西之地"，于是，纣王赐周昌弓矢和斧钺，授西土征伐之权，称号为"西伯"。

> 纣乃赦西伯。西伯出而献洛西之地，以请除炮烙之刑。纣乃许之，赐弓矢斧钺，使得征伐，为西伯。（《史记·殷本纪》）
>
> 乃赦西伯，赐之弓矢斧钺，使西伯得征伐。曰："谮西伯者，崇侯虎也。"西伯乃献洛西之地，以请纣去炮烙之刑。纣许之。（《史记·周本纪》）

这种赐弓矢和斧钺并授予征伐之权的做法，并不见于商代的甲骨文和金文，更像是西周以来分封制度的规则，甚至是春秋时期周王室对齐桓公和晋文公等"霸主"的授权。齐国人管仲曾经追溯齐国在周朝诸侯中的地位（当初周王授予太公吕尚征伐之权）："昔召康公命我先君大公曰：'五侯九伯，女实征之，以夹辅周室！'赐我先君履：东至于海，西至于河，南至于穆陵，北至于无棣。"（《左传·僖公四年》）结果，这种春秋时人的观念传到战国和秦汉以后，成为书写文王和商纣故事的母题。

《史记》所说的周昌向纣王贡献的"洛西之地"，可能在渭河北支流"西洛水"的西侧，距周原有点远，反而比较靠近西安老牛坡的崇国。从当时的形势看，周族不大可能扩张到这里，恐怕只是后人的想象。

战国诸子及司马迁的叙事总喜欢把商朝的灭亡归因于纣王的残暴和道德堕落。《史记·殷本纪》说，纣王曾经创制"炮烙之刑"："纣乃重刑辟，有炮格之法，炊炭其下，使罪人步其上。"后世学者对此的注解是，这是让人在火炭烧红的铜柱上走路："膏铜柱，下加之炭，令有罪者行焉，辄堕炭中，妲己笑，名曰炮烙之刑。"（《列女传》释）其实，这应当是商人惯用的"燎"祭或"燔"祭。火烧祭品的起源非常古老，新石器遗址就经常发现祭坛、炭灰与烧过的骨头，人类古文明也大都有烧烤献祭的记载，如《圣经·旧约》。因而，这并不是商纣首创。

《史记·殷本纪》还说，周昌获释之后，"献洛西之地"请求纣王不再使用"炮烙之刑"，"纣乃许之"。这实乃后世的一种道德叙事，并不符合当时的规则。

纣王时期的一大特点是，不仅杀祭异族人牲，也用商人贵族献祭。前述殷墟后冈 H10 祭祀坑就埋有数十具贵族尸体，而且填土中亦有大量炭灰和烧过的骨头。此外，还有史书记载的纣王杀戮王朝重臣并让人吃掉的行为，所谓"醢九侯""脯鄂侯""剖比干"。

> 九侯有好女，入之纣。九侯女不喜淫，纣怒，杀之，而醢九侯。鄂侯争之疆，辨之疾，并脯鄂侯。

　　　　纣愈淫乱不止……比干曰："为人臣者，不得不以死争。"乃
　　强谏纣。纣怒曰："吾闻圣人心有七窍。"剖比干，观其心。(《史
　　记·殷本纪》)

　　这自然会在商人显贵和周族等附庸上层引发极大恐惧，形成纣王残暴
的种种传闻。然而，到西周后，人们已经忘记商人的鬼神血祭文化，
只剩纣王个人的种种荒淫故事保留了下来。

　　根据考古和甲骨卜辞提供的真实历史背景，周昌可以被商朝称为
"伯"，但说他被封为可以征伐列国的"西伯"，则应当是虚构的。毕竟，
老牛坡有商人的崇侯之国，还轮不到周族来任意征伐西土。

　　从古公亶父迁居周原开始，周人就有拉商朝大旗抬高自己的传统。
如前述，来自挚国的大任和莘国的大姒，皆被周人史诗说成"天之妹"
和"自彼殷商"，甚至《易经》中还有"帝乙归妹"之谓，这样看来，
周昌被宣扬成有征伐西土之权的"西伯"也就是顺理成章的了。

　　不过，纣王确实曾授予周这个小番邦一点正式名分。记录周昌
随纣王南征的师卦上六爻曰："大君有命，开国承家，小人勿用。"
意思是说，大君发布命令，让我（周昌）建立国家，世代传承下去，
不要任用小人。

　　殷墟考古并没有发现册封周昌的甲骨记录，但在周原的"文王大
宅"找到了，而且不止一片。

　　先看有残缺的第一片：

　　　　……才（在）文武……王其邵帝天□，典嘼周方伯？□由正，
　　亡左……王受有祐。(周原甲骨 H11.82)

　　大意是说，纣王祭祀先王，询问是否应当"典册周方伯"；结果是顺利，
纣王会受到先王的保佑。

在这条卜辞里，纣王可能祭祀了两位先王：第一位是"文武□"，可能是其祖父文丁（文武丁）；第二位是"天□"，可能是大甲，商朝第四代王，因为第二片甲骨的卜辞中也出现了大甲。"邵"是祭祀方式，"帝"可能是上帝，也可能是对大甲的尊称。

再来看完整的第二片：

贞：王其枣侑大甲，曶周方伯，盘，囟正？不左，于受有佑。
（周原甲骨 H11.84）

这里是说，举行占卜，纣王向先王大甲献祭，询问是否应当"册周方伯"；结果是顺利，纣王会受到先王的保佑。

"册周方伯"后面的盘字，出自曾任周原考古队队长的陈全方先生的临摹与释读。盘的甲骨文字形，是一只手抓着一名女子，下面放着一个接血的盆，一种杀女子献祭的方式。[6]

在《史记》中，亶父和季历并没有"伯"的头衔，只有周昌有"西伯"称号。所谓"西伯"固然有周人夸大吹嘘的成分在里面，但看来到周昌的确是有了"伯"的头衔。如前述，倘若前两代就已经获此称号，

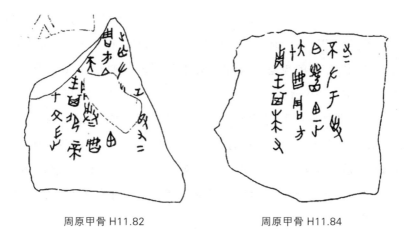

周原甲骨 H11.82　　　　　　　　　　周原甲骨 H11.84

周人肯定会更夸张地将其载入史书。当然，如上述两片周原甲骨所载，纣王授予周昌的真正头衔是"周方伯"，仅是认可周作为一个西方小邦而已。

按理说，册封仪式应当在殷都举行，为什么这些甲骨会出现在周原的"文王大宅"？李学勤先生认为："这些是周人替商王占卜的龟甲，其年代可定为周文王时……这些片龟甲有可能是从商朝都邑带回的。"[7]但问题是：一，商王册封周方伯的决策为何要由周人来占卜？截至目前，从未发现商王有把占卜后的甲骨赐给臣下的记录。二，这两片甲骨非常小，上面的字小如粟米，根本不适合这种礼仪用途。三，甲骨记载的内容发生在殷都的商王朝廷，但制作风格却又是周原"文王大宅"的。真可谓谜团重重。

对此，本书的推测是：册封仪式的确是在殷都举行的，周昌也目睹了商王占卜和刻写卜辞的过程，并牢牢地将其记下，待回到周原后，为了获得商王占卜通神的能力和推进自己的"翦商"事业，他偷偷地模仿了整个过程，包括刻写卜辞，而且为了保密，他还采用了非常细小的微雕字体。或许在周昌看来，只要能完整地再现祭祀和占卜的过程，也就等于掌握了商人与先王（诸神）沟通的方式，从此，他就可以单独地联络诸神与商朝先王了。

此外，这两片甲骨上的"周"和殷墟卜辞中的很不同，它的上半部更像是"用"字，而且下面还多了一个"口"。许慎在《说文解字》中对"周"字的解释是："从用，从口。"看来，其渊源应该就是周原"文王大宅"的甲骨刻辞。

在甲骨文里，"用"字有专门的含义，指杀掉献祭的人或牲畜，如"用羌"或"用牛"，这几乎是它在商王卜辞中的唯一含义，且使用次数极多。所以，"从用，从口"的"周"也可能是商王室为姬周族特意造的字，象征其职能就是为商朝提供"用"的人牲，只是目前的材料尚不足以为此提供确证。

被吃掉的长子

这两片周原甲骨上的"册"字，下面也加了一个"口"。在甲骨卜辞里，这个昢字更常见的意思是指一种杀牲畜或人祭祀的方式。商王经常昢牛、昢羊、昢羌人献给列祖列宗。[8]

但昢的字义还有争议，因为在一片龟甲卜辞里，武丁王曾经询问：是否应昢一千头牛，或者是一千头牛再加一千个人？

占：其昢千牛？其降昢千牛、千人？（《合集》1027 正）

千，这个数量实在太大。武丁王时期，征战频繁，也许能积攒起一千名俘虏一次性献祭，且王陵区已发现两千多座祭祀坑，但要说杀一千头牛，实在过于夸张，当时殷都的全部人口也不可能一次吃完一千头牛。所以有学者认为，昢只是把备用的祭品登记在册，留待以后慢慢使用。但问题是，倘若只是登记在册，又何必通过庄严的占卜来决定？

这是甲骨文给我们留下的又一个谜团。

商人的昢有两种意思，一是册封，一是献祭；而周原"文王大宅"这两片甲骨上的昢，可能两种意思兼有，因为周昌的继承人伯邑考（周邑）成了商纣王的祭品。

伯邑考被杀祭，未见《史记》等比较正统的史书记载，主要见于西晋皇甫谧的《帝王世纪》：

囚文王，文王之长子曰伯邑考，质于殷，为纣御，纣烹为羹，赐文王，曰："圣人当不食其子羹。"文王食之。纣曰："谁谓西伯圣者？食其子羹尚不知也。"

翻译为白话就是，文王被囚羑里期间，长子伯邑考在商朝担任质子，并为纣王赶马车；纣王想考验周昌："倘若周昌是圣人，应该不会吃自己儿子的肉吧？"于是，纣王下令把伯邑考煮成肉羹并赐给周昌。结果，周昌吃了。于是，纣王说："谁说西伯是圣人？吃了自己儿子的肉还不知道。"

《帝王世纪》是西晋时文献，但此事还有更早的记录，比如定州西汉墓中出土的《六韬》竹简。《六韬》的简文有所缺失，其内容也和《帝王世纪》有所不同：

> ……质子于殷，周文王使伯邑巧（考）……死，有诏："王必食其肉！□免其血。"文王食其肉，□免其……[9]

也就是说，在《六韬》的记载中，纣王并未隐瞒周昌，周昌是知情且被迫吃下了儿子的肉。"免其血"，可能是"饮其血"的误写，似乎是茹毛饮血式地生吃。这在当时并不罕见，甲骨文中就有多个用血献祭的字，而且，后世周人结盟也有"歃血"献祭的仪式。

而在屈原的《天问》中，周昌吃的则是"醢"，意为肉剁成的酱，也可能是生的："受赐兹醢，西伯上告；何亲就上帝，罚殷之命以不救？"前面一句的意思较明确，是说周昌吃下儿子的肉酱后向上帝控诉；但最后一句"罚殷之命以不救"不甚明了，有可能是说上帝会放弃对殷商的支持，纣王最终身死国灭。

可见，从战国的《天问》到西汉的《六韬》，再到西晋的《帝王世纪》，伯邑考的遭遇一直在隐秘地流传。

但《帝王世纪》的叙事又有明显的小说化特征。比如，从情理上说，在周昌被囚禁期间，纣王应当不会让伯邑考为自己驾车，这应该是在周昌获释后。再如，说纣王烹杀伯邑考赐周昌是为了验证其是不是"圣人"也当属戏剧化叙事，在之前的《天问》和《六韬》中都没有这种情节。

在传世文献的语境中，纣王制造的杀祭伯邑考事件的野史色彩过重，很难有合理的解释。这可能也是《史记》不愿采纳的原因。但是，根据考古和甲骨文展现的商人的宗教祭祀实践，伯邑考被烹杀和吃掉却又是完全正常的。有学者认为，纣王把人肉酱赐给臣下，是商人传统的一种结盟（兼人祭）仪式，这次把伯邑考的肉酱赐给周昌，应当是册封周昌为"周方伯"典礼的程序之一。[10] 本书"文王微雕卜辞的记录"一节介绍的文王地窖中两片甲骨（H11.1，H11.11），卜辞内容都关于向先代商王献祭，它们也应当是这次典礼的产物，并且可能是周昌回到周原后的复刻版本。在向诸神敬献后，参与献祭的人分食祭品也是分享诸神带来的福佑。因此，周昌，甚至包括其儿子周发、周旦和周鲜等在内，根本无力对抗纣王的这个决定。为了周邦的生存，他们只能接受商人的宗教礼仪，而且很可能还要尽量表现得心悦诚服和感恩戴德。

如前文所引，《史记·殷本纪》中还有一段与此相似的故事，这便是纣王"醢九侯""脯鄂侯""剖比干"。此说虽然可能并不准确，但应该也是纣王用高级贵族献祭在后世的流变。而且，殷墟后冈 H10 圆形祭祀坑中尸骨不全的贵族一家，也呼应了这个记载。

史书中未见（应该也不会）记载周昌父子分食伯邑考时的心情。不过在后世，有著名的典故"周公吐哺"流传千古。所谓"周公吐哺"，说的就是周公旦经常会吐出正在吃的饭食。已经遗忘了真实的商朝是怎样的后世人却对此进行了合理化解释，说是周公忙于招纳贤人所致。[11] 但事实很可能是因被迫吃掉长兄的肉酱，周公留下了严重的心理阴影。而且，不只是周公旦，武王周发此后也一直受到噩梦的困扰，"自夜不寐"。[12] 至于文王周昌，则把心史写在了《易经》里。

《易经》的损卦六三爻似乎记录的就是伯邑考被献祭的经历："三人行，则损一人。一人行，则得其友。"这句爻辞的重点是前面一句，三人结伴同行，但最后损失了一个。这可能是说，文王被囚禁后，包括伯邑考在内的三个儿子赶往殷都营救，但最终损失了一个。如前面章节所述，损卦的卦辞"利有攸往，曷之，用二簋，可用享"说的就是儿子带着一尊酒和两陶盆食物去探望地牢中的周昌。

和损卦成对的是益卦，它们的意思正截然相反。益卦主要是说古公亶父接受商朝的招抚，迁居周原，从此开启了兴盛周族的历程；损卦则主要是说周昌在殷都的惨痛经历。二者构成商周关系在周族三代人之间的转折。

此外，《易经》中可能还记载了伯邑考被献祭的细节。

关于伯邑考的回忆

前面介绍过剥卦，卦象就像是架起的案板，内容则是人牲被屠剥。类似的还有艮卦，两个八卦中的☶相重叠，也像是架起来的屠剥案板。

艮其背，不获其身，行其庭，不见其人。无咎。

初六：艮其趾。无咎，利永贞。

六二：艮其腓，不拯其随，其心不快。

九三：艮其限，列其夤，厉，薰心。

六四：艮其身，无咎。

六五：艮其辅，言有序，悔亡。

上九：敦艮，吉。

艮，在八卦中代表"山"，据唐人孔颖达注，意思是停止。[13] 但艮卦的卦爻辞都与"停止"之义无关。在甲骨文和金文中，"艮"的字形像一只大眼睛在朝身后望，《易经》中用的应该就是这个本意，即痛苦而愤怒地凝视。[14]

　　先看卦辞。"行其庭，不见其人"，说的是走在庭院里，再也见不到那个人。这里的"人"，应当是指丧命殷都的长子伯邑考。"艮其背，不获其身"，则应当是说伯邑考的背部被剖开。当时的"菹醢"，要先肢解，再把一些肉质较好的部位剁成肉酱。

　　艮卦的爻辞也和前述剥卦类似，列举了从脚到头六个部位：先是初六爻的"艮其趾"，趾是脚，意思是把脚砍掉；接着是六二爻的"艮其腓，不拯其随，其心不快"，意为抽出肠子时，人牲的脚随之抽搐，最后腿不再动，心也停止跳动；[15]再接着是九三爻的"艮其限，列其夤，厉，薰心"，限是腰部，夤是后脊肉，意为先从背部剖开人牲，取出肌肉组织放在一边，最后掏出心脏，用火烧烤献祭；[16]然后是六五爻的"艮其辅，言有序，悔亡"，辅是面颊，和说话有关，[17]意为当屠剥到面部的时候，周昌可能联想到了某些说错的话，所以觉得后悔；最后是上九爻的"敦艮"，敦是头部，意为把头砍掉。

　　和艮卦类似的，还有咸卦，它的爻辞中也列举了身体的各部位，如咸其拇（大脚趾）、咸其腓（肠）、咸其股（大腿）、咸其脢（脊肉）、咸其辅、咸其颊、咸其舌。

　　　亨，利贞。取女，吉。

　　　初六：咸其拇。

　　　六二：咸其腓，凶。居，吉。

　　　九三：咸其股，执其随。往，吝。

　　　九四：贞吉，悔亡。憧憧往来，朋从尔思。

　　　九五：咸其脢，无悔。

　　　上六：咸其辅、颊、舌。

高亨先生认为，"咸"字通"戉"，咸卦即为用铜钺斩割人牲献祭的记录。[18] 从爻辞看，与艮卦和剥卦一样，咸卦也是描述人牲被从脚到头肢解的场景的。可能商人献祭有特定仪轨，屠剥人牲要从脚部开始，依次向上。[19]

其中，咸卦的九四爻比较特殊，它没有屠剥的内容，说的是心神不宁地走来走去，朋友们都在想念你。这像是在描述周昌回周原后想起伯邑考时的忧伤。[20]

和艮卦成对的是震卦，内容是关于某次雷暴天气的：

亨。震来虩虩，笑言哑哑。震惊百里，不丧匕鬯。

初九：震来虩虩，后笑言哑哑。吉。

六二：震来厉，亿丧贝，跻于九陵。勿逐，七日得。

六三：震苏苏。震行，无眚。

九四：震遂泥。

六五：震往来厉，亿无丧，有事。

上六：震索索，视矍矍，凶。震不于其躬，于其邻。无咎。婚媾有言。

在后世《易传》的解读里，震卦被认为代表长子。[21] 卦辞说，正举行祭祀，雷声震动百里，主祭人（或者是文王自己）没有惊落手中舀香酒的勺子，所谓"震惊百里，不丧匕鬯"。这和三国刘备"闻雷失箸"的表现正好相反。

震卦的卦爻辞多数难以解释，满是惊惶情绪，比如，担心会丢失钱币（"亿丧贝"）；雷暴不会劈到自己，但会劈到邻居（"震不于其躬，于其邻"）。尤其上六爻的"婚媾有言"，说的是通婚的亲家有怨言，本书猜测，这可能也和伯邑考被献祭有关，因伯邑考之死，吕尚和周昌之间可能发生了某些争执。一旦失去周邑和邑姜的婚姻纽带，两个家族的联系会变得非常微弱,直到周昌次子周发(武王)娶了这位嫂子。

接下来的问题是,周昌为何要在《易经》里记录儿子被献祭的这些细节?

可能当时的周昌还没有否定商人宗教理论的能力,他只能是接受并认为自己的儿子被献祭给了天界诸神,也许诸神会因此开始青睐周族,转而不再保佑纣王。至少他要把这种可能性纳入《易经》推演的模型之中。

无论怎样,伯邑考被献祭,对于他的父亲和弟弟们来说,是一次极为惊悚的经历,但纣王显然对此深表满意:周方伯家族为商朝的先祖诸神贡献了祭品,还和献祭者一起吃下祭肉,一定会获得先王诸神的福佑。换句话说,在纣王看来,周邦正在从蒙昧走向开化,在商朝的天地秩序里找到了属于他们自己的位置。

文王诅咒殷商

不仅长子伯邑考在殷都被献祭,甚至周昌的父亲季历当年也是这种遭遇,只是保留下来的信息太少。我们很难设身处地地想象周昌对殷都的感受。

《诗经·大雅·荡》是一首文王控诉商朝的长诗,在其中,文王讲述了商王朝的强大、跋扈、纵酒、狂暴和喧哗。诗里有很多商纣王的影像,但又不仅仅是纣王,其贵族以至平民都陷入了纵欲、施暴和凌辱他人的依赖症。考虑到后世经学家对此诗的注解大都空泛而不切题,这里重新翻译如下:

> 荡荡上帝,下民之辟。疾威上帝,其命多辟。天生烝民,其命匪谌。靡不有初,鲜克有终。

［那公正全能的上帝，是尘世万民的依赖；那敏锐威严的上帝，他降下的天命是真正的准则。上天创生黎民，天命如此忠厚。一切人都被上天赋予开端，但少有人能够善终。］

文王曰咨，咨汝殷商！曾是强御，曾是掊克。曾是在位，曾是在服。天降滔德，女兴是力。

［文王说：啊，你殷商啊，现在你强大无敌，现在你骄狂跋扈，现在你统治一切，现在一切都臣服于你。当初，是上天降下的好意，让你兴旺如此。］

文王曰咨，咨汝殷商！而秉义类，强御多怼。流言以对，寇攘式内。侯作侯祝，靡届靡究。

［文王说：啊，你殷商啊，你本该行善，却强横充满怨气。你听信各种谣言，重用为恶之辈。你不停兴建工程，奉献祭品，永远没有休止。］

文王曰咨，咨汝殷商！女炰烋于中国，敛怨以为德。不明尔德，时无背无侧。尔德不明，以无陪无卿。

［文王说：啊，你殷商啊，你在中土之国昂然自得，引起无数怨恨，却以为我们只有感激。我们从未见到你的好意，你会慢慢失去支持者；你的好意从未曾显露，最终没人会在你身边。］

文王曰咨，咨汝殷商！天不湎尔以酒，不义从式。既愆尔止，靡明靡晦。式号式呼，俾昼作夜。

［文王说：啊，你殷商啊，上天不愿让你沉沦在酒中，你却不肯遵从。你的行为荒唐悖谬，不分阴晴都在纵饮。你狂呼乱叫，白天也沉醉如黑夜。］

文王曰咨，咨汝殷商！如蜩如螗，如沸如羹。小大近丧，人尚乎由行。内奰于中国，覃及鬼方。

［文王说：啊，你殷商啊，你大醉喧哗，如众蝉鸣叫，如滚汤沸腾。不论贵族还是小民，都沉溺在恶行中。你在中土震怒，

甚至波及遥远的鬼方。]

　　文王曰咨，咨汝殷商！匪上帝不时，殷不用旧。虽无老成人，尚有典刑。曾是莫听，大命以倾。

　　[文王说：啊，你殷商啊，不是上帝改变了意旨，是你殷商不再有当年的品行。你虽然没有了德高望重之人，也还有昔日留下来的典章先例。这些你都不想遵从，你的大命即将倾倒。]

　　文王曰咨，咨汝殷商！人亦有言：颠沛之揭，枝叶未有害，本实先拨。殷鉴不远，在夏后之世！

　　[文王说：啊，你殷商啊，就像人们常说的，颠沛覆亡来临时，大树的枝叶还未损伤，树干会先倒掉。端盆水照照你自己吧，殷商，夏朝灭亡的往事又要重演了！]

　　倘若仅有这些文字，它只不过是一篇言过其实的政治宣言而已；但有了殷墟考古，则能看到祭祀坑中的累累骸髅、殿堂夯土下蜷曲的奠基人、被抛弃在灰坑中的卑微死者以及屠宰场兽骨坑中混杂的人骨。这就是文王周昌曾经在殷都亲历过的商文明中的庸常生活，泡在泥水里的猪，成串捆绑的俘，被烹食的方伯……

　　其实，不需要到过殷都，近在西安老牛坡的崇侯之国也足以让周人认识商朝，他们蜷伏在这个王朝脚下的岁月已经足够漫长。

注释

1　《尉缭子·武议》。另，《说苑》卷八："太公望，故老妇之出夫也，朝歌之屠佐也，棘津迎客之舍人也。"

2　在西周初年，殷都被周公强行废弃，周公同时分封了一个弟弟（康叔周封）建立卫国，管理商朝故地，卫国的都城建在朝歌，致后人误以为朝歌就是殷都。

3 《诗经·大雅·文王》孔颖达正义引皇甫谧（即《帝王世纪》）："（文王）未受命时已得太公。"受命即文王从殷都返回周原之后称王。

4 中国社科院考古所安阳工作队：《1986—1987年安阳花园庄南地发掘报告》，《考古学报》1992年第1期。有关殷墟花园庄南地考古的基本信息、数据及图片，未注明出处的，皆出自该发掘报告，不再详注。

5 "元夫"，高亨认为"元"是"大也"。参见高亨《周易古经今注》，第271页。

6 陈全方：《周原与周文化》，第111页。

7 李学勤：《西周甲骨的几点研究》。

8 王宇信：《周原庙祭甲骨"䚗周方伯"辨析》，《文物》1988年第6期。

9 河北省文物研究所定州汉墓竹简整理小组：《定州西汉中山怀王墓竹简〈六韬〉释文及校注》，《文物》2001年第5期。

10 代生，江林昌：《出土文献与〈天问〉所见商末周初史事》，《四川师范大学学报（社会科学版）》，2022年第1期。

11 《史记·鲁周公世家》载，周公戒伯禽曰："我文王之子，武王之弟，成王之叔父，我于天亦不贱矣。然我一沐三捉发，一饭三吐哺，起以待士，犹恐失天下之贤人。子之鲁，慎无以国骄人。"

12 《史记·周本纪》："武王征九牧之君，登豳之阜，以望商邑。武王至于周，自夜不寐。"

13 孔颖达正义："艮，止也，静止之义。"《易传·说卦》："艮为山。"

14 段玉裁《说文解字注》认为艮字是"若怒目相视也"，高亨认为："艮者顾也……顾为还视之意，引申为注视之意。"参见 高亨《周易古经今注》，第311页。

15 孔颖达正义："腓，肠也……腓动，则足随之，故谓足为随。"

16 孔颖达解释：限，为"身之中，人带之处"，就是腰带部位；夤，是"当中脊之肉也"，后脊背上的肉；"薰，烧灼也"。

17 王弼注："故口无择言，能亡其悔也。"

18 高亨：《周易古经今注》，第250页。

19 李镜池较早注意到了《易经》各卦这种从脚到头的叙事顺序，参见李镜池《周原探源》，中华书局，1978年，第54页。

20 憧，《说文解字》解释为"意不定也"。

21 《易传·序卦》："主器者莫若长子，故受之以震。"《易传·说卦》："震为雷、为龙……为长子。"

第二十四章　西土之人

献祭伯邑考后，纣王恩准周氏父子返回周邦，继续在西土为商朝效力。而返回周原后，周昌很快宣布"受命"（接受了上帝的命令），这意味着他成为上帝授权的人间王者，而使命正是灭亡商朝。就是从这时开始，他成了人们习惯称呼的"周文王"。

周原遗址的文王大宅和殷墟遗址的宫殿区分别是周人和商人领袖的住宅，两者规模差别巨大，是双方实力对比的直接体现。从当时的形势看，周族灭商的计划近乎异想天开。

那么，历时数百年的庞大商王朝，何以在周昌受命称王的十余年后就灰飞烟灭？

文王周昌和武王周发的翦商事业，属于中国古史进入"信史"时代的开端，很多大事件由此能够按年度排出顺序。但是，若要再现商周更迭的具体过程，还是发现史书充满很多的缺环及难以解释之处。

《史记》里的夏商往事，大多叙事过于程式化，或者说，其中的古代圣王往往言行幼稚，不近实情，如同写给儿童的启蒙故事。战国诗人屈原也深感古史中的经典叙事难以让人置信，所以他才在《天问》中抛出一连串质疑。

羌人盟军与太公阴谋

伯邑考死后，文王次子周发成了族长之位的继承人。他要执行父亲规划的翦商事业，而吕尚的作用不可替代，周族需要借助吕尚重新建立和西土羌人的传统盟友关系。

但吕尚如何离开殷都、返回西土是个难题。战国秦汉间的文献说，太公吕尚曾经"屠牛朝歌"，又曾经在黄河边的孟津（或者棘津）贩卖饭食，充当旅店杂工。这反映的可能是吕尚潜行返回西土的行程。我们不知道此行他有没有带儿子，但肯定带上了女儿邑姜。最后，吕尚垂钓渭水遇到文王，是旅程的结束。周人需要隐瞒吕尚来自殷都的事实，必须给他制造一个更安全的来历。这可能是垂钓故事的由来。

在文王的翦商事业中，吕尚加盟最晚，却是最重要的智囊谋士。《史记·齐太公世家》说，吕尚给文王提供的主要是用兵的权谋和从内部颠覆商朝的分化瓦解之策。

> 周西伯昌之脱羑里归，与吕尚阴谋修德以倾商政，其事多兵权与奇计。故后世之言兵及周之阴权，皆宗太公为本谋。

这些计谋过于隐秘，不会被载入史书，但吕尚的阴谋家和战略家形象却由此定型。后世战国秦汉间出现的一些兵书，如《六韬》《阴符经》《太公兵法》等，都把作者署名为吕尚。

这可能和吕尚作为殷都贱民的生活经历有关。殷墟花园庄南大骨坑一带的发掘表明，屠宰场村的贱民部落也有自己的武装，当商王发动对外征伐时，村里的男丁可能也会参与。他们不会放过任何劫掠财富的机会，而且行军作战中也少不了执行他们本职的屠宰工作。所以，吕尚有机会见识商朝军队的征集、编练和实战。周族人只打过部落级别的猎俘战争，最需要的就是大规模部队的正规战争经验。

作为殷都屠宰场村的贱民，吕尚有自己的方式来了解商朝宫廷动向。宫廷占卜师用的牛肩胛骨来自屠宰场，他们或者自己去屠宰场拣选最合适的骨料，或者由屠宰场村的内行人拣选后送来。这正是吕尚接触宫廷占卜师圈子的难得机会，哪怕占卜师的学徒或家奴也有不可替代的作用。而且，凡商王的机要事务皆需要占卜师参与决策，由此，吕尚可以获悉殷都宫廷中的诸多秘闻。相比而言，一般的外地诸侯都未必有如此高效的信息源。

文王给吕尚的官职是"师"（教导者），这可能模仿自商朝。《帝王世纪》记载："箕子为父师。"即纣王宫廷里的"父师"是箕子，"父"可能代表他是纣王的叔父辈。[1]

尤其，吕尚和文王又是亲家，女儿邑姜现在是武王周发的夫人，对于商周更替来说，这桩婚姻意义重大。也正因此，周人对此事的沉默就更值得玩味。

在周人的史诗中，亶父、季历和文王三代的夫人（大姜、大任、大姒）都得到了歌颂，但武王的夫人邑姜却默默无闻。不仅《诗经》，周人的其他文献也几乎没有留下这位夫人的任何记录。但一些青铜礼器铭文却记载着这位王夫人在西周初建时的功勋。[2]

可能是因为吕尚一言难尽的来历，以及邑姜曾经更换过丈夫，再加上伯邑考在殷都的死因一直是周昌家族的隐痛，所以在文献中，邑姜王后只能被隐藏于幕后。但在当时，周邦和吕尚家族的联姻意义重大，正是借助它，周人才得以重建和各羌人部落的关系。自亶父迁居周原，周和羌人（姜姓戎人）为敌已经超过半个世纪，因此，只有把商朝作为共同敌人，才能实现西土势力的再度联合。

吕尚出自羌人中的吕氏部族（居住地点不详），在其加盟周邦后，吕氏部族成为周人的忠实盟军，甚至吕氏首领也开始称王。西土之人正逐渐梦想灭亡商朝后的世界。[3]

羌人主要生活在山地，崇拜山岳之神，有材料显示，吕氏部落的神山是晋南的霍太山。[4]但在晚商阶段，一个商人侯国（遗址在今山西灵石县旌介村以西）却出现在霍太山南方不远处，因此，很可能就是这个侯国驱逐了周边的吕氏部族，迫使他们迁居到了陕北。在羌人的语言里，神灵所居之山是"太"（泰）山。周灭商后，不仅吕尚被分封到山东地区的齐国，吕氏部族的其他首领还有被分封到河南南阳地区的，如申国和吕国（也称为甫国），而这些吕氏诸侯国也把山岳崇拜带到了新的封地，比如，山东的泰山或许正因此得名。

投身上帝信仰

要实现翦商事业，除了世俗意义的"富国强兵"，周昌还需要解决宗教理论上的难题。商王朝一直给上帝和诸神献祭，历代商王也都在上帝身边主持人间事务，周族的翦商事业还能得到诸神的支持吗？

这种"迷信"性质的问题可能不会困扰后世之人，但商代的人却大都笃信诸神的威力，更何况周昌还热衷研究通神和预测之术，就更不可能忽视神界的存在。对此，他必须做出合理的解释。

在周原"文王大宅"窖穴的甲骨上，文王曾经记录商人祭祀先王的仪式，但从传世的周人史诗来看，他并未把历代商王放在重要位置。文王最推崇的是商人的至高神，也就是上帝——他最先把商人的上帝概念引入了周族，认为是独一无二的上帝主宰着尘世间，而商人信奉的先王、龙凤和风雨等诸神并没有进入文王的崇拜体系。

帝乙和帝辛（纣王）两代商王曾革新商族传统宗教，把先王甚至自己抬升到"帝"的地位。对此，周昌持完全否定的态度。在他的观念中，上帝高居天界，和尘世中人，哪怕是商朝先王或周族先公都不能有丝毫混淆。[5]

从这个维度说，周昌更像是推行了一场比较彻底的"一神教"改革。[6]

不过，在碾子坡时代，周人已经接纳少量商人流亡者，也有过只掩埋铜器而不杀牲的祭祀现场。或许，在郑州商城晚期，商人中的部分"不杀生"宗教改革者就已经进入周族，并把改良过的上帝理念一并带了过来。但上古往事过于茫昧，在传世文献里，最具决定意义的还是文王周昌。

前述史诗《诗经·大雅·荡》一开头先是颂扬上帝的威严和崇高，说他是人间主宰，随后，便是已在上帝护佑之下的文王对商朝的控诉和诅咒。

周人的这种史诗，不只这一首。《诗经·大雅·皇矣》也记载了周昌改造过的上帝：

> 皇矣上帝，临下有赫。监观四方，求民之莫。维此二国，其政不获。维彼四国，爰究爰度。上帝耆之，憎其式廓。乃眷西顾，此维与宅。

在这里，上帝是一位居住在天界且富有人格特征的神灵，当周人还居住在豳地-碾子坡时，他就已经从天上俯瞰大地，观察各国的民风政情：有些国度（商朝）秩序混乱，这让他感到厌恶；但他把头转向西方，看到古公亶父领导的恭谨的周族人，便决定对其施加保佑，让周人获得一块福地（周原）。

上帝还曾经专门照顾过姜嫄、后稷、亶父、季历，[7]但和他关系最深、交往最直接的，只有文王周昌。在《皇矣》里，上帝曾经多次当面教诲周昌（"帝谓文王"）："不要背叛我的援助，不要羡慕我施与别人的恩惠，（只要你一心虔诚）就能先上岸……

> 帝谓文王：无然畔援，无然歆羡，诞先登于岸。

"我对世间万象看得一清二楚，都会给与相应的结果，只是我不会大声宣扬出来而已；就像当年，我不会助长夏朝的混乱，让商朝取代了它。你不要用心揣摩我的想法，就是顺应了我的准则。"

> 帝谓文王：予怀明德，不大声以色，不长夏以革。不识不知，顺帝之则。

简言之，《皇矣》描述的上帝，崇高而孤独，只有文王能够与他沟通，获得他的指示。

经过文王的这次"宗教革新"，周人这才用"上帝"这个外来的新神改造了自己的历史：从姜嫄的怀孕，直到最近的两代首领亶父和季历。而这些传说被正式写成文字，应当是在西周建立之后了。

对于当时粗陋无文的周族人，也只有神灵才能让他们敬畏和服从，进而投身到翦商这桩危险性极高、成功率极低的事业。来自强大商王朝的新神灵，显然更容易让西土之人产生敬畏感。重要的是，周昌还垄断了对上帝的解释权，只有他能见到上帝，面聆上帝的神谕。这上帝代言人的角色也让周昌有了神性，而唯有如此，在这趟翦商的冒险旅途中，周族人才能有足够的信心。

周昌重新阐释上帝还有一个好处：这是商族的古老信仰，也利于在商人内部找到共鸣，获取商人贵族的好感。帝乙和纣王两代商王以"帝"自居，唯我独尊，侵害了很多商人贵族和宗室的利益，加上纣王又经常杀戮贵族献祭，使得商朝高层人人自危。

周昌对上帝的很多认知，很可能就来自他在殷都期间与商人上层圈子的交往，特别是箕子。这些人的观念和纣王有很大的不同。据《史记》记载，周灭商后，箕子曾向武王周发谈论过上帝的世间秩序，和文王的阐释颇为相近。[8]

周昌能够把商人的上帝观念引进周族，可能还借助了某些周人传统的神灵观念。比如，对"天"的崇拜。天很直观，它高高在上，是神灵之所居，很多早期族民都有对天神的崇拜和祭祀。因此，在周昌将商人的上帝概念引入周族之后，在他们的史诗和领袖的讲话里，上帝和"天"成了可以互相替换的概念：上帝是天，天也是上帝；上帝的命令是"天命"，上帝的关注就是"天监"。

从殷都归来后不久，周昌就首次面聆上帝并接受上帝的命令，史称"受命"。这和他称王是同一件事，标志着周族和商朝分庭抗礼的竞争正式开启。当然，最开始很可能还只是局限在极少数知情人范围内。毕竟，周族还没有和商朝公然决裂的实力，表面上，周昌还要恪尽作为商朝附庸方伯的义务，需要缴纳的俘虏也还要定期送往殷都。

在称王的同时，周昌给自己定了"文王"的尊号。用文和武作为王的称号，也是从商朝模仿而来。[9]

在《圣经·旧约》里，以色列长老摩西带领族人逃出埃及之后，多次获得犹太教上帝的当面指示，使以色列成为上帝的立约之民，把族人带往上帝的应许之地。文王周昌自殷都返回之后，则把商人的上帝阐释成普世的上帝，从而使自己成为上帝在周族和人间的代言人。

这两位通神者都改变了各自的文明；所不同的是，摩西是把上帝和特定族群绑定，文王则是解除上帝和特定族群的绑定。

《易经》的翦商谋略

即便有了上帝的应许，文王也还是必须处置翦商事业的诸多细节。《易经》里，藏有一些他的斟酌和计划。

其一，从周原去往殷都，必须渡过黄河，这对未来的远征军是个重大考验。

在周人活动区，最大的河流是渭河，他们虽曾在其上"造舟为梁"（用船架设浮桥），但黄河的水量更大，也更宽，造设浮桥并不现实。《易经》六十四卦中有十卦的卦爻辞出现"利涉大川"或"不利涉大川"，可见文王一直在研究渡河的时机与方法。[10] 最后两卦即济和未济的爻辞中还有"曳其轮"的描述，说的就是马车渡河的场景。而这很可能来源于商人的经验。

文王曾经往返于周原和殷都，也曾追随纣王的军队出征南土，应当见过商人军队渡黄河的景象。当时的船还比较小，难以运输马车，所以，即济卦初九爻辞中的"曳其轮"可能是指：先把木材捆绑在车上，然后把马匹拴在后面，让马车像木筏一样漂渡过河；而"濡其尾"说的是车马渡河和马尾浸泡在水里的场景。即济卦的上六爻和未济卦的上九爻还有"濡其首"的描述，应该说的也是马在渡河。

除了用舟筏或涉水渡河，文王可能还考虑过另一种可能性：趁冬季黄河结冰时过河。坤卦初六爻曰："履霜，坚冰至。"但在文王的时代，气候还比较湿热，黄河下游河段不太可能会结冰，即便有结冰，怕是也难以承受人马。因此，文王还曾考虑取道陕北，迈过结冰的黄河，然后穿越山西，远征殷都。

其二，周族的规模很小，仅凭自身是无力对抗庞大的商王朝的，所以，它必须争取尽可能多的同盟军。

《易经》的蹇卦和解卦成对，内容皆与派使者联络西南的盟友有关。蹇卦的卦辞有"利西南，不利东北"，解卦的卦辞则有"利西南"。

以周原为坐标，殷都在东北方，而西南方（今陕西汉中、甘肃陇西及四川地区）则有大量土著部族，是文王重点争取的目标。所以，坤卦的卦辞曰："西南得朋，东北丧朋。"到后来周武王灭商时，盟军中确实有蜀、髳、微、卢、彭和濮等西南部族。

此外，关于东北和西南前途的比较，皆出现在上述三卦的卦辞而非爻辞中，说明这个问题在文王心中格外重要。

其三，一个关键的军事策略："利建侯。"[11]

"侯"的甲骨文字形像哨所望楼里面有一支箭，它有两层意思：一是军队派出的侦察哨；二是为王朝担任戍卫任务的侯国，所谓"诸侯"。在《易经》中，"建侯"应是第一层意思：豫卦的卦辞是"利建侯行师"，"建侯"和"行师"连用，显然是指在行军的时候派出侦察斥候。

文王还曾经观察和学习商人的战争技术，比如师卦，记录的主要是文王随纣王南征夷人的内容，其中，初六爻的"师出以律"，说的就是军队出征要有严格的纪律。这是商朝大兵团作战的经验，而周人以前只有部落规模的战斗，所以在壮大势力的过程中，必须学习商朝的军队编组和管理。

其四，文王试图把商人的铸铜技术引进周原。

《易经》的蒙卦记录的是文王在殷都和商朝上层的交往，其中，六三爻曰："见金夫，不有躬，无攸利。""金夫"，可能指的就是铸铜技师，所以这句爻辞的意思是说，文王要亲自去见这位技师，倘若不表现得谦和一点，就无法获得利益。可见，文王在殷都的诸如此类活动对周族的成长壮大皆有重要作用。

飞鸟是敌人

在《易经》中，还曾经数次出现关于鸟类的记载，且内容都有些诡异。

比如，小过卦：

> 亨，利贞。可小事，不可大事。飞鸟遗之音，不宜上，宜下。大吉。
>
> 初六：飞鸟以凶。
>
> 六二：过其祖，遇其妣。不及其君，遇其臣。无咎。
>
> 九三：弗过，防之。从或戕之。凶。
>
> 九四：无咎，弗过，遇之。往厉，必戒。勿用永贞。
>
> 六五：密云不雨，自我西郊。公弋，取彼在穴。
>
> 上六：弗遇，过之，飞鸟离之，凶，是谓灾眚。

其中，小过卦曰："亨，利贞。可小事，不可大事。飞鸟遗之音，不宜上，宜下。大吉。"大意是说，祭祀，占卜结果有利。可以做小事，不可以做大事。飞鸟会向其传送声音。不宜向上，宜向下，大吉。

初六爻的"飞鸟以凶"是说飞鸟带来坏运气；六五爻的"公弋，取彼在穴"是说用"弋"（系着丝线的箭）射鸟，鸟进入了"穴"中，但还是被"公"（文王）找到了；上六爻的"弗遇，过之。飞鸟离之，凶，是谓灾眚"[12]则是说，没有遇到，错过了，而遇到飞鸟乃凶险之兆。

文王对于"飞鸟"的奇怪态度，应该和商族人对鸟的崇拜有关。"天命玄鸟，降而生商。"商人认为，鸟是商族的保护神，为上帝传递消息的信使，所以在甲骨卜辞的记载中，商王经常用牲畜及人牲向"鸟"献祭。而这显然会让心存翦商之念的文王产生疑心和恐慌，把飞鸟视作凶险的信号，所谓"飞鸟遗之音"，即是担心鸟类会察觉到自己的谋逆行为，并用某种方式传递给商纣王。

既然飞鸟会是商王的耳目和帮凶，周昌就要采取禳解法术，比如，射猎飞鸟。除了上文的"公弋，取彼在穴"，《易经》中还有好几处用弓箭射鸟的记载。解卦上六爻曰："公用射隼于高墉之上，获之，无不利。"意思是说，公在高高的城墙上射隼，成功猎获，一切均顺利。"公"是周人的词，《易经》中的"公"显然是指文王本人或周族先君。而"射隼"颇有巫术色彩，因为隼是小型猛禽，没有食用价值，一般不会是捕猎对象。文王从未试图塑造过自己的勇武形象，一直强调的是文德，这从他自定的尊号"文王"就可见一斑。所以，这种在高墙上射隼的表演，很可能是一种用巫术对抗魔法的行为，目的是祛除"飞鸟以凶"的超自然力量。

"公用射隼于高墉之上"的"用"字也颇有意义，这里或可译为"用这种法术"。倘若没有这个"用"字，这句爻辞就是一个叙事和陈述句，但有了"用"字，它就不只是一个简单的事实记录，还含有记载巫术的施用方法和功效之意。

另一个和鸟有关的是旅卦，其爻辞记录的主要是旅行中发生的各种怪异事件，比如，旅舍遭遇火灾，童仆逃走，携带的钱财失而复得。其中，六五爻曰："射雉，一矢亡。终以誉命。"前两句容易理解，说的是射猎野鸡，射丢了一支箭，但末句的"终以誉命"则非常难以解释。雉是野鸡，属于常见猎物，射雉而丢失一矢也是常见之事，但下一爻（上九）就不一样了："鸟焚其巢，旅人先笑后号咷。丧牛于易。凶。"如前文所述，"丧牛于易"是关于商朝先君王亥的著名故事，而且在历代商王祭祀王亥的甲骨卜辞中，"亥"字的造型中都有一只鸟。由此可见，王亥身上很可能有某些鸟神的元素，而"鸟焚其巢"正和王亥的悲剧相呼应：旅人先笑，而后号咷大哭，似乎是王亥被杀于易地的悲剧片段。

要而言之，这些卦爻辞后面隐藏的，应该是文王试图寻找祛除"飞鸟以凶"的法术，以给商朝造成致命一击的思虑。

明夷卦中的箕子

在《易经》中，明夷卦也和鸟有关。"明夷"的卦名难以理解，它的卦象是离卦在下，坤卦在上，即火在地下，类似"黎明前的黑暗"之意。卦辞很简单："明夷，利艰贞。"是指明夷卦适合占算艰难的情况。比如，明朝灭亡后，不甘做清朝臣民的黄宗羲就写了本《明夷待访录》，其字面意思大概是说，忍一忍，总会有转机的。

> 初九：明夷于飞，垂其翼。君子于行，三日不食。有攸往，主人有言。
> 六二：明夷，夷于左股，用拯马壮。吉。
> 九三：明夷，于南狩，得其大首。不可疾贞。
> 六四：入于左腹，获明夷之心，于出门庭。
> 六五：箕子之明夷，利贞。
> 上六：不明，晦。初登于天，后入于地。

明夷卦内容非常隐晦，其中最诡异的内容在爻辞。

初九爻曰："明夷于飞，垂其翼。"显然是某种鸟，"于飞"在《诗经》中出现过十多次，都是关于鸟的，有凤凰、黄鸟、鹭和鸿雁等。

六四爻曰："入于左腹，获明夷之心，于出门庭。"这可能是说某种东西进入了鸟的左腹，可以获取它的心。不知道这是不是暗喻文王在商朝有内线，可以获得纣王的动态。

六五爻曰："箕子之明夷，利贞。"看来，这好像是说箕子正是文王在商朝的内应。最初，周昌之所以能获准拜见纣王并进入殷都，正是因为箕子的批准。联系史书所载的箕子对纣王的不满和周昌的翦商目标有一定交集，或许早在周昌在殷都期间，两人就已经暗通款曲。

初九爻曰："明夷于飞，垂其翼。君子于行，三日不食。有攸往，主人有言。"前面一句，还是用来隐喻商王朝的那只鸟，说它在飞，但翅膀已经无力挥动；后面两句，则意为君子（周昌或他的亲友）急着赶路，三天没吃饭，此行不顺利，主人很有怨言。这像是箕子从殷都发来的密信，"主人"代指商纣王，"三日不食"指传信人连续有三天没顾上吃饭。考虑到殷都到周原的里程不止三天，这里说的可能只是没吃上饭的时间。

九三爻中有"南狩"，记录的应该是周昌随纣王的某次南征，很可能箕子也参加了。

上六爻曰："不明，晦。初登于天，后入于地。"这也像是关于鸟的内容。

总体来说，明夷卦各爻辞非常晦涩，越是和翦商事业密切相关的，就越是隐约其词。

在商朝上层，文王的内线应该不止箕子，如前文所述，可能还有苏妲己和王子武庚，但《易经》中并没有出现他们的名字，至少没有公然出现。这也可能是文王用了某种后人看不懂的隐语来指代。相比于箕子而言，苏妲己和武庚更需要保密。

从现代人的视角看，文王周昌为翦商而推演的"理论"，或许可以分为以下三个层面：

一，宗教的，即他对商人"上帝"概念的重新诠释和利用。文王的身份类似犹太教的摩西、伊斯兰教的穆罕默德，身兼部族政治首领与神意传达者两重职能。

二，巫术的，即他在《易经》里对商朝施展的各种诅咒、影射与禳解之术。在上古初民时代，这些行为往往和宗教混杂在一起，不易区分。

三，理性的，或者说世俗的，即各种"富国强兵"的策略和行师用兵的战术。

但这只是基于"现代"立场的分类，在上古时代，神权充斥人间，巫术杂糅知识，三者之间并没有截然的界线。如果己方和对方都相信神灵巫术可以改变现实，那它们就真的足以改变现实，而且在认知水平上，文王的周邦和纣王的商朝并没有本质差别，甚至商人对鬼神世界的沉迷程度还要超过周人。

同样，对于甲骨卜辞，无论殷墟的还是周原的，我们或许能够识别出多数常用字，甚至能够大体判断每个句子的意思，但无法确知他们为什么要那么做，为什么要那么想。毕竟，我们很难有设身处地的感受和理解。

在那个时代，人们制造鬼神，被鬼神主宰拨弄，但又逐渐心有不甘。这已不全然是神话时代，已经具有"文明"的一切要素，虽然这"文明"仍在血污与恐怖中挣扎。

文王扩张历程

《史记·周本纪》载：

> 西伯阴行善，诸侯皆来决平。于是虞、芮之人有狱不能决，乃如周。入界，耕者皆让畔，民俗皆让长。虞、芮之人未见西伯，皆惭，相谓曰："吾所争，周人所耻，何往为，祇取辱耳。"遂还，俱让而去。诸侯闻之，曰："西伯盖受命之君。"

　　这说的是文王"受命"称王那年，有两个名为虞和芮的小邦发生
争执，约定要到周邦请西伯（文王）仲裁。但进入周邦领地之后，因
为看到这里的民风谦恭相让，还没有见到西伯就自觉惭愧不已而放弃
了诉讼，所以愈发使得周边诸侯相信，文王有"天命"。

　　当然，正如前文所述，这种道德色彩过浓的故事并不真实。此事
在《诗经·大雅·绵》里只有一句："虞芮质厥成，文王蹶厥生。"这
两个小邦应当是愿意成为周邦的同盟或附庸，并向周邦派遣了质子。
后世注家认为，这两个小邦在黄河大拐弯的内侧，今山西省西南部。
也就是说，他们向西渡过黄河才能进入关中。那么，非商朝血统的土
著小邦-部落为何如此看重周邦和文王？要知道，此时的周邦，实力
还不算强大，远不如老牛坡的崇国，或者晋南地区的商人侯国。

　　所以，这很可能是商文化的恐怖和缺少亲和力使得西土小邦对商
朝侯国只能敬而远之，更倾向拥戴西部本土的领袖人物。而且，文王
已经把土著部落普遍信奉的自然神（如天神）和商人的上帝捏合在一
起，不仅宣扬自己能和上帝交流，还擅长占卜和易卦占算——对上古
蛮荒时代的部落长老们来说，这肯定有极大的影响力。

　　此外，关于虞国，有学者认为，它是文王的伯父泰伯和虞仲出走
之后建立的。[13] 若果真如此，说明已经分裂半个多世纪的周族又开始
联合起来。不仅如此，为了扩大实力，周还开始吞并临近的不服从小邦。

　　　　明年，伐犬戎。明年，伐密须。明年，败耆国。殷之祖伊闻
　　之，惧，以告帝纣。纣曰："不有天命乎？是何能为！"明年，伐
　　邘。明年，伐崇侯虎。而作丰邑，自岐下而徙都丰。明年，西伯崩，
　　太子发立，是为武王。（《史记·周本纪》）

此时，文王的儿子已纷纷长大成人，成为在前方征伐的主要统帅，而
文王则用通神和易卦占算能力为其提供指导。

下面，我们来略述一下文王的扩张历程。

一，受命第二年，伐犬戎。

戎人多是姜姓，和周人有遥远的亲缘关系，这支犬戎应当距离周原不远。

二，受命第三年，伐密须国，也称密国。

密地，在今陕西省灵台县，周原西北方的山地。注家说，它是姞姓之国，也是西部土著部落，当初周族始祖后稷娶的就是姞姓女子。最终，密国被文王征服和兼并。"文王大宅"的甲骨卜辞里曾经几次出现密地，比如，某一个秋天，王向西去往密，还准备在密修筑一座城池："今秋，王西克往密。王其往密山。密斯城。"

《诗经·大雅·皇矣》对此描写较多，大意是说，先是周和密发生了某些纠纷，密人首先进攻，侵入周的领地，文王震怒，组建了整齐的作战队伍（"爰整其旅"）迎战。这可能是从殷都返回之后，周昌首次模仿商朝的军队编制作战。

成功占领密地，让文王信心大增。看来，上帝确实支持自己，全天下都将臣服于周王："万邦之方（楷模），下民之王。"

三，受命第四年，灭黎国。

据后世注家解释，黎国在今山西长治附近。根据近年此地陆续出土的一些商代青铜器，很可能在文王时代这里有一个商朝的侯国。

黎国距殷都已不算远，中间隔着太行山脉，因此，倘若文王此次征伐的是长治地区，会有很多难以解释之处：

其一，距离周原太远，中间要经过不止一个商人侯国，先是老牛坡的崇国，东渡黄河之后，还有三个南北连成一线的商人侯国（遗址分别在闻喜县酒务头、浮山县桥北和灵石县旌介），因此，倘若文王胆敢伐灭其中任何一个，其他侯国肯定不会坐视。

其二，即使黎国只是一个土著邦国，不属于商朝体系，中途的商人侯国对周军不加干涉，但征服后的土地对周人似乎也没任何用处，

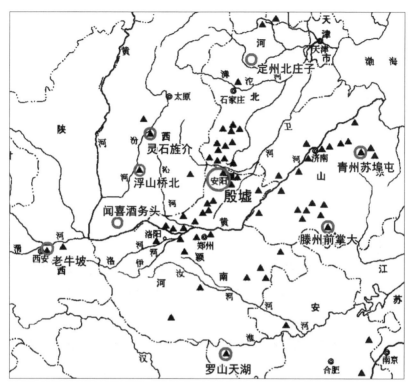

纣王时代商朝的势力范围：圆圈是晚商时代的商人侯国和较大殖民点[14]

毕竟这里和周之间的联系实在太遥远，也太脆弱。

其三，《史记·周本纪》记载，周文王灭耆（《史记·殷本纪》写作"饥"，《尚书·西伯戡黎》写作"黎"），引起商朝大臣祖伊的恐慌，并向纣王告警。当然，在《史记》中，祖伊强调是纣王道德堕落引起的种种混乱，并不是周的威胁：王现在过得放纵而残暴，自寻死路，所以天神已经放弃了对商朝的护佑，商民皆在抱怨这个时代怎么还不结束。而纣王的回答则注定会成为后世的经典："我生不有命在天乎！"翻译为白话就是，不是只有天才能决定我的命运吗？

祖伊和纣王的一问一答都没提及周灭黎的威胁，很显然，这是一种离现实很远的道德叙事，但有一点很明显，其预设背景是：周灭黎，是对商朝的公然背叛，威胁极大。

四，受命第五年，灭邘国。

注家解释，邘国在今河南省沁阳市，也就是太行山南麓，黄河北岸，已属商朝心腹，离殷都只有 200 多公里，而且没有山河险阻，一马平川。按正常逻辑，无论是周占领这个地方，还是灭亡此地的商人侯国后全身而退，都不是商朝可以容忍的。但史书中却说，纣王仍然无动于衷。

后人实在难以理解，在商朝的最后几年，纣王到底处于何种状态，他为何会对周人如此咄咄逼人的扩张态势毫无反应。这似乎是个千古之谜，尤其我们试图复原这段历史时，会愈发感到其中的荒谬和不近情理。

《帝王世纪》中有一则野史式的记录，说是纣王和妲己都喜欢饮酒，有一次，宫廷内连续数日纵酒狂欢，结果纣王醒来后竟然不知道当天的干支，已经忘记过去了几天，只好派人去问箕子。

纣王末期的政治混乱，可能还和他重用异族夷人有关。据《史记·殷本纪》载，纣王末期最重用的人是费中以及蜚廉和恶来父子："而用费中为政。费中善谀，好利，殷人弗亲。纣又用恶来。恶来善毁谗，诸侯以此益疏。"他们都是费氏成员，部族可能在今山东南部的费县一带。费地属于东南夷人地区，纣王曾经多次对其用兵，商末的滕州前掌大方国（史氏薛国）就在费县以西数十公里处。

据说费氏的祖先是"鸟俗氏"，有位祖先"鸟身人言"，显然是夷人崇拜鸟的表现，说明和商人文化同源。到西周时，恶来后裔家族被周朝多次迁徙，最终定居陇西，繁衍出了后来的秦族和秦国。（《史记·秦本纪》）但在商末，他们还是未经迁徙的东夷土著。

看来，在纣王征服东南夷期间，有些夷人部落首领赢得了他的信赖。《史记·殷本纪》载，恶来擅长诋毁别人，导致诸侯对纣王更加疏远。也许，这也是周族能肆无忌惮征伐商朝势力的原因之一。

总之，随着周人势力的膨胀，应该有越来越多的商人朝贵开始把希望寄托在周族身上。他们或许想的是，倘若能趁着周族的叛乱搞垮纣王，扶植一位正常的新王上位，商朝应该能够回到往日的正轨。

老牛坡－崇国覆亡

文王受命第六年，灭崇侯虎的崇国。

在史诗《皇矣》中，崇国受到了上帝的诅咒，他命令文王："召集你的同盟，集合你的族人，带上你攻城的钩梯和冲车，去攻打崇国的城墙！"

> 帝谓文王：询尔仇方，同尔兄弟；以尔钩援，与尔临冲，以伐崇墉！

在文王平生的战功中，灭崇之战被歌颂得最详细："冲车轰轰作响地撞向城墙，周军砍下的人头成堆，捕捉的俘虏成串，他们在战场上祭祀上帝，彻底毁灭崇国的一切，四方再没有谁能抵挡周王的大军！"

> 执讯连连，攸馘安安。是类是祃，是致是附，四方以无侮！临冲茀茀，崇墉仡仡。是伐是肆，是绝是忽。四方以无拂！

关于崇国在何地，皇甫谧的《帝王世纪》说，"在丰镐之间"。丰镐在今西安市西郊，老牛坡商代遗址很接近这个描述。但是，老牛坡离周原比较近，很难想象文王在灭崇之前就敢远征山西长治（灭黎）和河南沁阳（灭邘）。所以也有史家认为，崇和嵩通假，它应该在河南的嵩山附近。[15] 从逻辑上讲，文王先扫荡晋南和黄河北，再攻占黄河南岸的商人侯国比较容易让人理解。

不过这样的话，考古发现的晋南的三座晚商侯国遗址和老牛坡遗址皆无法对应史书的记载。也许，《史记》所载的文王征伐的顺序并不完全准确，而且汉唐注家对黎地和邘地的解释也未必符合文王时代的地理。概而言之，文王的扩张历程可能已经湮没在时光中，永远无法如实呈现了。

但作为商朝侯国的老牛坡，的确是真实的存在。它立足西土二百年，一直为商朝监控羌人，因此，周人迁居周原后的数十年生息，不可能逃避老牛坡－崇国的掌控。也许这段记忆过于沉重，以致后来的周人绝口不提，但它却成了史诗中上帝的神谕：崇国必须毁灭！

除了被抛掷在灰坑中的尸骨，老牛坡的晚商墓葬也记录了商人对西土的统治方式，以及周人最后的回应。在相当于殷墟后期的老牛坡四期，共发掘 37 座墓葬 [16]：一，属于同一片族墓区，坟墓排列有序，东北侧是六座规格较高的，低级别的则向西南方分布；二，绝大多数高级墓和所有的马坑都朝向东北方，也就是殷都方向，没有殉人的低级墓则多朝向西北方；三，有殉人的 19 座，有腰坑殉狗的 30 座，而且有些高级墓不止有腰坑，还会在墓底四角各挖一狗坑。

先来看没有殉人的低规格墓葬。这些墓随葬品很少，墓穴较小，比如 M43 和 M45，都有二层台和腰坑殉狗，墓主身体完整，但没有头骨，其中 M43 还随葬一件肩部刻有“亚”字的陶罐。在商代铜器中，“亚”字经常和族徽符号一起出现，有军事长官之义。看来，这位墓主虽然贫寒到没有青铜器随葬，但还是很重视自己（或者先祖）的军事身份。

高规格墓葬的情况则很复杂。老牛坡四期的多数墓葬（22 座）都遭受过严重的人为破坏，高规格墓葬更是无一幸免，不但青铜器等随葬品被洗劫一空，墓主和殉葬人的骨头还混杂在一起，且有严重缺失。所以，发掘报告只能推测每座墓穴中的最大死者数（按照一人为墓主，其余为殉葬人来统计）：

> 如 86XLIII1M6 是一座小型墓，满坑尽是白骨累累，几无落
> 脚之处，坑内计有头骨七个、股骨九根、盆骨四个、肱骨七根，
> 其余碎骨有前臂骨、胸骨、肋骨、脊椎骨、胫骨、腓骨、手骨、
> 足骨等，散乱无序，不成比例，难分个体。[17]

虽然规格稍高的墓都被破坏，但破坏者主要针对的是墓穴中央的
墓主，所以有些放置在墓穴边角和二层台的殉人，以及腰坑和角坑里
的殉人与殉狗还没有被破坏。从存留的骨架看，有些殉人会先被砍去
肢体，有些则尸身完整，没有挣扎的迹象。

先来看一座没有被毁坏的殉人墓 M44：

一，墓穴内有腰坑殉狗。

二，墓主俯身直肢，左侧的殉人面向主人，躬身侧卧，右侧的殉
人面朝下，蜷身俯卧。三人骨架保存情况不太好。

三，随葬品有铜戈二件（其中一件残），玉戈一件，石戈一件，
青铜爵、斝和觚各一件，玉璜一块，俯卧的殉人身下有铜箭镞五枚。

再来看 M11 和 M25。

M11 共埋葬十人，多数骨架已被毁墓者破坏。墓穴右角落有两
具保存较完好的人骨架，上下叠压，下面的人侧身张口，呈挣扎状，
上面的人则两腿自膝盖以下被砍去。随葬品已被洗劫，只剩铜镞一枚
和小型青铜兽面 30 件（青铜兽面可能是缀在衣服上的饰扣）。有一具
殉人尸骨没有被破坏，可能是后人祭祀的产物：殉人骨架散乱，应是
肢解后扔进去的，随葬有一件陶罐。

M25 也是共埋十人，墓主和多名殉人的骨架都被后期破坏，凌
乱缺失。腰坑中埋有一具殉人尸骨，两根大腿骨被砍断。残余的随葬
品只有铜镞三枚，玉环一件。此外，在距离地表 1 米左右，靠近墓坑

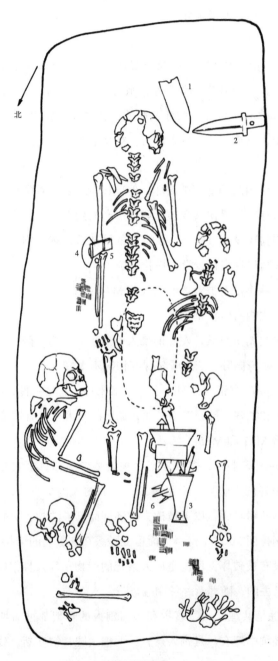

北

M44 平面图

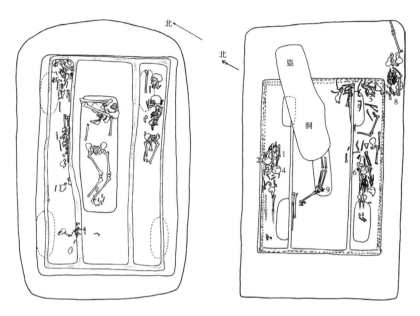

M11 和 M25 平面图

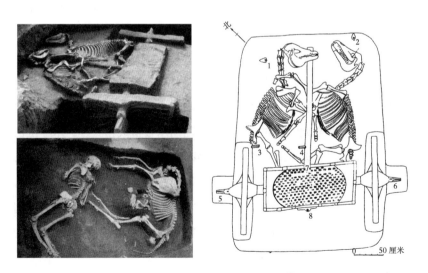

M27 和 M30 照片及 M27 平面图[18]

边缘，有一具淡红色人骨架，俯身姿势，左上臂有骨折伤痕，缺整条右腿，头骨被扔在背后。发掘者推测，此人应该是在葬礼即将完成、填土快满时才被处死扔进去的，身上撒满了朱砂，尸骨被染成了浅红色。这种给殉人或人牲抛撒朱砂的做法，在殷墟末期的后冈 H10 祭祀坑也有发现。

除了墓葬，墓区内还有三座马坑，分别埋有两匹马（M14）、两马一车（M27）和一马一人一狗（M30），马车造型和殷墟完全相同。这些马坑应当是某些高级墓的附属祭祀设施。

根据发掘报告，老牛坡的 19 座殉人墓共发现殉人 97 人，平均每座殉五人，殉十人以上的有三座。因为墓区被严重破坏，这个数字肯定有所缺失。另外，有个别尸骨是后人祭祀时埋进去的，所以称为人牲更合适。

在殷墟王陵外的商代遗址中，老牛坡四期墓葬的殉人比例算是比较高的。在殷墟，殉五人的墓葬已经属于非常高级的贵族。比如，发现铜甗人头的刘家庄北 M1046 "亚��" 墓，殉六人；滕州前掌大的史族薛国墓地，殉人最多的一座也是六人。本书猜测，因为关中是羌族人牲的主要来源，战俘和奴隶可能在这里的价值比较低，故而本地统治者可以多 "消费" 一些。

那么，是什么人破坏了老牛坡的商墓呢？毁墓者没有留下自己的信息，但发掘迹象显示，毁墓行为就发生在有些墓葬落成后不久。比如 M29，规模不大，墓穴长 3 米，里面用木板搭成箱式椁，木椁虽已被彻底烧毁，但碳化的椁木保存得相对完整。椁能够被点燃和烧尽，说明当时墓室还很完整，尚未塌陷，否则椁木无法和空气充分接触而燃烧。再就是，在老牛坡墓区出土的随葬品中，器型最晚的属于商朝末期，之后，墓区就被废弃，再没有新墓葬，说明墓葬区被洗劫和废弃发生在商周两朝交替之际。

在《诗经·大雅·皇矣》中，周人对崇国的痛恨简直是切齿的，不仅借上帝之口讨伐，攻占之后还要把它彻底毁灭，所谓"是绝是忽"。[19]这应该是他们被崇国统治数十年的一次愤怒大爆发，在这之前，周人虽然一直为商朝捕猎羌人，但这种对同宗盟友的背叛应该让周人深有负罪之感，对商朝及崇国也就更是憎恨，必须彻底毁灭，不留孑遗。

不过，在《皇矣》的记载中，崇国有高大的夯土城墙，周人还动用了攻城车，但老牛坡迄今尚未发现城墙基址。这是文献和考古尚未对应之处；当然，遗址区西北侧还有较多未发掘区域，不排除以后有发现城墙基址的可能。

周邦的大学

除上述外，周原甲骨卜辞还记载了一些文王时期的扩张行动，比如"伐蜀""克蜀"和"征巢"，但这些方国的位置还无法确定，研究者众说纷纭。比如，后来武王伐商，盟军中就有"蜀"（《尚书·牧誓》），说明此时蜀已被周人吸纳到同盟中，但到武王平定殷都周边地区时，征伐对象中又出现了"蜀"（《逸周书·世俘解》），这就不太好解释了，或许当时有重名的方国也说不准。

此外，卜辞中还有"楚子来"，可能是说南方的楚族在那时已经和周人建立了联系；还有"虫伯"，有学者认为它是崇侯虎的崇国，[20]但未必成立，因为在商朝的政治序列里，崇是商人血统的侯国，不能称为"伯"，按理说，周文王应当分得清这种区别。

攻灭崇国当年，文王在崇国境内的丰地营建了新都城，位于老牛坡遗址以西 50 公里处的沣河西侧。比起周原，丰京更容易控驭关中盆地，也更便于进攻东方的商朝。

征服多个方国后，周族人也就变成了统治阶级，被征服者缴纳的贡赋足以养活他们，故而也就可以从农牧业的劳作中解脱出来，一心操练战争技能。

根据本书"大学与王子"一章，商王在殷都洹河边建有一座贵族"大学"，文王则加以模仿，在水滨建设了一座军事训练中心。显然文王父子认为，有必要对周族青年子弟进行系统的军事训练。

周人的大学也叫"辟雍"或"灵台"。《诗经·灵台》载，这所大学建在"灵沼"地区，不仅有麀鹿、白鸟，还有"鱼跃"，明显是水滨湿地环境。

> 王在灵囿，麀鹿攸伏。麀鹿濯濯，白鸟翯翯。王在灵沼，于牣鱼跃。

周人以前居住的豳地和周原都不是多水地区，但要征服商朝，就必须适应黄河下游的湿地地貌。稍后，周武王又把都城扩建到沣水东侧的镐地，因丰镐两地距离很近，镐京就成了它们的总称。在周人的史诗里，镐京的大学是周族征服四方的起点。

> 镐京辟雍，自西自东，自南自北。无思不服，皇王烝哉！（《诗经·大雅·文王有声》）

西周建立后的铜器铭文显示，周天子经常和贵族子弟聚会，比如，在"大池"或"辟池"比赛射箭，甚至乘船射猎大雁。[21] 这应当是在大学辟雍外面的水域。经过室外比赛选拔之后，再进入"射宫"进行决赛，最后的胜出者有资格参加天子举行的祭礼。[22]

> 天子将祭，必先习射于泽，泽者，所以择士也。已射于泽，而后射于射宫。射中者得与于祭，不中者不得与于祭。

伯唐父鼎铭文拓片 [23]　　　　　　静簋铭文拓片，《集成》4273 [24]

　　这种通过射箭竞赛筛选祭祀者的做法，在西周似乎不太通行，到春秋就更失传了。它可能是文王时期的周族从商朝学来的，但只延续了很短的时间。

　　据殷墟丁组基址和花园庄东的"子"的甲骨卜辞，商代的大学有用人牲进行射猎和搏杀训练，颇有危险性，也会有一定的淘汰率。但周人似乎从未有过这种记录。

　　攻占崇国后的第二年，文王去世。史书中关于他"受命"称王的时间，有七到十年的不同记载；而倘若加上之前担任周族族长的时间，则有约五十年。在世时，文王已经立次子周发为继承人，继位后，周发自定尊号为"武王"。

　　文王留给儿子的，是一个和十年前完全不同的周邦，它已经占领整个关中，可能还有晋南和河南地区的一部分，此外还有若干个方国盟友以及隐藏在殷都宫廷里的纣王反对派。

　　但即便到此时，周邦和商朝也还没公然决裂，纣王也还在容忍，甚至是纵容这个西陲番邦的种种危险行径。孔子曾说，周邦已经占有天下的三分之二，但还是臣服于殷商，这可以叫"至德"！（《论语·泰伯》）比孔子早两三代的晋国贵族韩厥则说，文王召集那些反叛商朝的国家一起去侍奉纣王，这是懂"权宜"。（《左传·襄公三十一年》）

　　现代人已经很难理解这种怪异的商周关系，史书文献也并未提供更多的信息，倘若非要强行给出一种貌似合理的解释，我们大概也只能说：纣王的朝廷已经无法正常履行职能。

注释

1　《汉书·五行志上》："降及于殷，箕子在父师位而典之。"颜师古注："父师，即太师，殷之三公也。箕子，纣之诸父而为太师，故曰父师。"

2　"令簋"铭文记载周成王（武王和邑姜之子）征伐山东地区，邑姜可能坐镇齐国并赏赐留守臣僚。参见许倬云《西周史》，生活·读书·新知三联书店，1995 年，第 122 页。

3　李学勤：《试说青铜器铭文的吕王》，《文博》2010 年第 2 期。

4　陈槃：《春秋大事表列国爵姓及存灭表撰异》，1966 年，上海古籍出版社，第822 页。

5　陈梦家发现，甲骨卜辞里商人的上帝是冷漠、高高在上的，与人间保持着极大距离，"是自然的主宰，尚未赋以人格化的属性"。参见陈梦家《殷墟卜辞综述》，中华书局，2004 年，580 页。这可能主要是帝乙改革之前的情况，从帝乙改革开始，商王也有了"帝"的身份元素，这从帝乙及其子帝辛（纣王）的名号可见一斑。

6　到文王之子周公当政时，《诗经》里的史诗才最后定型。这场"一神教"改革是文王还是周公的创意居多，我们已经无法分辨，但从热衷通神的程度来讲，多数创意可能属于文王。

7　《皇矣》："帝迁明德，串夷载路。天立厥配，受命既固。""帝作邦作对，自大伯王季。"

8　《史记·周本纪》："武王已克殷，后二年，问箕子殷所以亡。箕子不忍言殷恶，以存亡国宜告。武王亦丑，故问以天道。"《尚书·洪范》："惟十有三祀，王访于箕子。王乃言曰：'呜呼！箕子，惟天阴骘下民，相协厥居，我不知其彝伦攸叙。'箕子乃言曰：'我闻在昔，鲧陻洪水，汩陈其五行。帝乃震怒，不畀洪范九畴，彝伦攸斁。鲧则殛死，禹乃嗣兴。天乃锡禹洪范九畴，彝伦攸叙。初一曰五行，次二曰敬用五事，次三曰农用八政，次四曰协用五纪，次五曰建用皇极，次六曰乂用三德，次七曰明用稽疑，次八曰念用庶征，次九曰向用五福，威用六极。'"

9　文王、武王、成王三代的尊号都是活着的时候就有了，学界称为"生称谥"。可能是周公晚年决定，王死后才能由继承人为之选定谥号。参见《逸周书·谥法》。另，文王称王后，又尊其祖父亶父为"太王"，父亲季历为"王季"。

10　这十个卦是需、讼、同人、蛊、大畜、颐、益、涣、中孚、未济。

11　豫卦辞，屯卦辞、九五爻辞。

12　"离"同"罹"，遭遇，和《离骚》同意。

13　尹盛平：《西周史征》，陕西师范大学出版社，2004年，第61页。

14　根据中国社科院考古所《中国考古学·夏商卷》的"晚商文化分布示意图"改绘。

15　杨宽：《西周史》，第76页。

16　《老牛坡》发掘报告的统计是38座墓葬、2座马坑，这应该是把一座埋一人一马的埋葬坑计入了墓葬，但这个与马埋在一起的人没什么随葬品，显然不是真正的墓主，而是和马一起殉死的马僮，所以本书将其计入马坑而非墓葬。

17　参见刘士莪《老牛坡》。

18　刘士莪、宋新潮：《西安老牛坡商代墓地的发掘》，《文物》1988年第6期。

19　郑玄注："忽，灭也。"

20　参见陈全方《周原与周文化》，第128—132页。

21　伯唐父鼎铭，参见中国社科院考古所沣西发掘队《长安张家坡M183西周洞室墓发掘简报》，《考古》1989年第6期；张政烺《伯唐父鼎、孟员鼎、甗铭文释文》，《考古》1989年第6期；袁俊杰《伯唐父鼎铭通释补证》，《文物》2011年第6期；袁俊杰《论伯唐父鼎与辟池射牲礼》，《华夏考古》2012年第4期。静簋铭，《集成》4273。

22　参见宋镇豪《商代社会生活与礼俗》，中国社会科学出版社，2010年。

23　铭文大意：乙卯这天，周王在蒡京举行祼祭。周王被祭辟池之舟，亲临被祭舟龙，被祭辟舟、舟龙的礼仪完毕。伯唐父向周王报告船体完好，船只准备就绪，周王到达，登上辟池之舟，王亲临被祭白旗，在辟雍大池行射牲礼，用射牲之弓矢射牛牲和斑纹虎、貉、白鹿、白狼等野牲，祓祭白旗、射牲的礼仪完成。周王称赞并嘉奖伯唐父，赐给他一卣秬鬯酒、二十朋贝。伯唐父答扬周王的休美，因而用来作了这件祭奠先辈某公的宝器。

24 铭文大意：唯六月初吉，王在蒡京。丁卯，王令静司射学宫，小子及服及小臣及夷仆学射。雩八月初吉庚寅，王以吴来吕刚合豳师邦君射于大池。静学（教）斁。王赐静鞞刻。静敢拜稽首，对扬天子丕显休，用作文母外姞奠簋，子子孙孙其万年用。

第二十五章　牧野鹰扬

继位后短短数年，武王周发就攻灭了殷商王朝。而决定这次王朝更替的"牧野之战"，闻名千古。

但后人很少知道的是，武王对于翦商事业其实高度紧张。成年后，他一直患有严重的焦虑和精神障碍，也许是青年时代的殷都之行和兄长的死对他造成的刺激太过强烈（这是史书缺乏记载的一环），使他后半生都无法摆脱失眠和噩梦的困扰。

周公解梦

文王去世时，周发已经当了近十年的太子，况且文王末期的重要征伐几乎都是实际统帅，所以他的继位没有任何波折。

但武王仍承受着巨大的压力。他深知商朝的强大和暴戾，一旦真正触怒它，任何人都难以预料后果；但放弃翦商事业又是不可能的，从西土直到殷商宫廷里的种种势力都在促使其加速运行。只是，周邦真的有力量对抗商王朝吗？

文王的信念，源于他的"受命"以及易卦占算能力。在世时，他屡屡和上帝沟通，但似乎从未考虑让周发也拥有这种能力。本书推测，武王和他的父亲不太一样，对上帝并没有十足的信心。他难免要想：如果真的像父亲宣传的那样，长兄伯邑考又为何惨死殷都，难道这也是上帝的安排？

所以，武王甚感自己无力继承父亲开启的这一正义而疯狂的事业，即便登上了周王之位，也不敢启用自己的纪年，仍延续着文王受命以来的年号。他没有通神的能力，只能祈望父亲的在天之灵继续护佑周邦。

武王最信任的臣僚，首先是岳父吕尚，自然由他继续担任武王之"师"，负责和商朝有关的一切事务；其次是弟弟周公旦，武王的主要助手。周公的"周"是狭义的地名，取自周旦的封邑，可能在周原西部，"文王大宅"以西约30公里的今岐山县周公庙一带。

从武王继位到周灭商，时间并不长，只有短短的四五年。关于武王这段时间的工作和生活，西周时人撰写过一些零散历史篇章，到孔子编辑"六经"时，符合儒家理念的被他编入《尚书》的《周书》，而那些没有入选的则被汇总成《逸周书》，顾名思义，是这些"散落的周代文献"没能进入正式的《尚书》之意。

在传世的儒家经典中，周灭商可以说是顺天应人，毫无悬念。但《逸周书》不同，在它的叙事中，周武王充满着对翦商事业的恐惧，经常向弟弟周公旦寻求建议和安慰。武王二年一月，他曾对周公旦说："哎呀，我每天每夜都担心着商朝，不知道以后到底会怎么样，请你给我讲讲如何履行天命。"

　　　维王二祀一月，既生魄，王召周公旦曰："呜呼，余夙夜忌商，不知道极，敬听以勤天命。"（《逸周书·小开武解》）

武王三年，他有次得到情报，说是纣王已经下决心讨伐周邦，信息来源很可靠，又是首先召唤周公旦商议对策。

> 王召周公旦曰："呜呼，商其咸辜，维日望谋建功，言多信，今如其何？"

还有一次，武王梦到翦商计划泄露，纣王大怒，从梦中惊吓而醒，再次派人叫来弟弟周公旦，对他谈起了心中的恐惧，说盟友实力弱小，还没做好准备，周邦现在无力和商朝展开决战，当初父亲称王及反商的计划会不会过于不自量力。

> 维四月朔，王告儆，召周公旦曰："呜呼，谋泄哉！今朕寤，有商惊予。欲与无□，则欲攻无庸，以王不足，戒乃不兴，忧其深矣！"

联系当时商朝的境况（商王朝廷已经无法正常履行职能），武王的表现实在过于失常。想来孔子之所以没有把这些篇章选入《尚书》，可能也是觉得不太严肃。然而，结合殷墟考古（包括距离周人很近的老牛坡崇国遗址）呈现的真实商朝，对于文王父子为什么会有那么大的心理创伤，以致后半生都无法摆脱，今天的我们或许可以多一些理解。

或者说，武王的惊恐反映的是这样一个事实：他并不完全相信父亲那些沟通上帝的传说。商王家族世代向上帝献祭，贡品丰富得无以复加，上帝难道不是会优先保佑商朝吗？翦商难道不是逆天悖伦之举吗？

兄长周发频频被噩梦缠绕，但周公其实也没有什么办法，只能尝试用梦来缓解。他宽慰周发说，母亲大姒曾梦到殷都生满荆棘，这是上天降下的商人将亡之兆，所以，虽然上帝享受了历代商王的祭祀奉献，但他不会因这种小小的实惠而偏袒商王。[1]

为使自己的解释圆满，周公还重新定义了"德"的概念。在周公这里，"德"已不再是《尚书·盘庚》里商人的那种无原则的恩惠，而是所有人生活在世间的客观道德律，如孝悌长幼、中正恭逊、宽宏温直等。[2]上帝只保佑有"德"之人，也会替换掉那种没有"德"的君王或王朝，以有德之人代之。所以，只要武王努力修"德"，就一定能在上帝福佑之下战胜商王。

除却对上帝是否存在以及周邦实力的担心，武王还有一个隐忧：目前的盟友太少，只要不公开与商朝为敌，就不可能吸引更多的盟军，但过早公开，又可能招来灭顶之灾。这让武王左右为难，夜不成寐。

> 维王一祀二月，王在酆，密命。访于周公旦，曰："呜呼！余夙夜维商，密不显，谁知。告岁之有秋。今余不获其落，若何？"
>
> 周公曰："兹在德，敬在周，其维天命，王其敬命。远戚无十，和无再失，维明德无佚。佚不可还，维文考恪勤，战战何敬，何好何恶，时不敬，殆哉！"

经过周公一番解梦开导，武王勉强保住了信心，准备采取最稳妥的路线，"夙夜战战，何畏非道，何恶非是"。（《逸周书·大开武解》）

周文化和商文化很不同，族群性格也差别很大。商人直率冲动，思维灵活跳跃，有强者的自信和麻木；周人则隐忍含蓄，对外界更加关注和警觉，总担心尚未出现的危机和忧患。这是他们作为西陲小邦的生存之道。而在阴谋翦商的十余年里，这种个性更是表现得无以复加。

至于周公是否逃脱了那段殷都噩梦的纠缠，史书中没有记载，我们只知道，在被兄长召唤的每个黎明之前，他都从容清醒如白日，除了用餐时偶有失控呕吐的习惯，他没表现出任何异常。

显然，周公也已认真考虑过自己的定位。他知道自己无力独自承担父亲开启的这一正义而疯狂的事业，但这个使命及其带来的压力，注定要由他们兄弟二人一起承受。

他对"德"的阐释，只是作为一个普通人的美好愿望：不想杀人，也不愿无故被杀，渴望生活在一位圣明君王统治下的安定中。而他的兄长周发却必须成为那位有"德"君王，不然，整个周族都将死无葬身之地。

如果说武王的使命是成为帝王、翦商和建设人间秩序，那么，周公的使命就是做这位帝王的心理辅导师，塑造和维护他的神武形象，如此便于愿足矣。

第一次进攻

继位两年后，武王终于和商朝公开决裂。他先是到文王的墓地祭祀，然后率领周军东出潼关，一辆马车运载文王灵位，行走在中军主帅的位置，象征文王之灵仍在保佑周邦。按照文王在世的礼节，武王一直自称"小子发"。

军队沿着豫西古道而下，抵达洛阳北黄河边的盟津（孟津）。当时还没有洛阳城，盟津正是因"八百诸侯会盟"于此而得名。

西土早已不甘忍受商王朝的统治，只等有人率先举起反商义旗，追随者自会蜂拥而出。《史记》曰："诸侯不期而会盟津者八百诸侯。"此时的所谓诸侯，并没有春秋时期的规模，还只是碾子坡遗址那种新石器水平的农业部落，人口一般在千人级别，能提供的兵力也不过区区百人。

武王的军队可能在黄河南岸停留了一段时间，在造船的同时，亦等待各地赶来的盟军。此时是冬季，但黄河没有结冰，到一月初，联军才分批北渡黄河。

当武王的船只行驶到黄河中流时，有一条白鱼跳到了船舱里，武王亲手捉住它祭祀上天。在迷信的时代，任何偶发的事件都可能蕴含着天降的神意。渡河之后，据说有火光自天而降，停留在武王的帐篷上方，变幻成红色的鸟形。(《史记·周本纪》)

> 武王渡河，中流，白鱼跃入王舟中，武王俯取以祭。既渡，有火自上复于下，至于王屋，流为乌，其色赤，其声魄云。

《尚书·泰誓》是武王对盟军发布的讲话。泰，有宏大之意。可能在渡河前后，武王各有一次讲话。作为战前动员，武王在讲话中强调，商纣的各种恶行不可宽恕：

> ……弗敬上天，降灾下民。沈湎冒色，敢行暴虐，罪人以族，官人以世，惟宫室、台榭、陂池、侈服，以残害于尔万姓。焚炙忠良，刳剔孕妇。……斫朝涉之胫，剖贤人之心，作威杀戮，毒痛四海。崇信奸回，放黜师保，屏弃典刑，囚奴正士，郊社不修，宗庙不享，作奇技淫巧以悦妇人。[3]

从商代考古看，诸如"刳剔孕妇"和"斫朝涉之胫"之类，从早商的郑州商城和偃师商城到中商的小双桥遗址，再到后期的殷墟，一直是商人祭祀的常态，西土各族人也早已见识过，但为何武王只把它说成商纣一个人的罪恶？

一种可能是，武王当初控诉的就是商朝的恐怖行径，但在周公当政时期，为了抹去商文化的阴暗面，修改了武王的讲话记录；另一种可能是，武王为了争取商人内部的支持者，所以只重点描绘纣王的残忍无道，所谓孤立极少数，拉拢大多数。

此外，武王讲话还强调了商纣的一个罪行，说他不愿举行祭祀，从而得罪了上帝和商朝历代先王：

> 乃夷居、弗事上帝神祇，遗厥先宗庙弗祀。
> ……郊社不修，宗庙不享……
> 上帝弗顺，祝降时丧。

这就是莫须有的指控了。纣王继承的正是其父帝乙制定的常态化"周祭"制度：用固定的祭祀日程表祭祀历代先王，哪怕王不在京城，也会有祭司代为奉献祭品；上帝（原本）只是商人的神，即使帝乙和纣王的"周祭"里没有安排上帝，但按照商人的宗教理念，奉献给先王的祭品自然有上帝的一份。

但武王必须指控纣王不敬神。因为在上古时代，这是最大的罪恶。既然要把商纣定义为万恶的独夫，他就肯定有这一条罪状。由此，周武王的"反叛"便有了宗教合法性：他是代表天上的上帝和诸神（历代商王）惩戒纣王，正所谓："尔其孜孜，奉予一人，恭行天罚。"

经过这一番信誓旦旦的宣讲，诸侯皆曰："纣可伐矣。"但稍后，武王却突然声称："女未知天命，未可也。"意思是说，"天命"还没到讨伐的时候，于是，盟军各自班师回家。（《史记·周本纪》）结果，商、周两王东西对峙的局面又持续了两年。

这个转折很不符合情理。不过按现代人的理解，自文王"受命"翦商以来，不合情理的事情已经太多。我们只要知道，那是大地由无数莫测的鬼神统治的时代，所以，我们也不必强行为武王的这一行为做出解释。

武王的"盟津会盟"已经表明周人的灭商野心，也赢得诸多西土部落加盟。按说到此时，商纣理应正视来自西方的威胁，但他却还是没有采取任何行动。与此同时，商朝宫廷里的内斗却愈发激化。《史记·殷本纪》载，微子（纣王庶出的弟弟）数谏纣王不听后，就逃命躲藏了起来；尔后，纣王"剖比干，观其心"，"箕子惧，乃详狂为奴，纣又囚之"。在古史中，这些人都是商朝的忠良之臣，但以商朝当时的形势看，很可能这其中曾有人试图发动宫廷政变，推翻纣王。在殷都的动荡冲突中，有些商朝高层亡命出逃，《史记·周本纪》载："太师疵、少师强抱其乐器而奔周。"

各种文献对比干之死的记载有所不同。在《史记·殷本纪》里，是纣王"剖比干，观其心"；在《楚辞·离骚》里，则为"比干菹醢"（被剁成肉酱）。根据《易经》的艮卦，这两者并不矛盾，商王杀重要人物献祭时有一套完整流程，剖胸取心和熏烧献祭发生在中间阶段，最后才把人牲剁成肉酱。伯邑考当年也经历了这样一个完整过程。还有些史料记载，连比干怀孕的妻子也难逃一死，甚至腹中胎儿还被扯出来让纣王检视："纣剖比干妻以视其胎。"[4] 看来，纣王杀贵族往往是全家，在《泰誓》里，武王就是这样抨击他的："敢行暴虐，罪人以族。"

对现代人而言，剖腹取胎是极为残忍的行为，但它可能是商人献祭的常态。各商代遗址发现的大量人牲尸骨中，青年女性占一定比例，而其中应该会有部分孕妇，之所以从未发现有胎儿遗骨，很可能是在杀祭时被剖腹取出了。作为对比，正常的上古坟墓中常常可以见到死于难产或腹中有胎儿的女性尸骨。

综上，商纣末年，殷都贵族们已经处于一种难以置信的恐怖之中，因为即便在以鬼神血祭为常态的商文化里，也少有纣王这种热衷用显贵献祭的做法。可能这才是商朝失控和灭亡的直接原因，周人的威胁原本不值一提。

牧野甲子日

殷都动荡日甚，周武王感到翦商的时机来了。

盟津会盟两年后的公元前 1046 年，也就是武王继位第四年、文王受命第十一年，[5]他再度起兵东征。有好几种文献记载武王此次伐商的行军日程，但年份和月份皆有所不同。总的来说，武王此次起兵是在隆冬季节，决战则是在冬末春初。

总攻的前期工作在前一年底就开始了。武王三年十一月，周军主力先出发，但武王不在军中，领兵的可能是太师吕尚。他们的任务是先到黄河南岸扎营，与各路盟军集结，并肃清南岸可能出现的商军。与此同时，使者会将总攻信息通知所有同盟国。

武王四年一月二十日癸巳，武王和少数臣僚从周原（宗周）出发。他轻车简从，只用了十四天便抵达盟津南岸的军营。此时，盟军已集结完毕，《史记·周本纪》载，周军总兵力为四万五千人，战车三百辆，和战车协同作战的"虎贲"有三千人。

这一次，周军来犯的消息终于引起了纣王的重视，他开始调动殷都及周边各族邑的武装，准备挫败西土之敌，进而扫荡他们在关中的巢穴。但此时殷都的动荡刚过去不久，动员的进度很是缓慢。

而西土盟军已在黄河南岸停驻一月左右，二月十六日戊午，盟军全部渡过黄河，一举进入商朝核心区。

河北平原上分布着很多商人族邑，按常理，盟军应当逐一将其攻占，把战线稳稳向北推进，但武王却突然加快节奏，并不理会沿途的商人据点，一路向北直指殷都。经过六天加急行军，二月二十一日癸丑夜间，盟军抵达殷都南郊的牧野。[6]这里是商王室蓄养牛羊的草原，地形平坦，商军集结地的营火已经遥遥在望。此时，两军都已侦知对方主力的位置，开始连夜整队列阵，准备天亮时一举消灭对手。史载，这是个多雨的残冬，盟军渡过黄河前后一直阴雨连绵，有些河流开始泛滥。而当两军连夜列阵时，又下起了雨。

> （周武）王以二月癸亥夜陈，未毕而雨……布戎于牧之野。

二十二日甲子凌晨，规模较小的周军首先列队完毕，武王全身盔甲戎装，在阵前宣誓，这便是著名的《尚书·牧誓》。这篇讲话不到三百字，简洁，现场感极强。

武王先是左手执黄（铜）钺，右手挥动白色牦牛尾（白旄，统帅的号令旗），说："西土之人，远来辛苦了！"

> 时甲子昧爽，王朝至于商郊牧野，乃誓。王左杖黄钺，右秉白旄以麾，曰："逖矣，西土之人！"

紧接着，武王一一点名麾下的盟友、将领、军官，直到"百夫长"，命令他们："拿起你们的戈，连接好你们的盾牌，立起你们的长矛，现在，我要立誓！"

> 王曰："嗟！我友邦冢君御事，司徒、司马、司空，亚旅、师氏，千夫长、百夫长，及庸、蜀、羌、髳、微、卢、彭、濮人。称尔戈，比尔干，立尔矛，予其誓。"

然后，武王简单列举了纣王的罪行：崇信妇人（妲己），不虔诚祭祀，不善待叔父、伯父和兄弟（比干、箕子、微子等人），重用各部族有罪和道德败坏之人，放任他们（如东夷的蜚廉和恶来父子）在殷都虐待百姓，恶行累累。

> 王曰："古人有言曰：'牝鸡无晨；牝鸡之晨，惟家之索。'

今商王受惟妇言是用，昏弃厥肆祀弗答，昏弃厥遗王父母弟不迪，
乃惟四方之多罪逋逃，是崇是长，是信是使，是以为大夫卿士。
俾暴虐于百姓，以奸宄于商邑。

武王自陈："我周发，这次恭敬地代表上天惩罚商纣；今天的战事，
不是六步、七步就能结束的，诸位努力！不是砍杀四次、五次、六次、
七次就能结束的，努力吧，诸位！要凶猛，像虎、貔、熊和罴一样战斗！
这里已经是商都城郊，如果战败，我们西土又将会回到商朝奴役之下。
努力吧，诸位，今天不尽力，你是活不下去的！"

今予发惟恭行天之罚。今日之事，不愆于六步、七步，乃止
齐焉。勖哉夫子！不愆于四伐、五伐、六伐、七伐，乃止齐焉。
勖哉夫子！
尚桓桓如虎、如貔、如熊、如罴，于商郊弗迓克奔，以役西
土，勖哉夫子！尔所弗勖，其于尔躬有戮！"

武王和他的同盟军都是"西土之人"，也就是世世代代为殷商提
供献祭原料的羌人，大都有亲人在殷都被剔剥和烹食，所以每个人都
知道，如果这一战失利，后果将会是什么。

文献中还记载说，武王宣誓完毕即将入列时，袜子带却松脱了，
周围侍立者无人上前，是武王躬身放下钺和旄自己系好的。周围人
还说："我等不是来帮人系袜子带的。"看来，阵前的武王是和各盟
邦首领在一起，而非和自己的侍卫下属。他们是为了灭商而来的，
并不是武王的私人属下。他们很在意这种身份区别。[7]

天色渐明，雨势渐小，对面的商军阵列逐渐成形。周人史诗的描
述是，敌军的戈矛像森林一样密集，所谓"殷商之旅，其会如林"。(《诗
经·大雅·大明》)《史记》记载，商军总数为七十万人："帝纣闻武王来，

亦发兵七十万人距武王。"[8]这一数字明显过高，不过，商军数量远远超过西土联军是毋庸置疑的。

武王的阵前讲话虽信心十足，但此时正面临着两难的困境。他发起此次远征的前提，应该是有殷都内部联络人的密约：一旦两军对阵，联络人将趁乱除掉纣王以扭转战局，然后推选一位各方都能接受的新商王人选。

但殷都局势一日三变，最有能力取代纣王的人物，或死，或囚，或逃；而双方的大军都是加急赶赴牧野，在没有星月的暗夜和空前庞大的营地集结。很显然，一旦武王和殷都内应断了联系，没有了商人助战，以现在的实力对比，西土联军将被一边倒地屠杀。

不只是西土之人，即使商人贵族也尚未见识过这种规模的集结和大战。一个宗族的数百或上千名武士淹没在巨大的军阵中，就像森林中的一丛灌木难以寻找。

但武王没有别的选择，他只能相信父亲描述的那位上帝站在自己一边，只要全心信任他，父亲开启的翦商事业就能成功，正所谓："矢于牧野，维予侯兴。上帝临女，无贰尔心！"（《诗经·大雅·大明》）

史书里，武王的第一个行动是派他的岳父兼老师和战略阴谋家"师尚父"吕尚"与百夫致师，以大卒驰帝纣师"。（《史记·周本纪》）即使抛开吕尚和武王的私人关系，此时他已年过六旬，须发花白，按理武王是不可能派他去完成这种任务的。而且也没人知道，为何吕尚就忽然忘记了所有阴谋、诈术和诡计，像一介武夫般怒发冲冠直向敌阵。

也许，他只是想改变羌人被作为人牲悬挂风干的命运，毕竟在殷都的屠宰场，他已经看得太多。

吕尚率步兵尚未接敌，武王便带着他的三百辆战车冲向商军阵列，他不能让岳父如此莽撞地送死，只能投入自己仅有的战车吸引敌军。按正常接战程序，先是会有暴雨般的青铜箭矢射向他们，然后是数倍的商军战车席卷而来，将他们碾压成泥。可以说，这场战斗从一开始，武王一方就没有任何章法和战术可言。

但商军阵列却突然自行解体，变成了互相砍杀的人群。或许是看到周军义无反顾的冲锋，商军中的密谋者终于鼓起勇气，倒戈杀向纣王中军。接着，西土联军全部投入了混战。

后世的周人史诗说，"商庶若化"，即是说，商军队伍就像滚水冲刷的油脂，瞬间溃散，融化。[9]喧嚣逐渐沉寂，雨停了，沟壑的积水被血染红，尸体与兵戈和盾牌沉浮其间。在后人的记忆里，那个清晨的牧野，"血流漂杵"。

当淡淡的阳光穿透晨雾洒向原野间的纵横尸骸，近六百年的商王朝已经终结。太公则在那个黎明变成一只鹰盘旋在牧野上空，而积云散去的清晨，自此被周人称作"清明"。

　　维师尚父，时维鹰扬。凉彼武王，肆伐大商，会朝清明。(《诗经·大雅·大明》)

殷都迎来征服者

商军主力毁于牧野一战，武王的西土联军则只有轻微的损失，而且还获得商人"谋逆"部族的投诚。在史书中，这些与周人暗通款曲的商人氏族一直隐藏在迷雾中，从未被列举出姓名。

但无论如何，纣王-帝辛的王朝已走向终结。于是，武王手执一面"大白旗"(太白旗)，再次下令整编队列。在五行星中，太白为金星，而"太白主中国"(《史记·天官书》)，所以武王用的可能就是缴获的纣王帅旗。

西土各邦首领也开始意识到，武王已取代纣王的地位，不再是和他们平起平坐的同盟者了，他们只能屈膝跪拜[10]，武王则以手抱拳作揖相答：

> 诸侯毕拜武王，武王乃揖诸侯，诸侯毕从。（《史记·周本纪》）

然后，武王率队伍向殷都开进。

此时，纣王已随败兵逃回殷都，然宫廷秩序已荡然无存，他也没有了纠合兵力再战的信心。不过，纣王采取的是另一种对抗方式，傍晚时分，他登上储藏宝物的"鹿台"，把贵重玉器堆在身边，佩戴五枚"天智玉"，点火自焚而死。

> 纣走入，登鹿台，衣其宝玉衣，赴火而死。（《史记·殷本纪》）
> 时甲子夕，商王纣取天智玉琰五，环身，厚以自焚。（《逸周书·世俘解》）

就这样，甲子日的清晨，商朝大军覆灭；入夜，商王殒命。一天之内，中土世界天翻地覆。

纣王焚身而死，后世人大都将其理解为一种走投无路的自绝。其实，按照商人的宗教理念，这是一场最高级的献祭——王把自己奉献给了上帝和祖宗诸神。商朝开国之王成汤（天乙）曾经试图这样做，而商纣王则首次实践了它。

纣王曾给诸神贡献过王族和方伯，现在他贡献了自己，带着人间最珍贵的宝玉升往天界，成为具有上帝神性的"帝辛"，然后，他自然要给叛逆的周人降下灭顶之灾。

次日晨，周人联军开到殷都，在郊外设下营地。纣王身死的消息已经传开，武王和他的臣僚们现在要面对的是如何接收商朝的庞大遗产，让商族人接受亡国的事实，尽量避免他们因走投无路而再次暴动。

承认失败的商朝显贵已在郊外列队迎候。武王的群臣向商人宣告：
"这是上天降下的福佑！"商人皆下跪，"再拜稽首"（以头叩地两次），
武王也走下战车向商人叩拜以为回答。（《史记·殷本纪》）

后世有注家认为，司马迁的这段记载不准确，武王伐商是正义之
举，怎么可能会向商人回拜？他昨日在牧野战场对盟友的跪拜也只是
作揖为答，不可能对商人如此恭敬过礼：

> 武王虽以臣伐君，颇有惭德，不应答商人之拜，太史公失辞
> 耳。寻上文，诸侯毕拜贺武王，武王尚且报揖，无容遂下拜商人。
>
> （司马贞《史记索隐》）

这种评论，是因为没有看到商人内部倒戈对战局的重大影响：此时商
族的规模仍非常庞大，作为征服者的武王丝毫不敢掉以轻心。

对武王来说，最首要的工作是处理纣王烧焦的尸体。他熟悉商人
的宗教思维，知道必须用法术对抗法术，化解纣王自我献祭可能带来
的后果与流言，方法则是表演一次战斗和处斩，展现纣王被俘和被杀
的全过程：周军直入鹿台宫，武王在战车上对着纣王尸体连射三箭，
然后跳下车，用"轻吕"短剑砍杀尸体，最后用铜钺斩下纣王人头，
悬挂到太白旗之下。（《史记·殷本纪》）

纣王的两名宠妃已上吊自杀，其中一个是妲己。没人知道她们是
否自愿。按照同样程序，武王"又射三发，击以剑，斩以玄钺"，将
其头悬挂在小白旗下。

然后队伍返回郊外军营，一路展示旗杆上的人头，宣称这是武王
的战果。为了制造舆论，平息谣言，这种仪式性表演极为重要。

纣王囚禁的商人贵族皆被释放，其中最显赫的是箕子——武王命
召公奭去监牢释放和安顿箕子。商朝全境尚未平定，武王必须争取尽
可能多的商朝贵族。当初，这些商人反对派只是想借助周人兵力以除

掉肆意妄为的纣王-帝辛，然后换一位新的商王。但文王和武王的野心远不止于此，他们要的是永远取代商朝的统治。如今，商军主力虽已覆灭，但投降的商人各宗族势力依然很大，武王还需要借助他们平定商朝全境，双方之间定会有一番谈判博弈。

就这样，武王和刚获释的箕子便有了一番长谈，后被西周时人整理成了《箕子》。但很遗憾，这篇文章后来遗失了，只在《逸周书》中保留了篇名。[11] 也可能是《箕子》中所载的双方谈判内容过于露骨，且与后来西周朝的官方叙事口径大不相同，所以被销毁了。

不过，武王和箕子的这次长谈应该是达成了一些基本共识，比如，纣王的死党需要全面肃清，商人的王朝可以暂时保留，以及周朝军队要长期驻扎殷都等。按照此种安排，商和周是东西并立的两个王朝，但商必须在周的军事控制之下。

此外，武王还必须澄清：上帝在人间的统治权已经完全转移到周朝，也就是到了武王周发之手，今后的商王不再和上帝有任何联系，也不能再用"帝"的尊称。为此，他需要在商王祭祀诸神的"社"（神庙）里举行象征王朝更迭的交接仪式。[12]

周人先是维修了神社和纣王宫殿，清理了道路。典礼开始前，一百名武士扛旗帜开路（"百夫荷罕旗以先驱"），武王之弟周振铎（后封于曹，称"曹叔"）乘先导车，周公旦执大钺，毕公高（后封于毕，称"毕公高"）执小钺，分立武王两侧，散宜生、泰颠和闳夭各执"轻吕"短剑簇拥武王，卫队则跟在后面。

进入神社后，武王弟周郑（后封于毛，称"毛叔"）、周封（后封于卫，称"卫康叔"）和召公奭（封邑于召，称"召公"）分别手捧明水，铺好草席，拿着玉帛，吕尚则牵着献祭的牛。一名可能来自商朝的礼仪官尹佚负责宣读给上帝的汇报词："殷之末孙季纣，殄废先王明德，侮蔑神祇不祀，昏暴商邑百姓，其章显闻于天皇上帝。"大意是，殷商王朝的末代子孙辛受已经丧失先王成汤秉持的明德，不敬神祇，荒废祭祀，残暴对待商国民众，所有这些罪行都已在这里书面报告给"昊天上帝"！

接着，武王向代表上帝和诸神的灵位下拜两次，宣称："本人承担天帝赋予的命令，变革了殷商的统治，这都是上天的意志！"

最后，众臣奉献祭品。在《史记》中，典礼至此就结束了。[13]

其实，武王还有一通针对商朝贵族的长篇讲话，后来被收入了《逸周书》的《商誓解》。和牧野战前的讲话一样，武王先依次列举发言的听众，从殷商朝廷老臣（"伊旧何父"）到"太史比、小史昔"，再到百官和"里居献民"（殷都各族邑中的商人）。

武王还是用语气词"嗟"开场："尔等众人，我知道你们都尊重天命，我来这里，就是执行上帝威严的命令和惩罚，现在，对你等发布新的命令，都恭敬听着，朕这次要从一说到十，把道理都讲明白！"

这种语气，和《尚书·盘庚》中商王对臣下的呵斥和威胁很是类似。商人极度信仰鬼神，而且认为人和鬼神的唯一联系便是祭祀，因此，为了让商人接受商王朝已经被鬼神抛弃，在这里，武王使用的是商人习惯的逻辑。

武王先是说："当初，上帝教诲周族的始祖后稷播种百谷，天下民众因此获益；商朝的历代先王祭祀上帝（与先祖），用的也都是后稷培植的谷物，因为这个原因，上帝和历代商先王决定让西土周族显赫起来！"

> 在昔后稷，惟上帝之言，克播百谷，登禹之绩，凡在天下之庶民，罔不惟后稷之元谷用蒸享，在商先誓王，明祀上帝，□□□□，亦惟我后稷之元谷，用告和，用胥饮食，肆商先誓王维厥故，斯用显我西土。

接着，武王仍把矛头对准纣王一人："因为商纣的种种罪恶，上

帝很不满意，于是命令朕的先父文王'消灭掉商朝那个多罪的纣！'
我周发作为晚辈，不敢忘掉上帝之命，在甲子这天，终于执行了上天
的伟大惩罚。这是上帝的大命，我也不敢违抗，你们更要恭敬！当初
在西土时，我早已说过，商朝的所有人都没有罪过，只有独夫一人。
我现在消灭了他，自然会福佑尔等，你们这些商朝百姓和都城的君子，
以后都要服从周的命令！（如果有什么异常情况）你们商人各家族的
邦君都应该报告给我，我对待你们的邦君就像周朝的邦君一样……"

> 今在商纣，昏忧天下，弗显上帝，昏虐百姓，弃天之命，上
> 帝弗显，乃命朕文考曰：殪商之多罪纣。肆予小子发弗敢忘，天
> 命朕考，胥翕稷政，肆上帝曰：必伐之。予惟甲子，克致天之大罚，
> □帝之来，革纣之□，予亦无敢违大命。敬诸！
>
> 昔在西土，我其有言，胥告商之百无罪，其维一夫，予既殛
> 纣，承天命，予亦来休，命尔百姓里居君子，其周即命，□□
> □□□□□□□□□□□□□□□□□□□□□□□□□□
> □□□□，尔冢邦君，无敢其有不告，见于我有周，其比冢邦
> 君……

最后，武王并不讳言周邦远比商朝小，自称"斯小国"，因为他
的自信源于上帝的支持："既然上帝已经钟意周邦，我们这个小国也
不会懈怠天命。我这次说的话，如果你们不放在心上，我还会回来
执行上帝的惩罚！你们要恭敬，好好听从我的话，我不会再说第二
遍了！"[14]

这篇《商誓解》的文辞，比武王在《尚书》和《逸周书》中的其
他讲话更古奥难懂，却和商代先王的类似讲话很像。另外，武王当时
可能是用商族语讲话，后世传抄人未必全懂，所以有很多错误和脱漏。
尽管如此，我们还是可以从《商誓解》中看出，在成功灭商之后，无

论是宗教理念还是语言行文，周族上层仍然需要用商人能理解和符合商人习惯的方式来宣讲周朝取代商朝的合法性。

在这之前，周族首领就已经在一定程度上"商化"了，对他们来说，语言交流和表达的难度不算大，但要用商朝人的宗教理念来解释周灭商，则需要更深地进入商人的宗教思维。正是在思考这个问题的过程中，武王对商人宗教的依赖也越来越强，可以说，灭商使得武王更加"商化"了。

周武王的人祭大典

在镇定殷都的同时，武王还派出多支部队去肃清顽抗的商人。

出征的将领，除了吕尚，多数并不著名，如侯来、陈本、百韦，还有一位叫吕他，可能是吕尚的儿子中的一个。征伐的目标有越戏方、磨、宣方、蜀等，虽不能确定是何地，但这些部队都在一个月内相继返回殷都，看来行程不会太远，应该主要是黄河以北商人族邑最为集中的地区。陆续被斩或俘的商人首领有霍侯、艾侯和佚侯，俘获战车近千辆。

据《逸周书·世俘解》记载，被消灭的"九十有九国"，主动投降的"服国六百五十有二"，累计斩首十一万多，俘获三十多万人。算下来，每个被消灭的族邑平均损失四千人左右。这些数字肯定有炫耀战功造成的夸大。

经过一个多月的征伐，到四月初，周人已基本控制黄河以北地区，加上之前已经占领的晋南和豫西，商朝统治区大部已经平定。尚未征服的是东南方的夷人部落领地，包括山东地区、豫南以及相邻的苏皖地区，那里还分布着或疏或密的商人殖民城邑。它们没有实力扭转中原的改朝换代，武王暂时也无法分身去一一征服它们。

为了显示周朝的武力，让商人不要再生非分之想，武王还在商王的田猎区进行了一次大规模围猎。这是历代商王训练部队、炫耀武力和震慑蛮夷的传统仪式，在甲骨卜辞里有很多记录。

商人崇尚武力，王者必须展示自己的勇武方能让臣民畏服。在这方面，武王的表现毫不逊色，猎获的野兽几乎能堆成一座小山。

> 武王狩：禽虎二十有二，猫二，麋五千二百三十五，犀十有二，鳌七百二十有一，熊百五十有一，黑百一十有八，豕三百五十有二，貉十有八，麈十有六，麝五十，麇三十，鹿三千五百有八。[15]

十几年前，纣王曾到关中的呆地行猎，这才有了周昌觐见和进入殷都的机会，以及后续一系列天崩地解的变革。如今，则是西土之人在商王的苑囿里驰骋。

武王还在殷都设立了周庙，用商人典礼祭祀上帝以及周族的列祖列宗。很有可能是用商朝的宫殿改造的，但具体位置已经不详。

四月二十二日庚戌，清晨，武王在殷都周庙举行盛大的燎祭。[16]乘车驾到之后，他站在宗庙南门外，由史臣向上帝宣读献祭的通知，请上帝莅临飨宴。

先是给一百名"大亚臣"（纣王死党，高级武官）换上专门的祭服（"佩衣"），由武王亲自献祭。执行的方法是"废"，就是砍断手脚，任其在血水中翻滚、哀嚎——他们的叫声要上达天听，这样上帝才会满意地享受祭品。

然后由太师吕尚献祭另外四十人，他们是忠于纣王的商人氏族首领（家君）、占卜官（贞师）、司徒和司马等小官吏。

人牲要挣扎到临死才会被砍下头颅，然后将其搬运到宗庙内献祭，其中有些尸体可能还要放到大鼎里烹煮。之后是商王家族的人头，纣王的人头悬挂在大白旗下，妲己和另一个妃子的人头则挂在一面红旗之下，由太师吕尚扛着这两面人头旗帜进入宗庙。

所有新旧人头都会被扔到火堆中焚烧，"燎于周庙"，任由焦香的烟气升入云端。这是上帝在天界享用祭品的方式。

后面五天，祭祀一直在举行。

二十三日辛亥，祭祀周先祖。先从古公亶父（太王）开始，接着是其长子泰伯（太伯）、次子仲雍（虞公）和三子季历（王季），再是文王和伯邑考。在乐队的伴奏之下，他们的灵位被依次搬运到祭坛之上，由武王手持铜钺向祖先报告殷商的罪恶已经得到抵偿（"维告殷罪"）。最后，"荐俘殷王鼎"，也就是在商王的大鼎里烹煮俘虏，但数量不详。

二十四日壬子，武王换上天子专用的"衮衣"来到宗庙，这象征他已经是正式的王朝主人。这天献祭的内容不详。

二十五日癸丑，献祭了一百名纣王麾下的武士（"荐殷俘，王士百人"）。武王手执铜钺和戈。乐队全程演奏。可能是武王亲自献祭。

二十六日甲寅，武王身披红白战袍在牧野战场祭祀战死的盟军，乐队演奏的是万舞的乐曲。这是商人贵族练习用钺作战的乐舞，看来已经被周朝接受。

二十七日乙卯，乐队演奏"崇禹生开（启）"（这可能是表现大禹的儿子启开创夏朝的音乐），武王借此宣告自己册立太子周颂的决定。周颂此时可能只有两三岁，在他之前，邑姜只生育过女儿。

仪式上，首先奉献的是侯来、陈本等征伐周边斩获的首级，并搭配现场屠宰的牲畜，"断牛六，断羊二"；然后向天（上帝）和后稷献祭，用的是牛"五百有四"头；再向其他百神、水土之神献祭，用猪、羊等牲畜共"三千七百有一"头。这种规模的献祭，堪比二百年前的武丁王。

传世史书几乎从未记载过上古有人祭行为，所以《逸周书·世俘解》记载的这些周武王实行人祭的记录才会显得颇为惊悚。但考古展示的商代（以及更早）各种人祭遗存和甲骨文记录，与《逸周书·世俘解》的内容非常吻合，可以说，武王的人祭大典完全继承了商代的人祭和牲祭传统。

此外，《逸周书·世俘解》还提供了一个信息：在举行人祭仪式的时候，也会演奏音乐。这是甲骨卜辞没有记载的内容。

那么，武王的这次祭祀是一次复仇的特例，还是常态化地接受了商朝的人祭宗教？从《逸周书》记载的武王表现看，很可能是后者。文王创制关于上帝的宗教原理，周公探索关于"德"的理论创新，但武王却与他们不同，他没有父亲的创新能力，也从未真正信服弟弟的理论，所以只能沿用强大的商朝宗教传统。

换句话说，在翦商的过程中，武王自己也完成了商化。

周公自我献祭

周人和投降的商人贵族达成的善后妥协是：一，由纣王的儿子武庚禄父继任商王，统治商朝旧疆。文王在《易经》的蒙卦中记载的那个懵懂少年（"童蒙"），现在大约二十多岁。二，周朝在殷都和周边地区部署驻防部队，由武王的三个弟弟管叔周鲜、蔡叔周度和霍叔周处指挥，负责监督殷商旧地的动态，防止叛乱再起，所谓"三监"。

至于较早就和周文王家族结缘的箕子，并没有在新的殷商朝廷获得职位。可能是因为他资历老，或者野心较大，所以周武王比较忌惮，担心把他放在殷都会难以掌控。《史记·宋微子世家》载，武王把箕子分封到了朝鲜："于是武王乃封箕子于朝鲜而不臣也。"但商末周初应该还没有朝鲜这个地理概念。箕子可能是被安置在了河北平原东北部，甚至辽河流域，总之要远离殷都宫廷。

然后，武王班师返回关中。虽然已经征服商朝并建立周朝，但武王周发还是未能获得信心。商族人口实在太多，已经投降的未必甘心失败，还有许多尚未征服的商族方国散布在东南夷人之中，一旦叛乱再起，会很快发展成燎原之势。

虽然武王一直声称是父亲文王获得上帝的天命，尔后才有周朝灭商的壮举，但其实自己对此一直难以确信——上帝从未降临在他面前。当初，父亲独自躲在西厢房里一次次获得上帝的当面教导，而自己已经拥有天下，但为何上帝从来不现身？尤其是，商纣王用自焚献祭诸神，他周发又如何提供更能打动诸神的礼物？

《逸周书·度邑解》曰："维天建殷，厥征天民，名三百六十夫，弗顾，亦不宾灭，用戾于今。呜呼于忧！"意思是说，商朝开国数百年，王族进入天界的"天民"有三百六十人，如今人间虽然改朝换代，但他们依旧徘徊在殷都上空，随时可能给周人降下灾戾，这是何等的隐忧！以此对照殷墟甲骨卜辞，并没有发现与武王所担忧的"商族拥有三百六十位天民"相应的内容。所以，这很可能是帝乙和帝辛两代商王"周祭"制度的传闻流变：周祭以一年、十二个月、三百六十天为单位，很容易被理解成每天祭祀一位神灵，每位神主管一年中的一天。

再就是，商王朝拥有无数高超的技术，而周人只是个后起的小学生，就连武王使用的文字都是商人创造的。商的力量几乎充斥在世间一切人造之物上，无可逃避。那么，像商朝这样戏剧性的崩溃和剧变会不会也随时发生在周朝和自己身上呢？对武王来说，那操纵人间的神意实在是无法捉摸。

自从灭商之后，武王经常患病，身体每况愈下。他的儿子不多，正夫人邑姜生子则更晚，太子周颂还是幼儿，看不出有上帝福佑的迹象。有一次，武王抱病离开关中，去巡视征服的领地，待接受各方国君侯在殷都郊外的朝拜后，又上太行山，眺望这座巨大而邪恶的都邑，叹息说："呜呼，不擅长应对上天，一日之内就会丧命亡国。实在是让人可怕，不能忘啊！"周公旦这次没有随行。返回镐京的路上，武王身体已经难以支持，整晚整晚地睡不着。他预感自己时日无多。刚抵达镐京，武王就让贴身侍卫小子去报告周公。于是，周公赶来询问："王已经积劳成疾，怎么还无法入睡？"

武王让弟弟坐定，谈起了自己忧心的身后事："商朝虽然在各种诡异的征兆之下覆亡了，但他们的诸神仍在天界虎视眈眈；那些曾经臣服于纣王的商人，无时无刻不在想着复仇，把我们从西土抹去。我本来想找到上天保佑我们的方法 [17]，但我的生命不会太长，这个工作只能留给你了。"

武王还说："我无法完成先祖留下的事业。就像肚子饿了才想到种田一样，我现在的工作不做好，就会连累先祖，无法让他们在上帝那里得到显赫的位置 [18]。在我死后，王位就由你来继承，这件事已经没有别的选择，连占卜也不用了。你如果做不好周王的工作，以后也无法面对我和列祖列宗。我相信你不会那样。"

周公旦听到这些，非常惊恐，一直哭泣不能说话。武王继续说："呜呼，周旦！我想夷平那殷都，只能依靠天的助力。我已经考察过了，在黄河的支流洛河和伊河之间，有一块向阳的盆地，它当初是夏朝人的都城，离天很近了，就给它叫'度邑'（向天界过渡之城）吧。" [19]

武王的这番话有很多缺环和跳跃，恐怕不是后世传抄中的偶然脱漏，而可能是谈话内容过于露骨，所以也就不可能在正式文本里保存下来。

王位兄终弟及，这在商朝很常见，武王有这种考虑也不算出格。但武王的兄弟很多，都已经接受过翦商战争的锻炼，而周公旦并不以勇武著称，为何会被武王选择为继承人？

可能主要是因为他的自信：周公对上帝和鬼神有自己一套基于"德"的理解，曾无数次用这套理论宽慰从噩梦中惊醒的兄长。事实上，武王基于自己的生活经验，从未真正接受过周公的理念，但武王知道，在周人中，只有周公在试图挣脱商人的宗教，不再对那些商人的鬼神战战兢兢，顶礼膜拜。武王自己无法摆脱，但他认为或者说希望周公能找到出路。

对于新建立的周朝，武王病危是一场重大危机。吕尚，另一位翦商事业的规划师，也已经垂老多病，自从殷都归来之后，他就很少在朝廷活动中出现。

但周公真的有一套成熟的宗教解决方案吗？

儒家经典《尚书·金滕》载，在武王病危期间，召公奭和毕公高提出，应当为武王举行祭祀，请天界的周先王们施加福佑，延长武王的生命。但周公反对，认为不应当让先王们为此忧心。然后，周公却在私下举行了另一场祭祀，而他自己就是候选的祭品。

周公先是在周宗庙筑起三座祭坛，分别代表需要召唤的三位先王亶父、季历和文王；然后，周公手执玉璧和玉圭立在祭坛下，由史官宣读给三位先王的祝词："诸位先王的元孙周发，[20] 现在已经病危；先王们在天界有护佑子孙的责任，现在，请由我周旦代替兄长周发进入天界。我如同父亲文王一样仁爱，多才多艺，能侍奉天界的诸位鬼神。元孙周发不如我多才艺，不会侍奉鬼神。我周旦进入上帝的庭院后，会帮助你们福佑四方，永远安定周邦子孙，四方民众都会畏惧我的神威。呜呼！上天降给周邦的使命不会荒废，先王们也会永远安宁。现在，我将用龟甲占卜，如果你们答应我的要求，我就献给你们玉璧和玉圭，等待你们把我接走；如果你们不答应，我就收回玉璧和玉圭！"

结果，三只龟甲占卜的兆像显示都是吉利，先王们同意了周公的恳请。[21]

周公的这次自我献祭仪式，看上去奉行的并不是周公自己提倡的神用"德"衡量人间的理念，而属于典型的商人宗教逻辑：凡人用祭品（包括物品和人）奉献给神，以换取神的开心。也就是说，在面临重大而艰难的抉择时，周公的做法更保守，或许他认为，更古老的宗教观念可能更灵验，也更实用。

周公把自己献祭给诸神，和纣王走投无路中的自焚原理相似，但他并没有当场自杀，而是"归俟尔命"，等待诸神接走自己。这简直是对诸神法力的某种试探，很难说他虔诚地奉行了商人的宗教理念，反而有些侥幸和"伪善"。不过，这只是刚刚对宗教萌生怀疑的周公迈出的第一步，这时的他还未建构起一套新的世俗道德逻辑。

仪式结束后，周公的这篇祝词被用金泥密封起来，收藏到了宗庙的柜子中。之后，它还有更实际的作用，就是维系和侄子成王的关系。

但武王很快还是病重死去了，终年四十五岁。[22] 这是灭商第二年的十二月，武王君临天下才二十二个月。从此，周朝进入周公摄政为王的特殊阶段，而这个新兴王朝也将迎来最严重的挑战。

注释

1   《逸周书·大开武》中所载梦境是商国生葛，但《太平御览》卷三九七引《周书》则是"太姒梦见商之庭产棘"。此事应载于《逸周书·程寤》篇，但传世本只存篇名，正文缺。参见黄怀信等《逸周书汇校集注》（修订本），上海古籍出版社，2007年，第262、1141页；李学勤主编《清华大学藏战国竹简（壹）》，中西书局，2010年，第135页。

2   《逸周书·宝典解》："九德：一孝子畏哉，乃不乱谋；二悌，悌乃知序，序乃伦，伦不腾上，上乃不崩；三慈惠知长幼，知长幼，乐养老；四忠恕，是谓四仪，风言大极，意定不移；五中正，是谓权断，补损知选；六恭逊，是谓容德，以法从权，安上无慝；七宽弘，是谓宽宇准德以义，乐获顺暇；八温直，是谓明德，喜怒不隙，主人乃服；九兼符，是谓明刑，惠而能忍，尊天大经。九德广备，次世有声。"

3   这篇《泰誓》在后世有争议，它可能经过魏晋时人的改造，不过，诸如纣王"刳剔孕妇"和"斫朝涉之胫"的记载，在皇甫谧的《帝王世纪》中也有。

4   《尚书·泰誓》孔颖达疏引皇甫谧《帝王世纪》。

5   本书武王伐纣的时间表主要参考罗琨《商代战争与军制》，第334—358页。

6   《史记正义》引《括地志》云，牧野在朝歌（今河南淇县）南郊。但是，《括地志》

此论的前提是认为殷商都城在朝歌，故其关于牧野的说法自然也不可信。

7　《帝王世纪·山海经·逸周书》，辽宁教育出版社，1997 年，第 34 页。在更晚的古罗马共和国时期，当罗马执政官（统帅）带领军队出征时，执政官的卫队并非来自罗马的士兵，而是由各同盟城邦的青年显贵组成，这显然是为了强调罗马和同盟城邦的紧密关系。周武王此举可能和罗马人有相同用意。

8　《史记·周本纪》。但殷墟甲骨文记载的商代用兵至多一万人，故七十万明显与实际不符。

9　参见《逸周书·武寤解》。此篇是四言诗，内容都是描写牧野之战征服商朝的经过，但题目"武寤解"与内容无关，可能是传抄错乱所致。"武寤"的意思是武王惊梦，这种内容在《逸周书》中出现过多次，故而容易导致抄写人发生错乱。

10　在盔甲戎装时，跪拜可能是单膝跪，然后摘头盔低首致敬，而非以头叩地。

11　传世的《尚书》中那篇著名的《洪范》也是武王和箕子的对话，但内容富有学理性，和当时紧张的军政局势完全无关。

12　《逸周书·克殷解》和《史记·周本纪》均有记载这次武王向诸神汇报的仪式，而《史记》很可能取材于《逸周书》。

13　以上详见《史记·周本纪》。

14　以上详见《逸周书·商誓解》。

15　《逸周书·世俘解》，这段文字中有些错字，如"猫二"可能是"豹二"。

16　在《逸周书·世俘解》中，人祭内容被分为了两处，而且可能存在错简。学者对此有过多种解释，如存在商历和周历的区别，以及中间可能有闰月等。关于这些祭祀举行的地点也有争议，有人认为是在关中的周原，但也有人认为当时时间不足以返回周原。可参见杨宽《西周史》，第 106 页；黄怀信等《逸周书汇校集注》（修订本），第 421—443 页。本书采用祭祀在殷地举行的观点，且根据祭祀日干支相连的特点，将祭祀日程复原为连续六天。

17　即消灭尽可能多的商人，但文本记载不可能如此露骨。

18　可能会被历代商王压制、欺辱。

19　以上详见《逸周书·度邑解》。

20　"元"，表示嫡传的继承人之意。

21　以上详见《尚书·金縢》。亦可参见《周武王有疾周公所自以代王之志》，最早文本出自《清华大学藏战国竹简（壹）》，在传世《尚书》目录中依文内"金縢之匮"一句，简称为《金縢》。

22　《真诰》卷十五注引《竹书纪年》："（武王）年四十五"。

第二十六章　周公新时代

武王周发去世后，周公旦随即宣布年幼的侄子周颂为继承人（成王），但真正坐上王位的是周公。在成王亲政之前，一切政务由周公负责，他不仅拥有王的全部权力，使用王的全套礼仪，臣僚们也都称他为王。

> 武王崩，成王幼，周公屏成王而及武王，以属天下，恶天下之倍周也。（《荀子·儒效》）

辅政期间，周公平定了叛乱，还实行了一系列重要举措来巩固新生的周王朝，比如，拆解商人社会，分封周人诸侯，等等。其中，有一项非常重要但后世已经完全忘却的举措，就是废止商朝的人祭文化。

《尚书》有八篇周公主政期间发布的讲话，被称为"周初八诰"，记录的是周公为王朝奠基的诸多工作，从中，我们能够找到一点周初禁止人祭的蛛丝马迹。[1] 而从考古来看，商朝一直繁荣的人祭和人奠基到西周建立时却戛然而止。文献和考古两相对照，本书推测，这场重大变革发生在周公辅政时期。

这场变革几乎从未被历史文献提及，甚至商代无比"繁荣"的人祭行为也没有被记录。那么，周人为何要掩盖商人的血祭宗教，以及这个宗教是如何被消灭的？

这些都要从周公辅政时期开始讲述。

东方叛乱

武王死后，周公称王理政长达七年。这是王朝草创时期迫不得已的选择：商族人的势力依旧庞大，他们的传统是只服从已成年、有能力的王者，所以商朝历史上经常有兄弟继承王位。如果现在坐在周王位上的是个幼童，商人会很容易萌生叛乱的冲动。太保召公奭理解这个方案，他是周公最重要的支持者。

周公遇到的最激烈反对，来自驻防殷地的"三监"：管叔、蔡叔和霍叔。他的这三位兄弟认为周公辅政只是故作姿态，后面肯定还要篡权为王。特别是管叔周鲜，有记载说，他在兄弟中排行第三，比周公大，比武王小，如果按照王位兄终弟及的原则，管叔比周公更有资格为王。（《史记·管蔡世家》）

"三监"和关中有密切联系，他们的宣传鼓动传入了镐京。《尚书·金縢》载："武王既丧，管叔及其群弟乃流言于国曰：'公将不利于孺子。'""公"即是周公，"孺子"即是成王周颂。

而武王临终前谈话的内容可能也有所泄露，比如准备毁灭殷都和屠杀商人的计划等。管叔等人不能接受毁灭殷都的方案，这里繁华富庶，比西土的生活好得多，怎能轻易付之一炬？

至于商王武庚，最初他应该还没有起兵造反的勇气，但因处在管叔等"三监"的控制之下，也被裹挟进了叛乱，故《史记·管蔡世家》

曰：“乃挟武庚以作乱。”此外，山东和苏北淮河流域的夷人部落，嬴姓的徐、奄等部族，也加入了反周公同盟。[2]

纣王时期，商朝曾重点经营东南夷地区，所以这里的很多部落和商朝关系密切，比如纣王重用的蜚廉和恶来父子就属于嬴姓夷人，恶来虽在牧野之战中被杀，但蜚廉却逃回了家乡并带领族人起兵反周。周公辅政元年，整个东方都已脱离镐京的统治，叛乱者的声势越来越大。

关中的周人贵族大都不愿再次进行战争，认为叛乱者势力强大，且以“三监”为首，开战则意味着周族手足相残，所以最稳妥的方案是妥协，东西分陕而治，把东方殷商旧地全权交给“三监”。但周公和召公反对，坚持要平息叛乱。

周公辅政二年春季，为了让周人支持这场战争，他开始准备全面动员。

周公先是求助于先王之灵，并用文王留下的那只大龟壳占卜，然后发表讲话，刻意淡化周人内部的矛盾，强调这主要是商朝残余势力和周朝的较量。

　　　　宁王遗我大宝龟，绍天明，即命曰：“有大艰于西土，西土人亦不静。越兹蠢殷小腆，诞敢纪其叙，天降威，知我国有疵，民不康，曰：‘予复！’反鄙我周邦。今蠢（春）今翼日，民献有十夫予翼，以于敉宁武图功，我有大事，休？朕卜，并吉。”

翻译为白话是，文王给我留下了大宝龟，在这个早上，我用它来占卜，先在上面刻上向文王汇报的命辞：“西土遇到了大困难，人心惶惶，那愚蠢的殷商，如今小有积蓄，胆敢试图恢复它的声势。上天给我周邦降下危难，带走了武王，那些商人知道我国有危机，人民不安定，就说：‘我们恢复王朝的时机来了！’他们想让我周邦臣服。

这个春天的翌祭日（占卜当日），我带领十名受到民众推戴的臣僚，准备完成文王和武王开启的功业，我这件大事业会顺利吗？"我的占卜结果是：一切都会吉利！ ³

《尚书·大诰》是现存的周公辅政时期的第一篇讲话文稿，其主旨是必须消灭东方叛乱者。但与文王不同，周公没有亲自见到上帝的能力，所以只能在龟壳上释读上帝和文王的意旨："我是文王的孩子，不敢违抗上帝的命令。上天福佑文王，让我们这个小小的周国兴盛起来。文王从来都信仰占卜结果，所以能接收上天的命令。现在，上天来帮助我们，也是通过占卜显示天意！"

> 予惟小子，不敢替上帝命。天休于宁王，兴我小邦周，宁王惟卜用，克绥受兹命。今天其相民，矧亦惟卜用！

《尚书》所载商周之际王的讲话，经常用浅显的农业生活例子作类比，讲道理。周公这篇也不例外。他说，文王开启的翦商事业，要靠我们这一代人完成，就像父亲盖房子，已经筑好了房基，但儿子不愿建造屋墙，这房子能完成吗？就像父亲开垦了荒地，儿子却不愿播种，这样能有收获吗？

> 王曰："若考作室，既底法，厥子乃弗肯堂，矧肯构？厥父菑，厥子乃弗肯播，矧肯获？"

周公带兵东征，首先指向殷都。史书没有记载战争过程，只提到殷都发生了大混乱和溃败，"三监"被俘虏，为首的管叔周鲜被处死，蔡叔、霍叔被褫夺封爵，终身囚禁；⁴商王武庚则逃亡到北方，被追兵杀死。

对东南夷人的战争耗时更久，可能从周公辅政三年持续到四年。

这里地域广阔，土著部落众多，周人势力还未能触及这里，所以由周公和召公奭分兵进剿。据《吕氏春秋》载，有些商人侯国使用驯化的大象作战，但仍被周军击溃，逃到了江南地区。为赞美周公的功德，周朝宫廷还专门创作和增加了《三象》舞乐。[5]而蜚廉则在失败后逃到海边，仍被追杀，最后族人被周朝强制迁徙到西土，后来繁衍出秦族和秦国。[6]

武王灭商，虽三月告成，但其实只是开端，因为商朝解体后，大量商人氏族还保留着武装，尤其东南夷人地区的商人势力更是毫发无损。周公这次东征，历时三年，才算是彻底消灭了商人的军事实力，把周朝的统治推进到原商朝的全部疆域。周人一度因战争而疲惫不堪，《诗经·破斧》这样歌唱：

> 既破我斧，又缺我斨。周公东征，四国是皇。

这可能是后方周人忙于劳作的咏叹。

而从牧野之战算起，周王朝则经过大约五六年才算是真正建立起了稳定而全面的统治。也只有到此时，周公旦才可能对周朝予以通盘规划。其中，最重要的工作是处理商王朝的庞大遗留，先要彻底消除商人兴兵复辟的可能性，然后废止他们血腥的人祭宗教。

为此，周公做了两方面的工作：一，拆分商人族群，消灭其军事实力和人祭宗教；二，分封各种诸侯国，统治、同化新征服的东方地区。

先来看第一项工作。

拆分商族

商王朝历时五百余年，商族已经枝繁叶茂，是规模最大的族群，而周当时还只能算是西土新兴的蕞尔小邦。虽然无法确知当时的人口数字，但据估算，商族人口可能近百万；商朝控制区内的各种非商族人口，比如众多土著族邦和被纣王纳入统治的部分东南夷人，总数可能是商族人的两三倍；而在商朝的控制范围之外及认知范围之内，各种蛮夷土著的总数也会有近百万。

经过文王时代的急剧扩张，到武王时期，周族可能在十万人左右，即便加上西土各同盟族邦，也很难超过五十万人。况且多数盟邦当时与周的关系并不稳定，周王还难以对他们发号施令。

为了杜绝商族人再度叛乱的可能性，必须把他们拆分，使其散居到各地，难以互相联络。首要的，是要把最为显赫的商人贵族和最重要的家支族邑迁到关中，使其在周人的传统势力范围内散居，断绝其与故土的联系。

武王灭商后，这个工作已经做了一些。有些在纣王时期不得势的商人贵族已经主动投靠周朝，把家族搬迁到了关中，比如，周原曾发掘出一座名为"微史"的商人家族的青铜器窖藏，著名的"史墙盘"即出土于此，其铭文中讲述：武王刚灭商，微史氏的"烈祖"就主动带着家人搬到了关中，武王命令周公给他们安顿家宅，让其在周原定居下来。由于是主动投靠，微史氏颇受重用，世代担任周朝史官，主管文书和档案。

平定三监之乱后，周公对商族人的搬迁力度更大：从镐京到周原，再到周边的川塬山谷，在整个关中地区安顿了很多商族聚落。因为他们使用的器物、丧葬习俗和关中土著族群很不一样，考古已发现很多这种殷商移民的遗址。

迁入关中后，这些商人族邑可以获得土地并垦殖，族长则有机会在周朝担任官职，特别是和书写、文化有关的职位，因为相比商人，周人文化程度较低，需要吸收商人的书面文化和行政管理经验。

当然，仅靠移民关中，尚不足以消解庞大的殷都人口，而周公的

史墙盘铭文拓片，《集成》10175

目标是要把殷都彻底抹去。商族的血祭文化和殷都联系太多，不仅众多的商王陵和族墓埋葬着无数殉葬人与人牲，还有无数的甲骨卜辞记载着商人的血腥文化以及让文王家族心碎的遭遇。所以，必须毁灭殷都，断绝商人的血祭文化传承和历史记忆，让他们开始新的、正常的、和平的生活。

其实，武王周发已经有了这个规划。他在病中和周公谈话、安排后事时，很重要的一项就是要毁灭殷都（"夷兹殷"），同时把周朝都城向东推进，在中土的洛河之滨营建一座新城。

武王一直活在对商人的恐惧和仇恨之中，但也同时活在对商人宗教理念的痴迷中。在他的计划里，可能是要把商人押解到新城规划之地屠杀祭天，让他们成为"度邑"的奠基礼。他相信，只要有了这份空前丰厚的祭品，上帝会格外垂青于周王室，给他们降下一条平坦的通天大道。如果武王周发的寿命足够长，他完全有可能成为像殷高宗武丁一样以杀戮献祭著称的"伟大"君王。[7]

当然，周公并不赞同武王的计划，但他必须消灭商人再度叛乱的可能，并同时改造商人的宗教文化。

周公的另一面

辅政第七年，周公开始营建武王设想的新城，但名字换成了平庸的"洛邑"。"度邑"的宗教意义太强，周公不想接受。

这意味着有二百多年历史的殷都将被彻底摧毁，所有贵贱居民都将被强制迁往洛邑。此时殷都的居民已经大大减少，因为拆分殷商的工作已经实行三年，比如，已经有部分殷民跟随微子启到了南方的商丘，建立了宋国；周公新分封的几个诸侯国也掺入了一定比例的殷民；最后搬迁的，是对周朝最为抵制和最不恭顺的，被称为"殷顽民"。(《尚书·多士》)

为让"殷顽民"接受现实，顺利搬迁，周公还专程赶来监督和督促，并发表了一篇讲话，是为《多士》；而二百多年前，为动员商人迁往殷都，商王盘庚也曾发表一篇讲话，这便是著名的《盘庚》。对照这两篇有关殷都诞生和毁灭的重要文献，我们可以看到周公和盘庚的某些类似之处。

和人们印象中那个彬彬有礼、拘谨保守的周公不同，《多士》展现了他朝三暮四、翻云覆雨的手腕和威逼利诱、软硬兼施的能力。周公很了解商人，知道和他们相处的方式，而这恰恰是后人不了解的商人，更是并不真正了解的周公。

周公还是以周王的身份讲话。他先是按照标准的官方历史叙事，回顾了周邦灭商的合法性："是天-上帝对殷商失望，才命令我周邦灭掉了商朝。各位贵族，不是我小国周邦想主动灭亡你们，而是上天要把你们交给我，如果上帝不给，我们敢主动去要求吗？"

> 王若曰：尔殷遗多士弗吊，旻天大降丧于殷。我有周佑命，将天明威，致王罚，救殷命终于帝。肆尔多士！非我小国敢弋殷命！惟天不畀，允罔固乱。弼我，我其敢求位？惟帝不畀。惟我下民秉为，惟天明畏。

接着，周公讲了一套商朝代夏、周朝代商的循环逻辑，说这都是末代之王丧失德行，引起上帝的反感，从而导致天命改移。

一番套话后，周公谈到了正题，"有命曰割殷"："现在，我作为周王，收到了上帝的命令，要废掉你们的殷都。"

周公也对殷民表示了惋惜和不理解，他说："我也觉得，上天这样对待殷人太过分和不近情理，但是，跟你们各位贵族实话实说，我现在必须带着你们西迁，这不是我自己不想安分，而是天命最新的要求，你们不要想违抗。我不敢耽误时间，你们也不要埋怨我！……难道是我敢向你们索要（和毁灭）天邑商吗？我只是可怜你们，这不是我的罪过，是天命的安排！"

> 王曰：猷，告尔多士。予惟时其迁居西尔。非我一人奉德不康宁。时惟天命。无违。朕不敢有後。无我怨！……肆予敢求尔于天邑商？予惟率肆矜尔！非予罪，时惟天命！

接着，周公暗露威胁："当初，我从讨伐东夷的战场回来，曾经给你们列国之民发布命令，我会光明正大地替天进行惩罚！如今，让你们搬个距离不远的家，只是为了方便你们侍奉周朝，（比起杀人）算是轻微多了。"

王曰：多士！昔朕来自奄，予大降尔四国民命，我乃明致天罚！移尔遐逖，比事臣我宗，多逊。

"告诉你们，现在，我肯定不会杀你们，我这话已经重复过好几遍了。如今，我要在那洛水边建一座大邑，我考虑天下四方还没有全部臣服，而你们诸位贵族呢，已经臣服于我周朝，替我奔走服务了，比起那些还负隅顽抗的，自然要好得多，所以（在新城洛邑）你们还会拥有土地，可以安心过日子。

"只要你们恭顺，上天也会垂怜你们；你们不肯恭顺呢，不只是不能拥有土地，我还会代表天惩罚你们。现在，赶快去建造你们的族邑家宅，继续过你们的生活，那新洛邑是个长久的安家之地，把你们的孩子们也都带上，一起搬迁！"

王曰：告尔殷多士——今予惟不尔杀，予惟时命有申。今朕作大邑于兹洛，予惟四方罔攸宾，亦惟尔多士，攸服奔走臣我，多逊。尔乃尚有尔土，尔乃尚宁干止。

尔克敬，天惟畀矜尔。尔不克敬，尔不啻不有尔土，予亦致天之罚于尔躬！今尔惟时宅尔邑、继尔居。尔厥有干、有年于兹洛。尔小子乃兴，从尔迁！

周公这番讲话的目的是要敦促殷人必须全部、尽快地搬迁，不要有侥幸拖延的想法；同时，他还要安慰人心，告诉他们搬迁的计划不是集体屠杀的阴谋，所以他强调，四方没有宾服的方国势力还有很多，没有必要现在就动手杀他们。

周公对上帝的观念也很值得讨论。和兄长武王谈话时，周公频频谈到上帝，因为武王无法摆脱对上帝的信仰却又对上帝是否保佑自己缺乏信心。但武王死后，周公和周人的谈话中就较少出现上帝了，必要时多用含糊的"天"来代指上帝。

在周公看来，源于殷商的上帝概念颇有危险性，商文化里的上帝不仅残暴，而且难以捉摸。虽然文王曾试图重新定义上帝，但后继无人，结果武王被上帝概念搞得神魂颠倒。要把上帝和商人文化彻底切割是很困难的，所以周公认为，应当淡化上帝，尽量少让它出现。

和周人谈话时，周公讲得最多的是"德"。他在后世的形象是道德家，谦谦君子，甚至显得迂腐不通世故，应该主要就是从这里来的。但在对商人布置任务时，周公却又会频频谈及上帝，因为商人笃信上帝，不用上帝很难震慑他们。有时，周公还会使用露骨的暴力威胁和利益诱惑，这也是因为商人容易理解和接受这些，相反，跟他们讲道德，则过于玄远，无异于对牛弹琴。当然，这是有紧急任务，换作平时，对商人宣讲一下道德也无妨。

所以，真实的周公，个性颇为复杂。其一，他经历过商朝统治和商周易代，深刻了解商人的文化和个性，能在殷都存活下来，自然有世俗的生存智慧。其二，过于惨痛的经历也让他对上帝等宗教理念非常警觉，敬而远之，而对"德"则有着近乎"病态"的追求。

"殷顽民"搬迁后，周人系统而全面地毁灭了殷都，大火之后，富丽堂皇的商王宫殿只剩下了灰烬和坍塌的成堆夯土，而方圆数公里内，数十个族邑聚落无一幸存。在随后的几百年里，这片土地沦为荒野，曾经巨大的城邑永远从人间消失，只剩深埋在地下的墓葬和无数的甲骨卜辞，以及那些献祭殉人和奠基人牲。

而执行毁灭殷都任务的周人似乎越来越疯狂。在殷商高级墓葬的墓穴上方，商人通常会建造一座供子孙祭祀逝者的享堂，所以，周人只要按图索骥，并不难找到。由此，他们挖掘了商王陵区的几乎所有高级墓葬，连同十几代商王及其夫人的墓穴均遭到毁灭性破坏：被挖成锅底形状的巨大土坑，直径十几米，深十余米，椁室中的尸体和随葬品被洗劫一空。这种规模的破坏行为，绝对超出了盗墓贼的能力和

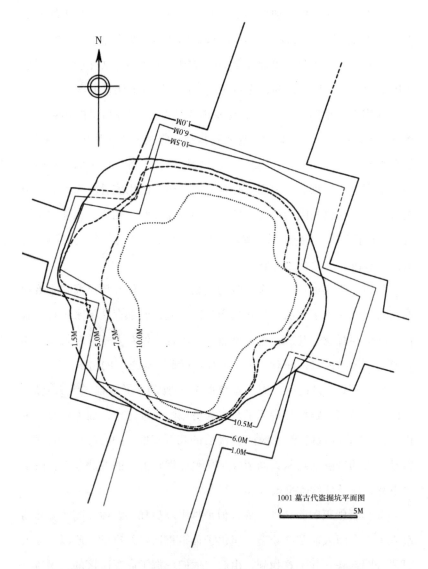

N

1.0M
6.0M
10.5M

1.5M
5.0M
7.5M
10.0M

10.5M
6.0M
1.0M

1001 墓古代盗掘坑平面图

0   5M

M1001 墓穴上面的大型破坏坑平面图[8]：殷墟王陵区所有的大墓，
商王、王后、高级贵族的，都遭到了这种毁灭性破坏

作案条件，它只能是公开的、有组织的集体行为。

　　劫掠和破坏完墓穴之后，这些巨大的盗坑又被周人填埋，重新变成平地。可见，在将其彻底破坏之后，周人还有意识地要把这里变成被彻底遗忘之地。

　　直到三千余年后，第一代考古人在重新发掘这些墓室时才发现，除了巨大的盗坑之外，遗留的物品已经很少。但幸运的是，他们还是在一座大坑的填土之中发现了半只被砸断的石刻人偶，而后又在另一座坑的填土中发现了另一半。这说明，盗坑的挖掘和填埋是同步进行的。

　　由此，破坏王陵的行动即使不是周公布置的，至少也得到了他的默许。商王朝虽然已经成了历史，但周人对商朝和历代商王依然又恨又怕，谁又真的知道他们会不会在天庭中降祸人间，而掘其墓、扬其尸则可能会切断他们干预人间的途径，况且在商朝的统治下，周人经历了数十年的恐怖，也背负了巨大的良心之债，捣毁商王陵寝或许能让他们稍微缓解一些。周公这一代人承受的负担，沉重到无法载入文字。

　　至于那些被毁灭的商王陵寝中还可能有些什么奇异的青铜重器，已经难以想象，但有些劫余依然可以给我们提供一些参照。比如，某些次等墓葬中曾出土零星的劫余物品，其中就有近一吨重的"商后母戊鼎"，由此推理，王陵中应该有更加巨大且精致的青铜器。但在后来，无论西周、春秋，还是更晚时代的遗存，都没有发现如"商后母戊鼎"级别的商代重器，也没人描述过它们。我们已经无法知晓它们去了哪里，或许周人出于忌讳和厌恶，把这些掘出的青铜随葬品熔化成了铜锭或者铸造成了其他铜器。

残忍部族的终结

在通往殷墟王宫的大路边，是擅长制陶的刘家庄北商人族邑。如前所述，这里曾挖掘出铜甗里装有蒸熟人头的 M1046 墓葬，有大路边堆满人畜骨骸的祭祀场。但殷商解体之后，刘家庄北聚落呈现的是一片仓皇景象。

其中的 F79 是一座贵族住宅，整体呈回字形四合院状，坐北朝南。整座住宅已被烧毁，散落堆积着坍塌的烧土块。在东小院内（院落中部偏北），有一深 2 米的袋状窖穴 H2498，本来是储存粟米的粮窖，但坑底散乱放置了三件刻有铭文的铜礼器，分别是尊二件和斝一件，此外，还有陶罍一件。这几件器物的表面都沾着黑灰土，被红色烧土块掩埋在坑内。

F79 发掘照片

同期，在西大路西侧的 F22 旁边，也有一座铜器窖藏坑 H326，虽然只有 30 厘米深，里面却放置了三件铜器，鼎、斝、卣各一件，有的颠倒，有的正放。坑内还有些空间，可能放置了其他财物，但已经腐朽无存。[9]

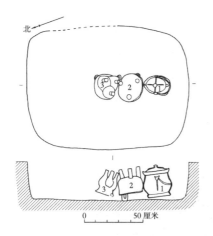

H326 平面及剖面图：1. 铜提梁卣；
2. 铜鼎；3. 铜分裆甗[10]　　　　　　　H2498 窖穴（俯拍）

上述两座窖藏坑，器物摆放仓促，不像是正规祭祀行为。发掘简报猜测，考虑到上述窖藏坑年代均属殷墟文化四期偏晚阶段，"如此多的青铜重器在相对集中的时间段内被打碎、弃置或埋藏，加之此时的大型建筑被焚毁，这些事件绝非孤立发生，可能与周人灭殷的重大历史事件有关"。[11]

此外，2015 年，地产开发商在保护区范围擅自施工，竟挖出了部分金属埋藏物，经考古队抢救性发掘，发现这是一座掩埋大量铅锭的窖藏坑，编号 H25。[12]

该坑直径约 1.7 米，深 1 米，铅锭在坑底堆积厚度有 0.5 米。铅锭都是薄片状，"略呈龟背形"，长度 10—70 厘米，单片重量 5—40 公斤。多数铅锭上都有一个圆孔，可能是为了方便穿绳搬运。坑底先垫了一层草编席子，然后逐层规范放置铅锭，共有 293 块，总重量达 3404 公斤。

H25 内铅锭堆放情况

　　这座铅锭坑紧邻着一座小房子 F1，旁边还有其他院落附属建筑。铅锭可能本来储存在 F1 之内，最后是主人挖坑把它们掩埋了起来。从填土中的陶片判断，这座坑属于殷墟晚期。[13] 考虑到铅是铸造青铜的必需品，刘家庄北聚落虽然不铸铜，但它东边却紧邻殷墟地区最大的铸铜产业区（苗圃北地），所以刘家庄北的贵族可能会从事铅等矿产品贸易。本书猜测，应该是殷都迁徙的消息传来时，主人急忙掩埋了这批铅锭。

　　当然，在周公组织的殷都搬迁中，像刘家庄北这种被暴力毁灭的聚落不算多。其他聚落很少有发现仓皇掩埋财物的现象，几乎所有贵族都带走了私家财物。新城洛邑出现的殷移民聚落和铸铜作坊等也显示多数搬迁是和平的。

刘家庄北之所以如此，或许是因为此地的商人格外地残忍和热衷人祭，对搬迁命令也最为抵触（甚至还和周军有过小规模冲突），自感未来并不会受到太好的对待，便纷纷掩埋了自家财物。

洛邑新城的道德演说

营建洛邑的工作由召公奭负责，在这之前，他住在关中主持留守朝廷。此时，成王可能有十三四岁，已接近亲政的年龄。

三月初，召公赶到洛邑，和周公押解来的殷都移民会合。此时的洛邑并非一块荒野，因为"三监之乱"平定后，周公在这里部署了一些监控东方的驻防兵力，所以又名"洛师"。（《尚书·洛诰》）

召公和周公的这次相会颇为重要。此时周公辅政称王已有七年，平定"三监之乱"也已经过去三年。这段时间里，他主要在东方，很少和成王在一起。对于周公是否愿意归还大政，外界颇有疑心。但周、召二人见面后，周公同意在该年从王位退下，交出权力。按照约定，待洛邑工程完成，成王将在这里举行登基仪式，正式建都洛邑。

其实，此时周公真正关心的问题是商人的人祭文化。商王朝虽然终结了，但他们用人牲祭祀、奠基和殉葬的传统并没有终止；而且武王在位期间还曾举行商式献祭，甚至比商人更变本加厉。人祭是一种漫长而顽固的风习，从新石器时代晚期以来算起，已经延续两三千年，商朝更是将其吸收到了王朝制度之中。想要根除上千年的积习，谈何容易。

这次周公与召公的谈话，有些被收入了《尚书·君奭》，其中周公说得最多的是王朝兴亡更替的教训。他认为，这背后虽都有天—上帝意志的改变，但唯一能影响天命的因素，是人的"德"，也就是人处理现实问题的准则。所以，周公说，"天不可信"，[14] 人不能奢望去揣摩天帝的意旨，只需要把世间的义务履行好。

在后世人看来，这属于老生常谈，但周公没有说出来，或者说了但不能记录下来的，应当是：不能指望靠祭祀讨好天帝和诸神，不仅周人不能这么做，也要禁绝商人的人祭行为。

当初武王灭商、进入殷都时，曾在纣王的尸首上表演射箭和斩首仪式，这是翦商大业的一幕经典场景，也是武王采用商人巫术和人祭礼仪的开端。据屈原《天问》，当时在武王身旁的周公旦曾表示不满，觉得武王将要重蹈殷商覆辙，周族未来的命运令人叹息：

> 到击纣躬，叔旦不嘉。何亲揆发，周之命以咨嗟？授殷天下，其位安施？反成乃亡，其罪伊何？

如今武王已逝，周公和召公成为新王朝的掌舵人，他们要扭转武王标定的航向。二人这次密谈达成的共识，很快就在洛阳的建城典礼上体现了出来：首日，祭祀天帝（郊），用了两头牛；次日，祭祀土地之神（社），用了牛、羊和猪各一头。这和商人及周武王的献祭作风完全不同。洛邑新城是殷商移民最集中的地区，在这里举行典礼，相当于周朝上层给他们现身说法：血腥的人祭宗教应该终结了。[15]

历时七天的祭祀完成后，营建工程开始，所有殷商移民也都投入了劳作之中："厥既命殷庶，庶殷丕作。"（《尚书·召诰》）这些殷人还保留着原有的宗族组织，召公只需做好规划，给殷人各氏族的首领（尹）发布任务就行，其余工作会由殷人自行组织完成。

周公描述的洛邑城名为"新大邑"："周公初基，作新大邑于东国洛。"（《尚书·康诰》）这正和商人称殷都为"大邑商"相对，象征着它是殷都居民的新家园。"新大邑"分布在瀍水的东西两侧，两地相距数公里：东侧主要是殷商移民居住区，西侧是周王行宫、宗庙以及周人居住区。在瀍水西岸（今洛阳火车东站附近）有一片周人贵族聚居区，王朝显贵大都在这里建造宅邸。墓区出土铜器中有"太保"铭文，说明召公奭家族的部分墓地也在这里。但因为洛邑城被覆压在现代洛阳城之下，目前发掘范围还很有限，尚未发现大规模的宫殿台基。也可能是洛邑的规划以实用为主，没有太多奢华的工程，也没有城墙。

到下半年，新洛邑基本完成，官方名称为"成周"。有人说，这名字可能寓意周朝的成就，也可能和成王的尊号有关。与之相对，镐京（丰镐）被称为"宗周"，因为资历更老一些。岐下的周原则单称为"周"，是最古老和狭义的周地。

周公先是赶赴镐京向成王报告，并随成王来到成周洛邑。在这座据说距离上帝最近的城市，成王"加元服"（成人礼），从此开始履行王的职责：接见在洛邑的商人长老和周朝百官，在各种典礼上频频露面。周人希望让殷商移民看到新王振作有为的气象，所谓："有王虽小，元子哉！"

此后，周公和召公对少年成王又有几番关于王朝兴衰的说教。和以往不太一样的是，二人的论说里新增了一个"小民"概念，指的是构成王朝主体的普通农夫和贵族封邑里的农奴。按照周公和召公新发展的理论，王应当关注小民的生活，听取他们的意见，不要（让贵族）虐待和过度剥夺他们，小民才是王永远获得天命眷顾的基础，所谓："欲王以小民受天永命。"

> 其惟王勿以小民淫用非彝，亦敢殄戮用乂民。若有功，其惟王位在德元，小民乃惟刑用于天下。越王显，上下勤恤，其曰：我受天命，丕若有夏历年，式勿替有殷历年。欲王以小民受天永命。
> （《尚书·召诰》）

到年底，成王在洛邑举行迎接新年的祭祀，奉献给文王和武王各一头红色的牛（骍牛）。[16]看来，周公的新祭祀原则已经成为王朝正式制度。

但不知为何，成王并没有把洛邑作为真正的首都，不久之后，他又返回了镐京。和父辈不一样，成王并没有和商人共同生活的经历，但洛邑的主体居民是商人，这可能会让成王难以适应。结果，武王和周公谋划的迁都事业并未变成现实。此后，洛邑（洛阳）一直是西周王朝管理东方的军政中心，其主体是殷商移民，可以组建规模很大的军队。西周王朝前期，在洛阳可以调动的兵力是"殷八师"，也叫"成周八师"，每个师兵力数千人；与此相对，在宗周镐京，周人为主的兵力是"西六师"。

而商人也最终接受了商王朝的终结，在此后的几百年里再未试图复辟。但是，人祭的积习仍难以根除，周公和成王还有很多工作要做。

修改历史记忆

周公辅政时期留下的讲话文稿（诰命），几乎都是把商周王朝的更迭归因于统治者的个人德行，完全没有提及商人的人祭宗教，以及其崇尚武力和凶暴的文化品格，似乎商人和周人从来没有任何区别。

在《尚书·无逸》中，周公还把君王的在位时间和他们的德行联系起来，认为越是有德的君王，其享国时间越久，比如，商朝的高宗（武丁王）在位长达五十九年，周文王在位长达五十年（包括受命称王之前担任周邦族长的时间）。作为商末成长起来的一代人，周公不可能不知道商人的血祭文化，但他却从未提及，好像它们根本不曾存在。

其实，这背后隐藏着另一个问题：商人的血祭宗教是被周公终结的，但周公所做的远不止于此，他还要抹杀关于它的记忆，防止它死灰复燃。[17]

而忘却是比禁止更根本的解决方式。为此，首先必须毁灭殷都，拆分商人族群，销毁商王的甲骨记录；其次，自古公亶父以来，周人曾经为商朝捕猎羌俘，这段不光彩的历史也应当被永久埋葬；再次，长兄伯邑考在殷都死于献祭，他的父亲和弟弟们还参与并分享了肉食，这段惨痛的经历也必须被遗忘。

目前殷墟发现的甲骨卜辞大多是武丁王时期的，属于末代的帝乙和纣王的数量极少，而且没有发现任何关于"周"的内容。然而，从常识推测，自古公亶父以来，周邦和商朝有很多交往，尤其是在周灭商之前的几年，纣王按理会占卜对付周邦的策略。

所以本书猜测，周公很可能曾派人检查过商朝的甲骨档案，并销毁了和周有关的一切内容，包括档案库在内的宫殿区也被焚毁和掩埋，即使三千年后有些甲骨被零星发现，也根本找不到涉及周的任何内容。

不仅如此，以周公为首的周朝上层还要重构新版本的历史：夏人、商人和周人没有什么区别，从来不存在人祭行为，王朝的更替只是因为末代君王的德行缺陷。在周公的诰命里，他一遍遍地重复这套新版的历史解释，终于成为西周官方定论。

或者也可以这么说，在周公辅政时期，周人中已经形成某种明确的"政治正确"：不能批评商人的宗教文化，更不能记录商人曾经的血祭行为。在文王和武王期间，周人应该还没有这种忌讳，不然，文王不会在《诗经·荡》中极度愤怒地控诉殷商王朝的残暴和堕落；而另一方面，这首诗应该也经过了周公一代人的改造，去掉了关于血祭的那些最为敏感的内容。

西周建立后，被周朝强制迁徙到各地的商人聚落很多，但它们已经很少发生用人献祭或奠基的行为，至少难以在考古中发现。比较特殊的是洛阳，这里是"殷顽民"（最顽固的殷商文化传承者）最集中的地方。

1974年，洛阳市北窑村发掘出一座西周前期的铸铜作坊，规模很大，陶质铸范碎块多达数万块，发掘报告指出，"早期居住遗存和第一期墓葬，出土陶器同殷墟小屯南地晚期陶器异常接近，时代应该接近殷末，即相当于西周初年"，而且铸范亦显示青铜器造型和纹饰沿袭了殷墟末期风格，显然是从殷都迁徙而来，甚至就是之前殷都王宫区以南苗圃北地的大型铸铜作坊。

这座铸铜作坊不仅有来自殷都的铸铜技术，还有商人特色的人祭行为。比如，编号为F2的就是一座铸造厂房（东西长11.2米，南北宽7.2米），在它的夯土基址周边，有12座奠基坑呈环状分布，坑内共发现人骨架七具、马骨架三具以及狗骨架两具；朝东、朝南的两座房门外也各发现一座祭祀坑，内埋一人和一狗，"奠基所埋的人、兽有活埋时挣扎之状"。但发掘报告过于简略，没有祭祀坑的详细介绍和平面图，难以复原当时的细节。

铸铜作坊紧挨着墓葬区，其中规模最大的是M14，有很长且有直角弯的墓道，其他小墓则分布在它的周围。发掘报告推测，M14墓主应当是这座作坊的拥有者，但墓穴早已被盗掘一空，连尸骨遗存都没有，所以无法判断殉葬人的情况。墓道两侧有祭祀坑，分别是两座马坑、一座羊坑和一座人坑：马坑内各埋有被肢解的马两匹，羊坑内埋有四只羊，人祭坑内埋有一人。[18]和殷墟相比，祭祀用人已经少得多了。

1975—1979年，洛阳市文物工作队扩大了对铸铜作坊遗址的发掘范围，发现了更多的人祭坑和近30具非正常死亡的尸骨。比如，大型灰坑H249发现人骨架六具，彼此相隔1—2米，呈基本平行的两排，有的无头颅，有的头被砍下来放在身体一侧，有的两臂曲在胸前且腿弯曲，"似捆绑状"，有半数的人，或胳膊或腿残缺。

此外，和这些人祭坑一起被发现的，还有一些完整的马、羊、狗骨架，以及占卜用过的甲骨。发掘报告推测，"每逢开炉浇铸之前很可能存在有占卜和人祭、牲祭之类的宗教祭祀活动"。[19] 这座铸铜作坊从西周初年开始生产，持续存在半个多世纪，直到大约周穆王时期才被废弃。

铸造作坊以北 200 米处，是周人高级贵族公墓区。这些周人贵族墓虽然规格高，墓穴大，随葬品多，但都没有殉葬人，更没有用人献祭。此外，这些周人墓葬都是头朝北方，而铸铜作坊的墓葬都是头朝南方，看来，殷人和周人移民都还各自保留着自己的文化习俗，即使比邻而居，也泾渭分明。[20]

另一处祭祀场在今河南科技大学的林业职业学院内，有两座残留灰烬的燎祭坑和 37 座埋牲祭坑，多数坑内有完整的马或牛或猪骨架，还有人和马、猪、牛、狗一起埋葬的。报告没有提供人祭数量，从照片看，可能每座坑内不超过一人。[21] 目前尚未公布更详细的发掘报告，从人和牲畜混合祭祀的做法来看，与殷墟刘家庄北制陶聚落相似，但肢解分尸的现象已经比刘家庄北少。

这些"殷顽民"的人祭行为难免会引起成王和周公的注意，根据周公的"政治正确"原则，这些事情很难被文献记录。为此，周公叔旦需要发明一套新语汇。

这是年轻的成王首次需要面对的困难。

成王的愤怒

刚刚亲政的成王比较急于走出叔父周公的影响，建立自己的功业。恰好，山东地区的东夷土著又发生叛乱，核心是"三监之乱"时期曾活跃的奄国。当地有两个周朝刚分封的诸侯国，分别是周公长子的鲁国和太公吕尚长子的齐国，朝廷需要为这两个立足未稳的诸侯提供保护。

于是，年轻的成王便带兵亲征东夷，陪伴在他身边的是母亲邑姜，而周公可能坐镇镐京后方。有些周臣僚制作的青铜器铭文记载了太后在东夷战争中的活动。在周公辅政和儿子隐居成长的七年里，邑姜一直静默无闻，但现在，她不仅在意儿子的安全，也牵挂创建齐国的兄弟（此时吕尚可能已经离世）。

成王亲政第五年，第二次东夷战争结束后，成王和母后东返，途中经过成周洛阳小住了一段时间。在这期间，有一位贵族曾获得成王的接见，之后更是专门制作了一件青铜尊，这就是因"宅兹中国"的铭文而著称于后世的"何尊"。这也是目前发现的"中国"一词的最早记录，它在当时的意思是"中原之地"。[22]

何尊及其铭文拓片

返回宗周镐京后，成王立刻和周公召集会议，对殷周贵族们发布了一个讲话，这便是《尚书·多方》。即使周公叔侄刻意控制了情绪，其中包含的对殷商遗民极为深切的反感和厌恶也还是弥漫在文字之间。显然，成王此行可能看到了一些让他和周公深为愤怒的现象。

在开篇，周公先向臣僚们转达了成王的话："向你们四方列国正式宣告，特别是殷人的君侯、长老和民众，我很严肃地向你们下达王命，你们不是不知道那改朝换代的伟大天命，也不是忘了恭敬祭祀……"

到底是殷人的什么行为触怒了成王叔侄，他们却吞吞吐吐地说不出来，只是诉诸"周公式"的历史说教，说夏朝和商朝的灭亡都是因为残酷地虐待人民，滥用各种刑罚，诸如"不肯戚言于民，乃大淫昏""日钦劓割夏邑""乃胥惟虐于民""殄戮多罪"等，故而丧失了天命。而且，周公这次指责的不是夏桀和商纣这两位末代昏君，而是整个"多士"（贵族阶层）。比如，他批评夏朝的贵族们只会虐待人民，有各种不人道行径：

> 惟夏之恭多士，大不克明保享于民，乃胥惟虐于民，至于百为，大不克开。

后面成王的发言，怨气更大，但也更不知所云。按他的说法，"殷多士"，也就是殷商贵族们，虽然已经投降周朝且奔走效力五年，但在自己的家庭和族邑里仍然"不和""不睦"，用"凶德"统治，"尔心未爱"（缺乏爱心），不敬重天命，胡作非为。

然后，成王对他们发出凶狠的威胁："我现在警告你们，再有下次我就要动武，把你们抓起来，用大刑处死！一次不起作用，还会有第二次、第三次！不是我们周朝不慈善，是你们自己招来的报应！"

> 今尔尚宅尔宅、畋尔田，尔曷不惠王熙天之命？尔乃迪屡不静，尔心未爱。尔乃不大宅天命，尔乃屑播天命。尔乃自作不典，

图忱于正。我惟时其教告之，我惟时其战要囚之，至于再，至于三！乃有不用我降尔命，我乃其大罚殛之！非我有周秉德不康宁，乃惟尔自速辜！

那么，成王叔侄到底是对什么行为如此愤怒？本书认为，应当是商人群体还残留的人祭、人殉和人奠基等遗风。考虑到成王归途中曾在洛阳停留，应该是当地殷商移民的人祭行为让他感到无比震惊。

在真正的现场发言中，叔侄二人也许会对"殷多士"直言必须禁止人祭行为，但在整理笔录文献的时候，人祭却被替换成了"惟虐""殄戮"等相对含糊的字眼，似乎殷商贵族们只是喜欢滥施刑罚而已。从现实意义看，这种替换的区别并不大，因为商人对人牲、罪犯、俘虏和奴隶这些概念的区分本身就很模糊。在官方文本的记载中，成王叔侄看似绕开了商人宗教的话题，但严禁商人以包括宗教在内的名义随意杀人的立场非常明确。

根据周公确定的"政治正确"，在正式的文献里，他们只能把商朝的灭亡归因到商纣一人身上，但如今，成王叔侄显然认为殷商遗民的人祭行为已经不光是商纣能负责的了，有必要对整个商人贵族阶层予以斥责。在周初的官方文献里，这是非常例外的现象，再考虑《尚书·多方》毕竟是西周的官方版本，我们可以合理推测，当时成王叔侄对殷商遗民发出的威胁应该会更为严厉。

相比商朝，西周初年殷商遗民的这类行为已经急剧下降，甚至近于消亡，这应该和周公叔侄的严厉态度有直接关系。

针对殷人的分封：卫与宋

在周公辅政最后一年，新洛邑建设开工之际，周公旦以王的身份宣布了册封弟弟周封为卫侯的决定。

新生的卫国将统治旧商朝核心区，都城设在废殷都以南约60公里的朝歌。虽然殷都已经沦为废墟，居民也搬迁到关中、洛邑和宋国，但都城之外的商人聚落还有很多。对卫侯周封来说，统治和改造这些殷商旧民依然是一项颇有难度的工作。

周公格外地重视卫国的创建，在册封典礼上前后三次对周封训话，后都被收入《尚书》，分别是《康诰》《酒诰》和《梓材》。

这三篇诰命的文辞有些古奥，但基本精神比较明确，即要求周封管理好殷商旧民，还要让他们改变陋习，成为新民，为王朝继续赢得天命："惟助王宅天命，作新民。"

在统治方式上，周公要求周封吸收以往商王的成功经验（"往敷求于殷先哲王"），多向商人长老咨询意见；但是在刑罚上，则要求周封必须垄断刑罚的权力，其他任何人都不能擅自做主，不管是判处死刑还是割鼻子或耳朵这类肉刑。

> 非汝封刑人杀人，无或刑人杀人；非汝封又曰劓刵人，无或劓刵人。（《尚书·康诰》）

前文已述及，周公和周族上层比较忌讳提及商人的人祭和人奠基等宗教行为，把它们笼统地归入了非法的刑罚。周公对周封的这一要求应当也包含要在卫国境内禁止人祭行为——这已经是划归国君独有的权力，其他任何人的此类行为都是非法的。

在卫国境内，不仅禁绝人祭宗教的工作量比较大，针对殷商旧人谋逆行为的镇压力度也很大，所以周公的训话涉及刑罚的内容很多：要求周封制定刑罚的标准，通过相关的官员发布给民众，殷商刑罚中有合理性的要保留下来（"汝陈时臬司师，兹殷罚有伦"），有犯罪处刑的要按颁布的标准执行，不要再自己另出新意；但如果有自恃武力抢劫财物和人口以及因抢劫而杀人的，既然他们不怕死，就要一概处死。

> 寇攘奸宄，杀越人于货，暋不畏死，罔弗憝。（《尚书·康诰》）

商人酗酒的风气很盛，不仅墓里随葬成套酒器，文献中也多次记载商人酗酒问题严重。不过，在重视政治正确的周公口中，商人只是到纣王时期才染上了这种恶习，之前都非常节制。他告诫周封："在我们西土，文王曾经专门教导，只有祭祀的时候才可以喝酒，而且不能喝醉，所以直到今天，我们西土之人都没有酗酒的恶习。醉酒误事，让人丧失礼仪，荒废工作，还变得凶狠、残暴、不怕死；特别是很多人在一起喝酒，臭气会直达天庭，诸神很不喜欢，而这是商朝灭亡最主要的原因。"

接着，周公命令周封："一定要严厉禁酒，如果跟随你去的周人聚在一起饮酒，你发现以后不要放过，把他们抓起来送到朝廷，我来处死。如果那些殷商贵族这样喝酒，你不用杀人，教育他们就行了。你如果不听我的教诲而把卫国搞乱，那也是要受死刑的！"

在册封典礼上，两名王朝官员依次履行给周封授予土地和民众的仪式，但授予卫国的疆界只列出了南北两个地标，北境的方位不详，南方到黄河南岸的荥阳一带。此外，还有两小块飞地，一块在宗周镐京附近，一块在成周洛阳附近，如果周封及后继者去参拜周王，可以住在自己的京郊领地之内。

授予周封的民众是"殷民七族"，分别是陶氏（陶工）、施氏（旗工）、繁氏（马缨工）、锜氏（锉刀工或釜工）、樊氏（篱笆工）、饥氏、终葵氏（椎工）"（《左传·定公四年》），部族名称大都和手工业有关，有制陶、冶金、车马器等，可能是卫国国君的私人产业。但卫国境内的商人总数应不止于此。

此外，虽然最后一位商王武庚禄父未得善终，形式上的商王朝也不复存在，但周公认为仍有必要保留商王室的世系，决定让纣王一位庶出的兄长微子启继承商朝，都城定在商丘，是为宋国。这里是成汤王灭夏之前的旧居，如今作为商朝传人之国也比较合适，因此商朝的王族后裔主要就聚居在宋国。

《史记·宋微子世家》载，牧野之战后，武王联军驻扎殷郊，微子启曾主动登门投降示好："持其祭器造于军门，肉袒面缚，左牵羊，右把茅，膝行而前以告。"这是春秋时期亡国之君请求饶恕的仪式，商末应该还没有这种礼仪，可能出自后人的虚构。但微子主动向武王投诚应该是存在的，如前所述，稍后主动到关中投靠并定居的"微史氏"可能也是微子的家族成员，受微子之命主动到关中做人质。

当然，宋国国君不能再称王，地位比武庚时期也更低，但仍享有一些特殊的礼遇。比如，在西周朝廷的各种典礼上，宋国国君不需要和其他诸侯国君一样叩拜周王，时人称为"于周为客"[23]，意为做周朝的客人。这是周王室对商王室后裔的优待。

周公大分封与新华夏

周公需要巩固新征服的东方地区，不仅要实现政治上的控制，还要实行文化上的改造，铲除商人血祭宗教的遗留，使其彻底同化于周人的文明。为此，需要把周人派遣到东方，建立一系列诸侯国。

用分封侯国的手段控制遥远地区并不是周人的发明，在商代就已经有一些深入异族之土的侯国，比如周族人最熟悉的老牛坡的崇侯之国。这是蛮荒上古时代的技术条件决定的：人口很少，交通通信不发达，很难用官僚制的地方层级政府管理远方，只能采用武装殖民、世袭统治的方式，也就是封邦建国的所谓"封建制"。

灭商后不久，周武王就已经分封了一些兄弟到东方建国，如负责监控殷都的"三监"管叔、蔡叔和霍叔，管叔的封国在今郑州市（管城区），蔡叔和霍叔的封国不详，但应该也距离殷商核心区不远。

《史记》还记载："（武王）封尚父于营丘，曰齐。封弟周公旦于曲阜，曰鲁。封召公奭于燕。"但这似乎不太符合当时的局势，因为牧野灭殷之后，周人的势力还没有延伸到山东等东夷地区。不过，另一方面，武王完全有可能对重要的家属成员进行分封，这是部落社会"战利品分配"习俗的遗风，有其合理性。有学者注意到，鲁国和燕国最初的封地都在河南，鲁国在鲁山地区，燕国在郾城地区。看来，这是武王灭商之初能够控制的范围。[24]

但武王在灭商后一年多就去世了，他规划的很多分封事业还没来得及实施，然后便是"三监之乱"和周公再度征服东方。因而，册封诸侯的活动在周公主政时期才真正大规模铺开。

这就是西周初年的"大分封"，周人称之为"封建"："建"是建立国家；"封"字的来历有些曲折，它的本意是人工筑起土堆，但当时尚属草昧时代，诸侯国之间并没有明晰完整的疆界，只是在交通要道筑起一座大土堆代表国界，所以"封"就是给诸侯划定统治疆域。

《左传·僖公二十四年》载，春秋时候，一位名叫富辰的王室大臣劝谏周襄王说：

> 昔周公吊二叔之不咸，故封建亲戚，以蕃屏周。

这是"封建"一词最早的出处，封邦建国之意。武王册封过的管叔绝嗣，蔡叔和霍叔的后人被周公改封到了别处：蔡国在豫南，霍国在晋南。而之前被封到河南的鲁国和燕国，周公又重新规划了它们的位置。

周公分封亲属的规模很大，春秋时人曾归纳说，文王的儿子辈（周公的兄弟们）建立的封国多达十六个："管、蔡、郕、霍、鲁、卫、毛、聃、郜、雍、曹、滕、毕、原、酆、郇，文之昭也。"其中当然也包括周公自己的鲁国。但要注意，这里面的管国是武王而不是周公分封的，而且存在时间很短。之后，武王的儿子建立的封国有四个："邗、晋、应、韩，武之穆也"；周公的儿子建立的封国有六个（鲁国之外）："凡、蒋、邢、茅、胙、祭，周公之胤也。"（《左传·僖公二十四年》）

但上述还不够全面，那些与王室同宗但亲缘关系稍远一些的封国没有被列入，比如召公奭的燕国，以及文王伯父仲雍后人的虞国、文王弟弟家族的虢国等。

除了这些周族的姬姓封国，和周人有传统盟友关系的姜姓族（羌人）也被分封到了东方，如山东有齐国和纪国，河南有吕国和许国。另一个和周族有联姻关系的西土部族姞姓戎人，也被分封到了河南地区，建立了姞姓的南燕国，只是在后来的史书中，它有时会被人混淆为召公的姬姓燕国。

至于东方原有的、对周朝比较恭顺的土著部族，周朝也会承认他们的诸侯身份，比如河南地区妫姓的陈国，据说是舜帝的后人，在周武王崛起的时候投靠了周——武王灭商的军队里的将领陈本可能就来自陈族。此外，武王还把自己的女儿嫁给了陈族的族长。

周公分封的姬姓诸侯国里，有些会掺杂一些被拆分的商族人：上述卫康叔获"殷民七族"；周公自己的鲁国则有"殷民六族"，其部族名称也和手工业有关；燕国都城的贵族墓地分为周人墓区和商人墓区，显然也有被拆分定居于此的商人。

被分封的各姬姓和姜姓侯国皆设立在新征服的东方地区。因为这些诸侯国要统治原有的土著部落，所以周公特别强调要尊重他们的风俗和习惯法：分封周封到卫国，周公叮嘱"启以商政，疆以周索"（大原则用周人的，习俗用商人的）；分封武王的幼子周虞到晋国（封地在晋南的今翼城一带），在周人的传说中，这是夏朝的疆域，当时这里的主要居民是戎人——周公告诫周虞要"启以夏政，疆以戎索"（大原则用戎人的，习俗用夏朝的）。

周公辅政时期，最不安定的是山东地区，所以周公自己的鲁国和太公吕尚的齐国都在山东。这是他们为巩固王朝需要承担的责任。周公主要在朝廷工作，创立鲁国的工作是他的长子伯禽完成的；吕尚年事已高，可能分封不久就去世了，所以创立齐国的工作也主要由他的儿子完成。

此外，召公奭的燕国也很遥远，在今北京市境内。看来王朝重臣的封国都要设在最遥远的前方，这似乎是周公分封的一项原则。

当然，周公等贵族都有不只一个儿子，但幼子一般不会被分封到外地，而是在京畿获得一块封邑，继承父亲在朝廷的职位。从西周到春秋，周朝廷里一直有周公、召公、毕公担任大臣，他们大都是始祖的幼子家族。

从地理方位上看，周公辅政时期分封的这些姬姓和异姓诸侯，就像是伸向东方的探索触角和控制网络：

一，最近的是和关中毗邻的晋南运城盆地，有晋、韩、耿和霍。它们依托山地，面对平原，控制着山地的矿产资源、交通孔道和平原上的农业区；

二，在太行山南麓，东行折而向北，有原、邢、雍、凡、共、卫、邢和燕。它们一直连接到燕山山脉，镇守着之前殷商王朝的核心地带；

三，在黄河东南侧和洛阳以东，有东虢、郐、胙、杞、宋、戴、曹、郜、毛，并一直延伸到山东地区的齐、鲁、滕、郕和纪。这个方向还有些异姓的土著族邦，属于嬴、曹、任、风、妘等姓，但经历过西周初年的几次平叛战争后，已经没有实力对抗周朝，对齐、鲁等周诸侯也比较恭顺。

四，在河南腹地及淮河北侧的支流上，则有陈、蔡和蒋。它们控制了东南方的部分夷人地区，为周人继续向东南和西南扩张埋下了伏笔。

跨族婚姻与民族融合

伴随着周人大分封运动的，是广泛而持续的民族融合。由此，新的华夏族逐渐成形。

这和周人传统的"同姓不婚"（族外婚）习俗有直接关系。周人的"姓"是区别种族血缘的概念，它承认不同的族群血缘有区别，但又认为各族群是平等的，不仅可以，而且必须互相通婚。

那些被分封到远方的周族姬姓诸侯国的国君和高级贵族，都要从外国寻找异姓配偶，而低级贵族则多与本国内的异姓贵族通婚。各族群的贵族由此进入了一张巨大的联姻之网，异姓侯国的上层逐渐被周人同化，逐渐融入了周朝的政治同盟和文化共同体。他们追求的成功是获得周天子的册命，与姬姓诸侯嫁娶通婚，甚至在周王朝廷获得一个官职。由此，以今河南省为中心，环以陕、晋、冀、鲁部分地区，形成了一个跨地域的贵族阶级—周文化共同体。

商族人本来没有"姓"的概念，也不流行族外婚，但被周人征服后，商族人骄傲的自我意识被彻底打碎，与统治者周族通婚自然是他们求之不得的优待。周王室以及周公后裔的鲁国，都经常和商王后裔的宋国通婚。

周王室把商人定为"子"姓，这因循了商人的语言习惯，商王甲骨卜辞中的"子"原本就是王子之意。按照周人的习俗，商人的族姓是子，而族姓只能用来称呼女人，所以商族人的女性都称为"某子"，比如春秋时卫灵公的夫人以及和孔子有过暧昧传闻的南子都来自宋国。卫国是周王室的姬姓封国，这是周族人和商族人之间的联姻。

其他各种东方族群的"姓"，可能也是周人用近乎随机的方式命名的。随着西周统治日久以及与周人的通婚，这些族群上层也都接受了周人给自己的姓以及"同姓不婚"的观念，逐渐进入了周人文化圈。

新兴的周文化，是西土周族传统文化和商文化的融合：一，它继承了商人的文字体系，但部分语言习惯来自周族；二，它继承了商人的"上帝"观念，但又逐渐将其淡化为含义模糊的"天"；三，它严厉禁止商人的人祭宗教，拉远人和神界的距离，拒绝诸神直接干预人间事务；四，周人谨慎，谦恭，重集体，富于忧患意识，这些都成了新华夏族的样板品格。

进入"正常时代"的西周

西周王朝存续二百七十余年（公元前 1046—前 771），和殷都的寿命基本相同。

关于周人灭商和西周开国，还有一些文献资料，如《诗经》的史诗、《尚书》的诰命和《逸周书》的记事；但开国后的史书记载却非常稀薄，我们只知道，从武王到末代周幽王，西周一共有过十二位王，但就连他们的在位时间也大多难以确定。

在文王、武王和周公时期，周人还曾经模仿商王在占卜甲骨上刻字，但后来却逐渐地不再刻写卜辞。当然，他们还用甲骨来占卜，只是不再留下卜辞记录，这使我们缺失了很重要的信息来源。

周人显贵大都热衷铸造青铜礼器，有些铜器上会铸造铭文（金文），记载主人认为重要的事件，最常见的是受到周王的接见，或者获得王赏赐的贝、车服或者土地、官职，少数会记载主人的某次战功，或者与其他贵族的诉讼和土地交换。受铜器体量的限制，铭文的篇幅都不太大，叙事非常简略，因此后人对西周贵族社会的认识只能是蜻蜓点水。

西周的主要成就是它的诸侯封国在东方发芽成长，北到燕山，南到淮河，东到山东，西到陇山，形成了以中原为中心的政治文化圈。

在周公时代，向远方分封如此众多的诸侯国是一项冒险之举，这就像是把种子撒向一片未经开垦的土地。在周王朝的荫庇之下，这些诸侯国基本都存活了下来，但其中哪些能发展壮大，则有很多未知因素。

王朝重臣（如太公吕尚、周公旦和召公奭）的嫡长子封国，会获得较多的臣民和领土，成为举足轻重的大国。齐国和鲁国在这方面的表现都不令人意外，但召公的燕国实在过于辽远，在西周朝的多数时间乃至整个春秋时代，它几乎都是默默无闻，有时甚至还被敌对的土著族群隔断道路而有上百年和中原音讯不通，它后来在战国时期能够重新振兴而跻身战国七雄，肯定不是当年所能预料的。

到春秋时期，很多周人诸侯国已经消失，大多被周边邻居甚至自己的兄弟之国吞并。最先靠兼并膨胀起来的是晋国，最初分封时，它还只是运城盆地中各姬姓诸侯中的一个，并没有受到格外优待，所以也没人会预料到它在四百年后的急剧扩张。

周公之后的西周王朝，分封新诸侯的工作仍在进行，但规模已经不如开国之初。理论上说，每一代周王都会有不只一个王子，除了继承王位的嫡长子，其他王子也都可能被分封为诸侯，但在承平时代，被分封到遥远的陌生土地并不是一件美差——关中地区最为富庶和安全，这里有掌控巨大资源的朝廷以及显贵辐辏的社交场，远胜边地侯的生活。

西周王朝曾至少三次向南方扩张，把势力推进到淮河南侧及汉江流域，所以又在淮河和汉江流域分封了一些姬姓诸侯国，或者把原有诸侯异地安置，如姜姓的申国，它原在关中，西周末期（宣王时期）被改封到了南阳地区，《诗经·大雅·崧高》记载了宣王此次册封（迁徙）申国的盛况。

随着周人占据东方日久，其在西部的亲缘部族，也就是姜姓和姬姓的戎人，也逐渐向东迁徙，在东方诸侯列国间定居下来。他们还保留着自己的部落组织，虽也有定居农业，但还是畜牧业占比较大。然而，日渐"文明"和富裕的周人此时已经不太看得起这些粗朴的戎人，或许是因为古老的亲缘关系，周人东方诸侯大都对其采取一定的容忍，双方一般能相安无事。

可以这么说，西周–春秋时的中原，开发程度还很低，各诸侯国的城邑就像散布在荒野中的零星孤岛，有各种土著或东来戎人部族穿插点缀其间。

在长江以南，考古曾发现一些周商元素混合的西周时期聚落，看来周人和殷商遗民还曾经结成远征小团体深入江南建立据点。但由于迄今在史书和金文里未见有过记载，很难判断这些人的目的是什么。而且，他们并未对南方造成太大影响，很快就消失了，或者被周边土著同化了。

对西周王朝的威胁主要来自陕北和晋北，铜器铭文记载，"戎"人部落时常侵袭关中核心区。战斗中，周军会缴获大量马和马车，但我们不清楚这些马车是否双轮快速马车，如果是，则代表戎人已有发达的手工业，身处拥有复杂分工的农业文明；如果还只是低速的货运大车，则代表他们此时还处于萌生中的游牧文明阶段。另外，周人的文献也没有提及这些戎人是否属姜姓或姬姓，所以难以判断他们和周人是否有亲缘关系。

西周社会是典型的身份世袭制，周王任命朝廷高级官员（卿）的选择范围很小，基本由十几个显赫的家族世代占据着朝廷主要官职。而且，官职本身并没有薪俸，全靠自家封邑收入，做官只是可以给他们提供获得更多封邑的机会。各诸侯国内部的权力结构也类似，但规模要比镐京朝廷小很多倍。

就这样，随着统治阶层的繁衍，周朝特色的贵族制度逐渐得以形成，其中，最首要的是"宗法"家族制，核心则是嫡长子一系的独尊地位。

一，周朝各姬姓诸侯（被分封的王室亲属）对周王的效忠服从，是家族兄弟（及其后人）对嫡长兄（及其嫡系后人）的服从。

二，在各诸侯国内部，太子之外的公子被分封为世袭大夫，大夫再繁衍和分封出"士"。

三，非周族的异姓诸侯和贵族则通过婚姻关系被纳入家族结构中。周王尊称同姓诸侯国君为"伯父"，称异姓诸侯国君为"伯舅"（当然必须是曾经和周王室有过联姻关系的），伯代表排序。

这套基于血缘宗法制的贵族等级和封建政治秩序，周人称之为"礼"。不同等级的贵族使用相应的车马、住宅、衣服、乐器、玉器、酒器和食器组合，丧礼和随葬品也以此类推。各种典礼仪式上，比如朝见天子、祭祀和宴会等，入场顺序以及站或坐的位置由相应的等级身份决定。

典礼可以在不同层次举行，如诸侯国或大夫家，但基本原则一致。贵族的冠礼、婚礼、丧礼和祭礼也都有各等级的标准规范，几乎所有礼仪场合都有乐队伴奏，而乐队的规模和演奏的乐曲也都有相应规范。所以，周人贵族文化又被称为"礼乐文明"。

后世周人认为，这套礼乐文明是由周公创立的，到孔子的儒家学派出现后，"周公制礼作乐"的观念则更加流行。其实，周公当政时最关注的是新兴周王朝的各种军政大事，如废除血祭、拆分商人和大分封等，还来不及注意过于细节的层面，所以礼乐制度实则是在西周朝逐渐积累和规范起来的，到春秋乃至孔子的时代都还在继续发展。

到西周后期的厉王、宣王和幽王时期，有些高级贵族家族已经在朝廷中非常活跃。他们在关中拥有封邑，连续数代人担任周朝高官，和外地诸侯通婚，形成了一张包含各族姓、从京师到各诸侯国的权力之网。

到周幽王时期，贵族诸侯间的派系之争则更为激化。周幽王试图疏远那些长期得势的姬姓和姜姓诸侯，利用另外一些诸侯国的力量废黜了来自姜姓申国的王后以及王后生的太子宜臼，引发了周朝的激烈内战。随后，北方犬戎部落受邀介入，结果关中和镐京在混战中沦为废墟，幽王被杀。在晋和郑等诸侯国的支持下，平王宜臼迁都洛阳，幽王倚重的诸侯则被逐一消灭。

从此，中国历史进入东周–春秋时期，王室权威衰落，中原诸侯开始摸索新的游戏规则。

注释

1　《尚书》的"周初八诰"是《大诰》《康诰》《酒诰》《梓材》《召诰》《洛诰》《多士》《多方》。其中《多方》晚一些，已经在周公奉还大政后成王亲政的第五年。

2　如《尚书大传》中举出的"奄君、蒲姑"，是山东部族；《逸周书·作雒解》记载有"殷东徐、奄及熊盈"；《尚书·大诰序》和《史记·周本纪》有"淮夷"。

3　释文参考杨宽《西周史》，第149页。

4　蔡叔、霍叔的继承人后来都获得了封国，管叔则没有后裔传承。

5　《吕氏春秋·古乐》："成王立，殷民反，王命周公践伐之。商人服象，为虐于东夷。周公遂以师逐之，至于江南。乃为三象，以嘉其德。"

6　《孟子·滕文公章句下》："周公相武王，诛纣伐奄，三年讨其君，驱飞廉於海隅而戮之，灭国者五十，驱虎豹犀象而远之，天下大悦。"这里说的"相武王"是错的，当时已经是成王继位，周公摄政称王。《逸周书·作雒解》："凡所征熊盈族十有七国，俘维九邑。俘殷献民，迁于九毕。"九毕方位不详，应在周人控制严密的西土。这也是秦人先祖嬴姓东夷被迁徙到西部的由来，只是司马迁写《史记·秦本纪》时已经不了解这段来历，以为秦族一直生息在西土。

7　如前文所述，武丁的这个真实形象没能流传到周以后的时代，只保留在了甲骨文里。

8　梁思永、高去寻：《侯家庄·1001号大墓》，（台北）"中研院"历史语言研究所，1962年。

9　中国社科院考古所安阳工作队：《河南安阳市殷墟刘家庄北地2008年发掘简报》，《考古》2009年第7期。

10　同上。

11　中国社科院考古所安阳工作队：《河南安阳市殷墟刘家庄北地 2010—2011 年发掘简报》。

12　中国社科院考古所安阳工作队：《河南安阳市殷墟刘家庄北地铅锭贮藏坑发掘简报》，《考古》2018 年第 10 期。有关 H25 窖藏坑的基本信息及图片皆出自该简报。

13　何毓灵：《论殷墟刘家庄北地铅锭贮藏坑性质》，载中国社科院考古所夏商周考古研究室主编《三代考古》（第八辑），科学出版社，2019 年。

14　《尚书·君奭》："周公……又曰：'天不可信，我道惟宁王德延，天不庸释于文王受命。'" 此语大意是，天命有去留，只要我们能信守文王的德行，上天降给文王的大命就能一直保持下来。

15　王晖：《周初改制考》，《中国史研究》2000 年第 2 期。

16　《尚书·洛诰》："戊辰，王在新邑烝，祭岁，文王骍牛一，武王骍牛一。"

17　以往较少有学者注意到人祭记忆被人为抹杀的问题，只有童恩正有过一点猜测："在文献中有关殷代人祭的记载，由于奴隶社会和封建社会史家的有意隐晦，我们所见的已经不多，但古籍中偶然亦保存了一些痕迹……" 参见童恩正《谈甲骨文"羌"字并略论殷代的人祭制度》，《四川大学学报》（哲学社会科学版）1980 年第 3 期。

18　洛阳博物馆：《洛阳北窑村西周遗址 1974 年度发掘简报》，《文物》1981 年第 7 期。

19　洛阳市文物工作队：《1975—1979 年洛阳北窑西周铸铜遗址的发掘》，《考古》1983 年第 5 期。

20　洛阳市文物工作队：《洛阳北窑西周墓》，文物出版社，2002 年。殷墟时期的商人墓葬，其实没有固定的朝向，不同的遗址各有其规律。而北窑商周两族墓葬头向的不同，似乎是两者有意互相立异。

21　周立、石艳艳：《洛阳西周早期大规模祭祀遗存的发掘》，《中国文物报》2016 年 6 月 17 日。

22　何尊铭文的制作时间是"五祀"，有学者认为这是周公辅政第五年、洛阳刚刚建成的时间。其实周公营洛邑是在辅政第七年，对此《尚书》有明确记载。成王亲政后开始重新纪年，何尊和《多方》的五祀都是成王亲政的年份。

23　《诗经·周颂·有客》："有客有客，亦白其马。"《左传·僖公二十四年》："皇武子曰：'宋先代之后也，于周为客。'"

24　许倬云：《西周史》，第 150 页。

第二十七章　诸神远去之后

相比于商代，周代考古带给我们的新奇和震撼要少得多，它不再有毫无征兆而突然崛起的巨大城市，也不再有庞大而用途不详的仓储设施，当然，更没有了堆积大量尸骨的祭祀场。

曾经漫游黄河南北的水牛、犀牛和亚洲象也迅速消失了，亚热带风情永远地离开了华北。全新世大暖期的顶峰已过，地球正进入下一轮冰期的旅程。

周公的"改制"恭敬地解除了上帝和诸神对世间的掌控，把他们奉送到距离尘世极为遥远的彼岸世界。诸神远行似乎也带走了一切奇伟莫测，留给人间的只有平庸的平和，以及残留着种种传说的巨大废墟。不过，诸神及其神迹并未消失，只是它们不再返回东亚，而在此后的美洲大陆上，玛雅和阿兹特克等文明将相继繁荣，且伴随着盛大的人祭仪式以及精美的图画文字、石雕和巍峨的金字塔神庙。

对西周遗址的考古，目前已经发掘的有作为政治文化中心的周原、丰镐（宗周）和洛阳（成周），以及部分诸侯国的都城遗址。西周的考古成果主要是墓葬，宫殿建筑和生活区遗迹则较少，这可能是因为后世在丰镐和洛阳也多有城邑建造，比如汉武帝就曾下令在长安西郊开凿昆明池，对西周基址造成了一定程度的破坏。

相对而言，西周遗址中保存较好的是周原，这里有制作骨器和铜器的作坊遗址以及西周初期的夯土城墙，可以说，周原在整个西周朝都非常繁华，是周人和殷商遗民贵族聚居区。而当西周突然崩溃，逃难的贵族只好把家传贵重青铜器埋入地下窖穴，结果，它们在地下一睡就是 2700 多年。

西周遗址也更符合后世人观念里的"正常"标准：人死之后，安静地躺在属于他（她）自己的或大或小的墓穴里，有或多或少的随葬品陪伴，但不再有为他（她）献祭的大量尸骨。

更严谨一点说，后世人的这种"正常"观念，正是周人开创的。

人殉遗踪

周公主政时期，有着上千年传统的人祭和人奠基习俗迅速地消失了，只有洛阳的"殷顽民"多顽抗了一两代人的时间。

在周朝的控制范围之外，人祭行为还有星星点点的存在，比如，有东夷血统的恶来的后人秦族，虽然被周朝几度迁徙，但秦族首领仍一直顽固地保留着人祭、人殉和人奠基的风习。

与狭义的人祭和人奠基相比，人殉风习更加顽固。西周初年，殷商遗民的人殉现象虽急剧减少，但还是不绝如缕。考古发现，多处西周初期墓葬少部分墓内，依然有殉人，大都伴有腰坑殉狗，铜器铭文也往往有商式族徽或天干名字，典型的商人习俗。所以，有学者认为这些墓葬属于"殷遗民"。同期的周人墓葬则基本没有殉人和腰坑殉狗，即使两片墓区紧密相邻，丧葬习俗也截然不同。[1]

在西周朝，殷商遗民的人殉习俗是逐渐式微的，一直延续了近百年，但最后还是消亡了。而且，各地商人使用殉人的数量也有差别，一般而言，被拆分且和周人比邻而居的商人聚落，人殉规模较小；商人大量聚居的地区（如宋国），以及未经过周朝征服的商人方国（如史氏薛国），规模则较大。

比如，晋南的天马-曲村遗址（晋国都城[2]）有一片西周初期中小型殷商遗民墓地，其中 23 座埋有殉狗，两座各殉葬一人；河南新村（卫国）M17 中型墓，有一名屈肢殉人，有殉狗，也属于西周初期殷商遗民墓。

相比而言，在西周诸侯国遗址中，燕国都城琉璃河遗址（位于今北京房山）墓葬的殉人比例很高。1970 年代，对琉璃河遗址的大规模考古发掘发现，这里的西周早期墓葬分为周和商两个区：周人墓葬在京广铁路以东的 II 墓区，共 16 座，没有殉人；殷商遗民墓葬在京广铁路以西的 I 墓区，共 18 座，殉 12 人，其中，五座各殉一人，三座各殉二人，一座车马坑殉一人。经鉴定，这些殉人都是未成年人。到西周中后期，该墓区已经没有殉人的现象。[3]

虽说琉璃河墓葬的殉人数量比起殷商时代已经少了很多，但在已发现的西周诸侯国中还是比较高的，原因何在？这首先涉及本地原有的风俗习惯。琉璃河遗址有夯土城墙的残留，墙基宽约 10 米（已被西周初期墓葬破坏），说明在召公家族被分封到燕国之前，本地已经存在规模较大的城邑和政权。虽然目前的考古尚未发现古城时期的聚落和墓葬，但根据稍早一些的北京昌平张营遗址，夏代后期和商代前期的张营居民中还流行着食人习俗，说明北京-燕国范围曾经存在比较残酷的文化形态，而且很可能和殷商文化之间有密切关系，只是我们还不清楚这种文化和商代后期乃至周初的历史如何衔接，但它很可能延续到了新兴的燕国。

周初的封国中，燕国最为僻远，周王朝的影响力在这里已经比较弱，所以当时人殉行为还比较突出，但大的趋势仍是殷商遗民被周文化改造，所以并非殷商遗民墓区都会有殉人，琉璃河墓区的界限和铁路也不完全重合。比如，1983 年在铁路东侧发掘的一片墓区，共发现西周时期的墓 121 座，有大中小各级墓葬，还有殉多组车马的坑，很多伴有殉狗，但都没有殉人。[4] 该墓区可能属于某些较早接受周人理念的商人族群，但因出土铜器的族徽不太统一，数量也不多，难以判断这支商人的来历。

再来看关中地区。

在今陕西省宝鸡市内的西周初期"弓鱼"国墓地，已发掘出数座规格较高的大墓，其中三座有殉人，都是用一名侍妾随葬男性墓主，侍妾还有自己的小棺椁和部分随葬品：竹园沟的 M3 和 M7 都是只殉葬了一名侍妾；茹家庄的 M1 则殉人较多，不仅墓主和侍妾都有双层棺椁，还发现殉葬者骨架七具，有四具装在木匣（棺）中，此外，墓道口上层还有一具被肢解的青年女性尸骨。

该墓地的部分随葬青铜器具有明显的汉中特征，说明"弓鱼"家族应该出自汉中，可能是在周文王时期作为周人的同盟部族迁入关中的。从商代到西周前期，汉中一直有较强的独立性，王朝很难掌控，再加上这种盟友身份，看来周族在一开始也是只好对它的人殉习俗持容忍态度。不过进入西周中期后，这里的墓葬就不再有殉人习俗。

在关中盆地西北缘的甘肃灵台县白草坡遗址，有一处西周初期的"潶伯"墓地，其中，M2 填土中埋有殉人一名、殉狗二只，随葬青铜器有铭文"亚夫"，明显是商式青铜器；M3 亦有殉人一名、殉狗一只。由此，这个"潶伯"可能是被周人册封和迁徙到关中的殷商部族。而在关中盆地东北缘的陕西省泾阳县高家堡，也有一处西周初期的"戈"氏贵族墓区，其中两座墓内亦各有一名殉人，且"戈"氏族徽也曾在殷墟出现，说明他们也是被周人强制迁徙到关中的殷商遗民。

白草坡的潶伯墓区和高家堡的戈氏墓区的文化层堆积都不厚，也没有发现成规模的城邑和居住区遗址，看来这里原本比较荒凉，只是到了西周初期才有一些殷商贵族移民携带着祖传青铜器突然迁来，甚至还有一些部族成员和奴婢，但家境已经远不如商朝时期。特别是戈氏族墓地，随葬的都是最必要且使用过的青铜器，缺少玉器等奢侈品，成套器物还被分别葬入了不同的坟墓，显然已属家道中落，只是又要努力维持着体面而已。潶伯和戈氏墓区的存在时间不长，可能后来他们又迁走了，原有的人殉风俗也就在颠沛中和周人的压力下逐渐失传。

在各诸侯国中，作为商朝嫡传后裔的宋国比较特殊。

在宋国都城商丘以南数十公里的鹿邑县太清宫镇，有一座两条墓道的中字形大墓，随葬铜器铭文有"长子口"字样，墓主是一名六十岁左右男性，棺木下方有腰坑，内殉一狗一人，殉人是一名四十多岁的男性；此外，南墓道杀祭一人，墓室内南部殉八人，东、西二层台和东、西棺椁之间各殉一人，能辨认性别的有二男四女，都是青壮年。[5] 殷墟中期花园庄东 M54 的墓主是"亚长"，这位"长子口"可能就是他的后裔。[6] 该墓人殉规模较大，不过，宋国的殉人墓迄今还只发现这一座。

作为商人的方国遗存，今山东滕州的前掌大遗址比较典型。它属于殷商末期刚出现的商人"史"氏的薛国，延续至西周前期。前掌大共发现殉人墓九座，殉人车马坑五座，共殉 28 人。这些殉人墓和车马坑，少数属于商代末期，多数属于西周前期。从各种迹象看，西周王朝建立之初，并未能把统治延伸到史氏薛国，这里的商人也没有主动挑战周王朝，所以他们的生活方式又延续了数十年。

史氏和新建立的宋国有联姻关系。M110 中的一件铜器有铭文"宋妇彝史"（宋妇觚，前掌大 M110:2），说明这是史氏为从宋国娶来的夫人制作的器物：称贵族女性为"妇"（商妇甗，《集成》867），和殷墟甲骨卜辞的习惯相同；按周人习惯，则应称"宋子"。史氏薛国和宋国都出自商王族，这是商人族内婚传统的表现。

进入西周后，商人的史氏薛国又存在了三代人，大约六七十年，然后就彻底消失了。在文献和考古中，史氏薛国彻底消失后，当地土著的妊姓薛国却重新出现，并存续到春秋晚期，且一直作为鲁国的附庸，衷心归化于周人文化圈。可能在西周前期的昭王或者穆王时，周朝帮助妊姓的土著薛国复国，而商人史氏则被周朝强制迁徙，或者逃亡到了更遥远的东南方，从此永远消失。

以上是殷商遗民在西周初年保留人殉的情况，总体特征仍是减少，到西周中后期几乎完全消失。

不过，和基于原始宗教向神奉献的人祭与人奠基不同，用人殉葬是一种更为个人化的思维，富贵者希望把妻妾和奴婢带到彼岸世界继续侍奉自己，所以人殉在古代一直不绝如缕，直到清代。[7]只是稍为幸运的是，后世的人殉规模已经远不如商代。

人祭记忆的暗流

周公执政时期不仅禁止人祭、人奠基和人殉行为，同时还禁止在书面文献中提及商人的这些风俗，结果，铲除人祭的记录也和人祭行为一起消失了，只剩下了地层中那些无法销毁的遗迹。

但是在文字记录之外，人们还有口传的历史记忆，这是朝廷禁令难以销毁的。可以合理推测，有关商代人祭行为的记忆仍会在周朝的民间和贵族中私下流传，成为和官方意识形态很不同的暗黑历史记忆。

到春秋中期，商朝灭亡四五百年后，周王室的权威已不复存在，各诸侯国的自主性空前增加，关于人祭的暗黑记忆也开始浮出地表，甚至变成个别诸侯国的官方行为。

公元前641年，志大才疏的宋国国君襄公试图扩张自己的影响力，命令邾国去攻打鄫国。这两个小国均为东夷系，位于今鲁南地区枣庄市附近。结果，邾国人俘虏了鄫国国君，并将其献祭给了"次睢之社"，即次睢的土地之神。

有学者考证，次睢在今徐州市附近，离商朝后期的丘湾社祀遗址不远。[8]宋襄公这么做的目的，是要震慑东夷，使其臣服于宋国，《左传·僖公十九年》曰："宋公使邾文公用鄫子于次睢之社，欲以属东夷。"这里的"用"，为杀祭之意，和殷商甲骨卜辞中大量的"用羌""用俘"完全相同。这表明，在春秋列国中，关于商人献祭的细节知识并未完全失传。

但另一方面，宋襄公的行为在当时也属离经叛道，他的兄长司马子鱼就说："在古代，用牲畜祭祀都是不合理的，更何况用人？祭祀是为了求神保佑人，如果杀人献给神，神会来吃吗？搞人祭的国君会不得好死的。"

从司马子鱼的话来看，当时的宋国早就已经不用人祭祀了，而且已经重构了一套"古代"的仁义祭祀模式——在这种版本的叙事中，商人自然是不用人祭祀的。可以说，宋襄公兄弟二人的言行正是官方和暗黑两种历史共存的表现。

公元前532年，鲁国也出现了使用人牲的现象。当时掌握鲁国实权的贵族季平子带兵讨伐莒国后，把俘获的俘虏献祭给了"亳社"。莒属于东夷部族，位于今山东省东南部的莒县，在周人到来之前，鲁国都城曲阜曾是商朝在东夷地区的据点，所以建有亳社。

《左传·昭公十年》对此事记载是："秋七月，平子伐莒，取郠，献俘，始用人于亳社。"其中的"始"字，说明在季平子之前，被分封到鲁国的周人一直是用周人方式祭祀亳社，从未有过人祭行为；但到季平子时，却忽然开始要用商人的方式祭祀。和宋襄公一样，季平子也受到了当时人的诅咒。一位鲁国贵族说："周公之灵恐怕再也不会来享用鲁国的祭祀了，因为周公只接受有道义的后代的祭品。"

公元前531年，楚灵王灭蔡国，用蔡国太子献祭岗山之神，史书亦记下了楚国贵族申无宇对灵王的批评："楚子灭蔡，用隐太子于冈山。

申无宇曰：'不祥。五牲不相为用，况用诸侯乎？王必悔之。'" [9]

这几次人祭事件显示，在春秋中晚期，人祭活动曾在官方层面有过局部复活。其中，宋为商人之后，楚是南蛮，其复兴人祭或尚可理解，而鲁国国君（包括季氏）乃是周公后人，复活人祭实在颇不寻常。从渊源上，当初周人禁绝人祭所采取的"只做不说"的方式，应该也有一定的责任（因为没有形成确定的历史结论），随着岁月流逝，后人很可能对隐秘流传的人祭历史产生了误读。[10]

当然，春秋的人祭回潮并未成为主流，可能有以下两个原因：

其一，战国时期的社会重组和政治变革。由于列国兼并战争的威胁日渐增加，各国都进行了变法运动，废除贵族制，实行君主集权和官僚制，国家的首要目的是富国强兵，在国际竞争中获胜。而这需要官僚机器用理性、功利的方式管理社会，人祭自然属于不可容忍和必须取缔的行为。

战国初期魏国西门豹治邺的史事，呈现的就是新兴官僚政治和民间传统文化的碰撞。当时邺县还有"为河伯娶妇"的风俗，本质上是把少女奉献给漳河水神的人祭行为。邺县在殷墟以北 15 公里，所以这种风俗很可能是殷商宗教的残余。到西门豹时代，普通的邺县人已经不愿为祭祀承担如此高昂的代价，只是苦于无法对抗地方精英"三老"和女巫联手主导的民间权力结构。为此，时任邺令的西门豹表面上遵循本地宗教理念，实际却找借口把女巫及其弟子和三老先后投入了漳河，从此，这里再无人敢复兴人祭宗教。[11]

其二，以孔子为代表的儒家逐渐兴起，开始提倡仁政和爱人。当时还有制作陶人俑随葬和埋入祭祀坑的习俗，结果遭到孔子诅咒："始作俑者，其无后乎！"孟子对此的解释是，孔子讨厌这种模拟用人殉葬的行为，"为其象人而用之也"。（《孟子·梁惠王章句上》）和多数人不同，孔子的职业是整理上古史的学者，他很可能是在晚年破解了商周之际的一些隐秘往事，担心用陶俑随葬会唤起人们对人祭时代的记忆。

就这样，伴随着商朝的灭亡，人祭宗教亦逐渐消失。不过，商文明并非只有人祭宗教，还有一些其他的特质，比如，创造汉字和基于汉文数字的运算体系，完善夏人的青铜技术，引进西来的家马和马拉战车，都对后来的中国有着重要的奠基作用。此外，商人还探索了古中国的诸多地域，甚至研究过人骨的各种利用方式，但随着商朝覆亡，这种探索精神和技术狂热也消失了，或者沦为被上层社会漠视的末流小技，在其后的三千年里一直未能复兴。即便作为商王室传人的宋国，也未能保留这些特质。

商文明很复杂，有着残酷、奔放、奇幻和科技理性等诸多层面，以及那些我们已经无法认知的部分。只是早在三千年前，它们就已经被彻底忘却。

注释

1　韩巍：《西周墓葬的殉人与殉牲》，北京大学 2003 年硕士论文。下文有关西周初期墓葬的基本信息未注明出处的，皆出自该文，不再详注。

2　天马-曲村遗址为晋国早期都邑，是邹衡先生于 1982 年首先提出的。

3　北京市文物研究所：《琉璃河西周燕国墓地》，文物出版社，1995 年。

4　北京市文物工作队：《1981—1983 年琉璃河西周燕国墓地发掘简报》，《考古》1984 年第 5 期。

5　河南省文物考古研究所、周口地区文化局：《河南鹿邑县太清宫西周墓的发掘》，《考古》2000 年第 9 期。

6　参见杨升南《商代的长族：兼说鹿邑"长子口"大墓的墓主》，《中原文物》2006 年第 5 期。

7　黄展岳：《古代人牲人殉通论》。

8　俞伟超：《铜山丘湾商代社祀遗迹的推定》。

9 《左传·昭公十一年》。杜预注："用太子者，楚杀之为牲，以祭冈山之神。"

10 此外，在河南登封王城岗还有一例春秋时期的疑似人祭遗存。一条春秋时期开挖的壕沟内，有一直径约 1.5 米的近圆形坑 H68，坑底南北两侧分别埋有一具小猪骨架，北侧猪架上方则是一具呈挣扎状的儿童尸骨。发掘报告认为，坑中的儿童不像是正常死亡，"是否与祭祀有关，尚待讨论"。参见北京大学考古文博学院、河南省考古研究所《登封王城岗考古发现与研究（2002—2005）》，上册，第 381 页；下册，图版 120。在 4000 年前的龙山时代，王城岗就已经有了夯土小城和宫殿，并使用了较多的人奠基，H68 灰坑则出现在龙山古城之后约 1500 年，规模很小，很可能是民间巫师秘密举行的禳祭，但也在一定程度上说明，关于人祭的知识仍在民间悄悄流传。

11 《史记·滑稽列传》褚少孙所作增补。虽然秦汉之后的王朝法律已经不允许猎俘杀祭，但人祭宗教也曾在民间迁延了较长时间。直到汉魏时期，宋襄公曾经献祭的"次睢"神社仍存在，又被称为"食人社"；也有祭祀者会花钱雇穷人充当人牲，祭祀时把人牲捆绑在神社前，如同屠宰的牲畜。不过从文献记载来看，也许汉魏时的人祭只是程序性表演，而非真正杀人、食人。参见《续汉书·地理志》注《博物记》曰："县东界次睢有大丛社，民谓之食人社，即次睢之社。"《艺文类聚》卷五九引《从征记》："临沂厚丘间，有次睢里社，常以人祭，襄公使邾子用鄫子处。相承雇贫人，命斋洁，祭时缚着社前，如见牺牲，魏初乃止。"

尾声：周公到孔子

自五千年前的仰韶文化晚期以来，黄河中下游静态的部落生活渐被战乱、征服和群体杀戮打破，华夏旧（早期）文明与国家由此产生。

从孕育到成熟，华夏旧文明跨越两千年。和同期的其他古代人类文明一样，它们都属于神权与王权合一、宗教主导的社会。如果一直延续下去，历史将充斥族群壁垒、杀戮与献祭。

但周灭商后，以杀戮和人祭为特色的华夏旧文明戛然而止，取代它的，是周公营造的新华夏文明。周公消灭了旧华夏文明及其相关记忆，打破了族群血缘壁垒，让尘世生活远离宗教和鬼神世界，不再把人类族群的差异看作神创的贵贱之别。这是华夏文明最彻底的一次自我否定与重生。

在三千年前的古人类文明中，只有华夏独自走出了神权的掌控，成为一个"异类"。这是一种过于早熟的世俗文明，一直持续到今日。

儒家起源与人祭文明

使华夏文明突然转向的根源，是周公一代人无法言说的恐惧，就像武王周发的惊梦。他们可能都在殷都生活过，不仅目睹了商人的血腥献祭，甚至兄长伯邑考的惨死。恐惧使武王更加依赖人祭宗教，而周公则极端憎恨人祭宗教，势必将其彻底灭绝。这是兄弟二人截然不同的解脱路径。

后世人对周公的认识，有事功和制度文化两方面：事功，主要是周公辅佐成王、平定三监之乱，为西周王朝奠定开局；制度文化，主要是周公"制礼作乐"，确立西周的政体，包括诸侯列国分封格局和贵族等级制度。在考古发现商朝的遗址与人祭文化之前，人们对周公的理解只能达到这种程度。

但事实上，周公最重要的工作是消灭商人的人祭宗教，以及与之配套的弱肉强食的宗教价值体系。他不仅阻止了周人模仿和继承这种宗教文化，也在殷商遗民和东夷族群中根除了它。尤其关键的是，周公还抹除了与商朝人祭有关的记忆，甚至也隐藏了自己禁绝人祭行为的种种举措。这是为防止人祭宗教的死灰复燃和卷土重来，也是为掩盖周人曾为商朝捕俘人牲的那段不光彩的历史。

为了填补人祭宗教退场造成的真空，周公发展出了一套新的历史叙事、道德体系和宗教理念。这主要体现在《尚书》的几篇诰命中：

一，淡化商人对"帝"的崇拜。在商朝末期，"帝"已经和商王身份重叠，商王具有"帝"的神性。但周灭商后，王已经不能身兼"帝"之名号，对周人来说，帝在高高的天庭之上，不会化身为世间凡人。

虽然我们还不能完全确定这个原则就是由周公确立的，但从《尚书》的几篇诰命可以发现：在对殷商遗民讲话（如《多士》）时，周公会频频引用上帝的命令来威吓和诱导商人，这是因为商人格外信奉上帝，只能因势利导；但在对周族自己人讲话时，如册命弟弟周封为卫侯的三篇诰命，周公却极少谈到上帝，尤其是对族人谈论现实和规划未来时，他从不动用上帝进行论证，更不涉及其他的神灵。这显然是一种有意识地"敬而远之"，让现实和神界保持距离。从这些迹象看，周朝人"疏远"上帝或其他诸神的传统的确是由周公奠定的。

二，为减少神界对现实的干预，周公会尽量用"天"的概念来代替"帝"，因此，上帝发布的命令（"帝命"）变成了含糊的"天命"。

天命的观念在后来的中国一直存在，但人们已经忘记了它的缘起。[1]"天"无形无像，无言无行，不容易被赋予拟人化的个性。在《诗经》里，上帝曾频频给文王下达命令，如命令文王攻打崇国，武王灭商据说也是来自上帝的意旨，但后世周王已经无法接收神界的具体指示，所以改称为"天命"后，它变成了一种更为抽象的、近乎隐喻的道德规训。

当然，周公时代还不可能有科学主义的无神论认知，神界即使被放置得比较远，也不会和王朝政治完全绝缘。比如，西周的王就被称为"天子"，也就是天的儿子，而这是连商代甲骨文也没有的词，但无论怎样，"天"还是过于含糊，周人及其以后的历代王朝从未给"天子"增加更具体的神性定义与功能。即便秦始皇使用"皇帝"尊号，其直观用意也是强调自己和六国之王的不同，虽有强调王者尊贵的这一层神性之意，但也使"帝"落入凡尘，并不比"天子"概念更神秘。

三，周公宣称，王者应当爱民、德治和勤勉，这样才会受到"天命"青睐，长寿享国；如果王者残暴对待庶民和小人，天命就会转移到更有德的候选君王身上，从而改朝换代。[2]

本质上，周公的这样一种政治-道德体系是一种"性善论"的社会模型，回避了统治者对民众的征敛和暴力统治，认为王者的使命是护佑和教化万民，进而把道德伦理推进到一切人群中。[3]商朝人对此则是直言不讳，承认暴力的必要性。

按照周公的理论，夏商周都是根据"天命"建立和更迭的，夏朝和商朝的多数君王，特别是开国君王，勤政爱民，得到天佑，只是因为末代的夏桀和商纣道德沦丧，这才天命转移，改朝换代。经过周公改造，商朝残酷的人祭行为被隐去，由此，周人之前的暴力时代也成了和周朝同质的德治王朝。

和周公的理论相配套，周人还重新创造了一套上古圣王的历史，尧舜禹的温情禅让从此成为华夏世界的标准版历史叙事，更早版本的商人的"创世记"和上古史则被取代和湮没，未能流传下来。当然，也可能有某些与周公原则不太冲突的内容被纳入了周人的历史叙事，但这些已经不易分辨。

孔子和儒家最推崇周公，而周公思想是儒家文化的源头。周公思想的产生和形成，主要源于对人祭宗教的恐惧，以及消灭人祭宗教的需要。这是后人从未堪破的秘密。

周公构建世俗道德体系

对于宗教之于商周两朝的作用，以及之于人的影响，孔子曾有过一番颇不寻常的总结：

> 殷人尊神，率民以事神，先鬼而后礼，先罚而后赏，尊而不亲。其民之敝，荡而不静，胜而无耻。
>
> 周人尊礼尚施，事鬼敬神而远之，近人而忠焉，其赏罚，用爵列，亲而不尊。其民之敝，利而巧，文而不惭，贼而蔽。[4]

大意是说，殷商统治者尊崇神，要求民众必须敬神，对鬼神的重视程度超过正常礼俗，对民众的刑罚多于奖赏，多威严而缺少亲和力。这造成了民众性情躁动不安、争强好胜、缺少羞耻感的缺点。

周朝统治者则推崇世俗的礼仪，对民众比较宽容，虽然敬拜鬼神，但不让它们干预人间事务，更重视人间的世俗秩序和信用，人间的身份等级则依据爵位高低有所区别，有亲和力，但缺少威严。这造成了民众趋利且心计巧诈，善于掩饰欲望和自我包装，心中少有真诚，奸滑而有欺骗性的缺点。

孔子描绘的殷周之区别，在古代文献里可谓独家，不仅如此，现代考古学展示的商代文化和孔子的总结也非常一致。

因为周公掐断了神对人间的直接干预，这意味着华夏世界不会再有主导性宗教，以神的名义颁布的道德律条（如摩西十诫、佛家五戒）也无从产生，所以周人必须另行寻找一套用于世俗生活的道德原则。这种世俗道德的原理，是"推己及人"，也就是把自己放在他人的位置上考虑，从而决定自己对待他人的方式。

在《诗经·小雅》中有一首《巧言》："秩秩大猷，圣人莫之。他人有心，予忖度之。"翻译为白话就是，世间的伟大秩序啊，是古代圣人规划的；别人心里怎么考虑的，我设身处地想一下也就知道了。

再到春秋晚期，孔子则用了一个字来定义人和人之间的道德标准，这便是"仁"。他的学生樊迟问他仁的含义，孔子曰："爱人。"（《论语·颜渊》）而实现仁爱的方法，则是"恕"："己所不欲，勿施于人。"（《论语·卫灵公》）人类的一切道德原则和行为规范，都可以从这八个字推导出来。所以，孔子从不教育学生们不许杀人，不许偷抢……因为这都已在"己所不欲，勿施于人"的原则里了。

把他人等同于自己来对待，其实是人类固有的（但不是唯一的）一种思维和基本道德律，在宗教文化中，它可能会被教义遮蔽，却一直存在。

如何掩盖《易经》的本意

从周公到孔子，包含了西周和春秋，时间跨度五百年。我们很难断言，这五百年是否足以让华夏彻底忘却殷商时代的真相。

从今天往前倒推五百年，是 16 世纪初叶，明代中国的嘉靖年间；1521 年，西班牙殖民军攻占阿兹特克帝国，中美洲曾经繁荣的人祭文明开始萧条，并迅速被欧洲的天主教取代。天主教会曾经系统性地摧毁中美洲人关于人祭宗教的抄本、神庙与记忆，但当时的殖民亲历者还是记录下了阿兹特克人祭的诸多细节，一直流传至今。

当然，周朝和最近五百年的世界有很多不可比之处。在没有经典文本叙事的前提下，零碎的、口耳相传的民间记忆很容易走样失真，以至消亡。上古能进行书写记录和传承的人很少，基本集中在"朝廷"生态圈内。周文王时代的一些真实片段之所以能够流传下来，是因为有文本记录，哪怕是在小范围人群中的，甚或长期无人问津的，也会有被再次发现的机会。

如前文所述，周公销毁了商朝诸多甲骨文记录，也禁止殷周贵族书写真实的历史。但周公唯一不敢销毁的，是文王留下的《易经》。这不仅是出于对父亲的尊重，也因为《易经》是周人对翦商事业（起步）的记录，里面很可能包含着父亲获得的天机，销毁它也就是对父亲和诸神的不敬。

周公的办法是对《易经》进行再解释，具体方法则是在文王创作的卦爻辞后面加上一段象传进行说明。象传不再鼓励任何投机和以下犯上的非分之想，全是君子应当如何朝乾夕惕，履行社会责任的励志说教，和文王卦爻辞的本意完全不同。[5] 比如，乾卦的象传是"天行健，君子以自强不息"，坤卦的象传是"地势坤，君子以厚德载物"，远比文王卦爻辞清晰易懂，而且富于积极和励志的色调。

春秋时，有位晋国贵族韩宣子访问鲁国，参观太史官收藏的典籍，发现其中就有《易象》（应当是《易经》和《象传》的合称）。韩宣子因此感叹：“周礼尽在鲁矣！吾乃今知周公之德，与周之所以王也！”这是周公写作《象传》的间接证据。[6]但另一方面，这一记载也说明，尽管《易象》保存在鲁国朝廷，但并不太普及，哪怕是晋国执政的高级贵族也只是首次见到。

到春秋中后期，已经开始有使用《易经》占算的史料记录，而且还有了其他的卦爻辞版本。比如，有的爻辞里就出现了“千乘”一词，[7]意思是一千辆战车，但在文王的时代，即便商王朝也是很难集中起一千辆战车的，这只能是春秋时期创造的词。

文王《易经》的内容本就很晦涩，所以春秋时期的贵族用它占算时，大都已经不知道或者说不再关注它的本意。其中比较明显的例子就是《易经》中的“贞”字，它的本意是甲骨卜辞中的“占”，但春秋时人却已经将其误解为“贞正”“贞操”之意了：“随，元亨，利贞……弃位而姣，不可谓贞。”（《左传·襄公九年》）

那么，春秋时期的贵族会忘记《易经》中的文王事迹吗？这是个令人疑惑的问题，毕竟，这些贵族多是文王和周公的后裔。后世可以拿来比较的是，明初洪洞大槐树和南京珠玑巷移民的后人也可能已经不记得先祖当年的具体生活经历，保留至今的多是族谱文本中有记载的内容。

如前所述，春秋时期有少许恢复人祭行为的个案，这说明五百年前的风俗记忆仍可以潜流传承。是不是《易经》也造成了某种暗黑记忆的保存？这背后藏着太多我们无法破解的谜团。

孔子破解周公

鲁国执政者季平子用莒人俘虏献祭的那一年，孔子二十岁，正在季平子的采邑里从事基层小吏工作，所以，这次人祭在曲阜造成的恐怖传闻，肯定会对孔子有所影响。

孔子虽是鲁国人，但他的先祖出自宋国国君家族，所以他是商人后裔。而当孔子从事文献整理与学术工作后，他的身份自然会让他对商周之际的历史产生很大兴趣。

在《论语》和《礼记》里，孔子经常比较殷、周乃至夏三代的文化制度异同，类似什么"殷之大白，周之大赤"等。（《礼记·明堂位》）当然，这些比较的结果自然是，商周制度大同小异。

> 子曰："殷因于夏礼，所损益，可知也；周因于殷礼，所损益，可知也；其或继周者，虽百世可知也。"（《论语·为政》）

孔子还说："周监（鉴）于二代（夏商），郁郁乎文哉！吾从周。"（《论语·八佾》）这都和周公奠定的官方历史论调完全相同。

但是，前述孔子关于"殷人尊神，率民以事神，先鬼而后礼，先罚而后赏，尊而不亲。其民之敝，荡而不静，胜而无耻"的描述，却又是西周和春秋时期绝无仅有的，不仅不符合周朝官方的政治正确，而且孔子的信息来源也是个谜。

我们至少知道的是，在孔子的春秋时代，上述"殷人"的特征早已经消失。宋国是商王族的继承者，但宋国上层已被周人完全同化，有时固然争强好胜，但主要还是为面子，或者说是周人文化里的"贵族精神"，绝对不是为了利益的"胜而无耻"。

以比孔子早一百多年的宋襄公为例，他最著名的事迹是和楚国的"泓之战"。宋襄公风格甚高，不肯攻击正在渡河及未成列的楚国军队，结果惨败，受伤而死，而且死前还振振有词地自我辩护，阐述道义是战争的首要原则："君子不重伤，不禽二毛。古之为军也，不以阻隘也。寡人虽亡国之馀，不鼓不成列。"（《左传·僖公二十二年》）可见，宋襄公绝对不是"无耻"，而是耻感过分发达。至于崇拜鬼神的程度，宋国人也不比春秋列国更严重。

但前述孔子关于商周文化之别的评价显示，即便是在周公五百年之后，应该也还存在着碎片化的关于商朝的真实历史记忆。考虑到孔子是专职搜集历史文献的学者，待他收集起足够多的关于商朝的碎片化知识后，是有可能逐渐拼合出一些"非官方"版本的真实历史的。

其实，这在《论语》里有些迹象。

在周公版的历史中，商人从没有过残忍的人祭宗教，商朝的灭亡只是因为纣王—帝辛个人的道德堕落，但孔子的学生子贡却试图为纣王"翻案"：

> 纣之不善，不如是之甚也。是以君子恶居下流，天下之恶皆归焉。（《论语·子张》）

大意是说，纣王的恶行并不像人们传说的那样过分，这就像是一个地方被当成了垃圾场，人们就专门往那里丢垃圾，纣王的形象也是被这样堆积出来的。

在《论语》中，这段话是和子贡为晚年孔子辩护的几段话放在一起的。子贡是孔子晚年最信赖的学生，孔门十哲之一，复姓端木，殷商旧地卫国人，所以很可能也是商人后裔。这么说来，他和孔子可能有遥远的同族亲缘。据此，这师徒二人显然交流过一些官方版之外的商代秘史。子贡这段话被载入《论语》，说明编辑《论语》的孔门弟子认可其权威性。

而孔子很可能就是从《易经》开始探索真实的商代的。从可靠的文献史料看，孔子平生从不关注"算命"问题，也从未给自己或别人占算过命运，不管是用甲骨还是易卦。孔子最常谈论的是诗、书、礼、乐，但他几乎从未对《易经》发表过评论。

然而，到了晚年，孔子却突然对《易经》产生了兴趣，他说：

> 加我数年，五十以学易，可以无大过矣。

《论语·述而》里的这则记载很可靠，但具体含义有争议。有人将其解读为："我如果能多活几年，比如五年或十年，用来学习《易经》，就不会有大错误了！"或者："如果这几年我能重新再来一次，我会从五十岁开始学习《易经》，也就不会有大错误了！"

不管是哪种解释，这都是孔子晚年才会有的感慨。《史记》与此相关的记载是，孔子晚年频繁地研读《易经》，结果编竹简的皮条磨损严重，经常断裂，所谓"韦编三绝"。

> 孔子晚而喜易，序彖、系、象、说卦、文言。读易，韦编三绝。曰："假我数年，若是，我于易则彬彬矣。"（《史记·孔子世家》）

《礼记·礼运》还记载，孔子曾对弟子言偃（子游）说：

> 我欲观殷道，是故之宋，而不足徵也，吾得《坤乾》焉。

为之做"正义"的唐代学者孔颖达认为，这部《坤乾》是殷商（宋）人版本的易卦占算书，"谓得殷家阴阳之书也"，它的坤卦排在乾卦前面，和《易经》相反，所以称为《坤乾》。

这个说法已经难以验证，但在此之前，孔子肯定有机会读到文王的《易经》。如前所述，韩宣子访问鲁国，"观书于大史氏，见《易象》与鲁《春秋》"，而孔子离开鲁国去宋国，发生在他五十七岁这年，也就是说，从五十岁到五十六岁期间，他一直身处鲁国高层，完全有条件读到官方收藏的周公注解版《易经》。

作为周公后人，鲁国人对《易经》的理解可能非常阳光，完全沿用周公《象辞》的曲解，从而使孔子没有意识到它的史料价值。但当在宋国得到《坤乾》时，孔子却可能会获悉某些保存于《易经》中的真实的商周之际历史，毕竟，作为商人后裔的宋国最有可能保存这种暗黑记忆。

司马迁认为，《易传》里的《系辞》是孔子所作。其实，这应当是孔门弟子记录的孔子观点。《系辞》对《易经》（文王卦爻辞）的来历有个推测，认为它是殷商末期周族兴起时的产物，内容主要是周文王和商纣王交往的事件，所以充满了危机之辞，所谓：

> 《易》之兴也，其当殷之末世、周之盛德邪？当文王与纣之事邪？是故其辞危。

此外，《系辞》还认为《易经》的作者充满了忧患之情：

> 作《易》者，其有忧患乎？

这种理解已经很接近真实的文王时期，而和周公的《象辞》很不一致，说明五十七岁之后的孔子已发掘出越来越多当年被周公隐藏的真相（商朝的血祭文化）。但是，孔子没有继续点破真相，而是频繁地翻检《易经》，以至"韦编三绝"。或许，孔子正是想从隐晦而杂乱的文王卦爻辞中复原出尽可能多的内容。

今天的我们对商代的有效知识主要来自出土的遗址和甲骨文，而这只是商代极为有限的局部片段，犹如管中窥豹；而孔子通过收集当时的口述史与文献（孔子能见到的文献要比今天多得多）也同样可以建立起一部分有效知识。因此，孔子对商代的认知和现代人的认知应当存在一些交集，但也会有互不重合的部分。

可以合理推测，孔子应该就是在逐渐认知真实商朝文化的过程中，更加理解了周公当年为何一定要埋葬商朝的真历史而重构一套夏商史。

孔子是商王族后裔，他应该会感念周公给了商人生存的机会，还替他们抹去了血腥人祭的记忆，让子孙后代不必活在羞辱中。周公的这些宽容而伟大的事迹，被他自己掩埋五百年，又终被孔子再次破译。这或许才是他衷心服膺周公的根本原因。

孔子甚至常常梦到周公，而周公本以为武王解梦著称。只有到临终前，孔子才感慨很难梦到周公了：

甚矣吾衰也！久矣吾不复梦见周公。（《论语·述而》）

在传统的历史叙事框架中，孔子梦周公这件事不是那么容易让人理解，甚至有些人还会觉得这是不是有点虚假，但将其放在真实的商周之际的历史背景中就好理解了：越是接近商文化的残酷真相，孔子就越是对周公有真正的理解和感激。换句话说，从民族间的征服与杀戮走向和解与融合，孔子是受益者，也是这段隐秘史的破译者。他有太多想说又不能明说的，只能在梦中倾诉。

附录：孔子晚年编辑"六经"

孔子晚年最重大的工作，是编辑儒家经典"六经"。

这是按照周公精神对历史文献进行的一次前所未有的系统整理。"六经"成书后，从上古到孔子时代的历史叙事的权威版本就此诞生，也标志着周公开创新华夏、埋葬旧华夏的工作得以正式完成。而孔子则以此向周公致敬，并参与、发展了周公的事业。

本书目的之一是再现夏商周更迭的历史，所以使用了"六经"中的很多史料素材，但也对有些史料进行了辨析，指出其不可靠或刻意作伪之处。

"六经"具体是指《诗经》《尚书》《仪礼》《乐经》《易经》《春秋》。其中，《诗经》《尚书》《易经》包含大量商周易代时期的史料。在"六经"成书之前，社会上传抄流行的主要是单篇文章，真伪混杂，质量良莠不齐。为此，孔子选择了最可信且符合周公精神的汇编成书，而不符合这两点的篇章就逐渐失传了。

《诗经》记载了周族从姜嫄、后稷以来的多篇史诗，包括周族早期历史、文王确立翦商大计、武王的灭商战争、周公平定三监叛乱以及对商文化的改造等，属于经过周公修订的官方正式版本。

孔子继承周公事业的用心，则主要表现在他对《尚书》的编辑和选裁上。

书是文献之意，《尚书》就是古代的文献。按时间顺序，《尚书》分为《虞书》（尧舜禹时期）、《夏书》《商书》和《周书》。在收入"六经"之前，《尚书》中各篇都是单行本，基本规律是越古老的越不可信，内容大都是西周及之后的人按照周公重写上古历史的精神，虚构了尧舜禹和夏商时期的很多帝王故事和讲话稿，基本是周公式的道德说教，不具备史料价值。当然，也会有个别真正的商代文献，比如盘庚迁都的讲话稿，内容上和周公精神抵触不大，或者已经被周公授意删削过，所以保留了下来。总之，这些真真假假的篇章被孔子分别收入了《尚书》的《虞书》《夏书》和《商书》部分。

而《周书》部分，则多数是周朝的官方文献，作伪的成分较少，而且肯定符合周公精神，所以在整部《尚书》里，商末周初这部分占的比重最大。

以上是孔子认为符合周公精神、被收入《尚书》的文稿。此外，在西周朝，还有人写了一些关于商周之际的历史篇章，他们显然部分了解那段真实的历史，但并不完全遵循周公精神，所以和周公版文献很不一样。比如，有些文稿记载，灭商之前的武王生活在对商朝的恐惧之中，经常夜不成寐，需要周公的宽慰，但里面记载的周公的长篇大论有明显的虚构成分，因为兄弟二人的深夜谈话不可能被如实记录下来。还有的文稿记载了武王灭商后曾大量屠杀商人俘虏进行献祭，但关于人祭过程的描写不仅完全符合殷墟甲骨卜辞的记录，而且比卜辞更细致，这显然也不符合周公精神。

这些稍有违背周公精神的历史篇章，并没有被孔子收录进《尚书》，但经过孔门的汇集、抄写和校勘，也形成了一个汇编本，被命名为《逸周书》，意思是"未能收入《尚书·周书》的文献"。开始的时候，《逸周书》可能只保存在孔门内部，只有少数弟子说得清这部离经叛道的书的来历。而到了战国之后，真正的商代历史已经被彻底遗忘，以"六经"为代表的周公版历史成了唯一的存在，所以《逸周书》虽然没有失传，但在此后两千多年的历史里，处境一直比较尴尬，不太受学者重视。只有到现代考古学诞生和商代遗址发掘后，人们这才发现，它的有些内容居然很符合商文化的本来面貌。

至于《易经》，孔子虽然很精准地选择了文王而非春秋时流行的其他版本（如本书所述，文王的《易经》隐含的商末往事很多，周公的《象辞》其实是对文王原意的掩盖和曲解），但却继续奉行周公的原则，在给弟子讲授《易经》时，尽量避开商末的真实历史，重点从《易经》文本引申出宇宙秩序和社会伦理。这些讲授被他的学生整理成《文言》《系辞》《说卦》《序卦》等篇章，与周公《象传》合编在一起，被称为《易传》（对《易经》的解释）。[8] 文王的《易经》和之后的《易传》，则被后人合称为《周易》。因此，要还原文王时代的历史，必须研究文王《易经》本身，而非《易传》，这样才能避免周公和孔子刻意制造的误导。

在孔子生活的春秋时代，周王室早已丧失权威，诸侯列国并不真正关心所谓文化建设或王朝合法性问题，编辑"六经"可以说完全是孔子个人的追求，但此举确实继承了周公的事业，实现了周公的目的：掩埋真正的商文化，用重构的道德历史建构华夏文明起源。

周公在事实上扭转了历史进程，改变了人们的认知；孔子则把这一切文本成果汇总起来，形成盖棺定论的"六经"经典，传递给后世：华夏文明的源头就是如此，再无其他。

当然，孔子编辑"六经"的作用不止于此，其中还保存了从西周创立直到孔子时代的文化成果，这就是周人贵族社会的诗歌（《诗经》）、礼俗（《仪礼》）和历史（《春秋》）。

可以说，"六经"是截至孔子时代的符合周公精神的华夏世界社会历史知识的总集，不仅是儒家学派的基石，也是传统时代的人们了解商周及更早时代的几乎唯一信息源。换句话说，"六经"决定了华夏新文明独有的内核与特质，是华夏新文明的源代码。孔子时代尚还保留着一些关于真实商文化的口传记忆，但到战国初年，伴随着各国的变法运动，贵族社会逐渐瓦解，新的集权君主制和官僚制国家机器建立了起来，而在这巨大的社会动荡和重组中，即便稍有文化的人也都只能忙于适应大变革，无人会留心渺茫的上古历史传说。就这样，有关商文化的残余记忆终于彻底失传。

战国时期的诸子百家争鸣，还曾先后出现道、墨、法、名、兵等学派，但它们所拥有的古典知识根本无法和儒家相提并论，何况其对上古历史的认识也只能来自儒家"六经"，因此，即使对儒家理论有所不满，也无法脱离儒家知识走太远。

概而言之，周公时代变革的最大结果，是神权退场，这让中国的文化过于"早熟"；战国时代变革的最大结果，是贵族退场，这让中国的政治过于"早熟"。而在其他诸人类文明中，神权和贵族政治的退场，都发生在公元1500年之后的所谓近现代时期。

周公和孔子的努力维持了两三千年，直到考古学家的铲子挖出夏、商遗址，被"六经"等古文献掩盖和误读的历史真实，才得到重新诠释与复原。

我们被考古学改变的认知，不只是夏商。

注释

1　杜勇:《尚书·周初八诰研究》，中国社会科学出版社，1998 年，第 206 页。另，在《尚书·盘庚》中，盘庚的发言中也有"天命"，但陈梦家认为，"商人称'帝命'，无作天命者，天命乃周人之说法……此亦战国宋人之拟作"。参见陈梦家《尚书通论》，中华书局，1985 年，第 207 页。本书认为，《盘庚》中的"天命"可能有西周之后的改动，但该文主体仍是盘庚时代的作品。

2　周公这方面的理论主张在《尚书·无逸》篇中体现较多。

3　按后世孔孟儒家的学说，能够完成这种角色的王者，就是"圣人"。在周公时代的文献中，"圣"字出现得还不多，在《尚书·多方》篇中，成王云"惟圣罔念作狂，惟狂克念作圣"，但其含义较模糊。

4　《礼记·表记》。这里区分了鬼和神，鬼指死者（先祖）的魂灵，神指上帝等至高神或自然神。

5　"象传"分大、小两种，解释卦辞的是"大象传"，解释爻辞的是"小象传"。此外，还有一种解释卦辞的"彖传"很可能也是周公所作。

6　《左传·昭公二年》:（韩宣子访问鲁国）观书于大史氏，见《易象》与鲁《春秋》，曰:"周礼尽在鲁矣! 吾乃今知周公之德，与周之所以王也!"关于《易传·象传》的作者，史书有不同说法，《史记》认为是孔子所作。参见李学勤《周易经传溯源》，长春出版社，1992 年，第 46 页。

7　秦国占卜师卜徒父说:"其卦遇《蛊》，曰:'千乘三去，三去之余，获其雄狐。'乃大吉也!"这里引用的卦爻辞不属于文王《易经》。参见《左传·僖公十五年》。

8　《史记·孔子世家》说，孔子晚年为《易经》撰写了很多种注解，所谓《十翼》或《易传》。但司马迁这个说法有些问题，因为《十翼》并不都是孔子所写，如《象传》和《彖传》可能是周公作品。其他篇章里常出现"子曰"，孔子自己肯定不会这样写，它们应当是孔门弟子编写的。《周易》经传的详细知识，可参考廖名春《周易经传十五讲》，北京大学出版社，2012 年。

后　记

这本书的内容，也许会让人觉得有些陌生，甚至不适。不过，从"学术史"的角度来说，它也有很多年的酝酿过程，以及幸运的环境。

对历史有些了解的人，大都知道商朝存在人祭行为，但关于人祭的消亡，用心探究过的人还不多，可能大都默认它伴随着历史的"进化"历程而自然淡出了吧。这方面我有点幸运，能接触到一些较前沿的专业知识：我本科就读于北京大学的文科实验班，当时和历史系的两位同学交流得比较多，一位是和我同级的韩巍兄，一位是高一级的林鹄兄，他们都是先秦史方向，后来拿的也是考古学的学位。韩巍的硕士论文是关于西周初年殷商遗民的丧葬习俗的，里面提到当时的殷商遗民还保留着"腰坑殉狗"及殉人的传统，跟同时的周人墓葬截然不同。那时我常听韩巍聊起这些，所以就有了一些这样的认知：商文化与周文化很不一样。由此推论下来，商人的人祭习俗，也应当是在周朝的大环境里被禁绝的。林鹄兄的硕士论文则是关于周人的族姓观念的，他认为，商人等东方族群本来没有族姓，周人灭商之后才赋予了他们族姓，这个观点我也用到了本书中。所以，本书的很多缘起可以追溯到本世纪初。

后来，在清华大学历史系读研究生时，我本想进入上古史领域，不过最终毕业论文的题目选的却是中古史，关于魏晋南北朝的南北战争，因此告别了上古史若干年。到 2012 年夏，毕业论文已经完成，又想起了昔日关注的上古史的很多问题。有一次，和研究生同窗、对摄影和影视造诣较深的曲直兄聊天时，又说起了商代人祭，他便推荐我去看梅尔·吉布森的《启示》（2006），一部关于阿兹特克文明的人祭题材的电影。我看了之后的感觉是，和商朝的考古有许多呼应之处，而且电影还提供了直观的视听效果，让我似乎看到了商纣王、周文王时代那些活生生的画面。这种身临其境的现场感很重要，它让殷墟人祭坑中的累累枯骨再次复活起来，所以我那时便准备动手写一篇文章，这便是后来的《周灭商与华夏新生》。

很巧的是，当时林鹄兄和我住得很近，他那时已拿到芝加哥大学的人类学博士学位（西方的考古学属于人类学），正在清华大学历史系做博士后。所以，那个夏天我们又能常在一起聊了。有一次，我们一起骑车去韩巍在蔚秀园的家，在颐和园路上又聊起了商周变迁，惊奇地发现我们居然想到一起了，都猜测周公在废除人祭的历史转折上有关键作用。当天，林鹄兄便把他的一篇与此相关的会议报告发给了我，其中考古部分的内容被我用到了《周灭商与华夏新生》一文中。这篇文章发在 2012 年的《读库》第 5 期。

回想起来，我能进入这个领域，受惠于韩巍和林鹄之处颇多。

博士毕业后，我到新疆大学工作，其间几度想把《周灭商与华夏新生》一文写成专书，因为我想写一系列有关中国古代历史的书，展现中国历史这条巨流之河如何从远古汇聚、奔涌而下，而用新石器到商周之变做开篇最合适——从头写下来，也免去了每次交代历史背景的麻烦。我曾写过孔子，写过刘寄奴刘裕，也都算是这个系列中的部分。

按我最初的计划，写上古，就不能再局限于商周之际，要从新石器开始，把中国早期文明产生的全过程，以及人祭宗教的来龙去脉都写出来。这意味着考古学的内容会占一大半，难度很大，毕竟进入一个新领域需要时间成本，像王国维、郭沫若、陈梦家等先贤"触类旁通"的学科拓荒时代早已过去，现代学术的数量积累已经很大，学者的研究方向也都变得深而窄，学术生涯大都只能在博士论文的基础上生发、拓展，进而成为特定领域的"专家"。换句话说，到中晚年又另起炉灶、做大跨度跳跃的可能性，已经很低了。我曾几度尝试，只感到无暇亦无力再进入新石器与夏商的考古世界。不过，当时也形成了少量文字积累，如本书中关于藁城台西商代遗址的一章。

到 2019 年春，韩巍赠了我一系列多年收集的考古报告与上古文献。而在这年，我对《周易》也有了新的发现，原来其中有大量的周文王个人经历的记录，于是便再度萌生了书写上古史的念头。2020年疫情初起时，我辞去教职，获得了自由时间，先在安阳、洛阳小住过一段时间，看过殷墟和二里头遗址后，搬进了成都郊外的一处租住房屋，再次进入了新石器和上古世界。

我喜欢一个人在地广人稀的地方游历，让自己融入未曾见识的风光之中。在进入成堆的考古报告之前，我也曾想象，那会是一趟去往原始时代的新奇旅行，但未曾料到，探究人祭之源会如此令人压抑。我搞过战争史，史书中固然充满战争、死亡，但文字过滤掉了感性直观的认知，很难让人产生"代入感"。而面对惨死尸骨的照片，尝试还原人祭杀戮现场，进入杀人者与被杀者的心理世界，我常感到无力承受。

这是一场无法解脱的恐怖之旅，犹如独自走过撒满尸骨的荒原。

那时也经常问自己，用一辈子里这么长一段时间，搞这种阴沉苦闷的工作，值得吗？无奈中也安慰自己：写史写到这种状态，怕也是一种难得的经历……

仅凭千载之后的残骨照片、发掘线图和文字描述，做一点设身处地的想象，就已经如此不堪重负，那个时代的亲历者又会如何？

所以，最后统稿时，我拿掉了基本成形的关于新石器时代的部分，只用了一章做简短介绍，不然，全书会更漫长和压抑，我可能无法坚持到最后。

如果是讨论上古时代的人的衣食住行，比如住的房子、使用的器物、种植的庄稼，会觉得他们和我们现代人差别不大；但如果是探究人祭问题，我总觉得无法理解他们，看得越多，就越是感觉陌生。因此，关于人祭宗教的起源，以及早商时期人祭规模突然增加的根源，本书尝试做出的解释注定是粗疏而平庸的，这种宗教的信奉者如果有机会发言，应该能提供更高明的说法。

进入人祭的领域后，我最关注的，其实是哪些古人群没有人祭遗存，或者比较少。我宁愿相信陶寺和二里头古国的人祭都不太多，也认为商朝中期还曾发生过一场反人祭的上层宗教改革。证据也许还不算多，但总应该有那么一点东西，让人维持哪怕微茫的希望。

我曾长期有一个困惑，那就是孔子对商周之变是否知情。之前十余年里，我写过两个版本的孔子传记，都曾重点讨论孔子编辑的"六经"及其反映的上古社会，但彼时尚未找到关于人祭记忆的证据，总有难以言表的遗憾。而这次，经过对《周易》的解读，我逐渐推测到，孔子晚年应当是接触到了商周之际的部分历史真相，儒家"六经"也和后世惯常的认知很不一样。这是我之前很难想象的历史维度。

本书利用了较多考古学领域的发掘成果，应当对考古人的工作致谢。除了本书正文中引用的报告和著作，不能不提及考古学大家严文明先生：他不仅对新石器时代的人祭有深入且独到的观察，如邯郸涧沟遗址的头盖骨剥皮现象、新沂花厅遗址的族群征服与人殉等，而且对中国文明起源的论述尤为深刻——从"大两河"（长江和黄河两大流域）文化互动的过程来观察中国早期文明的萌生。这要比文明起源的"中原中心论"或"多元论"更为深入。本书虽然未收录新石器时代部分，但关于夏朝-二里头稻作为主的讨论，也有受严文明先生启发之处。稻作农业在华北新石器晚期的作用，及其与中国早期文明的关系，可能会是一个越来越显著的学术问题。

本书的写作过程难免压抑，但回首再看的话，通过大量考古发掘报告，对中国早期文明的起源历程做一次鸟瞰式的巡览，也是颇为难得的经历。如果说有什么宏观的感受，那就是：我觉得中国文明的重要特点是体量太大，这是黄河、长江流域及周边的宜农地理环境决定的；但地理也决定了古中国比较封闭，和其他文明的交流不那么便捷，缺少参照物，独自"摸黑走路"的过程有点漫长。换句话说，要想从那个时代走出来，主要靠文明内部的自我调节的话，付出的代价会格外大。

在本书写作期间，应该感谢的师友还有很多。大学时代的旧交杜波兄，在我移家成都后提供了很多帮助。昔日老杜入蜀为客，今日老杜蓉城作主，皆令人感喟唏嘘。研究生时的同窗、陕西师范大学的牛敬飞兄，为我查阅图书资料提供了诸多帮助。2020 年初，我有缘探访周原遗址，包括深锁在红砖院墙中的"文王大宅"基址，彼时就投宿在牛敬飞兄家中。带我观摩周原遗址的，还有陕师大的王向辉兄。春寒雨雪时节，在牛兄书房纵论商周旧事，切磋上古学问，是写作期间一掬难得的开心，也让我想起钱锺书先生的一句话："大抵学问是荒江野老屋中，二三素心人商量培养之事。"

还有很多曾经帮助我的师友，这里无法一一列举，他们对我最大的支持，其实是心理上的，让我意识到除了祭祀坑里的尸骨，这世界上还有别的东西。

也许，人不应当凝视深渊；虽然深渊就在那里。